Poétiques et politiques du témoignage dans la fiction contemporaine

PETER LANG

Bruxelles · Bern · Berlin · New York · Oxford · Wien

Alain Fleury Ekorong, Armel Jovensel
Ngamaleu et Christophe Premat (dir.)

Poétiques et politiques du témoignage dans la fiction contemporaine

Comparatisme & Société
Vol. 45

Nous souhaitons remercier l'Université de Stockholm et en particulier le programme de recherche en littérature (Litteraturvetenskap som forskningsområde) qui a contribué au financement de cet ouvrage. Au sein de cette université, les recherches menées sur la littérature francophone se sont développées ces dernières années avec notamment l'émergence de la Revue Nordique des Études Francophones en 2017.

Nous remercions également le Département d'études romanes et classiques de l'Université de Stockholm pour le soutien apporté à ce projet. Cet ouvrage sera recommandé aux étudiants du cours de francophonie (Français II) qui souhaitent approfondir leurs connaissances du monde francophone et des problématiques mémorielles.

© P.I.E. PETER LANG s.a.
Éditions scientifiques internationales
Bruxelles, 2023
1 avenue Maurice, B-1050 Bruxelles, Belgique www.peterlang.com ;
brussels@peterlang.com

ISSN 1780-4515
ISBN 978-2-87574-481-4
ePDF 978-2-87574-482-1
ePub 978-2-87574-483-8
DOI 10.3726/b20239
D/2022/5678/58

Information bibliographique publiée par « Die Deutsche Bibliothek »

« Die Deutsche Bibliothek » répertorie cette publication dans la « Deutsche National-bibliografie » ; les données bibliographiques détaillées sont disponibles sur le site <http://dnb.ddb.de>.

Avant-propos

Nous souhaitons remercier l'Université de Stockholm et en particulier le programme de recherche en littérature (*Litteraturvetenskap som forskningsområde*) qui a contribué au financement de cet ouvrage. Au sein de cette université, les recherches menées sur la littérature francophone se sont développées ces dernières années avec notamment l'émergence de la *Revue Nordique des Études Francophones* en 2017. Nous remercions également le Département d'études romanes et classiques de l'Université de Stockholm pour le soutien apporté à ce projet. Cet ouvrage sera recommandé aux étudiants du cours de francophonie (Français II) qui souhaitent approfondir leurs connaissances du monde francophone et des problématiques mémorielles.

Table des matières

Avant-propos 7

Table des matières 9

Introduction 13

Christophe PREMAT, Alain EKORONG, Jovensel NGAMALEU

PREMIÈRE PARTIE : ESTHÉTIQUES ET GRAPHISMES DU TÉMOIGNAGE

Témoigner au cœur de l'humanitaire : la correspondance de l'infirmière Katharine A. McFarland (1921–1925) 27

Joceline CHABOT, Sylvia KASPARIAN

Récits d'esclavage dans la littérature pour la jeunesse : entre histoire et mémoire, les genres du témoignage 51

Christiane CONNAN-PINTADO

Témoigner par la fiction : une étude stylistique de *L'autre moitié du soleil* de Chimamanda Ngozi Adichie 69

Yanick FEPEKAM NOUPAYIE

La « simple présentation des faits ». Rodolfo Walsh et les débuts de la littérature testimoniale en Amérique latine 85

Victoria GARCÍA

DEUXIÈME PARTIE : LE TÉMOIGNAGE, LE FAIT LITTÉRAIRE ET L'ÉVÈNEMENT

Mise en récit des attentats du 11 septembre 2001 dans *Windows on the World* de Frédéric Beigbeder : entre réalité historique et fiction romanesque 113
Jovensel NGAMALEU

Réceptions croisées d'un témoignage fait de littérature pour dire l'Histoire traumatique contemporaine : *Le Lambeau* de Philippe Lançon 133
Marion BILLARD

Témoigner du séisme de Fukushima : Michaël Ferrier et la poétique du désastre 167
Asako MURAISHI

Rescapés du XXe siècle de Mikołaj Grynberg. Témoignages sur la Shoah et l'antisémitisme polonais 189
Pawel KAMIŃSKI

Spillover: Writing Ruin in the Wake of Ebola 219
Hannah GRAYSON

TROISIÈME PARTIE : TÉMOIGNER EN POSTCOLONIE

Le paratexte, l'évènement-limite et la postcolonie : à propos du témoignage collaboratif 239
Alain F. EKORONG

Vivre au présent et présentifier le passé : *Les Maquisards* ou la poétique testimoniale d'une décolonisation manquée du Cameroun 261
Lucie KENGNE GATSING

Témoigner contre l'oubli dans *Le Blanc de l'Algérie* d'Assia Djebar : entre la nécessité de dire et l'horreur de l'indicible 289
Mervette GUERROUI

Roman des maquisards et maquisards du roman au Cameroun : *Remember Ruben* de Mongo Beti, *La procession des charognards* de Mutt-Lon et *Les Maquisards* de Hemley Boum 315
Tayamaou ÉGUÉ

Réappropriations romanesques de l'Histoire et travail de mémoire : vers une esthétique du témoignage dans le roman camerounais contemporain 339
Soulémanou MEFIRE

Fukushima, dix ans après – Entretien avec Michaël Ferrier 361
Propos recueillis par Asako MURAISHI

Notices biographiques 375

Introduction

Christophe PREMAT
(Université de Stockholm)

Alain EKORONG
(Université de Douala)

Jovensel NGAMALEU
(Université de Douala)

Assumer l'écart incommensurable entre poétique et politique du témoignage

J'ai passé ma première nuit de voyage à reconstruire dans ma mémoire le côté de chez Swann et c'était un excellent exercice d'abstraction. Moi aussi, je me suis longtemps couché de bonne heure, il faut dire. J'ai imaginé ce bruit ferrugineux de la sonnette, dans le jardin, les soirs où Swann venait dîner. J'ai revu dans la mémoire les couleurs du vitrail, dans l'église du village. Et cette haie d'aubépines, seigneur, cette haie d'aubépines était aussi mon enfance. J'ai passé la première nuit de ce voyage à reconstruire dans ma mémoire le côté de chez Swann et à me rappeler mon enfance (Semprun, 1963 : 42).

Et voilà l'essentiel du message testimonial qui passe dans le sang de la réalité à travers l'épiderme de la fiction (Derrida, 1998)

Dans le premier extrait, Jorge Semprun, survivant de l'Holocauste, réécrit cette première phrase de Proust pour évoquer le destin du souvenir. Le livre porte ainsi sur un narrateur se souvenant, l'effet de mise en abyme permettant d'installer le lecteur à la place du témoin de ce récit autobiographique. En effet, il s'agit bien ici de témoigner de l'indicible à partir de l'insertion de références littéraires accompagnant ce récit. Comme le rappelait Jorge Semprun dans un entretien, « quand j'ai écrit *Le Grand Voyage,* je l'ai fait avec l'innocence des déportés qui ont vécu le camp nazi » (Alliès, 1994 : 28). On sent bien ici la manière dont le témoignage individuel est relié à une mémoire collective, celle des déportés qui sont revenus et dont le défi immense était de rapporter les horreurs innommables qu'ils avaient vécues (Halbwachs, 1994). Le choix de la fiction est moins dû à une volonté d'esthétiser cette narration historique, qu'à un souci d'efficacité dans le montage de cette écriture. Dans cet ouvrage, Jorge Semprun utilise le futur du passé de manière systématique, car comme il l'écrivait, la génération de la Shoah avait pour mission d'être l'avenir d'une mémoire (Premat, 2018 : 194). Il s'agissait d'effectuer un choix entre l'écriture comme possibilité de relayer des témoignages individuels et collectifs et la vie comme disposition à l'oubli.

L'écriture ramène l'auteur à la mémoire de ce qu'il a subi, ce choix étant en fait impossible à réaliser, car le survivant n'a pas d'autre destin que de chercher à raconter. « Sans doute savais-je, du fond le plus archaïque d'un savoir viscéral, que j'allais revivre, reprendre le cours d'une vie possible [...] Mais ce savoir impatient, avide, cette sagesse du corps, ne m'occultait pas la certitude fondamentale de mon expérience. De mes liens avec la mémoire de la mort, à jamais » (Semprun, 1994 : 161). Le témoignage n'est pas seulement de l'ordre de l'objectivation d'une réalité passée, il est également tentative d'éveiller une empathie avec une série de traumatismes passés. L'écriture littéraire a cette possibilité de revenir sur certains détails afin de réinterroger le scandale de cette extermination collective. « Le mourir comme évènement : passer, finir, terminer. Pour une part, mon mourir de demain est du même côté que mon être-déjà-mort de demain. Du côté du futur antérieur » (Ricœur, 2007 : 41). La littérature serait peut-être alors le cadre idéal pour mettre en situation certaines tragédies et affronter leur réalité. Témoigner, pour un survivant d'une tragédie collective, c'est également exiger une forme de questionnement à défaut d'avoir une réponse. Comme le pensait le philosophe Hans Jonas, il n'est plus possible de se référer au concept de Dieu de la même manière après la tragédie de la Shoah (Jonas, 1994). Il faut supposer que les dogmes religieux doivent être envisagés d'une autre façon. Par exemple, les idées de toute-puissance de Dieu et de liberté doivent être repensées pour concéder que Dieu a en fait abandonné sa toute-puissance pour la liberté de l'homme. L'expérience du mal radical affecte dans cette perspective les conceptions théologiques.

Dans le second extrait de *Demeure*, un essai que Derrida offre à la mémoire de Maurice Blanchot, il apparaît que la littérature de témoignage peut sauver des « cendres » des documents précieux pour la suite même si la reconstruction du témoignage exige de recouper des informations. Jacques Derrida (2004) envisageait la relation de la cendre à la disparition possible du témoignage : « La cendre, c'est aussi le nom de ce qui annihile ou menace de détruire jusqu'à la possibilité de témoigner de l'anéantissement même. C'est la figure de l'anéantissement sans reste, sans mémoire, sans archive lisible ou déchiffrable » (523). Le témoignage résiste donc à son effacement grâce à la mobilisation de la littérature ; c'est en interprétant un poème de Celan portant sur les cendres que Derrida envisage ce qui met en lumière une zone oubliée (536). Le poète ou l'écrivain, faisant preuve d'une attention à l'inédit, gardent jalousement le secret de leurs écrits, comme si toute interprétation était fatalement impossible, voire incommunicable. Le présent ouvrage part de la nécessité, posée par Derrida, de sortir le témoignage des limites de la dichotomie entre vérité et mensonge.

Dans *Adieu à Emmanuel Lévinas*, Derrida maintient qu'il n'existe aucun serment sans possibilité de parjure, que serment et parjure impliquent l'un et l'autre, et que cette co-implication serait quasi transcendantale (1997 : 67). Cela l'amène à proposer, dans *Demeure*, l'analyse suivante. Citons-le dans sa totalité :

> Dans notre tradition juridique européenne, un témoignage devrait rester étranger à la littérature, à ce qui se donne comme fiction, simulation ou simulacre, et qui n'est pas toute la littérature. Un témoin témoignant, explicitement ou non sous serment, là où sans pouvoir ni devoir prouver, il fait appel à la foi de l'autre en s'engageant à dire la vérité, aucun juge n'acceptera qu'il se décharge ironiquement de sa responsabilité en déclarant ou en insinuant : ce que je vous dis là garde le statut d'une fiction littéraire. Et pourtant, si le testimonial est en droit irréductible au fictionnel, il n'est pas de témoignage qui n'implique structurellement en lui-même la possibilité de la fiction, du simulacre, de la dissimulation, du mensonge et du parjure — c'est-à-dire aussi de la littérature, de l'innocente ou perverse littérature qui joue innocemment à pervertir toutes ces distinctions. Si cette possibilité qu'il semble interdire était effectivement exclue, si le témoignage, dès lors, devenait preuve, information, certitude ou archive, il perdrait sa fonction de témoignage. Pour rester témoignage, il doit donc se laisser hanter. Il doit se laisser parasiter par cela même qu'il exclut de son for intérieur, la possibilité, au moins, de la littérature (Derrida, 1998 : 30–31).

Dans cet extrait, Derrida affirme explicitement la co-implication structurale — et par ricochet, non-empirique, non-contingente — du serment et du parjure, de la vérité et du mensonge évoqués dans *Adieu*. Par-dessus tout, il pointe clairement vers la ligne à suivre : reconnaître la structure de la co-implication suppose accéder aux conditions de possibilité – de l'essentielle compossibilité – à la fois du témoignage et de la littérature.

Le présent ouvrage se nourrit des problèmes ainsi posés par la compossibilité de la littérature et du témoignage. Le problème central à partir duquel il s'organise est le suivant : le témoignage n'appartient pas à l'ordre du savoir, de la preuve objective, documentable et ostensible. Là où on trouve une preuve objective, documentable et ostensible, il n'y a pas témoignage. L'acte testimonial est exigé précisément là où il y a absence de ces preuves. Cette condition structurale de base – l'étrangeté de l'ordre du savoir – inscrit le témoignage à l'intérieur de l'horizon des autres modalités de l'attestation du partage de cette condition : mensonge, parjure, simulation, fiction et, par-dessus tout, littérature, qui puise sa source de toutes ces modalités et de leurs combinaisons. Cette condition de base autorise ainsi l'émergence de la structure ultime du témoignage : le témoignage devient l'attestation d'une présence singulière et irremplaçable dans un présent déterminé. Citons encore Derrida, dans sa totalité :

> Car témoigner, c'est toujours d'une part le faire présentement – le témoin doit être présent à la barre lui-même, sans interposition technique. Dans notre droit, le testimonial tend, sans y parvenir, à exclure toute instance technique. On ne peut pas envoyer une cassette pour témoigner à sa place. Il faut être présent soi-même, lever la main, parler à la première personne et au présent, et cela pour témoigner d'un présent, d'un moment indivisible, c'est-à-dire à un certain point d'un moment rassemblé à la pointe d'une instantanéité qui doit résister à la division. Si dont je témoigne est divisible, si le moment où je témoigne est divisible, si mon attestation est divisible, à ce moment-là elle n'est plus fiable, elle n'a plus cette valeur de vérité, de fiabilité ou de véracité à laquelle elle prétend absolument. Par conséquent, *il faut* l'instant pour le témoignage (Derrida, 1998 : 35–36).

Le moins que l'on puisse dire est que les termes de la description sont naturellement phénoménologiques, ils nous renvoient à la question husserlienne du « présent vivant » en tant que source intuitive originaire de tout acte intentionnel rempli de sens et, par ricochet, à la genèse des objets idéaux qui, selon Husserl (2010 [1962] : 46), ne peuvent être considérés que comme vrais s'ils renvoient à la source du « présent vivant », s'ils sont capables d'attester, à travers leur structure idéale, ce « présent vivant » comme leur source originale.

En réalité, témoigner dans ce contexte présuppose l'absolue identité d'un présent temporel ponctuel absolu, lié à l'absolue identité de la

présence elle-même, elle-même ponctuelle, c'est-à-dire, la possibilité du
« présent vivant » et de « la conscience intentionnelle ». Mais en même
temps, l'acte testimonial est un acte mémoriel. Témoigner implique la
possibilité d'attester la présence de quelqu'un à soi-même dans un présent
déterminé qui n'est par ailleurs plus présent et vivant au moment de
l'attestation. Bien plus, on doit pouvoir répéter cette attestation dans
un présent qui serait différent du présent d'attestation. De la sorte, le
témoignage implique nécessairement la possibilité de passer à travers sa
genèse pour retourner au présent vivant constituant sa source originale.
Seule la possibilité d'une synthèse temporelle entre la constitution d'un
présent vivant et l'objet idéal constitué autorise l'attestation de la vérité.
En termes plus clairs, le témoignage n'est vrai que lorsqu'il se rappelle
la rétention primaire du présent vivant par le biais d'un objet idéal
constitué. On le voit, pour Derrida, le témoignage rentre à cet instant
dans des eaux troubles. Pour cela, il faut se rappeler les résultats de la
déconstruction husserlienne du « présent vivant » (2010 [1962] : 46) et
de la genèse des objets idéaux : il est impossible de retourner à la source
intuitive originelle du présent vivant, car la rétention primaire a déjà
été de l'ordre de la re-présentation (*Vergegenwärtigung*), et non de l'ordre
de la présentation intuitive (*Darstellung*). Afin d'opérer une synthèse
temporelle par laquelle elle se constitue comme telle, l'expérience doit
nécessairement inscrire le présent ponctuel dans la trace itérable, une
trace structurellement différente du présent ponctuel auquel il ne peut
que référer sans jamais le présenter, sinon il serait impossible de renvoyer
à un tel présent dans un autre moment de l'expérience. On sait que dès
l'origine, la mémoire a toujours fonctionné comme écriture, bien avant
l'usage de tous les systèmes graphiques de notation. L'archi-écriture est de
ce fait une structure universelle, l'irréductible condition de l'expérience
et par ricochet de la conscience. Cela pousse Derrida à appréhender ainsi
le témoignage :

> Ce que je dis pour la première fois, si c'est un témoignage, c'est déjà une
> répétition, du moins une répétabilité ; c'est déjà une itérabilité, plus d'une fois
> en une fois, plus d'un instant dans un instant, en même temps ; et l'instant
> dès lors se divise toujours en sa pointe même, à la pointe de son écriture.
> Il est toujours en instance de se diviser, d'où le problème de l'idéalisation.
> L'instant singulier, dans la mesure où il est répétable devient un instant idéal.
> Là se trouve la racine du problème testimonial de la tekhnè. La technique, la
> reproductibilité technique, est exclue du témoignage qui en appelle toujours
> à la présence de la vive voix en première personne. Mais dès lors que le
> témoignage doit pouvoir se répéter, la tekhnè est admise, elle est introduite

là où elle est exclue… Et là s'insinue peut-être, avec le technologique, à la fois comme idéalité et comme itérabilité prothétique, la possibilité de la fiction et du mensonge, du simulacre et de la littérature, du droit à la littérature, à l'origine même du témoignage vérace, de l'autobiographie de bonne foi, de la confession sincère, comme leur compossibilité essentielle (Derrida, 1998 : 48–49).

Ainsi au sein de la genèse de la trace itérable – l'archi-écriture – qui est la condition de possibilité de la constitution d'objets idéaux, Derrida propose d'isoler la structure d'où il est possible de trouver la compossibilité essentielle du serment et du parjure, de la vérité et du mensonge, du témoignage et de la littérature. De la perspective de la forme des objets idéaux, qu'emploie nécessairement le témoignage, rien ne permet de distinguer le vrai discours du faux, le témoignage de la fiction. Pour être vraie, une attestation doit utiliser des objets universels idéaux – éventuellement des mots – qui sont en principe intelligibles partout et tout le temps et, de ce fait, malgré le présent vivant de celui qui les produit et du présent vivant de leur production. Le témoignage est de ce fait rendu possible par l'impossible assurance de sa valeur de vérité.

Témoigner, c'est peut-être vouloir attester d'une situation en la racontant d'une autre manière. Ici s'ouvre un débat compliqué sur la mise en narration de l'Histoire comme discours sur les événements passés. Ce discours se mue en jugement possible de la situation, le témoignage recouvrant une dimension judiciaire. L'ouvrage qui suit se propose d'analyser la relation problématique entre l'esthétique et la narration parfois de l'indicible. Que ce soit par le biais de la fiction ou des relations épistolaires, la question de la transmission du témoignage peut poser problème en ce qu'elle peut fragiliser son authenticité. Le recours à la fiction vient réévaluer une mémoire parfois dominée comme c'est le cas dans la littérature camerounaise. Le récit national alternatif à partir de figures héroïques comme Ruben Um Nyobè n'est pas advenu, il s'agit pourtant pour certains écrivains de faire vivre cette mémoire pour pouvoir attester de ce qui s'est passé peu avant l'indépendance officielle (Beti, 2001 ; Mbembe, 1996). C'est ainsi que s'ouvre une compétition entre les mémoires nationales avec d'un côté une mémoire officielle et de l'autre une mémoire maquisarde. Dans l'imaginaire de la postcolonie, les témoignages viennent rappeler les disparitions passées et éviter la captation de la mémoire par une forme de gouvernement privé (Mbembe, 2020 : 153 ; Premat, 2020).

La littérature testimoniale peut englober des corpus et des genres très divers comme c'est le cas avec Rodolfo Walsh en Amérique latine (Walsh, 2007). En outre, la littérature dispose d'un avantage, c'est qu'elle est capable de procéder à une reconstruction fictionnelle de certains détails pour susciter l'empathie du lecteur et lui donner des clés herméneutiques pour comprendre des événements traumatisants. Ainsi, Beigbeder s'engage à retranscrire les moindres détails de la journée du 11 septembre 2001 pour donner à son lecteur la possibilité d'avoir accès à ce qui a dû se passer (Beigbeder, 2003 ; Eco, 1985). La réalité crue ne peut pas être transcrite de manière transparente, l'espace de la reconstruction des évènements peut être rempli par la fiction. La littérature peut même transfigurer le sens d'événements tragiques à l'instar de la manière dont Michaël Ferrier entrevoit le séisme de Fukushima (Ferrier, 2013).

Poétiques et Politiques du témoignage est organisé en trois parties. La première partie, « Esthétiques et graphismes du témoignage » engage la discussion sur les formes et les technologies linguistiques du témoignage. Elle explore la variété des formes littéraires du témoignage, en particulier certains supports, dispositifs et types de discours, et stratégies employés par les écrivains pour faire de l'œuvre de fiction un lieu efficace de transmission du témoignage. Quatre essais composent cette partie. Les deux premiers attestent de l'existence d'un genre testimonial. L'essai de Joceline Chabot et de Sylvie Kasparian pose le genre épistolaire comme modalité propre d'une littérature-témoignage. Au cœur de leur réflexion se trouve la question essentielle du rapport entre genre épistolaire et écriture de l'histoire à travers notamment la correspondance épistolaire maintenue par l'infirmière américaine Katharine Adèle McFarland, membre de la Croix Rouge américaine, déployée auprès des réfugiés orphelins grecs et arméniens en Tchécoslovaquie, en Turquie et en Grèce pendant quatre ans. L'analyse de ses lettres par les auteures permet de dévoiler comment le genre épistolaire arrive à dire la souffrance des réfugiés et des orphelins dans un mode qui rend compte, en même temps, de la compassion et de l'humanité de l'épistolière. La lettre a ainsi le pouvoir de dire la vérité historique et de rendre compte d'une vérité humaine qui donne au témoignage épistolaire une puissance indéniable de captation. Et c'est ce pouvoir de captation d'un genre unique, le récit d'esclavage, qui intéresse l'essai de Christiane Connan-Pintado. Pour elle, c'est la richesse d'un genre porteur d'une technologie scripturale illimitée (fictionnalisation, hybridité, focalisation, métaphorisation, iconotextualité) qui contribue de manière significative et efficace à la légitimation de la production d'enjeux mémoriels. Le récit d'esclave offre à Connan-Pintado la capacité de trouver l'équilibre entre mémoire et histoire. En faisant du floutage et de la poétisation des dispositifs uniques de fictionnalisation de l'histoire de l'esclavage, l'auteure montre que le récit d'esclave accomplit un « travail post-mémoriel » vital dans la diffusion et la pérennisation d'une vérité humaine de l'esclavage. L'analyse de ces dispositifs montre qu'en tant que genre, la fiction testimoniale s'appuie sur des formes particulières qui, sans en constituer une esthétique homogène, renvoient à des graphismes qui sont eux-mêmes autant de styles testimoniaux. Cette stylistique, les deux derniers essais de cette première partie la théorisent à travers l'intertexte, des figures de rhétorique, et des stratégies narratives pertinentes. L'étude stylistique que propose Yanick Fepekam Noupayie sur le récit testimonial de *L'autre moitié du soleil* de Chimamanda Ngozi Adichie a vocation à révéler les ressorts formels sur lesquels repose la littérarisation du témoignage. Pour lui, c'est le témoignage qui investit la fiction et cela se fait au travers de certains procédés tels que l'intertexte, l'oralité, les figures de rhétorique qui font ainsi de la fiction testimoniale un lieu d'archivage de la vérité et une arme redoutable contre l'anamnèse. De son côté, Victoria García, en remettant sur la table la question de l'institutionnalisation du témoignage comme genre, offre un espace de réflexion sur les modalités textuelles présidant à l'écriture testimoniale dans les écrits de Rodolfo Walsh. Elle montre que chez ce dernier, la fiction testimoniale est un discours dans lequel le récit factuel est avant tout prise de parole, acte politique, création d'un univers lectoral mettant les lecteurs face à leur responsabilité historique. Cette première partie montre surtout que la fiction testimoniale, de par son esthétique et ses modalités textuelles propres, ses graphismes, est un lieu révélateur de toute l'ampleur de l'évènement. C'est l'objet de la deuxième partie de *Poétiques et politiques du témoignage*, en particulier la manière dont la fiction testimoniale flirte avec le documentaire.

Constituée de cinq essais, cette deuxième partie comprend deux réflexions sur des évènements-traumatiques (les attentats du 11 septembre 2001 à New York et l'attentat de Charlie Hebdo), et trois analyses sur des évènements-catastrophes (le séisme de Fukushima, la Shoah, et l'épidémie d'Ebola). Jovensel Ngamaleu propose en effet de suivre l'écriture chronologique adoptée par Frédéric Beigbeder dans *Windows on the World* pour voir comment la fiction testimoniale rivalise avec l'écriture documentaire. Il montre que la référentialité apparente de *Windows on the World* cache en fait des stratégies (l'écriture fragmentaire notamment) particulières pour révéler le « possible inaccompli d'un évènement réel » et que la fiction devient un moyen pour rattraper et surmonter les limites du réel. C'est en considérant la portée du réel que l'essai proposé par Marion Billard se penche sur la réception de l'évènement et la manière dont la littérature le fait revivre. Elle montre que l'écriture du texte *Le Lambeau* arrive à faire surgir une voix dans l'évènement en remaniant ainsi la temporalité. Chez lui, la fiction testimoniale ne dit plus seulement l'attentat, mais aussi la souffrance, la lenteur, la reconstruction psychique et physique et de ce fait, devient universelle. Et c'est l'universel que Asako Muraishi appréhende comme bénéfice unique de la fiction testimoniale, en proposant précisément une investigation de la poétique du désastre chez Michaël Ferrier à propos du séisme de Fukushima. Selon Asako Muraishi, Michaël Ferrier part du principe de l'impossibilité même de la littérature de témoigner pour arriver à rentrer dans la poésie, en faisant du même coup basculer l'indicible vers le dicible. Il trouve que c'est en fait la force vitale de l'abysse de la catastrophe qui permet à la poésie d'exister, c'est-à-dire de rendre universelle la vulnérabilité et d'accéder à la vérité humaine. Ceci constitue d'ailleurs l'objet de la réflexion de Pawel Kamiński qui, analysant *Rescapés* de Mikolaj Grynberg, en vient à affirmer la supériorité du témoignage des rescapés de la Shoah sur les récits officiels. Il en conclut que la fiction testimoniale réussit à contester l'équilibre artificiel entre Justice, Morale et Vérité qui, notions selon lui, s'entremêlent. La fiction testimoniale est comme une traversée qu'Hannah Grayson nomme *spillover* et qu'elle analyse dans les écrits de Véronique Tadjo et de Paule Constant. Pour Grayson, la fiction testimoniale, lorsqu'elle narre la catastrophe notamment, est essentiellement un processus diachronique et synchronique de la ruine. Dit autrement, la littérature de témoignage décrit l'évènement pour le dépasser afin de sortir des « formations impériales » de la vérité et de l'histoire. En fait, raconter l'épidémie d'Ebola, c'est être attentif à la manière dont les effets de l'histoire coloniale continuent d'empaqueter le fait historique dans un humanitarisme rassurant.

La troisième partie de *Poétiques et Politiques du témoignage* appréhende la postcolonialité dans la fiction testimoniale pour montrer comment les dispositifs impériaux confinent l'histoire aux limites mêmes du discours postcolonial. Cette partie comporte elle aussi cinq réflexions. Alain Ekorong analyse la dimension idéologique du témoignage collaboratif à propos du génocide rwandais. Il démontre à travers une relecture du matériel paratextuel des écrits rwandais sur le génocide que le témoignage collaboratif révèle un certain empaquetage de l'altérité en situation postcoloniale et que l'espace narratif devient un lieu d'exercice d'un ordre particulier du discours. Ici, la fiction testimoniale africaine réaffirme l'urgence de la mise en scène de dispositifs culturels pouvant garantir l'intraduisibilité de l'expérience traumatique. Ce sont d'ailleurs ces dispositifs que Lucie Gatsing Kengne s'évertue à mettre en lumière dans son analyse de la réécriture testimoniale dans *Les Maquisards* de Hemley Boum. Chez elle, réécriture testimoniale rime avec respatialisation, retemporalisation et rethéâtralisation, toutes choses qui permettent de faire basculer le mémoriel dans l'orbe du mémorial, évitant à la vérité humaine de rentrer dans l'oubli définitif et total. L'oubli justement. C'est l'objet de l'essai de Mervette Guerroui qui, analysant *Le Blanc de l'Algérie* d'Assia Djebar, se penche sur les stratégies déployées par cette écrivaine pour déconstruire les discours dominants et officiels. Pour Guerroui, l'écriture testimoniale djebarienne est essentiellement travail de mémoire, travail de l'absent de l'histoire (De Certeau, 1973). En ce sens, elle montre que la fiction testimoniale telle qu'elle se pratique en postcolonie est par nature contestataire, dénonciation d'un ordre établi, car elle se situe toujours entre factuel et fictionnel, éthique et esthétique. En choisissant d'explorer les maquisards des romans camerounais, Tayamaou Égué appréhende en réalité la fiction testimoniale sous le prisme de la contestation. En effet, ainsi étiquetés par l'administration coloniale au Cameroun, les nationalistes camerounais se sont vus basculés dans la sphère de l'illégalité, malgré des revendications légitimes d'accès à l'indépendance. L'analyse que propose Tayamaou Égué de trois romans classiques camerounais, *Remember Ruben* de Mongo Beti, *La Procession des charognards* de Mutt-Lon et *Les Maquisards* de Hemley Boum, montre que la fiction testimoniale postcoloniale est une narration de reconstruction historique. C'est une fiction de réappropriation d'un passé que les métanarrations coloniales ont tenté de confisquer. C'est cela que théorise précisément le dernier essai de *Poétiques et politiques du témoignage*. Dans sa réflexion, Soulémanou Mefire, relisant *Les Maquisards* de Hemley Boum, *Confidences* de Max Lobe et *Empreintes de crabe* de Patrice Nganang, affirme que la littérature testimoniale camerounaise est un combat sérieux contre les falsifications permettant la construction d'une identité ancrée sur la vérité, celle d'une communauté ayant subi tous les torts et toutes les injustices de l'histoire.

En réalité, le présent ouvrage suggère que la poétique et la politique du témoignage ne se recoupent pas toujours ; pourtant, il y a des manières de raconter et d'attester en invitant le lecteur à se questionner par rapport à la réalité des choses. La politique du témoignage vise à maintenir un rapport critique du lecteur au discours historique tandis que la poétique installe une nouvelle relation de l'être au monde qui l'entoure. Comme l'écrivait Maurice Merleau-Ponty, « le langage n'est pas un masque sur l'Être, mais, si l'on sait le ressaisir avec toutes ses racines et toute sa frondaison, le plus valable témoin de l'Être, (…) il n'interrompt pas une immédiation sans lui parfaite » (Merleau-Ponty, 1964 : 167–168). La poétique dépasse en ce sens la simple politique du témoignage, elle dévoile une qualité d'être-au-monde permettant de transfigurer l'horreur des catastrophes historiques et naturelles.

Bibliographie

ALLIÈS, Paul (1994). « Écrire sa vie. Entretien avec Jorge Semprun », *Pôle Sud,* 1 : 23–34.

BEIGBEDER, Frédéric (2003). *Windows on the World.* Le Mans : Libra diffusio.

BETI, Mongo (2001). *Remember Ruben.* Paris : Le Serpent à Plumes.

CERTEAU, Michel de (1973). *L'absent de l'histoire.* Paris : Mame.

DERRIDA, Jacques (1997). *Adieu à Emmanuel Levinas.* Paris : Galilée.

DERRIDA, Jacques (1998). *Demeure : Maurice Blanchot.* Paris : Galilée.

DERRIDA, Jacques (2004). « Poétique et politique du témoignage », *Cahiers de l'Herne* : 521–539.

DJEBAR, Assia (1995), *Le Blanc de l'Algérie.* Paris : Albin Michel.

ECO, Umberto (1985 [1979]). *Lector in fabula. Le rôle du lecteur.* Paris : Grasset.

FERRIER, Michaël (2013 [2012]). *Fukushima. Récit d'un désastre.* Paris : Gallimard, coll. « folio ».

HALBWACHS, Maurice (1994). *Les Cadres sociaux de la mémoire.* Paris : Albin Michel.

HUSSERL, Edmund (2010 [1962]). *L'origine de la géométrie.* Trad. Jacques Derrida. Paris : PUF.

JONAS, Hans (1994). *Le Concept de Dieu après Auschwitz. Une voix juive.* Paris : Rivage poche. Traduction Catherine Chalier.

MBEMBE, Achille (1996). *La Naissance du maquis dans le Sud-Cameroun.* Paris : Karthala.

MBEMBE, Achille (2020). *De la postcolonie, Essai sur l'imagination politique dans l'Afrique contemporaine.* Paris : La Découverte.

MERLEAU-PONTY, Maurice (1964). *Le Visible et l'Invisible.* Paris : Gallimard.

PREMAT, Christophe (janvier 2018). « L'écriture de la mémoire dans *Le grand voyage* de Jorge Semprun », *CRELIS,* n° 7 : 189–202.

PREMAT, Christophe (8 novembre 2020). « Achille Mbembe, *De la postcolonie, Essai sur l'imagination politique dans l'Afrique contemporaine* », *Lectures,* DOI : https:/doi.org/10.4000/lectures.45258

RICŒUR, Paul (mars 2007). *Vivant jusqu'à la mort.* Paris : Seuil.

SEMPRUN, Jorge (1963). *Le Grand voyage.* Paris : Gallimard.

SEMPRUN, Jorge (1994). *L'écriture ou la vie.* Paris : Gallimard.

WALSH, Rodolfo (2007). *Ese hombre y otros papeles personales.* Buenos Aires: De la Flor.

PREMIÈRE PARTIE :

ESTHÉTIQUES ET GRAPHISMES DU TÉMOIGNAGE

Témoigner au cœur de l'humanitaire : la correspondance de l'infirmière Katharine A. McFarland (1921–1925)

JOCELINE CHABOT
Université de Moncton, Canada

SYLVIA KASPARIAN
Université de Moncton, Canada

Résumé : Dans le cadre de cette contribution, nous souhaitons analyser la correspondance d'une jeune infirmière américaine, Katharine Adele McFarland (1896–1986), engagée dans différentes organisations humanitaires dans le monde à partir d'une approche multidisciplinaire à la fois historique et linguistique. Notre objectif principal est d'étudier la production testimoniale de Katharine A. McFarland à partir du genre narratif de la lettre. En tenant compte de l'intérêt et des limites du genre épistolaire, nous voulons répondre aux questions suivantes : comment l'écriture épistolaire normée peut-elle témoigner des émotions, des idées, des découvertes de Katharine A. McFarland plongée dans un nouvel environnement ? Comment a-t-elle vécu, présenté et reconstruit son expérience professionnelle et personnelle (affective et émotionnelle) au cœur de l'humanitaire à travers sa correspondance ? Nous pensons qu'il est possible d'identifier les stratégies discursives mises en œuvre à travers l'écriture épistolaire et ainsi éclairer l'univers narratif d'une travailleuse humanitaire dans son contexte culturel, historique et dans un cadre transnational.

Mots-clés : infirmière, aide humanitaire, correspondance, Katharine A. McFarland, Moyen-Orient.

Abstract: In this chapter, we wish to analyze the correspondence of a young American nurse, Katharine Adele McFarland (1896–1986), who was involved in various humanitarian organizations around the world, using a multidisciplinary approach. Our main objective is to study the testimonial production of Katharine A. McFarland using the narrative genre of the letter. Considering the interest and the limits of the epistolary genre, we seek to answer the following questions: how can standard epistolary writing testify to Katharine A. McFarland's emotions, ideas and discoveries in a new environment? How did she live, present and reconstruct her professional and personal experience(affective and emotional) at the heart of her humanitarian work through her correspondence? We believe that it is possible to identify discursive strategies implemented through epistolary writing and thus shed light on the narrative universe of a humanitarian worker in her cultural and historical context and in a transnational framework.

Keywords: Nurse, humanitarian aid, correspondence, Katharine A. McFarland, Middle East.

Introduction

En 1915–1916, les autorités de l'Empire ottoman mettent en œuvre la destruction de la population arménienne (Akçam, 2004 ; Kévorkian, 2006). Le génocide des Arméniens et les massacres post-génocidaires (1917–1923) entraînent la mort de plus d'un million d'Arméniens. Les populations grecques et assyro-chaldéennes sont aussi victimes de massacres et de déportations qui font des centaines de milliers de victimes (Bruneau, 2012 : 57–83 ; Gaunt, Atto, Barthoma, 2017 ; Gerwarth, 2017 ; Khosoreva, 2007 : 267–274). Cette catastrophe engendre une crise humanitaire sans précédent qui laisse dans le dénuement une population fragilisée composée de centaines de milliers de réfugiés et d'orphelins (Nercessian, 2016 ; Shirinian, 2016 : 44–66). Pour leur venir en aide, plusieurs organisations et groupes missionnaires se mobilisent. Parmi ceux-ci, l'un des plus importants est le *Near East Relief* (NER). Cette organisation américaine dispose de moyens extraordinaires basés sur la charité privée, l'aide des autorités gouvernementales et la mobilisation de la population grâce à une intense publicité dans les médias (Balakian, 2005). Sur le terrain, le NER travaille en collaboration avec des organisations comme l'*American Red Cross* (ARC), le *Young Man Christian of America* (YMCA) et le *Young Women Christian of America* (YWCA), l'*American Women's Hospitals* (AWH) et des organisations de secours arméniennes comme l'Union générale arménienne de Bienfaisance (UGAB).

En 1919, l'Empire ottoman vaincu est occupé par les Alliés. Désormais, pour les nationalistes turques, leur pays semble « une citadelle assiégée » (Flateau, 2016 : 34). C'est dans ce contexte que 13,000 soldats grecs débarquent à Smyrne avec l'aval de la France et de la Grande-Bretagne.

Du côté britannique, David Lloyd George, le Premier Ministre, se montre favorable à la création d'un empire grec d'Orient qui défendrait les intérêts de la Grande-Bretagne sur le terrain (Daleziou, 2002 : 89). À compter du 15 mai 1919, l'armée grecque occupe la ville portuaire de Smyrne, cité cosmopolite qui compte une importante communauté grecque, et conquiert l'intérieur du territoire anatolien. Rapidement, la résistance turque s'organise autour de la figure de celui qui deviendra le fondateur de la Turquie moderne, Mustapha Kemal dit Atatürk. En août 1922, les soldats grecs subissent une défaite importante aux mains des troupes nationalistes de Kemal. En septembre, la prise de la ville de Smyrne (Izmir) par les troupes turques marque la fin du rêve d'une grande Grèce en Asie Mineure (Daleziou, 2002 : 84–86). Soumise au pillage, au massacre et à l'incendie des quartiers chrétiens de la ville – les quartiers juif et musulman sont épargnés – la population chrétienne de Smyrne s'entasse sur les quais dans l'espoir d'échapper aux tueries et d'être évacuée (Psomiades, 2001–2002 : 136–137 ; Tusan, 2012). À cette occasion, les organisations humanitaires vont mobiliser leur personnel, médecins, infirmières, travailleurs sociaux, afin d'offrir l'aide d'urgence nécessaire au déplacement de centaines de milliers de personnes vers la Grèce (Rodogno, 2014 : 83–99). Dès 1922, le NER organise le gros de ses activités humanitaires en Grèce et s'engage d'abord à nourrir, soigner et, plus tard, éduquer et former les enfants regroupés dans ses orphelinats (Barton, 1930 ; Cassimatis, 1988 ; Peterson, 2004).

En 1921, une jeune infirmière américaine, Katharine Adele McFarland (1896–1986), issue d'un milieu aisé de Philadelphie – son père est médecin – quitte les États-Unis pour l'Europe et l'Empire ottoman. À compter de 1921 et jusqu'à 1925, elle œuvre au sein de la Croix-Rouge américaine, tout d'abord à Hodonín en Tchécoslovaquie dans une clinique familiale et, à compter de 1922, pour l'AWH et le NER, à Constantinople en Turquie, puis à Oropos, Corfou et Athènes en Grèce auprès des réfugiés et des orphelins grecs et arméniens. Durant ses quatre années au service de la Croix-Rouge, de l'AWH et du NER, Katharine A. McFarland maintient une correspondance épistolaire régulière avec sa famille, témoignant de son expérience professionnelle, mais aussi plus personnelle au cœur de l'aide humanitaire au secours d'une population en détresse.

Dans le cadre de cette contribution, nous souhaitons analyser cette correspondance à partir d'une approche multidisciplinaire à la fois historique et linguistique. Notre objectif principal est d'étudier la production testimoniale de Katharine A. McFarland à partir du genre narratif de la lettre qui est une forme de dialogue écrit puisqu'il suppose un destinataire (Ferreyrolles, 2010 : 14). En tenant compte de l'intérêt et des limites du genre épistolaire, nous voulons répondre aux questions suivantes : comment l'écriture épistolaire peut-elle rendre compte des émotions, des idées, des découvertes de Katharine A. McFarland plongée dans un nouvel environnement ? Comment a-t-elle vécu, présenté et reconstruit son expérience professionnelle et personnelle (affective et émotionnelle) au cœur de l'humanitaire à travers sa correspondance ? Nous pensons qu'il est possible d'identifier les stratégies discursives mises en œuvre à travers l'écriture épistolaire et ainsi éclairer l'univers narratif d'une travailleuse humanitaire dans son contexte culturel, historique et dans un cadre transnational.

1. Les sources : Letters from abroad

Notre corpus relève de ce qu'on appelle l'écriture épistolaire. La lettre est d'abord identifiable à sa mise en forme : généralement datée avec une indication de lieu, elle est adressée à un destinataire dont le nom est précisé dans la suscription. Elle se termine par une formule de politesse et la signature de son auteur (Ferreyrolles, 2010 : 7). La correspondance de Katharine A. McFarland n'échappe pas à ces codes. Ses lettres, que l'on peut désigner comme « familières », sont adressées à ses proches. En effet, les principaux destinataires des lettres de Katharine sont d'abord ses parents et ensuite ses grands-parents. Comme le fait remarquer Gérard Ferreyrolles, la lettre est une conversation avec un absent (2010 : 14). Elle engage donc un dialogue écrit avec le destinataire. Elle cherche ainsi à abolir l'éloignement par la communication, à remédier à cette absence (Montandon, 2016 : 36). Tout au long de son séjour outre-mer, Katharine A. McFarland écrit très régulièrement à sa famille. Elle les tient au courant des événements qui surviennent, les informe de son quotidien, bref, leur donne des nouvelles de toutes sortes. D'ailleurs, si à l'occasion cette correspondance s'interrompt, ses parents, inquiets, n'hésitent pas à télégraphier à la Croix-Rouge et au NER afin d'avoir des nouvelles de leur fille. Par exemple, le 31 janvier 1922, le père de Katharine, le docteur Joe McFarland demande à l'ARC de s'assurer que Katharine, en poste à Hodonín, va bien. Le 14 février, la Croix-Rouge l'informe de la bonne santé de sa fille et, du même souffle, demande à cette dernière d'écrire rapidement à ses parents (McFarland, 1922 : 76). Bien que sa correspondante ait été adressée à ses parents, ceux-ci la faisaient circuler auprès des autres membres de la famille. Cette pratique qui relève, selon l'expression d'Agnès Steuckardt, de la conversation sociale avec la famille élargie, n'est pas rare à l'époque comme l'ont montré les travaux de l'équipe de chercheurs de l'Université de Montpellier portant sur les lettres des Poilus de la Grande Guerre (2015). Signalons qu'à terme, ses parents ont conservé toutes les lettres reçues de leur fille en poste outre-mer ainsi que des photos et des cartes postales qui les accompagnaient.

Au niveau matériel, la correspondance de Katharine A. McFarland prend l'apparence de lettres écrites sur des feuillets lignés et perforés de façon à les inclure dans des classeurs à trois trous (voir figure 1 ci-dessous).

L'ensemble du corpus remplit trois classeurs. Ce format particulier et uniforme peut laisser supposer que Katharine souhaitait que ses lettres soient conservées par ses destinataires. L'écriture manuscrite est soignée, rarement raturée ou tâchée, et certaines lettres sont dactylographiées.

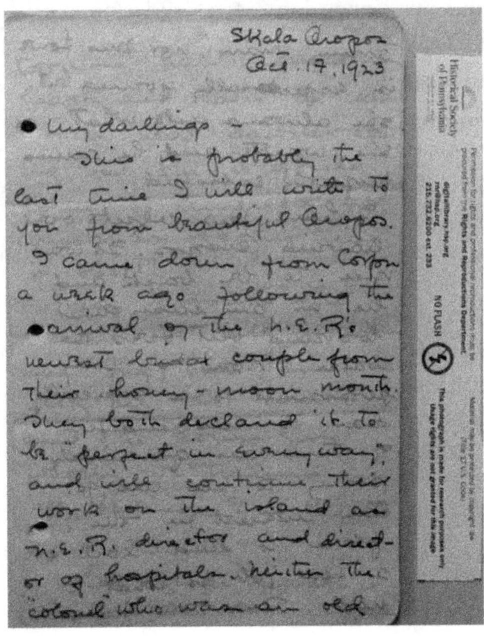

Figure 1. *Photo d'une page de lettre manuscrite de K. A. McFarland (Grim-McFarland-Woodbridge family history collection, Collection 3706, The Historical Society of Pennsylvania)*

En 2009, ce riche corpus de lettres, qui n'a jamais été publié, a été dactylographié par la fille de Katharine A. McFarland, Virginia Gerken Laplante, qui en signe l'introduction. Elle a aussi ajouté quelques notes de bas de page qui offrent un complément d'information sur les personnes ou les lieux mentionnés dans les lettres. Virginia Gerken Laplante précise que l'ensemble des lettres envoyées par Katharine à ses parents a été transcrit exactement tel que rédigé dans sa forme originale manuscrite. Toutefois, il s'agit d'une correspondance « monodique » (Simonet-Tenant, 2004 : 39) puisque, malheureusement, les lettres écrites en réponse par les destinataires de Katharine n'ont pas été conservées. L'échange épistolaire entre la famille McFarland est donc incomplet. Néanmoins, Katharine prend en compte les propos, les remarques et les questions de ses parents dans sa réponse à leurs échanges. Par exemple, dans une lettre du 22 mars 1922, elle écrit : « *You asked, Mother, why I leave the A.R.C. [American Red Cross]*[1] » (McFarland, 1922 : 90). Précisons, que les lettres manuscrites ainsi que leur transcription dactylographiée ont été déposées à l'Historical Society of Pennsylvania à Philadelphie où nous avons pu les consulter. Notons aussi que, dans cette étude, nous utilisons la version dactylographiée des lettres et les pages citées renvoient à cette version.

Le corpus à l'étude est ainsi constitué de 150 lettres écrites dans leur version originale (en anglais) entre le 16 octobre 1921 et le 20 août 1925 à partir des différents postes où elle a œuvré et des endroits qu'elle a visités durant ses vacances (France, Italie, Autriche, Angleterre). Ce corpus est intéressant d'un triple point de vue. Premièrement, il s'agit, comme nous l'avons dit plus haut, d'une correspondance complète et régulière qui couvre une période de quatre ans et qui se déploie au cœur des bouleversements qui frappent l'Asie Mineure et l'Europe au lendemain de la Première Guerre mondiale. Deuxièmement, il ouvre une fenêtre sur l'expérience personnelle et professionnelle somme toute peu commune d'une jeune femme célibataire au moment charnière où s'organise l'aide humanitaire transnationale durant les années 1920. Troisièmement, il est remarquable par la liberté de ton dont fait preuve l'épistolaire, par la qualité de ses réflexions ainsi que par le souci du détail des descriptions qu'elle offre à ses destinataires.

---

[1]   Nous traduisons : « Vous demandez, Mère, pourquoi je quitte l'A.R.C. »

2. « *A letter once in a while would be very acceptable*[2] ». *Analyse du corpus*

Le corpus de lettres, qui compte 124 264 mots, a été examiné au prisme d'outils informatiques de pointe en analyse du discours. À l'aide du logiciel IRaMuTeQ[3], nous avons effectué une lecture systématique de ce corpus textuel grâce à la lexicométrie-logométrie[4] qui marie l'exploration qualitative et l'exploitation quantitative, permettant ainsi une analyse fine des textes. Ce type d'analyse a un pouvoir descriptif impossible à l'œil nu sur un gros volume de texte, mais aussi un « pouvoir suggestif et une valeur heuristique » qui apportent une autre vision du texte (Mayaffre, 2010). En effet, la médiation de l'outil informatique entre le texte et le chercheur offre un recul intéressant qui permet de remonter des corpus pour bâtir des hypothèses. Ainsi, nous abordons les textes et le parcours interprétatif de notre corpus avec un logiciel de logométrie, en présentant tout d'abord une cartographie ou un nuage de mots de l'ensemble du corpus. Ensuite, nous regardons de plus près les différents mondes lexicaux qui constituent l'univers du discours épistolaire de McFarland.

2.1. *Cartographie générale de l'ensemble du corpus : le nuage de mots*

Dans un premier temps, nous avons exploré le corpus de lettres de Katharine A. McFarland envoyées à ses parents en procédant à une cartographie générale. Réalisé avec le logiciel IRaMuTeQ, le graphique ci-dessous (figure 2) présente le poids des 200 premiers mots les plus fréquents qui constituent le lexique de ses lettres.

D'emblée, nous constatons que les mots « *Me /moi* » et « *Time/ temps* » sont au cœur de ce témoignage. Ces deux mots les plus fréquents dans le corpus affirment une vision subjective du discours reliée au genre épistolaire, d'une part, et l'importance, d'autre part, de la thématique du

---

[2]   Nous traduisons : « Une lettre de temps en temps serait très acceptable ». (McFarland, 1921 : 25)

[3]   Logiciels développés dans le cadre du réseau européen en analyses statistiques de données textuelles (JADT). IRaMuTeQ a été développé par Pierre Ratinaud Laboratoire LERASS, Université de Toulouse, www.Iramuteq.org

[4]   Logométrie (logos = discours et métrie = mesure), mesure du discours (Mayaffre, 2010 : 22).

Figure 2. *Nuage de mots : les termes centraux dans le témoignage de McFarland*

temps puisque celui-ci est un marqueur de l'échange dans le cadre d'une communication différée.

Il faut préciser que ce qui nous intéresse ici en tant que chercheure, ce n'est pas seulement le repérage des mots, mais surtout de pouvoir inférer à partir de l'utilisation de telle ou telle autre catégorie de mots (vocabulaire, adjectif, pronoms, verbes, articles, etc.) une stratégie cognitivo- discursive mise en œuvre par le locuteur : « Communiquer c'est nécessairement traduire une expérience totale atemporelle en la plaçant dans une séquence temporelle […]. Il s'agit donc de déplier l'expérience, de la dérouler devant l'auditeur […] » (Rimé, 1984 : 417–418, cité dans Marchand, 1998 : 93).

Quelles modalités McFarland utilise-t-elle pour « dérouler » son expérience à ses interlocuteurs ? Notons que ce qui se joue avec l'utilisation d'un pronom plutôt qu'un autre c'est le type de « construction même de l'espace interlocutoire » (Marchand, 1998 : 97). Ainsi, on considère que l'emploi fréquent des pronoms caractérise une appropriation ou une prise en charge du discours par le locuteur. La fréquence des pronoms de la première personne traduit ce que Francis Jacques, (1997, cité dans Marchand, 1998) appelle la rétroréférence (référence à l'énonciateur). De plus, l'utilisation du « je-me-moi » (pronoms personnels, première personne) par McFarland traduit un acte d'engagement : l'acte est accompli par l'énonciateur en son nom, en même temps que le sujet est posé par lui. McFarland est le centre de son discours avec les fréquentes utilisations de « *Me/I* », ce qui est le propre d'une énonciation épistolaire, surtout quand on s'adresse à des locuteurs intimes. En somme, « *Me/ I* » sont au centre de l'écriture épistolaire, car, à travers la lettre, l'auteur parle d'abord de soi. Comme le rappelle Gérard Ferreyrolles : « [La lettre] met en scène un « je » écrivant [...] » (2010 : 15).

Le choix des verbes quant à lui résulte du jeu voulu par l'énonciateur quant à l'ancrage d'un objet dans un « réel discursivement mis en scène » (Marchand, 1998 : 102 ; Ghiglione, Matalon, Bacri, 1985). Comme on peut le constater sur la figure 2, les verbes centraux qui entourent le mot « *Me* » sont « *think* » et « *know*[5] », d'autres verbes gravitent autour comme « *plan* », « *tell* », « *leave* », « *like* », « *ask* », « *meet* », « *feel* », « *send* », « *train*[6] ». En effet, le recours à une catégorie de verbes est un indicateur du type de mise en scène que développe le discours. McFarland met en scène son discours par des verbes structurés par le *dire* et le *penser*, (renvoyant à la transcription langagière d'une déclaration sur un état, une action, un objet, un sentiment) (Marchand, 1998 : 103) ; des verbes d'action surtout structurés par le *faire*, mais peu de verbes d'état (être/avoir). Ainsi, son discours est surtout structuré par les verbes *think et know*, des verbes de type cognitif qui marquent le genre de rapports qu'elle entretient avec le monde, les objets dont elle parle, c'est-à-dire une certaine attitude, une disposition, une certaine distance, un jugement par rapport à ces objets. Par ailleurs, des émotions ressortent par l'utilisation des verbes de type affectifs comme « *love* », « *feel* », « *like*[7] » tout en gardant une distance, un jugement par rapport à la situation qu'elle dépeint : « *How much I do*

---

[5]   Nous traduisons : « penser », « connaître/savoir ».

[6]   Nous traduisons : « planifier », « dire », « quitter », « aimer/apprécier », « demander », « rencontrer », « sentir », « envoyer », « entraîner/former ».

[7]   Nous traduisons : « aimer », « ressentir ».

enjoy the friendship of those poor old women and men. It makes me happy to think I had an opportunity to do little things for them[8] » (McFarland, 1922 : 137).

La deuxième catégorie de verbes en importance est celle des verbes d'action de type *faire*. Ceux-ci ont pour fonction « de caractériser la réalisation, la production d'un objet, une manière d'agir sur quelqu'un ou quelque chose, de produire un effet » (Bromberg et Dorna, 1985, cité dans Marchand, 1998 : 103). Dans cette catégorie, on retrouve les actions physiques comme « *leave* », « *come* », « *dance* », « *return* », « *bring*[9] » et les actions d'interaction sociale : « *talk* », « *help* », « *care* », « *train*[10] ». Citons ces quelques exemples : « *The peasants were dancing on the common and when they saw me with a hoop, they dragged me into the dance with them. I had no idea of what I was doing but kept up with the others anyway*[11] » (McFarland, 1923 : 200). « *[...] It was fine galloping over the fields*[12] » (McFarland, 1925 : 342). « *After two weeks we examined 247 children and found 20 % to be positive T.B. and 19 % anemic not to mention a thousand and one other ailments. Looks as tho we are needed pretty badly*[13] » (McFarland, 1921 : 41).

Par ces verbes, elle met en place le scénario d'une vie active, dynamique, d'un quotidien plein d'actions, de réalisations, de découvertes et d'apprentissage, aussi bien dans sa vie professionnelle que sociale. Par ailleurs, bien que la lettre exige de marquer le discours dans le temps par la nécessité de dater le propos, les récits racontés appellent également à un marquage des événements et de leur durée dans le temps. Tel qu'on peut le voir dans le graphique ci-dessus (figure 2), les mots « *week* », « *last* », « *long* », « *year* », « *today* », « *yesterday* », « *month*[14] », entre autres,

---

[8]   Nous traduisons : « Combien j'apprécie l'amitié de ces pauvres vieilles femmes et vieux hommes. L'idée d'avoir pu faire de petites choses pour eux me fait plaisir ».

[9]   Nous traduisons : « partir », « arriver », « danser », « revenir », « apporter ».

[10] Nous traduisons : « parler », « aider », « soigner », « former ».

[11] Nous traduisons : « Les paysans dansaient dans la commune et quand ils m'ont vue avec mon cerceau, ils m'ont entraînée dans la danse avec eux. Je n'avais aucune idée de ce que je faisais, mais j'ai quand même suivi les autres ».

[12] Nous traduisons : « C'était bien de galoper dans les champs ».

[13] Nous traduisons : « En deux semaines nous avons examiné 247 enfants et avons trouvé 20 % positifs T.B [tuberculose] et 19 % anémiques, sans parler des mille et une autres maladies. Il semble qu'ils aient extrêmement besoin de nous ».

[14] Nous traduisons : « semaine », « dernière », « long », « année », « aujourd'hui », « hier », « mois ».

gravitent autour du noyau « *time* ». Ce marquage permet sans doute de maîtriser le temps, de fixer des balises, de réguler le quotidien, de donner un sens à l'événement, alors que l'épistolière est plongée au cœur d'un univers entièrement nouveau et, sans doute, parfois peu rassurant. Signalons un deuxième axe transversal à ces lettres qui est révélé dans ce nuage de mots et qui vient compléter l'axe du temps pour former l'espace spatio-temporel marqueur de la distance, il s'agit d'indicateurs d'espace et de lieux avec les mots « *home* », « *room* », « *hospital* », « *Greece* », « *Constantinople*[15] ». Faut-il rappeler que l'exil et le voyage favorisent l'écriture épistolaire ? Quoiqu'il en soit, ces termes permettent aux destinataires de suivre Katharine dans ses pérégrinations, de vivre son quotidien et ainsi de conserver le lien avec la maison, le foyer familial.

2.2. Les mondes lexicaux

2.2.1. Cinq univers de discours

Dans un deuxième temps, nous avons voulu pousser plus loin l'analyse et étudier les mondes lexicaux qui construisent les récits de l'épistolière. D'emblée une question se pose : comment le vocabulaire mobilise-t-il et définit-il les thématiques contenues dans le discours de McFarland ? L'analyse de la classification automatique de l'ensemble du vocabulaire avec Iramuteq, selon la méthode Reinert[16], nous révèle cinq classes ou mondes lexicaux. Ceux-ci sont projetés sur un plan multidimensionnel par l'Analyse Factorielle de Correspondance[17] (figure 3).

Chacune des cinq classes est définie par son vocabulaire. Comme le montre la figure 3 ci-dessus, la classe 5 en mauve à droite quadrant haut du graphique est la première à se dégager de l'analyse. Elle se sépare des autres classes et se distingue par son lexique plus lyrique par lequel l'épistolière décrit son environnement. *Water/eau* en est le mot central. Il est en effet question de paysages avec l'eau, les montagnes, les fleurs, les chemins, les collines, les champs, la mer, les rivières, les lacs, la lune, la neige. On y retrouve aussi les lieux et les habitats : les villages, les églises, la ville, les bâtisses, les toits, les fenêtres, les chaises, les murs, les portes.

---

[15] Nous traduisons : « maison », « chambre », « hôpital », « Grèce », « Constantinople ».

[16] Max Reinert (1993) utilise la méthode de l'Analyse de la classification hiérarchique descendante pour constituer les classes de mots.

[17] Analyse statistique poussée pour l'analyse multidimensionnelle de données à partir de tableaux de contingences. Voir à ce sujet (Benzécri, 1981).

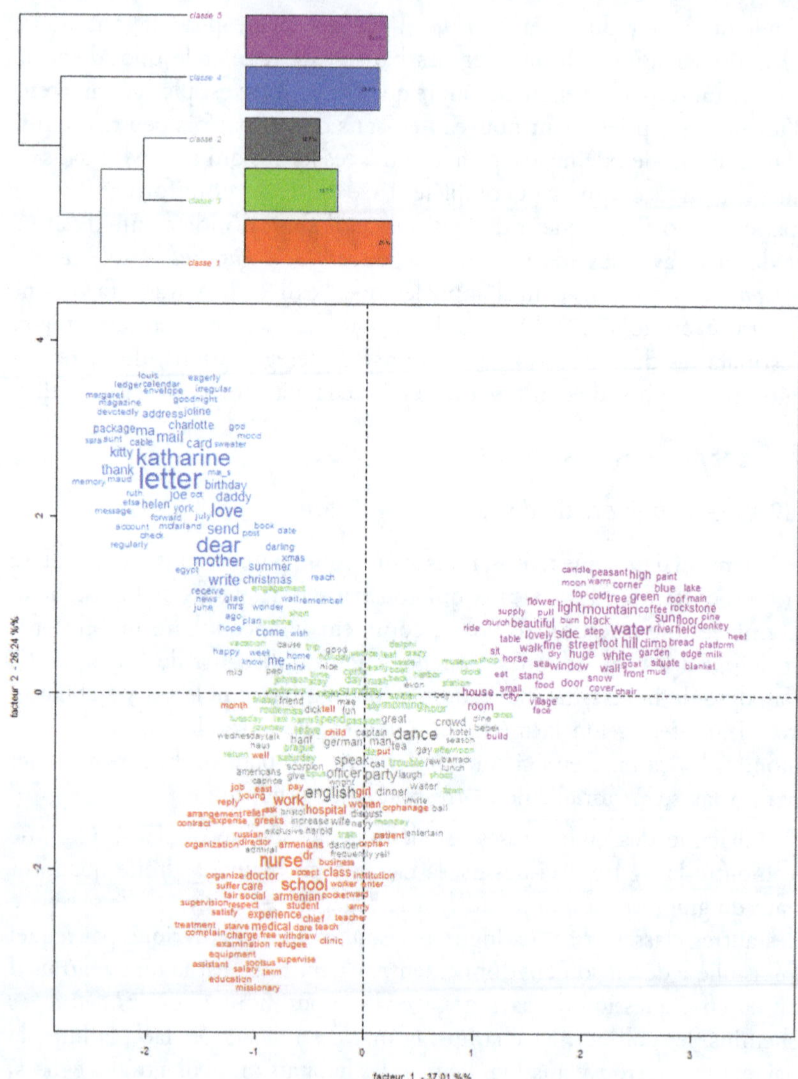

Figure 3. *Classes de mots et AFC des mondes lexicaux qui composent le discours.*

On peut aussi relever les adjectifs objectifs reliés aux couleurs (*green, blue, white, black*[18]), les évaluatifs plus subjectifs (*beautiful, lovely*[19]) ou (*light, cold, warm*[20]), mais également les adjectifs moins subjectifs (*huge, small*[21]).

Katharine raconte volontiers les incidents qui lui arrivent, les décors exotiques qu'elle admire, les expériences nouvelles qu'elle vit. Elle écrit le 20 novembre 1921 : « *Truly, by coming to Europe I am experiencing some entirely new sensations*[22] » (McFarland, 1921 : 36). Les anecdotes et le pittoresque sont présents dans sa narration. Ses lettres constituent presque des récits de voyage au profit de ses destinataires par les descriptions nombreuses des lieux, des paysages et des us et coutumes qu'elle découvre. Ainsi, dans sa première lettre envoyée à ses parents en provenance de Constantinople, elle décrit avec force détails sa sortie avec une de ses collègues à la découverte de la ville :

> There is a beautiful, mosque there where the Sultans are crowned, and into which no unbeliever has been permitted up to quite recently. The cemetery on the hill is famous and beautifully situated. We climbed up to the top and drank some Turkish coffee at a little table overlooking the Golden Horn and the hills of the Turkish capital[23] (McFarland, 1922: 120–121).

Ses nombreuses descriptions favorisent le partage et le rapprochement avec les destinataires. Ainsi, lorsqu'elle est transférée à son nouveau poste dans un hôpital à Oropos en Grèce en novembre 1922, elle écrit à ses parents : « *Do you know where Oropos is ?* ». Elle admet que ce nom n'apparaît sur aucune carte. Elle poursuit : « *Our town is nothing but a fishing village made up of peasant houses not unlike those in Czecko Slovakia*[24] [...] » (McFarland, 1922 : 176). L'échange épistolaire

---

[18]   Nous traduisons : « vert, bleu, blanc, noir ».

[19]   Nous traduisons : « beau, charmant ».

[20]   Nous traduisons : « lumineux, froid, tiède ».

[21]   Nous traduisons : « énorme, petit ».

[22]   Nous traduisons : « Vraiment, en venant en Europe, je ressens des sensations entièrement nouvelles. »

[23]   Nous traduisons : « Il y a une belle mosquée là où les Sultans sont couronnés et dans laquelle aucun incroyant n'était autorisé à entrer jusqu'à tout récemment. Le cimetière sur la colline est célèbre et magnifique. Nous sommes montées au sommet et avons bu du café turc à une petite table avec vue sur la Corne d'Or et les collines de la capitale turque. »

[24]   Nous traduisons : « Savez-vous où se trouve Oropos ? [...] Notre ville n'est rien d'autre qu'un village de pêche composé des maisons de paysans, mais pas comme celles en Tchécoslovaquie [...]. »

permet aussi éventuellement de conserver la trace, le souvenir de ses nouvelles expériences : « *I said goobye to Hodonín [son premier poste en Tchécoslovaquie] over two great armloads of flowers [...]. I hated to go and still cannot believe that Hodonin is a thing of the past. It and all that went with it was just a fairy tale for me*[25] » (McFarland, 1922 : 108).

La deuxième classe qui se démarque est la classe 4 autour du mot « *letter* », (en bleu à gauche, quadrant haut du graphique) qui renvoie au genre épistolaire. On y retrouve en effet les formules codifiées propres à la lettre. Tout d'abord, le lieu et la date à laquelle la missive est écrite. Ensuite, à qui elle est adressée, c'est-à-dire son père (*Daddy*), sa mère (*Mother*), sa grand-mère (*Ma*). Elle utilise des expressions témoignant de sa tendresse filiale telles « *My Dears* » ou encore « *Mother Dearest* », « *My Dear Family*[26] ». On y lit aussi les termes affectueux et respectueux comme « *Dear* », « *Love* », « *Darling* », « *Devotedly* », « *Grateful*[27] ». Ces mots se retrouvent souvent à la fin de la lettre dans ce que Danièle Poublan désigne par le terme de « commissions affectives » (Poublan, 2014), « commissions » par lesquelles le scripteur transmet ses vœux, ses amitiés, son affection, son souvenir : « *I thought of you all on Thanksgiving day and tried to follow you through your activities in spite of the difference in time. Good night an all love. Katharine*[28] » (McFarland, 1921 : 42). Ces formules comme celles que l'on retrouve dans la suscription au début de la lettre répondent à des codes et des normes, mais il s'agit tout de même d'une transmission des affects qui cherche à maintenir intact le lien avec le milieu familial (Chauvard et Lebeau, 2006).

Examinons maintenant les trois autres classes (grise, verte et rouge) de la figure 3 qui sont plus interreliées et importantes par rapport à notre question de recherche. Ces trois classes ont en commun d'évoquer le quotidien de McFarland. En effet, trois aspects de sa vie quotidienne sont décrits et relatés dans ses lettres et s'organisent autour de trois univers : le travail (classe 1), l'organisation de son horaire (classe 3) et

---

[25]   Nous traduisons : « J'ai dit adieu à Hodonín sous deux grandes brassées de fleurs [...]. Je détestais y aller, mais je n'arrive pas à croire que Hodonín appartient au passé. Tout ce qui s'y rattache est comme un conte de fées pour moi ».

[26]   Nous traduisons : « Mes chers », « Mère chérie », « Ma chère famille ».

[27]   Nous traduisons : « Cher », « Amour », « Chéri », « Dévouée », « Reconnaissante ».

[28]   Nous traduisons : « J'ai pensé à vous toute la journée de l'Action de Grâce et j'ai essayé de vous suivre dans vos activités malgré le décalage horaire. Bonne nuit et tout mon amour. Katharine. »

ses loisirs (classe 2). Regardons d'abord, la classe représentant son travail avec les termes centraux « *Work* et *Job*[29] » (classe 1, en rouge, quadrant gauche, bas du graphique). Il faut rappeler que Katharine A. McFarland est infirmière et qu'elle travaille au sein de dispensaires et d'hôpitaux où elle prodigue et enseigne les soins et l'hygiène aux mères. Dans le cadre de ses fonctions et en accord avec le mandat de l'ARC et du NER, elle est aussi appelée à former du personnel infirmier local destiné à remplacer à moyen terme les travailleurs américains et elle assume la fonction de directrice d'une école d'infirmière, ce à quoi réfère les termes « *nurse* », « *school* », « *care* », « *student* », « *teach* », « *woman* », « *hospital* », « *class* », « *education*[30] » de cette classe. Dans une lettre à sa famille datée du 18 janvier 1922, elle décrit ainsi son travail de formation :

> I am arranging my publicity for the mothers now, and have invited the school teachers to form a class. Can you imagine me teaching teachers? I can't. The American withdrawal begins in March when the first of the personnel leave. A few at a time will go until the last of June when we turn the work over to the Czech government[31] (McFarland, 1922: 61).

Autour de la question du travail, il nous faut ici insister sur le cadre humanitaire dans lequel s'effectuent les tâches sanitaires de l'infirmière Katharine A. McFarland. Il est à noter qu'à compter du mois de juin 1922, alors que Katharine occupe son nouvel emploi avec le NER à Constantinople et, par la suite en Grèce, la description de ce monde est marquée par les termes qui rendent compte de la situation tragique de cette population et, tout particulièrement, des orphelins. Un nouveau regard sur la classe autour du mot « *Work* » en bas à gauche de la figure 3 le montre : « *starve* », « *suffer* », « *orphan* » « *child* », « *patient* » « *refugee* », « *complain* », ainsi que les mots « *care* » et « *treatment*[32] » laissent entrevoir les défis du travail humanitaire sur le terrain. En effet, son quotidien est

---

[29] Nous traduisons : « travail » et « emploi ».

[30] Nous traduisons : « infirmière », « école », « soin », « étudiant », « enseigner », « femme », « hôpital », « classe », « éducation ».

[31] Nous traduisons : « Actuellement, je suis à réaliser ma publicité pour les mères et j'ai invité les enseignants à former une classe. Pouvez-vous m'imaginer enseigner aux enseignants ? Moi pas. Le retrait [du personnel] commence en mars lorsque le premier groupe partira. Par petits groupes, les départs iront jusqu'à la fin juin lorsque nous confierons le travail au gouvernement tchèque. »

[32] Nous traduisons : « affamer », « souffrir », « orphelin », « patient », « réfugié », « se plaindre », « soin », « traitement ».

radicalement nouveau sauf, peut-être, en ce qui concerne l'exercice de ses compétences professionnelles. Néanmoins, il faut procéder à une lecture attentive de la correspondance et mettre en contexte ce vocabulaire afin de mieux saisir la façon dont Katharine A. McFarland a cherché à témoigner de son expérience à travers l'échange épistolaire. Par exemple, à son arrivée à Oropos (Grèce) en novembre 1922, elle rédige une longue missive à sa famille dans laquelle elle décrit l'arrivée de milliers d'enfants arméniens et grecs en provenance de plusieurs orphelinats d'Asie Mineure comme ceux de Samsun et de Marsovan. Après un long périple sur les routes peu sûres de Turquie et un périlleux voyage en mer où certains d'entre eux sont morts de soif, elle écrit :

> Can you imagine 1,000 children arriving at such a place and finding only an empty building? Our hospital had nothing for about three days, until the freight could be unloaded and landed. Unfortunately two little bodies have been taken to the grave yard, but I hope they are the last[33] (McFarland, 1922: 178).

D'ailleurs, sa correspondance rédigée à la fin de 1922 et au début de 1923 décrit à plusieurs reprises la condition difficile et déplorable des réfugiés et des orphelins grecs et arméniens déportés de Turquie. Malgré tout, il est rare que McFarland se plaigne de son travail. Parfois, au détour d'une phrase, *a contrario,* elle laisse entendre combien il lui pèse de côtoyer jour après jour cette souffrance et la nécessité de s'en éloigner ne fusse que quelques heures : « *I was in Athens for two days last week and had a delightful time. It does me so much good to go to town once in a while. I come home made over*[34] » (McFarland, 1923 : 192).

Ensuite, la classe 3 en vert au centre du graphique représente tout ce qui a trait à l'organisation de son horaire de travail, y compris ses vacances qui sont autant d'occasion de voyages et de découvertes. On y

---

[33] Nous traduisons : « Pouvez-vous imaginer 1,000 enfants arrivant dans un tel endroit et ne trouvant qu'un édifice vide. Notre hôpital ne disposait de rien pendant trois jours jusqu'à ce que le bateau puisse décharger le matériel et l'acheminer. Malheureusement, deux petits sont morts, j'espère que ce sont les derniers. »

[34] Nous traduisons : « J'ai été deux jours à Athènes la semaine dernière et j'ai passé un très bon moment. Ça me fait beaucoup de bien d'aller en ville de temps en temps. Je rentre chez moi ressourcer. »

retrouve les mots : « *Sunday* », « *morning* », «*Tuesday* », « *early* », « *rush* », « *journey* », « *Venice* », « *train* », « *museum*[35] ».

Finalement, la classe 2 au centre en gris dans les deux cadrans inférieurs du graphique illustre les termes liés à ses loisirs et à sa vie sociale : « *Dance* », « *dinner* », « *party* », « *fun* », « *crowd* », « *friend* », « *english* », « *german* », « *talk* », « *call*[36] ». Les sorties et les fêtes organisées entre travailleurs américains, mais aussi avec l'élite étrangère ou locale constituent des moments phares dans sa vie personnelle et professionnelle. Ces divertissements tissent des liens sociaux et affectifs au sein de la communauté des expatriés et avec l'élite locale. Aussi, leur récit destiné à sa famille est le signe que tout va bien pour Katharine. Autrement dit, c'est le signe manifeste de son bien-être physique et moral.

2.2.2. Stratégies discursives, témoignages et représentation de soi

En considérant le poids relatif des classes par rapport à l'ensemble, il est intéressant de noter que le contenu relié à l'univers du travail reste le plus important (25 %) et que cette classe, qui relate plutôt des événements d'un contexte difficile, est contrebalancée par celle qui décrit les paysages et l'environnement (24 %). La classe évoquant la vie sociale est relativement importante puisqu'elle atteint 13 %. L'impression de superficialité qui se dégage de celle-ci doit être interprétée dans le contexte épistolaire lui-même. Comme nous l'avons noté précédemment, un des objectifs du message livré aux destinataires est de dire que tout va bien. Ainsi, ce contre-balancement d'univers sombres par des univers joyeux sert à alléger le propos, à rassurer et à réconforter les parents.

Nous retrouvons cet effet de contre-balancement à travers son utilisation des adjectifs. En effet, bien que l'on retrouve quelques adjectifs évaluatifs négatifs dans ses lettres (« *pathetic* », « *awful* », « *unfortunate* », « *dreadful* », « *starving* », « *suffering*[37] ») reliés notamment à l'univers de son travail et à la condition des orphelins, ou encore à la situation politique instable du Moyen-Orient, les adjectifs évaluatifs positifs dominent ses

---

[35] Nous traduisons : « dimanche », « matin », « mardi », « tôt », « se précipiter », « périple », « Venise », « train », « musée ».

[36] Nous traduisons : « danse », « dîner », « fête », « plaisir », « foule », « ami », « anglais », « allemand », « parler », « appel ».

[37] Nous traduisons : « pathétique », « affreux », « malheureux », « effroyable », « affamé », « souffrant ».

lettres et traversent tous les univers, même celui de son travail : « *greatly* », « *enthusiastic* », « *successful*[38] ». Ils sont notamment surreprésentés dans les deux univers très positifs de la description des paysages : « *lovely* », « *beautifully* », « *gorgeously* », « *delicious* », « *ideal*[39] », et dans celui de la vie sociale et des loisirs : « *great* », « *fun* », « *gay* », « *good* », « *nice* », « *delightful* », « *cute* », « *well*[40] ».

Ainsi, malgré la détresse et la souffrance qu'elle côtoie en plus du travail exigeant qu'elle accomplit, Katharine « déroule » dans ses lettres des scénarios contenant beaucoup d'actions et d'émotions qui, dans l'ensemble, s'expriment plutôt positivement. Elle décrit, entre autres, ses succès professionnels : « *I feel my experiment was a great success but can be improved upon in many ways*[41] » (McFarland, 1922 : 80), ses accomplissements avec enthousiasme : « *I feel that mine is going to be a big job but one into which I am entering with great interest and enthusiasm* [...][42] » (McFarland, 1921 : 23), des anecdotes liées à ses aventures : « *A guide, an interpreter, a pack mule, ourselves, two days each way and heaps of fun and adventure*[43] » (McFarland, 1925: 378), l'excitation que suscite la liberté nouvelle dont elle profite : « *My habits are more or less the same, I enjoy the easier life and excitement of a congenial crowd or gay party, but I have no taste for cigarettes and I have seen too much drinking*[44] » (McFarland, 1924 : 309), la joie et le plaisir que lui procure ses moments de loisir : « *I enjoyed the day as much if not more than the kids, so topped it off by going up to Bebek to dance the rest of the night*[45] » (McFarland, 1922 : 146). Ces récits sont accompagnés d'adjectifs ou d'adverbes très

---

[38]   Nous traduisons : « grandement », « enthousiaste », « réussi ».

[39]   Nous traduisons : « charmant », « beau », « magnifique », « délicieux », « idéal ».

[40]   Nous traduisons : « grand », « amusant », « gai », « bon », « agréable », « ravissant », « mignon », « bien ».

[41]   Nous traduisons : « Je pense que mon expérience a été un grand succès, mais pourrait être améliorée à bien des égards ».

[42]   Nous traduisons : « Je sens que le mien va être un gros travail, mais je m'y lance avec beaucoup d'intérêt et d'enthousiasme [...] ».

[43]   Nous traduisons : « Un guide, un interprète, un mulet, nous-mêmes, deux jours dans chaque sens et beaucoup de plaisirs et d'aventures ».

[44]   Nous traduisons : « Mes habitudes sont plus ou moins les mêmes, j'aime la vie plus facile et l'excitation d'une foule sympathique ou d'une soirée gaie, mais je n'ai pas de goût pour les cigarettes ni pour la boisson ».

[45]   Nous traduisons : « J'ai apprécié la journée autant sinon plus que les enfants alors je l'ai couronnée en allant à Bebek pour danser le reste de la nuit. »

positifs : « *happily* », « *splendidly* », « *exceptional* », « *successful* », « *gorgeously* », « *delightful* », « *marvelous* », « *beautiful*[46] ». D'après la roue des émotions de base et des émotions dérivées de Plutchik (2001), les émotions décrites par Katharine s'inscrivent entre la joie-sérénité, l'acceptation-confiance et l'intérêt-anticipation. Ces émotions complexes sont des manifestations d'optimisme (joie et intérêt) et d'amour (joie et confiance). D'ailleurs, selon la théorie du modèle structuraliste des émotions, Plutchik (1984, 2001) affirme que les émotions et les traits de personnalité sont intimement reliés et, qu'en fait, les traits de personnalité peuvent être considérés comme dérivés de plusieurs émotions combinées.

Ainsi le *Me* que McFarland dépeint dans ses lettres représente une personne optimiste, curieuse, aventureuse, dynamique (voir à la section 3.1 les verbes d'action qui dominent), joyeuse, résiliente, affectueuse et qui adore les surprises. C'est une professionnelle emphatique et autonome, assoiffée de connaissances, qui maîtrise les situations même incertaines, qui aime et qui s'émancipe dans l'accomplissement de son travail. C'est aussi une jeune femme avide de liberté, qui profite d'une vie active et qui n'a pas peur de l'aventure.

Conclusion

Les études portant sur le genre épistolaire ont montré que même si la lettre empruntait différentes formes – lettre d'amour, lettre publique, lettre familière – elle répondait à des normes codées (Haroche-Bouzinac, 1995 ; Planté, 1998 ; Simonet-Tenant, 2004). Nous avons vu que la correspondance de Katharine A. McFarland demeure conforme à ces normes et à ces codes. Cette correspondance, entretenue avec sa famille de façon régulière pendant quatre ans, s'inscrit à un moment particulier de la vie de l'épistolière, à savoir son expérience d'infirmière outremer auprès de populations touchées par la crise humanitaire au lendemain de la Première Guerre mondiale. Il s'agit pour la jeune femme d'une expérience nouvelle et à proprement parler extraordinaire. En effet, sa correspondance débute au moment où elle s'embarque sur le bateau qui vogue vers l'Europe et elle se termine en 1925 alors qu'elle quitte la

---

[46] Nous traduisons : « heureusement », « splendidement », « exceptionnel », « réussi », « magnifiquement », « ravissant », « merveilleux », « beau ».

Grèce pour retourner auprès de sa famille. C'est bien le caractère hors de l'ordinaire de ce parcours qui motive ici l'échange épistolaire.

Les lettres échangées entretiennent la communication avec le réseau familial, elles contribuent de part et d'autre au maintien du lien affectif et social. Bien que répondant aux codes en vigueur dans l'échange épistolaire, nous avons montré que le vocabulaire des sentiments présent dans la correspondance de McFarland contribue à la circulation des affects. Le pacte épistolaire repose sur l'échange puisque lorsqu'une lettre est envoyée, le locuteur attend une réponse (Ferreyrolles, 2010 : 14). D'ailleurs, lorsque Katharine tarde à donner de ses nouvelles, l'inquiétude de ses parents est manifeste puisqu'ils n'hésitent pas à communiquer avec son employeur. C'est que les lettres servent non seulement à donner des nouvelles, à partager des découvertes, mais aussi à rassurer le destinataire de l'échange. En effet, au loin, seule et confrontée à des situations professionnelles et personnelles inédites, Katharine doit rassurer sa famille quant à sa capacité à surmonter les défis et à conserver sa santé morale et physique. De plus, à l'époque, son parcours, nous l'avons dit, relève d'une aventure hors norme pour une jeune femme célibataire. Même si de nombreuses infirmières ont servi outre-mer durant la Grande Guerre (Fell et Hallet, 2013), l'itinéraire de Katharine qui la conduit à s'engager dans l'humanitaire en Europe de l'est et, par la suite, au Moyen-Orient est plus rare. Toutefois, elle œuvre au sein d'organisations transnationales qui assurent à leurs membres un encadrement, en principe, sécuritaire. De plus et conformément aux normes genrées de l'époque, elle ne voyage jamais seule puisqu'elle est toujours accompagnée par une ou plusieurs de ses collègues.

Dans ce contexte, notre analyse du corpus présente les stratégies discursives par lesquelles Katharine A. McFarland témoigne et partage son expérience à travers l'écriture épistolaire. Le contenu de ses lettres aborde différents sujets : sa vie quotidienne, son travail, ses voyages, ses loisirs, etc. Si les messages contenus dans ses lettres nous semblent parfois ambigus, c'est qu'elles contiennent différentes significations qui doivent être comprises dans les termes de l'échange épistolaire. En effet, ses lettres familières sont destinées à informer, mais aussi à rassurer ses destinataires. L'épistolière en dit beaucoup, mais elle ne dit pas tout. Sa correspondance témoigne bien sûr de la souffrance des réfugiés et des orphelins dont elle prend soin. Elle laisse parfois entrevoir la lassitude et le poids que représente le fait de côtoyer quotidiennement cette population en détresse, mais ses lettres disent aussi les succès, les accomplissements et la satisfaction qu'elle retire d'un travail qui lui permet de se dépasser professionnellement et personnellement. En contrepartie, l'aventure, la découverte, la vie sociale active et inespérée qui s'offrent à elle dans le contexte que lui procure l'éloignement du milieu familial, accentue la liberté d'expression de sa correspondance et nous laisse l'image d'une jeune femme libre.

Références

AKÇAM, Taner (2004). *From Empire to Republic. Turkish nationalism and the Armenian Genocide*, London. New York : Zed Books.

BALAKIAN, Peter (2005). *Le Tigre en flammes. Le génocide arménien et la réponse de l'Amérique et l'Occident*. Paris : Phébus.

BARTON, James Levy (1930). *Story of the Near East Relief*. New York : Macmillan Company.

BENZÉCRI, Jean-Paul (1981). *Linguistique et lexicologie*. Paris : Dunod.

BROMBERG, Marcel, DORNA, Alexandre (1985). « Communication persuasive et logiques discursives : deux expériences de laboratoire ». *Psychologie française* 30 : 41–50.

BRUNEAU, Michel (2012). « L'expulsion et la diasporisation des Grecs d'Asie mineure et de Thrace orientale (1914–1923) », in C. Withol de Wender (dir.). *La Turquie au carrefour des turbulences migratoires. Hier et aujourd'hui*, Anatolie 3, pp. 57–83.

CASSIMATIS, Louis P. (1988). *American Influence in Greece, 1917–1929*. Kent : Kent University Press.

CHAUVARD, Jean-François & Christine LEBEAU (dir.) (2006). *Éloignement géographique et cohésion familiale (XVe–XXe siècle)*. Strasbourg : Presses Universitaires de Strasbourg.

DALEZIOU, Eleftheria (2002). *Britain and the Greek-Turkish war and settlement of 1919–1923: the pursuit of security by "proxy" in Western Asia Minor*. PhD Thesis, University of Glasgow, http://theses.gla.ac.uk/1578.

FELL, Alison S. et Christine HALLET (ed.) (2013). *World War Nursing. New Perspective*. New York : Routledge.

FLATEAU, Cosima (2016). « La sortie de guerre de l'Empire ottoman. Grande Guerre, guerre nationale, guerre coloniale à la frontière syro-turque, 1918–1923 ». *Les Cahiers Sirice* 17 : 29–45.

GAUNT, David, Naures ATTO & Soner O. BARTHOMA (ed.) (2017). *Let them not return: Sayfo, the Genocide of the Assyrian, Syriac and Chaldean Christians in the Ottoman Empire*. New York, Oxford : Berghahn Books.

GERWARTH, Robert (2017). *Les Vaincus. Violences et guerres civiles dans les décombres des Empires, 1917–1923*. Paris : Le Seuil.

GHIGLIONE, Rodolphe, B. MATALON & N. BACRI (1985). *Les dires analyses. L'analyse propositionnelle du discours*. Paris : Presses Universitaires de Vincennes.

HAROCHE-BOUZINAC, Geneviève (1998). *L'épistolaire*. Paris : Hachette.

JACQUES, Francis (1979). *Dialogiques : recherches logiques sur le dialogue*. Paris : PUF.

KÉVORKIAN, Raymond (2006). *Le Génocide des Arméniens*. Paris : Odile Jacob.

KHOSOREVA, Anahit (2007). « The Assyrian Genocide in the Ottoman Empire and Adjacent Territories », in Hovannisian, R.G. (ed.). *The Armenian Genocide: Cultural and Ethical Legacies*. New-Brunswick, NJ, Transaction Publishers, pp. 267–274.

MARCHAND, Pascal (1998). *L'analyse du discours assistée par ordinateur. Concepts, méthodes, outils*. Paris : Armand Colin.

MAYAFFRE, Damon (2010). Vers une herméneutique matérielle numérique. Corpus textuels, Logométrie et Langage politique, Thèse, Nice. (http://tel.archives-ouvertes.fr/tel-00655380) [archive].

MONTANDON, Alain (2016). « Le "savoir-faire" épistolaire ». *Cahiers d'Études germaniques* 70 : 35–46.

NERCESSIAN, Nora (2016). *The City of Orphans. Relief Workers, Commissars and the "Builders of the New Armenia"*. Hollis, NH : Hollis Publishing.

News from Abroad, Letters of Katharine Adele McFarland 1921–1925, Grim-McFarland-Woodbridge family history collection, Collection 3706, The Historical Society of Pennsylvania.

PETERSON, Merrill D. (2004). *Starving Armenians: America and the Armenian Genocide, 1915–1930 and After*. Charlottesville, VA : University of Virginia Press.

PLANTÉ, Christine (1998). *L'épistolaire, un genre féminin ?* Paris : Champion.

PLUTCHIK, Robert (1980). *Emotions: A psychoevolutionary synthesis*. New York : Harper & Row.

PLUTCHIK, Robert (2001). « Integration, differentiation and derivatives of emotions ». *Evolution and Cognition* 2: 114–127.

Poublan, Daniele (2014). « Embrassez tout le monde pour moi », Éditer des lettres/Publier une correspondance, [en ligne] disponible sur https://puc.hypotheses.org/777 [consulté le 06/05/2020].

Psomiades, Harry J. (2001–2002). « The American Near East Relief (NER) and the *Megali Catastrophe* in 1922 ». *Journal of Modern Hellenism* 19–20: 135–150.

Ratinaud, Pierre (2009). *Iramuteq: interface de R pour les analyses multidimensionnelles de textes et de questionnaires.* www.iramuteq.org

Reinert, Max (1993). « Les mondes lexicaux et leur logique à travers l'analyse statistique d'un corpus de récits de cauchemars ». *Langage et société*, vol. 66–1 : 5–39.

Rodogno, Davide (2014). « The American Red Cross and the International Committee of the Red Cross' humanitarian politics and policies in Asia Minor and Greece (1922–1923) ». *First World War Studies* 5: 83–99.

Shirinian, Lorne (2016). « Orphans of the Armenian Genocide with special reference to the Georgetown Boys and Girls in Canada », in Dermirdjian, Alexis (ed.). *The Armenian Genocide Legacy.* Houndmills/Basingstoke/Hampshire/England, Palgrave Macmillan, pp. 44–66.

Simonet-Tenant, Françoise (2004). « Aperçu historique de l'écriture épistolaire : du social à l'intime ». *Le Français aujourd'hui* 147 : 35–42.

Récits d'esclavage dans la littérature pour la jeunesse : entre histoire et mémoire, les genres du témoignage

Christiane CONNAN-PINTADO

ESPE d'Aquitaine – Université de Bordeaux, France

Résumé : Depuis la promulgation de la loi Taubira qui, en 2001, a institué l'esclavage comme crime contre l'humanité et prescrit son enseignement dans les classes, l'édition pour la jeunesse s'est emparée de cette question vive. En effet, les fictions historiques portant sur l'esclavage se multiplient en ce début de XXIᵉ siècle, à travers un éventail d'ouvrages destinés à s'adapter à l'âge de leur destinataire : du roman pour adolescents au livre d'images pour jeunes enfants. Nous avons retenu trois titres qui illustrent diversement les enjeux testimoniaux, mémoriels et littéraires de ce champ éditorial : deux romans et un album. Pour étudier la question du témoignage telle qu'on peut l'appréhender dans ces ouvrages, nous aurons à prendre en compte l'engagement de leurs auteurs qui, nés au sud des États-Unis et dans l'espace Caraïbe, se trouvent intimement concernés par l'histoire de l'esclavage. Nous interrogerons les moyens d'une écriture soumise aux contraintes qui pèsent sur les livres pour la jeunesse car il s'agit ici de fictionnaliser l'esclavage pour instruire et captiver un jeune lectorat, tout en ménageant sa sensibilité.

Mots-clés : esclavage , littérature de jeunesse , poétique du témoignage , histoire , mémoire

Abstract: Since the enactment of the Taubira Act, which in 2001 established slavery as a crime against humanity and prescribed its teaching at school, youth publishing has taken up this lively issue. Indeed, historical fiction on slavery is proliferating at the beginning of the XXIˢᵗ century, with a range of books designed to suit the age of their readers: from novels for teenagers to picture books for young children. We have chosen three titles that illustrate in various ways the testimonial, memorial and literary issues at stake in this publishing field: two novels and a picture book. In order to study the question of testimony as it can be understood in these works, we will have to take into account the commitment of their authors who, born in the southern United States and in the Caribbean, are intimately concerned by the history of slavery. We will question the means of writing that is subject to the constraints that weigh on children's books, because the aim here is to fictionalize slavery in order to educate and captivate a young readership, while at the same time preserving its sensitivity.

Keywords: slavery, children's literature, poetics of witness, history, memory

> Ce sont les poétiques qui changent les imaginaires. Qu'on écrive des textes dits de prose, ou des poèmes ou des pièces de théâtre ou des contes ou des philosophies, c'est seulement une poétique qui [...] permet d'approcher cette réalité du monde.
>
> GLISSANT Édouard, « Faire l'histoire, écrire l'histoire »

Introduction

L'esclavage et les traites ont longtemps représenté un point aveugle de l'histoire, restée quasi muette sur le parcours et le destin des sans-voix privés de pays, de famille, de langue et d'identité. Au cours des siècles où nombre de nations s'enrichirent du commerce négrier et de l'exploitation des esclaves, rares furent les auteurs, voyageurs ou témoins qui se penchèrent sur cette page d'histoire. On observe toutefois, en ce début de XXIe siècle, une « émergence récente de la mémoire de l'esclavage dans l'espace public » (Chivallon, 2005) : un tournant décisif s'opère à partir du 10 mai 2001, date de la promulgation, en France, de la loi Taubira qui institue l'esclavage comme crime contre l'humanité et prescrit son enseignement dans les classes. Alors qu'elle ne l'abordait que de loin en loin auparavant, l'édition pour la jeunesse s'empare de cette question vive et multiplie les fictions historiques à son sujet. Au moment où l'institution scolaire prend en charge son enseignement à travers trois disciplines – histoire, éducation civique et littérature –, les livres pour la jeunesse, en tant que médium susceptible de faciliter l'approche des sujets sensibles, sont proposés à tous les niveaux de la scolarité, à travers plusieurs listes de référence[1]. Parmi les ouvrages qui portent sur l'esclavage figurent, aux côtés du roman abolitionniste d'Harriet Beecher Stowe, nombre de productions contemporaines propres à s'adapter à l'âge de

---

[1] Voir   https://eduscol.education.fr/cid135424/lectures-a-l-ecole-des-listes-de-refere nce.html, consulté le 15/05/2020.

leur destinataire : romans pour les adolescents, livres d'images pour les enfants. À l'abondant corpus réuni lors de travaux antérieurs (Connan-Pintado, Lalagüe-Dulac et Plissonneau, 2016), nous empruntons trois titres – deux romans et un album[2] – pour nous attacher aux enjeux mémoriels et littéraires de ce champ éditorial. Cette sélection trouve justification dans l'origine des auteurs : nés au sud des États-Unis ou dans l'espace Caraïbe, descendants d'esclaves, ils sont marqués par leur « singularité mélanique » (Ndiaye, 2008 : *passim*) et par l'histoire de leurs ancêtres ; les dédicaces des ouvrages révèlent en outre un souci de transmission à leurs descendants et, au-delà, aux jeunes générations visées par le secteur éditorial adressé à la jeunesse. Pour aborder les modalités et les enjeux d'une poétique du témoignage, nous aurons à interroger les moyens déployés dans ces œuvres qui tiennent la balance entre mémoire et histoire pour fictionnaliser l'esclavage à destination d'un plus ou moins jeune lectorat. Leurs auteurs recourent à des ressources littéraires complexes qui contribuent à la légitimation d'une production engagée au service de la formation d'un jeune citoyen. Chacun des ouvrages retenus inscrivant son propos testimonial dans une perspective générique singulière, nous proposons de les aborder successivement.

1. *Rosalie l'Infâme*, un néo-récit d'esclave

Nous reprenons ici la terminologie de Julie Misrahi-Barak qui désigne « le roman des descendants » comme « néo-récit d'esclave » (2010 : 386), un genre qui fait florès aux États-Unis, dans la production littéraire de la deuxième moitié du XXe siècle, et dont la France atteste quelques exemples. Contre la tradition selon laquelle « l'histoire semblerait donc avoir été écrite d'abord du point de vue des vainqueurs » (Simasotchi-Bronès, 2013 : 202), ces romans reprennent la principale caractéristique des authentiques récits d'esclaves publiés dans la sphère anglophone – et absents du domaine français (Roger Little, 2010) : écrits à la première personne, ils donnent la parole à un personnage esclave. En autorisant ce dernier à prendre en charge le récit de son histoire, ils permettent au lecteur d'approcher et de partager les affres de sa condition.

---

2 Évelyne Trouillot, *Rosalie l'Infâme*, éds Dapper, 2003 ; Julius Lester, *Les larmes noires*, Hachette, 2007, trad. de l'américain par R. Eschenbrenner [*Day of tears*, 2005] ; Régine Joséphine, *Coton blues*, ill. Oréli Gouel, Bilboquet, 2010 [2007].

Les seuils du roman soulignent le caractère paradoxal du projet d'Évelyne Trouillot. Dans sa dédicace, elle rend hommage « À la mémoire de [s]on oncle, Hénock Trouillot, historien, chercheur dont les travaux sur la vie quotidienne à Saint-Domingue [lui] ont été d'une aide irremplaçable… ». Mais en postface, elle affirme à deux reprises : « Je n'ai pas voulu faire un roman historique ». Tout en soulignant son attachement à une lignée d'intellectuels haïtiens qui ont contribué au rayonnement culturel de leur pays[3], elle trace une voie singulière, qui est celle de la fiction. Elle cite toutefois sa principale source, le livre d'histoire où elle trouve mention de l'incident à partir duquel elle construit son roman : le procès d'une sage-femme arada qui tuait les nouveaux nés pendant l'accouchement pour « enlever ces jeunes êtres à un honteux esclavage » (« Postface », 2003 : n. p.). Évelyne Trouillot déclare s'être « efforcée autant que nécessaire de respecter le cadre historique » (*ibid.*), mais *Rosalie l'Infâme* échappe en effet aux canons du genre historique car le récit ne mentionne aucune date. On peut cependant en situer l'action au milieu du XVIIIe siècle, car elle se déroule à l'époque troublée où les esclaves étaient accusés de fomenter l'empoisonnement de leurs maîtres, à l'instigation du nègre marron Mackandal, précurseur de la révolution haïtienne, dont le nom est mentionné *passim* et dont l'exécution – qui eut lieu le 20 janvier 1758 – est décrite. De plus, le titre du roman représente un autre point d'ancrage historique car il désigne, non pas un personnage féminin, comme le laisse croire l'image de couverture, mais un bateau négrier, *La Rosalie,* dont on trouve la trace dans les archives des ports français de la façade atlantique : Nantes, Bordeaux, La Rochelle et Le Havre[4].

Initialement non destiné à la jeunesse, *Rosalie l'Infâme* fait partie de ces œuvres qui ont été « *réorientées* » (Nières-Chevrel, 2009 : 11) vers un jeune lectorat, soit par l'édition soit par l'enseignement, à l'instar des classiques de la littérature internationale qui, comme lui, sont lus dans les classes[5]. La narratrice est une jeune esclave, dont l'âge est propre à favoriser

---

[3]   Son oncle (1923–1988) et tous les membres de sa fratrie se sont illustrés par leur position universitaire et leurs publications : l'anthropologue et historien Michel-Rolph Trouillot (1949–2012) a mené sa carrière à l'Université de Chicago ; Lyonel Trouillot (1956) est poète et romancier ; Jocelyne Trouillot (1948) fut rectrice de l'académie Caraïbe et a publié de nombreux ouvrages en créole pour la jeunesse.

[4]   Voir https://archives.lehavre.fr/sites/default/files/201905/Livret%20pe%CC%81da gogique%20esclaves-v2-interactif-2.pdf consulté le 17/05/2020.

[5]   Voir une étude de l'œuvre intégrale en Guadeloupe, en classe de Seconde professionnelle, sur le site https://pedagogie.acguadeloupe.fr/sites/default/files/File/ yelatre/rosalie_linfame_oeuvre_integrale_pdf_13568.pdf consulté le 17/05/2020.

l'identification du lecteur adolescent. Esclave de maison, soumise aux caprices de ses maîtres, amoureuse d'un jeune esclave marron, Lisette est violée par le fils du planteur et trouve réconfort auprès des aïeules qui peuvent à la fois apaiser ses tourments et répondre à sa quête d'identité. Le roman se conforme au programme ainsi résumé par l'autrice dans la postface : « l'essentiel, je l'avoue, a été pour moi d'imaginer et de créer des personnages d'hommes, de femmes et d'enfants vivant cette infamie dans toute la complexité de leurs émotions et de leurs passions. » Lors d'un entretien publié peu après la parution du roman, Évelyne Trouillot explique pourquoi elle a préféré choisir une période antérieure à la Révolution d'Haïti : « Avec et au-delà des héros souvent cités, j'ai voulu rendre ces hommes et femmes douloureusement vivants pour que leurs souvenirs ne se rouillent pas dans notre mémoire collective. » (Trouillot, 2004 : 56). Il s'agit de visiter « l'Histoire par la petite porte » (*ibid.*), « de restituer la voix manquante des esclaves » (Simasotchi-Bronès, 2013 : 208), de fictionnaliser l'esclavage à travers la création littéraire, en donnant vie à des personnages destinés à en porter la mémoire. La posture de l'écrivaine rejoint par-là le *distinguo* opéré par Pierre Nora lorsqu'il oppose à l'histoire en tant qu'« opération intellectuelle » la mémoire « affective et magique » : « la mémoire s'enracine dans le concret, dans l'espace, le geste, l'image et l'objet. L'histoire ne s'attache qu'aux continuités temporelles, aux évolutions et aux rapports des choses. » (1984 : XIX).

Le choix énonciatif du roman place le lecteur dans la même position que la narratrice qui prend progressivement conscience des enjeux de sa situation et, dans le même temps, mène l'enquête auprès des esclaves plus âgées pour comprendre ses origines. Son récit tresse et alterne la relation des faits présents et les plongées dans le passé transmis par les anciennes, grand-mère, grands-tantes, celles qui ont subi la loi des « barracons », ces baraquements où l'on marquait au fer rouge les esclaves, avant de les embarquer à bord de *La Rosalie* pour traverser l'océan. L'esclavage est raconté à travers une généalogie féminine au sein de laquelle se distingue une figure dotée d'une aura exceptionnelle, celle de la grand-tante Brigitte, la sage-femme qui mit au monde Lisette et dont l'histoire ne lui sera révélée qu'au dernier chapitre. Pour Marie Frémin, cette « stratégie de reports » du secret illustre « l'origine du silence de l'esclavage », en raison de la « difficulté de transmettre parce que raconter c'est revivre. [...] Le lien entre les deux niveaux narratifs – désaliénation de Lisette et mystère de la Tante Brigitte – s'articule alors autour des enjeux de la mémoire. » (2016 : 216–217). Le roman fait de la transmission du passé un ressort de l'intrigue. Construite autour du dévoilement d'un secret, la fiction reprend l'épisode historique mentionné dans la postface : après soixante-dix meurtres d'enfants, comptés par les nœuds du cordon qu'elle porte à la ceinture, Brigitte laisse vivre Lisette et se livre à la justice. En soulignant le lien qui unit les deux femmes, l'*explicit* du roman confère une nouvelle force à l'héroïne, à son tour enceinte et sur le point de marronner :

> Contre mon ventre, le cordon de tante Brigitte me rappelle ma promesse d'amour et de dignité faite aussi en son nom. Il faudra que je m'enveloppe de passion et de lumière pour ne pas avoir peur du néant. Pour apprendre à ma fille à chevaucher les barracons et à arriver jusqu'aux étoiles.
>
> Il faut surtout que mon amour pour elle soit aussi grand que le bleu du ciel et de la mer. Que je trouve le courage de respecter ma promesse : enfant créole qui vis encore en moi, tu naîtras libre et rebelle, ou tu ne naîtras pas. (137)

Ces dernières phrases situent Lisette au seuil d'une nouvelle histoire, où elle sera elle-même « veilleuse de mémoire » (Schneider, 2020). Le pari qu'elle engage avec l'avenir métaphorise celui de l'écriture d'un roman adressé aux jeunes générations.

2. *Les Larmes noires*, oratorio et poétique mnémonique

Universitaire et activiste des droits civiques, Julius Lester est l'auteur de très nombreuses publications, parmi lesquelles une trentaine d'ouvrages pour la jeunesse. La traduction française ne rend pas justice au titre original, *Day of Tears*, qui commémore une date particulière, ce jour pluvieux de mars 1859 où se déroula, à Savannah en Géorgie, la plus grande vente d'esclaves aux enchères de l'histoire américaine. Une « Note de l'auteur », en fin d'ouvrage, précise les informations sur lesquelles se fonde la trame du récit : le nombre d'esclaves vendus, le chiffre des ventes, le nom des personnages historiquement attestés – le planteur Pierce Butler, son ex-épouse abolitionniste, Fanny Kemble, leurs filles Sarah et Frances, le commissaire-priseur et marchand d'esclaves, George Weems. Les sources sont citées et référencées, de sorte que la fiction s'ancre au mieux dans l'histoire. Cependant, à côté de ces figures réelles, Julius Lester use de son « imagination intuitive » (Misrahi-Barak, 2010 : 391) pour animer et incarner des personnages d'esclaves dont il a pu seulement recueillir le nom, l'âge, la fonction et le prix sur les registres de la vente. Aussi revendique-t-il les pouvoirs de la fiction, qui serait seule à même de témoigner du passé tel que les protagonistes l'ont vécu :

> L'Histoire, ce n'est pas seulement ce qui s'est passé tel jour à tel endroit. C'est aussi la biographie émotionnelle de ceux à qui l'Histoire s'est imposée avec une cruauté que nous pouvons à peine imaginer. Ce livre est l'une de mes nouvelles tentatives de donner réalité à ceux qui n'ont pas eu l'opportunité de pouvoir exprimer ce qu'ils ressentaient (Lester, 2007 : 140).

Caractérisé par un sous-titre rhématique comme « roman en dialogue » lors de sa publication aux États-Unis, l'ouvrage de Julius Lester s'apparente à une pièce de théâtre. Il présente, en ouverture, la liste des personnages principaux et chaque chapitre mêle différentes voix, dans une polyphonie qui fait entendre aussi bien les esclaves que leurs maîtres ou des comparses. Si les scènes se composent de prises de parole successives, chaque fois précédées du nom du locuteur, peu d'entre elles cependant relèvent d'un véritable échange dialogal : les tirades juxtaposent souvent des monologues intérieurs qui donnent accès aux réflexions et aux émotions de protagonistes entre lesquels la communication est biaisée ou empêchée. Cette composition correspond à la « structure dialogique » décrite par Julie Misrahi-Barak :

> [Elle] met au premier plan le fait que l'esclavage était un système global à l'intérieur duquel les acteurs étaient multiples et ne pouvaient pas toujours être réduits aux seuls rôles de victime et d'oppresseur. C'est ce qui est suggéré aussi par cette polyphonie : nous ne pouvons plus considérer à l'heure actuelle qu'une seule voix doit être entendue, tous les acteurs ont eu leur rôle et il nous revient de les entendre tous. Il y a donc une volonté affichée de sortir de la binarité victime-oppresseur, esclave-maître (2010 : 389).

Julius Lester confronte ainsi les réactions de chaque groupe, tels les arguments spécieux et les faux-semblants d'un Pierce Butler, conduit à sacrifier des esclaves qu'il connaît depuis l'enfance pour éponger ses dettes de jeu et, en contrepoint, l'anxiété et la douleur de ceux dont les familles séparées sont vouées à un destin incertain. L'auteur procède cependant sans manichéisme, car chaque personnage est envisagé dans sa complexité d'être humain, maître ou esclave, révolté, complaisant ou résigné. Ce choix d'écriture relève d'une « poétique mnémonique » (Misrahi-Barak, 2010 : 390) car les protagonistes de Lester s'expriment non seulement le jour de la vente, mais aussi quelques années ou décennies plus tard, ce qui confère au récit une épaisseur supplémentaire : chaque chapitre est suivi d'un « interlude » dans lequel l'un des personnages reprend la parole, pour porter un regard et un jugement rétrospectifs sur « le jour des larmes ». Emma, jeune esclave arrachée à sa famille au premier chapitre, parle la dernière, depuis le Canada où elle a trouvé refuge. Témoignant des épreuves traversées, elle s'adresse à sa petite fille – comme l'auteur qui a dédié son livre « À [s]on petit-fils, Theodore Morton Lester ». Pour parler à l'écolière qui prépare un exposé sur l'esclavage, elle tient un propos nuancé :

> Dans ton exposé, n'oublie pas de dire que beaucoup de Blancs et de Noirs sont morts à cause de l'esclavage. Je pense à ceux qui sont morts esclaves et à ceux qui sont morts pour abolir l'esclavage. Et écris bien ce que je te dis : durant cette époque, tous les Blancs n'étaient pas des monstres. [...] Il y avait un réseau clandestin d'aide aux esclaves fugitifs et des Blancs et des Noirs en faisaient partie.
>
> Et n'oublie pas de mettre que j'ai appelé ta mère Sarah à cause d'une petite fille blanche qui détestait l'esclavage (Lester, 2017 : 135).

Caractérisée par l'hybridité générique qui lui donne sens et profondeur, l'œuvre de Julius Lester s'apparente à un oratorio, genre musical défini en ces termes :

> C'est une espèce d'opéra spirituel, ou un tissu de dialogues, de récits, de duos, de trios, de ritournelles, de grands chœurs, *etc.*, dont le sujet est pris ou de l'Écriture ou de l'histoire de quelque saint ou sainte. Ou bien c'est une allégorie sur quelqu'un des mystères de la religion ou quelque point de morale. [...] De ses origines populaires, proches de la naissance du *spiritual* des Noirs d'Amérique du Nord, il a gardé jusqu'à nos jours une large audience auprès de publics les plus divers. [...]. Jailli de l'expérience religieuse de communautés parfaitement définies, l'oratorio est devenu le véhicule sonore de messages concernant tous les hommes[6].

À l'image du *gospel*, le roman fait entendre la souffrance des populations noires, musicalement traduite par le rythme poétique et les échos des voix entrecroisées. Construite dans le tissage des voix et l'entrelacs des points de vue, l'œuvre parvient à actualiser un message dans lequel l'humanisme le dispute à la lucidité pour transmettre la mémoire de l'esclavage. Si la position de l'auteur est dépourvue d'ambiguïté, ses choix scripturaux procèdent à « un véritable travail de mythologisation, [...] une sorte de

---

[6] Voir le site de l'Encyclopaedia Universalis, https://www.universalis.fr/encyclopedie/ oratorio/ consulté le 19/05/2020.

sublimation des souffrances subies » (Simasotchi-Bronès, 2013 : 209) et à une esthétisation qui contribuent à les rendre inoubliables.

Décliné de manière obsessionnelle, le motif de la pluie est particulièrement prégnant. Dans sa note conclusive, Julius Lester rappelle le contexte météorologique de la vente : « Il se mit à pleuvoir le premier jour de la vente aux enchères et cette pluie diluvienne dura deux jours. Néanmoins, à la fin de la vente, la pluie cessa et le soleil réapparut. Par la suite, l'on fit référence à cette vente en parlant du "Temps des larmes" » (2007 : 138). Présente dès l'incipit, la pluie est mentionnée lors de chaque prise de parole, ainsi que dans les didascalies, et ces mentions scandent les étapes de la journée où s'enchaînent les séparations. Voici un florilège des occurrences de ce leitmotiv porteur d'une forte charge symbolique :

> Je n'ai jamais vu des trombes d'eau pareilles [...]. Ce n'est pas de la pluie. Ce sont les larmes de Dieu.
>
> Puis la pluie est tombée, dure comme le chagrin (15).
>
> *Dehors, tels les boulets de canon d'armées ennemies, le tonnerre gronde d'un bout à l'autre du ciel* (17).
>
> L'eau tombe comme des larmes de rage (19).
>
> J'entends encore cette pluie battante. Si bruyante que nous étions presque obligés de crier pour parler (21).
>
> Mais la pluie qui frappe aux fenêtres fait encore plus de boucan, comme des grains de maïs secoués dans un bocal (35).
>
> Mes larmes seront comme la pluie que Dieu avait déclenchée pour détruire le monde au temps de Noé. Alors je reste près du fourneau à regarder ma fille, et la pluie tombe comme si elle voulait tous nous engloutir (41).
>
> La foudre éclate, un grondement de tonnerre fait trembler l'écurie, la pluie diluvienne redouble. Cependant, aussi assourdissant que soit son crépitement, il ne couvre pas les sanglots de Jeffrey et de Dorcas (64).

Cette intempérie exceptionnelle ne laisse pas de rappeler les manifestations élémentaires épiques qui se produisent dans les romans de William Faulkner. Justifiant le titre métaphorique du roman, cette pluie lancinante prend le caractère d'une plaie biblique. Emblème de l'œuvre, elle marque la mémoire des protagonistes, comme celle des lecteurs.

3. *Coton blues*, conte, chant et iconotexte

Couverture de l'album *Coton blues*, Régine Joséphine, Oriel Gouel, ©
Bilboquet

Alors que *Rosalie l'infâme* relève de la *crossover fiction* (Beckett, 2008),
propre à franchir la frontière des âges, et que *Les Larmes noires* s'adresse
à un lectorat adolescent, l'album *Coton blues* est destiné à l'enfance, et
Régine Joséphine nous a confié[7] l'avoir écrit pour sa fille alors qu'elle
n'avait que cinq ans. Elle le lui dédie, dans une dédicace qui embrasse
plus largement toute sa lignée : « À ma fille, à mon père et à ma mère, à
tous ceux, hommes et femmes, qui ont forgé mes racines… » L'ouvrage
s'inscrit ainsi dans une chaîne de transmission que soulignent la
métaphore des racines et l'écho intertextuel du *best-seller* d'Alex Haley,
Roots (1976). Pourtant son autrice s'est interrogée sur sa légitimité à parler
de l'esclavage, elle qui vit en France depuis l'âge de trois ans et qui est

---

[7]   Nous remercions l'autrice du texte de l'album pour l'entretien téléphonique qu'elle
    nous a accordé le 13 mai 2020 et pour les précisions qu'elle a pu apporter sur les
    conditions d'écriture et de création de l'ouvrage.

rarement retournée sur sa terre natale, la Martinique. Si les écrivains descendants d'esclaves font le plus souvent de cette « tragédie fondatrice [...] l'obsession historique marquant de son empreinte indélébile leurs productions » (Simasotchi-Bronès, 2013 : 199), *Coton blues* apparaît comme un hapax dans l'œuvre de Régine Joséphine. Cet album n'en atteste pas moins la volonté de témoigner de ce qui eut lieu, d'en entretenir la mémoire et de transmettre, fût-ce sous le voile de la fiction, une page d'histoire.

La littérature pour la jeunesse répond toujours à un double programme qui consiste à instruire et à plaire dans le même temps. Elle est, de surcroît, bridée par un certain nombre de contraintes liées à l'âge d'un lectorat dont il convient de prendre en compte les compétences linguistiques, cognitives et culturelles, tout en ménageant sa sensibilité. Aussi les fictions historiques sur l'esclavage publiées sous le format de l'album, partant à l'intention de jeunes enfants, sont-elles relativement rares (Connan-Pintado et Plissonneau, 2013). Dans la mesure où elles associent texte et image, elles se confrontent – comme celles qui traitent de la Shoah – au problème de la représentation iconographique de situations inhumaines. Si, du fait de leurs stratégies de détournement, elles s'exposent au risque de la simplification et de l'édulcoration, ce n'est pas le cas de *Coton blues*, grâce au subtil dialogue instauré entre texte et image pour fictionnaliser l'esclavage en se fondant sur le genre du conte.

Tel est le parti-pris affiché et redoublé sur la première de couverture qui propose « Un conte de Régine Joséphine », dans la collection « Les contes imaginaires ». En effet, c'est au genre du conte que le texte emprunte le narrateur extradiégétique, l'imprécision spatio-temporelle, les éléments merveilleux, tous procédés qui instaurent une distance entre la fiction et ce qu'elle recouvre. Cependant, dans la mesure où les livres pour enfants présupposent un double destinataire, en raison de la médiation de l'adulte qui en assume la lecture à haute voix, ce dernier ne manquera pas de décrypter les allusions et les suggestions qui échappent à l'enfant. Derrière l'histoire de la fillette qui travaille dans une plantation, le lecteur averti – toujours présent derrière l'enfant, qu'il soit enseignant, bibliothécaire, ou simplement parent – reconnaît dès l'incipit tous les paramètres de la condition d'esclave, que l'enfant découvrira peu à peu, à travers le prisme de la fiction : l'imposition du nom – souvent ridicule, la stigmatisation physique, l'analphabétisme, la vente comme bien meuble, le travail forcé :

Coton…
Ce n'est pas un nom.
C'est pourtant le sien.
Le maître l'a choisi pour se moquer
de ses cheveux rêches,
pour rire de ses gros yeux,
et surtout de sa peau si sombre
qu'on la dirait découpée dans la nuit.

Quel âge a-t-elle, Coton ?
Elle-même n'en sait rien.
Dix ans, douze peut-être…
Assez pour être vendue, assez pour travailler…

Première double page de l'album *Coton blues*, Régine Joséphine, Oriel Gouel,
© Bilboquet

L'album raconte les journées de Coton, faites de travail, de misère, de
faim, de souffrance, et ses nuits, vouées au rêve et à l'évasion. Coton est
muette, comme l'histoire des esclaves, mais la nuit, elle suit la trace du
vieil Africain Kunta – le nom même du protagoniste de *Roots* – « celui
qui venait de plus loin que la mer » et qui lui a parlé de son « pays de

couleurs ». Une nuit, elle disparaît et le maître la fait chercher, en vain, par ses chasseurs d'esclaves et leurs chiens. Une légende éclot autour du destin de Coton et la dernière page de l'album porte un message d'espoir :

> Depuis, les esclaves chantent son nom.
>
> Ils disent que l'Oiseau Mère l'a emportée au loin,
> au bout de l'Océan.
> Ils disent que la parole lui est revenue.
>
> Ils disent surtout qu'elle chante, Coton, au son des koras,
> pour tous ceux à qui les Maîtres ont imposé un nom,
> pour rire de leur couleur et interdire leurs rêves…
>
> Elle chante pour ceux, Coton, que le rêve éveillera.

Dernière double page de l'album *Coton blues*, Régine Joséphine, Oriel Gouel, © Bilboquet

Le texte cultive l'onirisme, l'ellipse et le mystère, ouvrant à l'interprétation le champ des possibles, en particulier autour de la disparition du personnage, que l'adulte pourra envisager sous un éclairage réaliste – marronnage ou suicide – alors que l'enfant accepte volontiers la donnée merveilleuse de l'envol sur les ailes d'un oiseau. Mais on ne saurait lire le texte hors de l'écrin de l'album iconotextuel qui le fait dialoguer avec les images dans une intrication si étroite qu'elle force l'attention. Régine Joséphine nous a confirmé avoir travaillé en collaboration avec Oréli Gouel, l'illustratrice choisie par elle, dans l'objectif de produire un véritable iconotexte, « un album dont tous les éléments sont indissociables et participent à la complexité de l'ensemble » (Nières-Chevrel, 2012 : 19). La réussite plastique et graphique des images s'impose d'emblée grâce à la palette chromatique restreinte qui marie un camaïeu de bruns au blanc et à l'orange avec de discrètes touches de bleu, comme la robe de Coton ; le motif des fleurs de coton sur leurs tiges strie les pages de lignes courbes qui s'enroulent comme des chaînes autour des personnages ; les effets d'échelle soulignent au début la toute-puissance du Maître, mais gagnent en fin d'album la figure mythifiée de Coton, déployée dans le ciel. La représentation de la petite fille, Lolita aux épaules et aux cuisses dénudées dans sa robe moulante, ne manque pas de rappeler au lecteur adulte la domination sexuelle du maître sur les femmes de la plantation et l'origine du métissage des populations asservies, une question qui est traitée par l'ellipse dans l'album destiné aux plus jeunes lecteurs (Connan-Pintado : 2020), à une exception près[8]. Soumise et comme retirée en elle-même, les yeux clos, pendant la journée, Coton s'éveille et s'anime la nuit pour rêver, dans un espace de liberté qui ne manque pas de faire écho à la formule fameuse de Martin Luther King, « J'ai fait un rêve ». La combinaison du réel et de la fiction se marque dans l'apparence des personnages : alors que l'héroïne est dessinée avec une tête au volume disproportionné, comme un personnage de bande dessinée, les autres esclaves sont d'une facture réaliste, qui illustre de façon quasi documentaire leur condition. La typographie du texte varie en forme et en taille et l'on découvre en fin d'album que les passages en italique composent la chanson de Coton, rapportée en dernière page, « Coton blues », et chantée par les esclaves pour célébrer sa mémoire, porteuse d'espoir. S'éclaire ainsi *in fine* la symbolique du bleu et du titre, à travers la musique et le chant qui ont porté la souffrance et les espérances des esclaves d'une génération à l'autre (Connan-Pintado, 2018). Même s'il s'agit d'un personnage fictif, destiné à figurer l'esclave

---

[8]   Il s'agit de l'album *L'esclave au grain de beauté*, (Sylvie Baussier, Christel Espié, Casterman, 2008), destiné selon l'éditeur aux enfants « de 5 à 11 ans », dans lequel une fillette découvre qu'elle est la fille du maître de la plantation.

pour de jeunes enfants, le processus de mythification à l'œuvre rappelle celui qu'opèrent Maryse Condé dans *Moi Tituba, sorcière… de Salem* et André Schwartz-Bart dans *La mulâtresse Solitude*, comme le souligne Françoise Simatsochi-Bronès à propos de ce dernier titre :

> La figure de la mulâtresse Solitude est exemplaire de ce rehaussement mythique initié par la littérature. En tirant des oubliettes de l'histoire, où elle n'occupait qu'une place anecdotique, cet être anonyme, mineure parmi les mineurs (femme et esclave), et en en faisant l'héroïne de son roman éponyme, on peut supposer qu'A. Schwarz-Bart contribua à faire émerger le potentiel allégorique de résistance à la domination coloniale que son évocation porte aujourd'hui (2013 : 209).

Conclusion

À l'amnésie de l'histoire répond l'anamnèse des auteurs lorsque, descendants d'esclaves, ils entreprennent de mettre au jour un passé dont le refoulement marque douloureusement la mémoire. Nombre d'œuvres majeures publiées au siècle dernier, entre autres celles d'Édouard Glissant, de Maryse Condé, de Toni Morrison, relèvent de ce type de témoignage différé qui redonne vie aux ancêtres. Les livres pour la jeunesse ont suivi le mouvement et ceux que nous avons retenus pour développer le présent article illustrent la formule de Philippe Forest selon laquelle « toute littérature du réel (et il n'en est pas d'autre) dépend de l'alliance, du pacte, du testament passé entre naufragés et rescapés » (2002 : 221). En recomposant un passé qui les concerne singulièrement au moyen de leur « imagination intuitive », Évelyne Trouillot, Julius Lester et Régine Joséphine ont cherché à fictionnaliser l'esclavage à l'intention des jeunes lecteurs contemporains. Comme il est de règle dans les livres pour la jeunesse, ils privilégient des personnages qui ont l'âge du lecteur pour favoriser les phénomènes d'immersion fictionnelle et d'identification. Aussi s'expriment-ils souvent *sotto voce*, afin de ménager la sensibilité de leur destinataire par le floutage, l'atténuation et/ou la poétisation de certaines réalités. Sans doute, comme les fictions historiques sur la Shoah, celles qui traitent de l'esclavage en ce domaine tendent-elles à viser « davantage le devoir de mémoire que la transmission d'un savoir historique » (Cambier, 2013 : 51). Au moins sont-elles parvenues à créer une forme propre à reconstruire un passé qui selon Glissant « doit être rêvé de manière prophétique […] pour les communautés […] dont le passé [...] a été occulté » (1996 : 86). Les titres incitatifs de nos trois livres annoncent poétiquement la tragédie, la douleur et le souvenir pour remplir cette mission et accomplir un « travail *post-mémoriel* à l'œuvre dans l'écriture » (Misrahi-Barak, 2010 : 395). Aujourd'hui où ils sont réédités, traduits et enseignés dans les classes, leur fortune atteste que la mémoire a été entretenue, le témoignage transmis et la flamme ravivée.

Références

BECKETT, Sandra Lee (2008). *Crossover Fiction: Global and Historical Perspectives*, New York & London : Routledge.

BONNIOL, Jean-Luc (2006). « Comment transmettre le souvenir de l'esclavage ? Excès de mémoire, exigence d'histoire... ». *Cités* n° 25 : 181–185.

CAMBIER, Agnès (2013). « Enjeux mémoriaux et littéraires des fictions pour la jeunesse autour de la Shoah ». *Repères*, n° 48 : 51–68.

CHIVALLON, Christine (2005). « L'émergence récente de la mémoire de l'esclavage dans l'espace public : enjeux et significations ». *Revue d'histoire moderne & contemporaine*, Belin, n° 52-4bis : 64–81.

CONNAN-PINTADO, Christiane (2018). « Musiques du texte et de l'image : chants d'esclaves dans l'album pour la jeunesse », in Kveta Kunesova, Bochra et Thierry Charnay (éd.), *De la musique avant toute chose ! en littérature de jeunesse*. Presses universitaires de Hradec Kralové, « Gaudeamus », pp. 107–123.

CONNAN-PINTADO, Christiane (2020). « Naître esclave et/ou métis ? La naissance dans les fictions historiques sur l'esclavage » dans Christiane Connan-Pintado, Sylvie Lalagüe-Dulac et Gersende Plissonneau, *Écrire l'esclavage en littérature de jeunesse. Enjeux mémoriels et littéraires*. Bordeaux : Presses universitaires de Bordeaux, « Modernités » 45, pp. 117–132.

CONNAN-PINTADO, Christiane, LALAGÜE-DULAC, Sylvie & Gersende PLISSONNEAU (2016). « Fictions historiques pour la jeunesse, passages obligés, chemins singuliers. L'exemple complexe des récits d'esclavage », in Sylvain Brehm et Brigitte Louichon (éd.). *Fictions historiques pour la jeunesse en France et au Québec*. Bordeaux, Presses universitaires de Bordeaux, coll. « Études sur le livre de jeunesse », pp. 229–254.

CONNAN-PINTADO, Christiane, PLISSONNEAU, Gersende (2013). « L'album historique ou le paradoxe d'une mémoire de l'esclavage. Perspectives littéraires et didactiques ». *Repères*, n° 48 : 33–50.

FOREST, Philippe (2002). « Quelques notes à la suite de Giorgio Agamben sur la question du témoignage littéraire : pacte autobiographique et pacte testimonial », in Emmanuel Bouju (éd.). *Littératures sous contrat.* Rennes : Presses universitaires de Rennes, coll. « Interférences », pp. 213–222.

FRÉMIN, Marie (2016). « Esclavage, mythe fondateur et littérature en Haïti dans *Rosalie l'Infâme* d'Évelyne Trouillot », in Christiane Chaulet-Achour (éd). *Esclavages et littérature.* Représentations francophones, pp. 203–221.

GLISSANT, Édouard (2011). « Faire l'histoire, écrire l'histoire. Conférence prononcée en Sorbonne le 4 juin 2009 », in Danielle Perrot-Corpet et Lise Gauvin (éd.). *La Nation nommée Roman face aux histoires nationales.* Paris : Classiques Garnier, pp. 31–42.

GLISSANT, Édouard (1996). *Introduction à une poétique du divers.* Paris : Gallimard.

LITTLE, Roger (2010). « Pirouettes sur l'abîme : réflexions sur l'absence en français de récits autobiographiques d'esclaves noirs », in Sarga Moussa (éd.). *Littérature et esclavage XVIIIe–XIXe siècles,* coll. « L'Esprit des lettres », pp. 142–153.

MISRAHI-BARAK, Julie (2010). « Postérités anglophones et francophones des récits d'esclaves : regards vers le XXe et le XXIe siècles », in Sarga Moussa (éd.). *Littérature et esclavage XVIIIe–XIXe siècles,* coll. « L'Esprit des lettres », pp. 385–396.

NDIAYE, Pap (2008). *La Condition noire. Essai sur une minorité française.* Paris : Calmann-Lévy.

NIERES-CHEVREL, Isabelle (2012). « L'album, le mot, la chose », in Viviane Alary et Nelly Chabrol-Gagne (éd.). *L'album le parti-pris des images.* Clermont-Ferrand : Presses universitaires Blaise Pascal, pp. 15–20.

NIERES-CHEVREL, Isabelle (2009). *Introduction à la littérature de jeunesse.* Paris : Didier jeunesse, coll. « Passeurs d'histoires ».

NORA, Pierre (1984). *Les Lieux de Mémoire,* t. 1. Paris : Gallimard, coll. « Bibliothèque illustrée des histoires ».

SCHNEIDER, Anne (dir.) (2020). *La Littérature de jeunesse, veilleuse de mémoire en Europe.* Rouen : Presses universitaires de Rouen et du Havre.

SIMASOTCHI-BRONÈS, Françoise (2013). « Littératures francophones et esclavage transatlantique ». *Diasporas* n° 21 : 196–214.

TROUILLOT, Évelyne (2004). « L'infâmie revisitée ». *Africultures* n° 58 : 51–56.

Témoigner par la fiction : une étude stylistique de *L'autre moitié du soleil* de Chimamanda Ngozi Adichie

Yanick FEPEKAM NOUPAYIE
Université de Yaoundé I, Cameroun

Résumé : La présente réflexion s'intéresse à l'utilisation de la fiction dans le récit testimonial de Chimamanda Ngozi Adichie. Une observation de *L'Autre moitié du soleil* (2008) nous pousse à voir que c'est grâce aux formes linguistiques et aux stratégies de parole que les personnages ont pu reconstituer leurs souvenirs. Ces éléments permettent au lecteur de percevoir les scènes comme s'il les vivait, comme si elles faisaient partie de son quotidien. L'approche stylistique a permis de montrer que le témoignage, tout comme le récit, contient une part indéniable de fiction ne serait-ce que pour combler les trous et les flous mémoriels. La fiction littéraire devient alors le lieu privilégié pour cette cohabitation générique.

Mots-clés : Stylistique , faits langagiers , fiction , témoignage , C. N. Adichie

Abstract: The present reflection is interested in the use of fiction in the testimonial narration of Chimamanda Ngozi Adichie. A careful observation of *L'Autre moitié du soleil* (2008) enabled us to see that it is thanks to linguistic forms and speaking strategies that characters reconstituted their souvenirs. These elements allow the reader to perceive the scenes as if he witnessed them, as if these scenes were part of his daily activities. The stylistic approach enabled us to show that testimony, as well as narration, contains an undeniable part of fiction even if it is too close the gaps and the vagueness of memory. Literary fiction therefore becomes the privileged space for this generic cohabitation.

Keywords: Stylistic , language facts , fiction , testimony , C. N. Adichie

Introduction

Depuis la « révolution rawiczienne[1] » (Prstojevic, 2012 : 85), la littérature s'est enrichie d'un nouveau champ de recherche qui est celui du témoignage. C'est à partir de cette littérarisation du témoignage que naît l'expression littérature testimoniale. En lui préférant l'appellation « fiction de témoignage », Marie Bornand (2004 : 59–60) définit la littérature testimoniale comme

> Une représentation de la garantie d'authenticité, un contrat de vérité passé avec le lecteur. Un cadre est posé qui détermine le rapport de l'auteur à son récit, sa position de témoin direct ou indirect de l'altérité, le genre adopté pour son texte (récit-témoignage, roman de fiction, etc.), en bref les circonstances de son expérience de l'écriture, afin que la condition de vérité qui régit le témoignage soit garantie et que la représentation littéraire puisse se développer selon des conditions clairement établies[2]. Une fois ce cadre précisé, le texte littéraire engendre sa propre expérience de l'altérité que le lecteur est amené à son tour à traverser de part en part – expérience dont il existe un référent extralittéraire plus ou moins directement représenté à l'aide de ce que Barthes nomme les *effets de réel* –, et à transposer en une dynamique responsable.

Le témoignage littéraire diffère du témoignage proprement dit par le fait que « le témoignage est l'acte de se porter garant de l'authenticité de ce que l'on observe et qu'on croit digne d'être rapporté. Tandis que le témoignage littéraire est la représentation de cet acte authentique » (Riffaterre, 1995 : 33). *L'Autre moitié du soleil*[3], roman de l'écrivaine nigériane Chimamanda Ngozi Adichie s'inscrit dans ce second champ. En retraçant les parcours de vie des sœurs Olanna et Kainene, l'auteure livre au grand public un témoignage sur un

---

[1]   Alexandre Prstojevic pose que l'entrée du témoignage en littérature s'est fait par le roman de Piotr Rawicz, *Sang du ciel* publié en 1961, dans la mesure où la poétique des événements qui y sont rapportés est capitale autant que les événements proprement dits.

[2]   À ce niveau, nous ne partageons aucunement le point de vue de Bornand, car nous estimons que le témoignage littéraire se sert des codes testimoniaux pour brouiller les pistes génériques et créer un texte littéraire trans-générique.

[3]   L'œuvre paraît pour la première fois en anglais sous le titre *Half of A Yellow Sun*, aux éditions Harper Perennial à Londres et en 2006. La présente étude investit, non pas cette version originale, mais la traduction française de Mona de Pracontal de 2008. Dans la rédaction et par souci d'économie, nous emploierons AMS pour désigner ce texte, suivi du numéro de la page.

conflit oublié, la guerre qui a éclaté au Nigéria donnant naissance à l'État du Biafra. Ce chapitre montrera comment dans ce récit, le témoignage investit la fiction et la représentation de la guerre passe d'un questionnement historico-éthique à un questionnement esthético-formel. L'auteure qui n'a vécu ces événements que très jeune, tente de reconstituer les bribes de souvenirs, faisant ainsi du récit un témoignage indirect. C'est cette attitude qu'adopte le narrateur principal qui choisit la focalisation externe pour présenter les scènes. Partant de là, nous montrerons que cette réinvention de la mémoire se perçoit dans le choix particulier des éléments langagiers. Bornand pense d'ailleurs que « la progressive disparition des témoins directs des événements, le passage des générations, le renouvellement de la mémoire exigent l'invention des formes esthétiques signifiantes pour la représentation du passé récent » (*Ibid.* : 17). Ainsi, comment le témoignage prend-il corps avec ce récit fictionnel d'Adichie ? Dans l'optique de répondre à cette question, nous utiliserons l'approche stylistique, laquelle nous permettra de montrer que c'est grâce aux faits stylistiques que les personnages parviennent à dire certains événements et combler les flous mémoriels. Ainsi, nous analyserons tour à tour l'ancrage du littéraire dans le témoignage, les figures de rhétorique dans le témoignage littéraire et le récit testimonial entre singularité et universalité.

1. Ancrage du littéraire dans le témoignage

Dans ce roman, on constate une littérarisation du témoignage. Pour dire les souvenirs ancrés en eux et presque oubliés, les personnages puisent dans le littéraire pour combler les vides mémoriels. Le témoignage s'enrichit donc des parallélismes fictionnels. Parmi ces éléments qui embellissent le récit testimonial, nous analyserons les passages intertextuels, les éléments intermédiaux et la matière de l'oralité.

1.1 L'intertexte testimonial

L'intertextualité est un concept complexe. Nous nous limiterons dans cette réflexion à l'appréhender comme la présence d'un texte dans un autre. Il faut dire que notre définition puise dans celle de Genette qui considère cette notion comme « la relation de coprésence entre plusieurs textes, c'est-à-dire (...) la présence effective d'un texte dans un autre » (1982 : 8). *L'Autre moitié du soleil* foisonne d'indices intertextuels qui produisent un effet de ressemblance et participent à reconstituer le souvenir. Richard, qui voit un Nigéria déchiré par la guerre, se souvient de l'un des poèmes que son père leur lisait :

> Portées dans mon cœur par un air mortel
> Qui souffle de ce pays au lointain nadir :
> Quelles sont ces collines bleues du souvenir,
> Ces flèches, ces fermes, quelles sont-elles ?
> C'est le pays de la félicité perdue,
> Je le vois, éclatant de clarté,
> Les routes heureuses que j'ai connues
> Et que je ne puis retrouver (AMS, 129).

Ce passage est un extrait signé de A. E. Housman dans *A Shropshire Lad* que Adichie signale en note de bas de page. Il est apparent que le poème confronte l'heureux moment passé à l'actualité sanglante. Le narrateur s'en sert donc pour dire la situation réelle du Nigéria, laquelle situation s'empire au fil des jours. Abondant dans le même sens, Ugwu emprunte au recueil *Le joueur de flûte de Hamelin* de Robert Browning publié 1995 un extrait pour dire son mal-être dans ce pays en plein morcellement :

> Comment oublier
> Que je suis privé
> Du pays enchanté
> Où ils s'en sont allés
> Et qui, à moi aussi,
> Était promis ?
> Il avait dit :
> « Venez ! Je vous emmène
> Au paradis,
> Tout près d'ici…
> Là-bas sont des sources claires,
> Des vergers et des rivières,
> Des fleurs,
> Aux mille couleurs… » (AMS, 139–140).

L'interrogation rhétorique présente dans cet extrait sert le projet de cet intertexte qui vise à traduire la tristesse du personnage. Ce chagrin est lié à l'absence ou mieux la suppression d'un mieux-vivre par la crise qui survole le pays. L'utilisation de l'intertexte comme symbole de la mémoire collective perpétrée est aussi l'expression de la nostalgie.

L'importance des références aux poèmes dans le texte est aussi celle des lettres que les personnages s'envoient. Par exemple, le narrateur donne à lire un extrait de la lettre que Martin a envoyé à Richard :

> Est-ce qu'on emploie toujours l'expression « virer indigène » ? J'ai toujours su que ce serait ton cas ! Mère me dit que tu as laissé tomber le livre sur l'art tribal et que tu es content de celui-ci, une sorte de récit de voyage romancé ? Et sur les méfaits de l'Europe en Afrique, en plus ! Je suis très impatient d'en entendre davantage quand tu seras à Londres. Dommage que tu aies renoncé à l'ancien titre : « Le Panier de mains ». A-t-on coupé des mains en Afrique aussi ? J'aurais cru que c'était seulement en Inde. Je suis intrigué ! (AMS, 217).

On peut y lire la tristesse, voire la mélancolie de l'expéditeur face à la déchéance de l'Afrique en général et de son pays en particulier. Cette mélancolie est celle qu'éprouverait quiconque connait le Nigéria.

En évoquant « Le livre *La vie de Frederick Douglass, esclave américain*[4] » avec l'extrait : « *Les esclaves en vinrent à redouter le goudron autant que le fouet. Le manque de lits leur pose moins de problèmes que le manque de temps pour dormir* » (AMS, 552), le narrateur ne manque pas de présenter la vie au Nigéria. Il s'agit d'une vie marquée par la terreur, la cruauté, la peur, la détresse et le traumatisme. Le pays est devenu un immense piège si bien que les hommes ne peuvent plus dormir.

L'analyse de ces extraits montre que l'intertextualité rend nécessaire la participation du lecteur aux événements racontés ; ce qui nous amène à dire avec Riffaterre que « l'intertexte laisse dans le texte une trace indélébile, une constante formelle qui joue le rôle d'un impératif de lecture et gouverne le défrichement du message dans ce qu'il a de littérature » (1980 : 5).

1.2 *L'intermédialité comme paradigme d'écriture du témoignage*

L'intermédialité est, pour Jürgen Erich Müller, le « fait qu'un média recèle en soi des structures et des possibilités d'un ou de plusieurs autres médias et qu'il intègre à son propre contexte des questions, des concepts et des principes qui se sont développés au cours de l'histoire sociale et

---

[4]   Il s'agit là d'un livre de Frederick Douglass paru en 1845.

technologique des médias » (2000 : 105). Il s'agit, pour dire avec les termes de Silvestra Mariniello, « de la pluralité des médias, de leur coexistence, de leurs croisements, de la synchronie implicite dans la médiatisation des événements » (2003 : 48). Notre travail sur l'intermédialité dans ce récit de Adichie vise à y déceler les autres médias et interpréter leurs rapports aux événements rapportés. Dans sa restauration de la mémoire collective du pays, l'auteure mentionne d'autres médias en précisant le rôle qu'ils ont joué. C'est alors qu'on peut voir figurer dans le récit la radio, comme c'est le cas dans l'extrait : « La BBC parle d'un coup d'État ibo, dit l'invité mangeur de *chin-chin*. Et ils n'ont pas tort. Ce sont surtout des Nordistes qui ont été tués » (AMS, 200–201). Ou dans le passage suivant : « Je suis allé à Zaria la semaine dernière, dit-il en ibo, et les seuls mots que les gens avaient aux lèvres, c'était deuxième coup d'État, deuxième coup d'État. Même Radio Kaduna et le *New Nigerian* » (AMS, 216). Dans ces passages, les narrateurs montrent le rôle capital qu'ont joué ces radios dans la vulgarisation des massacres. Ces passages sont essentiels pour le récit testimonial dans la mesure où les médias y mentionnés sont des moyens d'incitation à faire. La radio est le principal média par lequel le peuple a reçu l'appel de guerre et c'est par elle qu'elle a reçu le cessez-le-feu. Bien plus, c'est par ce média que les analystes donnent à voir les origines de cette guerre. C'est à juste titre que l'auteure écrit :

> La voix sonore de Radio Biafra emplissait la pièce. *Ces États africains sont la proie du complot impérialiste britannico-américain qui se sert des recommandations du comité comme prétexte pour apporter un gigantesque soutien en armes à leur marionnette, le régime néocolonialiste vacillant du Nigéria…* (AMS, 411).

Pour le narrateur, ce qui arrive au Nigéria est une conjuration qui profite à certaines puissances. Outre la radio, la chanson participe à cette construction testimoniale. Celles de Rex Lawson, chanteur et trompettiste nigérian, sont fortement évoquées. On peut lire dans le récit ces mots : « Quand Olanna retourna à la concession d'Arize, la chanson de Rex Lawson passait à plein volume. Nnakwanze la trouvait hilarante, lui aussi » (AMS, 207). Pourtant, « il chantait toujours la chanson en riant. Une chèvre qui supplie qu'on ne la tue pas : *bêê-bêê-bêê* » (AMS, 208). La citation est annoncée dans ces extraits d'abord par l'évocation du nom de l'auteur-compositeur, mais aussi et surtout par le biais de la métaphore. Le personnage est assimilé à « une chèvre » et ses pleurs, lesquels traduisent sa peur de mourir, s'apparentent au bêlement de la bête. Le recours à cet élément donne l'impression que l'auteure ne peut trouver les mots pour dire les émotions et que la mémoire personnelle ne peut exister qu'avec celle collective. L'auteure cite le texte comme pour aider le lecteur à identifier la chanson et à la retrouver dans sa mémoire pour ensuite, et par nécessité, reproduire l'image que les signes révèlent.

C'est aussi à travers la littérature que l'histoire se mélange à l'oralité, et la frontière entre réel et fictif se fait moins évidente.

1.3 L'oralité dans l'écriture testimoniale

C. N. Adichie emprunte des stratégies à des genres différents et les dispose de manière à les confondre. Mais une attention minutieuse nous permet d'y déceler plusieurs éléments qui sont de l'ordre de l'oralité. Il s'agit précisément des adages africains d'une part et populaires d'autre part. Ugwu, par exemple, ne considère les menaces de la mère de son patron à l'endroit d'Olanna que lorsqu'il voit dans la nuit un chat autour de la maison. Il dit à cet effet : « Un chat noir ça annonce le mal » (AMS, 172). Il ne s'agit pas d'une simple construction langagière : ce discours puise dans la tradition africaine qui considère que la nuit même les animaux se reposent. Et un chat, encore qu'il soit noir, qui pleure autour d'une maison, annonce le mal qui va s'abattre sur celle-ci. Le personnage se sert d'un cas pour donner du poids à sa parole. Il dit : « C'est déjà arrivé dans mon village. Une jeune épouse est allée au *dibia* et elle a pris un médicament pour tuer la première épouse et la veille de la mort de la première épouse, un chat noir est venu devant sa case » (AMS, 172). Dans la culture africaine et selon les peuples, chaque animal symbolise quelque chose de précis. C'est pourquoi Ugwu qui constate la présence massive et étrange des mouches à la cuisine dit à son patron : « Patron, ces mouches veulent nous dire quelque chose. » « Ces mouches à la cuisine, patron, c'est le signe de mauvais médicament de chez le *dibia*[5]. Quelqu'un a fait mauvais médicament. [...] Les mouches, patron. Ça veut dire que quelqu'un a fait mauvais médicament pour maison-là » (AMS, 333). Pour le jeune homme, ce double phénomène n'est pas normal surtout que « quand Ugwu retourna à la cuisine, les mouches avaient disparu » (AMS, 333). Dans un contexte de tension, ces signes ne sont pas à négliger et le personnage ne se lasse de le clamer à Olanna qui ne croit plus qu'à la modernité.

---

[5]   Le *dibia* désigne le « féticheur » chez les Ibo.

L'oralité se perçoit également dans le texte lorsque le narrateur partage la « kola », ce symbole altruiste africain qui renvoie à la paix, la solidarité. L'homme qui partage le fruit avec Richard ne cache pas cette idée : « Celui qui apporte la noix de kola apporte la vie. Toi et les tiens vivrez, moi et les miens vivrons. Que l'aigle se perche et que la colombe se perche, et si l'un des deux décrète que l'autre ne doit pas se percher, ce ne sera pas bien pour lui. Que Dieu bénisse cette noix de kola au nom de Jésus » (AMS, 258). La kola en ces moments de guerre a une valeur capitale puisqu'elle brise les tensions et solidarise les hommes. Enfin, pour ne citer que ces quelques cas, l'auteure évoque l'image et la place de la femme dans la société africaine d'autrefois. Puisant dans les préjugés, Adichie fait dire au personnage : « Trop d'école gâche une femme ; tout le monde le sait. Ça donne la grosse tête à la femme et ensuite elle va se mettre à insulter son mari. Qu'est-ce que ça va donner, ça, comme épouse ? » (AMS, 161) « Ces filles qui fréquentent l'université vont avec des hommes jusqu'à ce que leurs corps ne soient plus bons à rien. Personne ne sait si elle peut avoir des enfants. Tu le sais ? Quelqu'un le sait ? » (AMS, 161). Le narrateur montre ici que la femme n'a pas sa place dans les réflexions pour l'éradication de cette guerre, elle n'a rien à faire avec l'école, sa place est au foyer. Cette idée que l'on retrouve encore dans certaines tribus aujourd'hui est dévoilée par l'auteure : il s'agit d'un féminisme positif du moment où la concernée siège avec les enseignants d'université.

À l'observation de ces éléments, le lecteur a l'impression que le récit est interrompu et que la conclusion de certaines scènes est laissée à la sagesse populaire. Le lecteur participe ainsi à la construction du témoignage parce qu'à travers ces préjugés et adages, toute expérience personnelle est ramenée à une réalité presque commune. La culture orale qui verbalise l'expérience solidifie la connaissance afin que celle-ci ne verse dans l'oubli. Ainsi, lorsque le lecteur admet une certaine appartenance du récit à son environnement, il se sent enrôlé dans l'exposition des faits, ce d'autant plus que l'auteure semble par moment s'adresser directement au lecteur par le biais des figures.

2. Quelques figures de rhétorique dans le témoignage littéraire

Nous observons dans cette écriture du témoignage une manière particulière d'utiliser le langage. Cela vise à produire un effet sur le destinataire, le lecteur. Notre analyse entend examiner les ressorts de la figure comme phénomène discursif. Questionnant l'écriture de la mémoire chez Adichie, Rushton pense que « *Half of a Yellow Sun* self-consciously employs [familiar] literary tropes » (2014 : 179). Nous insisterons sur l'hypotypose, la comparaison et l'onomatopée.

2.1 L'hypotypose

Cette figure consiste en une description réaliste, animée et frappante de la scène dont on veut donner une représentation imagée et comme vécue à l'instant de son expression. Fontanier soutient cette idée lorsqu'il déclare : « L'hypotypose peint les choses d'une manière si vive et si énergique qu'elle le met en quelque sorte sous les yeux, et fait d'un récit ou d'une description, une image, un tableau, ou même une scène vivante » (1977 : 390). La particularité de l'hypotypose est de dramatiser les événements passés au moment de leur réactivation. Dans ce texte de l'auteure nigériane, cette figure est fortement inscrite. Par exemple, au sujet de la mort du colonel Udodi Ekechi, Kainene qui s'adresse à Richard reconstitue les événements en ces termes : « Des soldats nordistes l'ont mis dans une cellule de la caserne et lui ont fait manger sa merde. Il a mangé sa propre merde. […] Ensuite, ils l'ont battu jusqu'à ce qu'il perde connaissance et ils l'ont attaché à une croix en fer et ils l'ont jeté de nouveau dans sa cellule. Il est mort attaché à une croix en fer. Il est mort sur une croix » (AMS, 220).

Loin d'avoir une fonction ornementale, ce passage est expressif du point de vue subjectif du personnage. Son regard se déplace de manière très ordonnée en donnant les détails précis des événements, de manière à souligner la gestion minutieuse du cadre spatio-temporel. Le lecteur a l'impression que la narratrice a vécu ces scènes de près et que lui aussi les vit maintenant. La narratrice donne, par ailleurs, à voir le corps violenté du colonel, lequel, si on peut se permettre de le dire, a été laissé à voir pour servir de momie de la guerre. Bien plus, l'évocation des scènes montre comment la mémoire crée un « effet-tableau ». Louvel considère que « l'effet-tableau » « se produi[t] par le truchement de la mémoire, qui souvent « recompose » les détails d'une scène en tableau « pittoresque », donnant ainsi accès au sens caché du souvenir » (2002 : 36). Cet effet-tableau inclut ce que la mémoire a distingué mécaniquement. On peut le voir dans l'extrait suivant : « Une fois Baby endormie, Olanna raconta à Odenigbo ce qu'elle avait vu. Elle décrivit les vêtements vaguement familiers des corps sans tête dans la cour, les doigts encore frémissants d'oncle Mbaezi, les yeux révulsés de la tête d'enfant dans la calebasse et le ton de peau étrange – un gris terne et cireux, comme un tableau noir mal essuyé – de tous les cadavres qui gisaient dans la cour » (AMS, 246–247).

Ce passage descriptif n'est pas qu'un simple objet ornemental dont le but est la révision exacte du réel. En essayant de reproduire la réalité vécue, le personnage interprète instinctivement ou presque l'image-souvenir qui mélange réalité et imagination. L'utilisation des figures de la représentation, notamment l'hypotypose et la comparaison que nous analyserons plus loin, montre les limites du langage à restituer le réel dans son exactitude et la nécessité de recourir à l'imagination pour combler les vides et les flous mémoriels. Aussi, en décrivant ce qu'elle a vu, Olanna présente la scène de l'homme stoppé à bord de son véhicule en ces termes : « L'homme s'allongea sur le goudron, l'officier prit une longue badine et se mit à le fouetter sur le dos et les fesses, *ta-waï, ta-waï, ta-waï,* et l'homme cria quelque chose qu'Olanna ne comprit pas » (AMS, 636). Le recours à cette description détaillée incite indubitablement la lubie du lecteur qui se crée une image mentale. Pour tout dire, l'hypotypose, qui se nourrit de la comparaison et de l'onomatopée, vise à représenter la réalité et surtout à toucher l'imagination du lecteur.

2.2 La comparaison

L'écriture du témoignage est enrichie par des passages comparatifs. Rappelons que la comparaison est une figure d'analogie qui consiste en la mise en relation, à l'aide d'un comparatif, de deux réalités appartenant à deux champs sémantiques différents mais partageant des points de similitude et de contiguïté sémantique. Cette idée est reprise par Suhamy qui considère que « les comparaisons soulignent les similitudes entre les choses, mais ne changent pas le sens des mots » (2004 : 29). Cette œuvre de l'auteure nigériane foisonne de plusieurs passages comparatifs. L'homme qui raconte son expérience de guerre dit de ses bourreaux : « Ils nous pourchassaient comme des chèvres échappées du troupeau, ces fous, mais une fois que nous avons franchi les grilles de la caserne, nous avons été en sécurité » (AMS, 230). Dans ce passage, le locuteur compare la façon dont on les poursuivait à la façon dont on poursuit ces bêtes en divagation. Il ne s'agit pas d'une poursuite visant à canaliser, mais à exterminer. De là, on peut lire dans cette comparaison l'énergie et la détermination des tortionnaires à aller jusqu'au bout de leur quête.

L'image de l'animal attribuée à l'humain apparaît également dans ces paroles de Tantie Ifeka qui emprunte à la chanson de Rex Lawson ses mots pour dire son témoignage : « Nos gens disent que le chœur fait *bêê-bêê-bêê*, comme une chèvre qui bêle, expliqua tantie Ifeka en pouffant de rire. Ils disent que le Sardauna a fait pareil quand il les a suppliés de ne pas le tuer. Quand les soldats ont tiré au mortier dans sa maison, il s'est accroupi derrière ses épouses et il a bêlé : « *bêê-bêê-bêê*, s'il vous plaît ne me tuez pas, *bêê-bêê-bêê !* » » (AMS, 206). Ce passage traduit la peur des personnages évoqués face à l'idée de leur mort. Cette peur est exprimée par des pleurs que la narratrice assimile au bêlement de la chèvre. L'image qui naît de la comparaison et qui est nourrie par la subjectivité de l'énonciateur justifie la pensée de Dupriez. En effet, selon lui, « le choix du comparant est soumis à la notion, exprimée ou sous-entendue, que l'on veut développer à propos du comparé » (2003 : 122). Il est à noter que ces comparaisons donnent des indications précieuses sur les événements présentés par ces personnages. Par ailleurs, il va de soi que les principaux narrataires de ces deux extraits connaissent respectivement l'évasion d'une chèvre du troupeau et le bêlement de celle-ci. Sinon, le message transmis ne peut être reçu et compris.

Cette analyse témoigne du fait que comme l'hypotypose, la comparaison est une figure du littéraire qui puise dans l'imagination pour faciliter la compréhension du témoignage.

2.3 L'onomatopée

L'onomatopée est un « mot qui, avec les sons du langage, imite de façon conventionnelle, propre à chaque langue, les bruits de la vie courante et les cris d'animaux » (Picoche et Rolland, 2002 : 856). Elle est un fait langagier courant dans les récits de guerre. Comme l'évoque Rey-Debove, elle « fait pénétrer dans les langues tous les bruits » (1998 : 29) de la vie courante. C'est à tout prendre une adaptation verbale du bruit, qui se fait sous une forme impersonnelle, caractérisée par « l'effacement du locuteur vis-à-vis des propos qu'il rapporte. » (Vion, 2004 : 97). Les personnages de ce récit convoquent de part et d'autre cette figure pour renforcer l'idée de réel qui ressort de leurs témoignages. Au sujet de la torture d'un homme qu'il ne nomme pas, le narrateur dit : « L'homme s'allongea sur le goudron, l'officier prit une longue badine et se mit à le fouetter sur le dos et les fesses, *ta-waï, ta-waï, ta-waï,* et l'homme cria quelque chose qu'Olanna ne comprit pas » (AMS, 636). L'onomatopée présente dans cet extrait inscrit ce propos dans l'objectivité en ce sens qu'il permet de traduire le son plus ou moins exact que produit le fouet au contact des fesses de l'homme. Le texte comporte d'autres exemples de ce genre : « *boum-boum-boum* » (AMS, 278 ; 279, 486(2); 488) ; « *wah-wah-wah* » (AMS, 315 ; 432) ; « *ah-ah-ah* » (AMS, 374) ; « *ka-ka-ka* » (AMS, 425). Ces éléments renvoient respectivement aux récurrents coups de feu, au grondement d'un avion dans le ciel, au rire colérique d'Olanna face à Ugwu et au bruit des tirs. Ces onomatopées remplissent une fonction imitative qui transporte l'interlocuteur dans un univers où il revit les scènes. Le lecteur qui est lui aussi enrôlé dans la narration devient témoin de ce qu'il lit. L'onomatopée devient ainsi un bruit qui, décroché par l'énonciateur et inscrit dans le langage, sert le témoignage en renforçant sa véridicité.

3. *Singularité et universalité*

L'univers romanesque est un lieu où foisonnent les idées. Celles-ci sont exprimées soit de manière individuelle soit de manière universelle. Ce récit de C. N. Adichie, par exemple, oscille entre singulier et collectif.

« On » : de la valeur distributive à la valeur totalisante.

Pour Flottum, Jonasson et Norén, la valeur singulière de « on » n'est visible que dans des cas particuliers, du fait de sa valeur collective par défaut (2007 : 49). Dans le texte que nous étudions, on remarque que ce pronom est employé avec ses différentes valeurs. Richard est inquiet au vu de ce qui se passe dans le pays depuis peu au point de vouloir consigner sa mémoire dans un livre. La tâche est si difficile qu'il ne dort presque plus. Susan, la mère de la maison qui a remarqué qu'il ne mange presque plus, lui propose le petit déjeuner les matins en ces termes : « "Tu veux une tasse de thé ?" ou "Un peu d'eau ?" ou "On déjeune de bonne heure ?" » (AMS, 96). Dans cet extrait, le pronom « on » renvoie à Richard et peut être substitué par la personne grammaticale « tu ». La valeur est distributive et le pronom est défini. Cette valeur est également perceptible dans le propos d'Olanna qui ne comprend pas comment avec la guerre, sa mère peut dormir et même se parfumer : « Mais elle ne comprenait pas comment on pouvait avoir besoin de se parfumer avant de se coucher » (AMS, 343). Le pronom dans ce passage est remplaçable par le groupe nominal « la mère ou sa mère » ou par la personne grammaticale « elle ». Adebayo emploie aussi cette valeur quand elle s'adresse à Master : « On m'a dit que l'un de vous deux, Okeoma ou toi, ne s'en était pas tiré… » (AMS, 644). Dans ce passage, ce pronom prend le sens de « quelqu'un ». Il n'est donc pas aisé de parler dans ces cas de pronom indéfini puisque

« on » est employé pour désigner des êtres particuliers identifiables ou non.

Par ailleurs, l'emploi de « on » se fait inclusif ou mieux totalisant, car il confère un caractère partagé à ce que d'autres personnages ont vécu et relatent. En l'occurrence, les extraits suivants le montrent : « On raconte qu'aucun officier ibo dans le Nord n'a pu s'enfuir » (AMS, 220). « On a raconté qu'ils t'avaient fusillé à Kaduna, et puis on a raconté qu'ils t'avaient enterré vivant dans la brousse, et puis on a raconté que tu t'étais enfui, et puis on a raconté que tu étais en prison à Lagos » (AMS, 221). Le pronom « on » est indéfini en ce sens que toute une communauté d'individus peut y être identifiée. Le pronom désigne alors par assimilation « les gens » ou « plusieurs personnes ». Cette valeur ressort aussi de l'emploi que fait Odenigbo : « On ne se souvient jamais *activement* de la mort, dit Odenigbo. La raison pour laquelle nous arrivons à vivre, c'est que nous ne nous souvenons pas que *nous mourrons tous*. Nous mourrons tous » (AMS, 509). Dans ce passage, « on » prend le sens de « nous », un « nous » qui concerne en fin de compte l'humanité entière.

Observant le fonctionnement du système énonciatif, nous constatons qu'une véritable transformation se produit autant dans l'écriture du témoignage que dans la réception de celui-ci.

3.1 À propos de la réception : communautés et lecteurs témoins

Dans ce roman de C. N. Adichie, nous remarquons la présence d'un « lecteur postulé » (Maingueneau, 1997 : 32) auquel s'adresse le narrateur de même niveau diégétique. Sa présence est inscrite dans le texte du fait qu'elle est codifiée par un réseau de signes tangibles, sujets à une analyse de type sémiologique. Le lecteur, « témoin du témoin » (Derrida, 2005 : 65), est enrôlé dans cette mécanique discursive à travers la tournure impersonnelle qui ressort, entre autres, de l'adage populaire que convoque Spécial Julius dans le passage suivant : « Ne jamais sous-estimer le pouvoir de l'alcool, rétorqua Julius en agitant la main avec désinvolture » (AMS, 423). S'adressant directement à Olanna, le personnage parle aussi indirectement au lecteur des éventuels dangers de l'alcool sur l'individu. Cela est d'autant dangereux quand le pays, comme c'est le cas du Nigéria ici, est plongé dans une guerre civile profonde. L'interpellation du lecteur se justifie par le fait que ce propos s'inscrit dans l'imaginaire collectif dont la valeur est didactico-communicationnelle.

Aussi, le rapport avec le lecteur est perceptible dans les éléments de l'oralité que nous avons analysés plus haut. À considérer que la sagesse africaine est particulièrement orale, il est donc indéniable que l'auteure considère le lecteur « comme un élément consubstantiel au texte » (Tandia Mouafou, 2017 : 19). Cette idée trouve sa justification dans le passage suivant : « Un chat noir ça annonce le mal » (AMS, 172). La forme impersonnelle donne à cet adage une valeur de vérité générale. Après avoir entendu la mère de son patron proférer des menaces à sa bru Olanna, Ugwu qui a vu et entendu pleurer un chat noir dans la nuit dit cette parole. De manière indépendante et exclusive, il invite le lecteur à considérer son expérience et donc s'adresse à lui. Cette impression qu'il s'adresse à un public est renforcée par la construction anamnestique suivante : « C'est déjà arrivé dans mon village. Une jeune épouse est allée au *dibia* et elle a pris un médicament pour tuer la première épouse et la veille de la mort de la première épouse, un chat noir est venu devant la case » (AMS, 172). Les souvenirs tristes du personnage visent à donner une impression de vérité à l'adage. Cela répond à la logique même de Dupriez qui pense qu'avec l'anamnèse, « les souvenirs d'événements concrets remplacent l'expression d'une idée, d'un sentiment » (1971 : 45). La réception empathique de *L'Autre moitié du soleil* confirme l'accomplissement du projet de l'auteure à partir des événements concrets de la guerre du Biafra pour toucher un plus grand lectorat. Le lecteur peut donc « témoigner de l'expérience au cours de laquelle, ayant été présent, mis en présence du témoignage, il a pu l'entendre, le comprendre et peut encore en reproduire ici l'essentiel » (Derrida, *op. cit.* : 65).

C'est par ces éléments doxiques que le lecteur passe pour témoin des événements racontés : malgré lui, il remarque les réalités de son quotidien et, simultanément, il perçoit son environnement de l'extérieur comme un univers qui n'est plus seulement le sien. Il prend donc place aux côtés des autres témoins qui se racontent et devient lui-même témoin privilégié d'une époque accomplie mais revivifiée.

Conclusion

Au terme de cette réflexion qui portait sur le rapport entre témoignage et fiction dans *L'Autre moitié du soleil*, il ressort que cette œuvre contient une série de « témoignages marqués par une volonté de dépassement générique » (Prstojevic, 2012 : 34). Au-delà de cette indécidabilité de l'auteure qui échappe à toute classification générique, la présence de la fiction dans le témoignage est liée à un double travail de mise en scène des événements passés et de la situation d'énonciation. Les différents procédés utilisés par l'auteure, notamment l'intertexte, les éléments intermédiaux, l'oralité et les figures de rhétorique, nous permettent de dire que le témoignage, tout comme le récit, contient une part indéniable de fiction ne serait-ce que pour combler les trous de mémoire. Aussi, l'analyse de ces outils montre que la forme littéraire se présente au locuteur comme ce qui rend le discours testimonial possible. Non seulement ce récit apparaît comme « un élément de sauvetage mémoriel et assure la transmission intergénérationnelle de l'histoire menacée d'oubli » (Fepekam Noupayie, 2020 : 106), mais aussi, le drame y est abordé par le biais de la fiction. À travers une reconstitution mémorielle du passé soumise aux manipulations psychologiques et idéologico-politiques de sa société actuelle, C. N. Adichie n'a pu présenter cet événement chaotique que grâce à une fiction qui répond à ses propres lois sans lesquelles l'écriture littéraire est dénuée de vie. Avec l'écrivaine nigériane, le témoignage devient une œuvre littéraire qui assume sa part de fiction.

Références

ADICHIE, Chimamanda Ngozi (2008). *L'Autre moitié du soleil*, Traduit de l'anglais (Nigéria) par Mona de Pracontal. Paris : Gallimard.

BORNAND, Marie (2004). *Témoignages et fiction : les récits des rescapés dans la littérature de langue française (1945–2000)*. Genève : Droz.

DERRIDA, Jacques (2005). *Poétique et politique du témoignage.* Paris : L'Herne.

DUPRIEZ, Bernard (1971). *L'Étude des styles.* Paris : Didier, 2ᵉ Édition.

DUPRIEZ, Bernard (2003). *Gradus : les procédés littéraires (Dictionnaire).* Paris : 10/18, Union générale d'éditions.

FEPEKAM NOUPAYIE, Yanick (2020). « *Confidences* de Max Lobe ou la réhabilitation du rôle de la femme dans la lutte de l'indépendance du Cameroun », in Jiatsa Jokeng, Albert, Njiomouo Langa, Carole et Houli, Daniel (dir.). *Littératures camerounaises : Devoirs de mémoire et politiques du pardon.* Paris : L'Harmattan, pp. 95–107.

FLOTTUM, Kjersti, JONASSON, Kerstin & Coco NORÉN (2007). *On – Pronoms à facettes.* Bruxelles : Duculot.

FONTANIER, Pierre (1977). *Les Figures du discours*. Paris : Flammarion.

GENETTE, Gérard (1982). *Palimpsestes : la littérature au second degré*. Paris : Seuil.

LOUVEL, Liliane (2002). *Texte/image. Images à lire, textes à voir*. Rennes : Presses Universitaires de Rennes, coll. « Interférences ».

MAINGUENEAU, Dominique (1997). *Pragmatique des figures du discours*. Paris : Dunod.

PICOCHE, Jacqueline et Jean-Claude ROLLAND (2002). *Le Dictionnaire du français usuel*. Bruxelles : De Boeck.

PRSTOJEVIC, Alexandre (2012). *Le Témoin et la bibliothèque : comment la Shoah est devenue un sujet romanesque*. Nantes : Cécile Defaut.

REY-DEBOVE, Josette (1998). *La Linguistique du signe : une approche sémiotique du langage*. Paris : Armand Colin.

RIFFATERRE, Michael (1980). « La trace de l'intertexte ». *La pensée*, n° 215 : 4–19.

RIFFATERRE, Michael (1995). « Le témoignage littéraire ». *Les cahiers de la Villa Gillet*, n° 3 : 33–55.

RUSHTON, Amy S. (2014), « "A History of Darkness": Exoticising Strategies and the Nigerian Civil War in *Half of a Yellow Sun* by Chimamanda Ngozi Adichie », dans Elodie Rousselot, *Exoticising the Past in Contemporary Neo-Historical Fiction*. New-York, Palgrave Macmillan, pp. 178–195.

SUHAMY, Henri (2004). *Les Figures de style*. Paris : PUF, coll. « Que sais-je ? ».

TANDIA MOUAFOU, J. J. Rousseau (2017). *Sémiostylistique du macrotexte rousseauiste*. Paris : Édilivre.

VION, Robert (2004). « Modalités, modalisations et discours représentés ». *Langages 4*, no 156 : 96–110.

La « simple présentation des faits ». Rodolfo Walsh et les débuts de la littérature testimoniale en Amérique latine

Victoria GARCÍA

CONICET – Universidad de Buenos Aires, Argentine

Résumé : Loin de renvoyer à une origine univoque, la littérature testimoniale a connu maints débuts au cours de l'histoire culturelle latino-américaine. Nous nous proposons ici de nous pencher sur l'un de ses débuts, en partant de l'œuvre de l'écrivain argentin Rodolfo Walsh, dans un contexte où le témoignage prenait un véritable essor dans le champ culturel latino-américain, jusqu'à atteindre son institutionnalisation en tant que genre littéraire par la *Casa de las Américas* (en français, « Maison des Amériques ») au début des années 70. La distinction entre généricité auctoriale et lectoriale signalée par Jean-Marie Schaeffer nous permet d'ailleurs de rappeler que le fait de considérer Walsh comme un auteur pionner du témoignage en Amérique latine (tel que l'ont fait les intellectuels ayant étayé l'institutionnalisation du genre) est apparu de manière rétroactive en appliquant ladite catégorie à *Opération massacre* (1957), un texte qui, d'un point de vue auctorial, n'était donc pas à strictement parler testimonial. Nous montrerons également que la prose factuelle de Walsh, que l'auteur lui-même a cherché à englober sous le nom de « témoignage », constitue en soi un *corpus* à la fois hétérogène génériquement parlant et dynamique du point de vue de l'identité classificatrice qui lui a été attribuée *a posteriori*. C'est ainsi que, dès l'institutionnalisation du genre dans les années 70, l'hétérogénéité et le dynamisme caractérisèrent l'histoire de la littérature testimoniale d'Amérique latine.

Mots-clés : généricité lectoriale, littérature testimoniale, Rodolfo Walsh, violence d'État

Abstract: Far from relating to a univocal origin, testimonial literature has begun several times in the cultural history of Latin America. In this work, we approach one of its beginnings, basing on a study of the Argentine writer Rodolfo Walsh's work, in the context of the rise of testimony in the Latin American cultural field, which led to its institutionalization as a literary genre in Casa de the Americas, in the early 1970s. We rely on the distinction between authorial and lectorial genericity pointed out by Jean-Marie Schaeffer, to argue that Walsh's weight as a pioneering author of Latin American testimony, stressed by the intellectuals who promoted the institutionalization of the genre, arose from a retroactive application of such category to *Operation Massacre* (1957), a text that, from an authorial point of view, was not strictly testimonial. We further argue that Walsh's factual narrative, which the author himself sought to define as « testimony », strictly speaking constitutes a heterogeneous *corpus* regarding its generic features, and dynamic from the point of view of the classificatory identity that is subsequently was attributed to it. More generally, as from the institutionalization of gender in the 1970s, heterogeneity and dynamism signify the history of Latin American testimonial literature.

Keywords: lectorial genericity, testimonial literature, Rodolfo Walsh, State violence

Introduction. Les débuts multiples de la littérature testimoniale latino-américaine

Se pencher sur les débuts de la littérature testimoniale latino-américaine suppose, tel que le pluriel du terme l'indique, d'aborder un objet multiple (Said, 1975). Dès lors, il ne s'agit pas d'attribuer une origine unique, absolue, à une série de productions textuelles qualifiée de vaste et hétérogène par un nombre croissant d'études académiques réalisées au cours de ces dernières décennies. Tout d'abord, car l'histoire de la littérature testimoniale porte en son sein celle du témoignage en tant que pratique discursive qui transcende la littérature et les arts tout en s'étendant à différents domaines de la vie sociale. Prise dans son sens le plus vaste, cette histoire du témoignage en Amérique latine reste à écrire. Ses manifestations les plus anciennes plongent dans les pratiques culturelles des communautés indigènes préhispaniques, en lien avec la résolution de litiges et les processus d'administration organisée du châtiment. Les études portant sur l'anthropologie juridique et l'histoire du droit ont montré que maintes communautés conféraient au témoignage le statut de preuve lors de procès et que la falsification de celui-ci s'avérait sévèrement punie, aussi bien par les cultures mésoaméricaines qu'andines[1]. À la fin du XVe siècle, avec les débuts de la conquête et de la colonisation européennes, la sphère juridique devient une pièce fondamentale du pouvoir métropolitain. Les critères de fiabilité adjugés au témoignage lors des procédures judiciaires de l'époque codifièrent les relations de supériorité et d'infériorité sur lesquelles se fonda la domination coloniale (Quijano, 2000). Dans la bibliographie juridique de l'époque, les indigènes sont considérés comme des « témoins malhabiles », non seulement parce que la force de leur relation avec la foi chrétienne – alors garante du serment de vérité que les témoins devaient prêter avant de déclarer – était remise en cause, mais également parce qu'ils étaient perçus comme « rustiques » et ayant tendance à se laisser influencer voire à se parjurer (Cunill, 2017 : 4–5).

La conquête et la colonisation représentent un moment fondateur – un nouveau début – de l'identité latino-américaine (Cornejo Polar, 2003 : 13). Le traumatisme que ce processus, marqué par la violence physique et symbolique exercée envers les peuples indigènes, a imprimé dans l'histoire culturelle du continent a fortement conditionné la production ultérieure de témoignages et, tôt ou tard, la littérature testimoniale. Si, tel que le signalent Pollak et Heinich (1986 : 5), le *corpus* de témoignages se trouve systématiquement amputé en amont puisque, lors d'un processus d'extermination massive, le nombre de victimes dépasse celui de survivants, dans le contexte latino-américain, l'omerta entourant le sujet indigène se prolongea en raison, entre autres, des logiques de domination culturelle instaurées par la conquête. Les témoignages de la destruction des cultures préexistantes en Amérique latine nous parviennent par le truchement de la métropole et, bien souvent, de manière tardive[2]. Tel que l'a signalé Martín Lienhard (2000 : 789), les deux compilations pionnières portant sur les relations indigènes lors de la conquête parues au Mexique sous la

---

[1] Pour ce qui est de la preuve testimoniale et du châtiment pour faux témoignages lors des procès pénaux tenus par les cultures mayas et aztèques, *cf.* Robleto (2008). Quant à la culture inca, *cf.* Trimborn (2016 : 29).

[2] Comme l'énonce Hugo Achugar, il existe une histoire officielle sur la conquête qui, quand bien même elle contemplait le sujet indigène, le faisait depuis une perspective qui ne cessait de réaffirmer l'hégémonie du sujet central (1992 : 56). Dès lors, il devient possible de considérer la relation que la littérature testimoniale latino-américaine entretient avec les chroniques des Indes que certains critiques ont identifiées comme étant les prémices significatives du genre (García, 2003). Toutefois, tel que le souligne Nora Strejilevich, les chroniques des Indes s'écrivent souvent en vue de justifier l'entreprise de la conquête, tandis que le témoignage relève de l'expression de la résistance à la domination coloniale (2006 : 24).

plume de Miguel León-Portilla, *Visión de los vencidos* (1959, « Vision des vaincus ») et *El reverso de la conquista* (1964, « L'Envers de la conquête »), sont nées du souci de renouer avec une tradition culturelle considérée perdue et ont eu l'effet paradoxal, lors de leur parution, d'occulter les voix des communautés indigènes contemporaines. Lienhard lui-même publia, quelques décennies plus tard, une série de *Testimonios, cartas y manifiestos indígenas* (1992, « Témoignages, lettres et manifestes indigènes »), dont le prologue revient sur les logiques de la culture lettrée conditionnant la production et la circulation des témoignages qu'elle recueille. De sorte que le discours indigène semble ne pas jouir du droit d'énonciation à la première personne : les émetteurs ne peuvent contrôler la version écrite de leurs déclarations ni l'usage que les émetteurs lettrés en feront (Lienhard, 1992 : XXIII).

Ce n'est qu'avec les processus ouverts de modernisation dans la deuxième moitié du XIXe siècle et les vagues indépendantistes que se créeront les conditions préalables à l'irruption dans la sphère publique des voix des sujets subalternes, étouffées depuis la conquête. Pour Hugo Achugar, le témoignage comme discours « d'Autrui et depuis Autrui » n'intervient qu'en réponse à une histoire officielle des pays latino-américains qui se consolide parallèlement à la constitution des États modernes pendant la seconde moitié du siècle (1992 : 55–56). Pour la plupart des pays d'Amérique latine, l'État-nation moderne se construit sur la base de l'extermination massive des peuples autochtones qui avaient survécu à la colonisation (Feierstein, 2009 : 10), évènement qui a été défini comme un génocide non rapporté par l'histoire officielle (Pérez, 2011). Le témoignage moderne latino-américain viendra récuser cette omerta. Néanmoins, comme l'a indiqué Jean-Louis Jeannelle en analysant l'histoire du témoignage en Europe, le genre n'émerge qu'une fois que le sujet se conçoit en tant que « dépositaire de droits universels et agent autonome de mouvements collectifs » (2004 : 93). Dans le cadre latino-américain, Achugar recense un certain nombre d'évènements qui y ont conduit : la Commune de Paris, la Révolution mexicaine, la Révolution russe et le mouvement de la Réforme universitaire en Argentine puis les guerres de décolonisation en Asie et en Afrique et, finalement, la Révolution cubaine et l'expansion continentale des mouvements de libération dans les années 60 (1992 : 55). Dans la sphère culturelle, ce processus impliquera l'apparition, dès la moitié du XXe siècle, de producteurs issus non plus des seules couches moyennes, mais également des secteurs populaires (Cornejo Polar, 2003 : 184). Or, ce serait sous l'impulsion d'intellectuels et d'écrivains qui parvinrent à dialoguer avec les secteurs populaires depuis leur insertion dans le système de la littérature illustrée que le témoignage se serait consolidé et institutionnalisé en tant que genre littéraire en Amérique latine (Ochando Aymerich, 1998 ; Quintero Herencia, 2002 ; Gilman, 2012 : 343 ; García, 2012 ; Forné, 2014).

Notre travail se concentre sur ce moment important de l'histoire de la littérature testimoniale latino-américaine. Il s'efforcera de mettre en relation le processus de consécration du genre qui a eu lieu dans le champ littéraire latino-américain des années 60–70 avec la production littéraire d'un des écrivains qui y a activement participé, l'Argentin Rodolfo Walsh (1927–1977). L'œuvre de cet écrivain n'a pas été suffisamment prise en compte dans les recherches sur la littérature testimoniale en Amérique latine. Dans les études sur le témoignage et la subalternité narrative qui se sont développées depuis la fin des années 1980, l'intérêt s'est porté sur *Moi, Rigoberta Menchú* (*Me llamo Rigoberta Menchú*, Burgos Debray, 1983) et, plus généralement, sur la production testimoniale centraméricaine qui, comme le concevait John Beverley (1987) à l'époque, faisait surgir la voix des secteurs populaires illettrés depuis la « marge » de l'institution littéraire[3]. D'autre part, les travaux portant sur la littérature testimoniale élaborés depuis les années 2000 dans le champ des études sur la mémoire ont principalement centré leur attention sur la production narrative relative aux processus dictatoriaux qui se sont déroulés en Amérique latine dès les années 1970, et non pas tant sur la littérature des étapes précédentes[4]. Ainsi, les critères de définition du témoignage habituellement adoptés par les critiques lorsqu'ils traitent du genre sont restrictifs par rapport à l'œuvre de Walsh. Pourtant, celle-ci relève d'une grande pertinence dans l'histoire de la littérature testimoniale latino-américaine. Avec *Opération massacre* (1957), l'écrivain a inauguré, à son

---

[3] Pour une évaluation critique de l'approche à la littérature testimoniale latino-américaine proposée par le *Latin American Subaltern Studies Group* et, plus généralement, par les intellectuels solidaires des mouvements de libération en Amérique centrale, nous nous référons au travail de Palazón Sáez (2010).

[4] Bien que, dans ces études, la littérature testimoniale produite dans le Cône Sud (l'Uruguay, le Chili et l'Argentine) ait éveillé un intérêt particulier, la place occupée par Walsh y demeure limitée. Les études portant sur son œuvre sont rares et la production de Walsh y figure comme un précédent significatif du *corpus* testimonial postdictatorial, mais non en tant qu'objet spécifique d'analyse – tel que c'est le cas avec Nofal (2002) et Strejilevich (2006).

insu, une forme de création littéraire qui, dans les années suivantes, sera (re)nommée « témoignage » et défendue comme une modalité littéraire légitime, tant par Walsh lui-même que par d'autres écrivains et critiques qui ont promu l'institutionnalisation du genre testimonial.

Nous aborderons cette question par la suite. Nous ferons d'abord référence au processus d'institutionnalisation du témoignage qui s'est développé dans le champ culturel latino-américain dans les années 1960 et 1970, centré sur Cuba. En nous appuyant sur les notions de genres littéraires formulées par Jean-Marie Schaeffer (1989), nous soutiendrons que ce processus a impliqué l'application rétroactive – c'est-à-dire *lectoriale* – de la catégorie de « témoignage » à une série d'expressions narratives diverses, dont *Opération massacre* de Walsh. Ensuite, nous nous concentrerons sur l'œuvre de l'écrivain argentin, en soulignant les diverses significations que le témoignage acquiert dans sa production narrative. Finalement, nous analyserons *Opération massacre*, en considérant les circonstances de son écriture en 1957 et la re-signification du texte que l'auteur lui-même lui a donné plus tard, en même temps que la légitimation progressive du témoignage dans le champ culturel latino-américain. À travers l'analyse, nous montrerons la relation étroite qui s'établit entre la production littéraire de Walsh et ce processus de légitimation institutionnelle : depuis la fin des années 60, l'écrivain relisait et même réécrivait son œuvre sur la forme de témoignage, inscrivant dans sa pratique littéraire les opérations de rétroaction générique qui orientaient la consécration du témoignage dans le champ littéraire.

1. (Re)construction d'un genre littéraire : l'institutionnalisation du témoignage dans le contexte latino-américain des années 60–70

L'expansion et l'institutionnalisation du témoignage comme genre doté d'une entité propre et d'une valeur littéraire s'inscrivent dans un contexte de politisation du champ littéraire et culturel en lien avec le processus qui permit le triomphe de la Révolution cubaine en 1959. À l'échelle régionale, ce processus constitua pour les intellectuels progressistes et de gauche un modèle tant dans le domaine politique que culturel. C'est pourquoi la consécration institutionnelle du genre est souvent située en 1970 (Ochando Aymerich, 1998 ; Gilman, 2012 : 343), avec l'ajout de la catégorie « Témoignage » parmi les prix littéraires de la

Casa de las Américas de La Havane, alors clef de voûte du monde littéraire latino-américain (Quintero Herencia, 2002).

Dans un travail préalable (García, 2012), nous avons observé que l'institutionnalisation du témoignage à Cuba aux débuts des années 70 s'accompagna de deux mouvements simultanés dans l'histoire de la littérature latino-américaine : *vers l'avant*, dans un premier temps, elle chercha à promouvoir l'écriture de témoignages en la dotant d'une valeur artistique semblable à celle des genres littéraires traditionnels. Cette opération a obtenu des répercussions fécondes sur le système littéraire latino-américain. Non seulement en raison de la littérature testimoniale prolifique qu'elle a engendrée, mais également – et surtout – parce qu'elle a fourni un modèle pour l'expérimentation esthétique en littérature qui a transcendé les frontières du genre et qui est parvenu à réfuter la réduction de l'écriture testimoniale à une simple transmission directe de la réalité sociopolitique latino-américaine que dénonçaient les conceptions les plus dogmatiques sur le genre aux débuts des années 70[5].

Dans un second temps, l'institutionnalisation du genre testimonial à Cuba a comporté une opération *à rebours* dans l'histoire de la littérature latino-américaine, ce que Jean-Marie Schaeffer a nommé le « phénomène de rétroaction générique » (1989 : 143). En effet, le terme du genre *témoignage*, qui ne revêtait pas jusqu'alors le statut de catégorie pour les textes littéraires, s'appliqua *a posteriori* et de manière rétroactive à un ensemble de textes qui constitueront, dès lors, la tradition du genre. Cette dernière s'est tout d'abord attachée à mettre en valeur les textes produits dans les années l'ayant immédiatement précédée et qui recensaient divers aspects de la réalité sociale et politique latino-américaine. De par leurs caractéristiques formelles, ces textes ne s'ajustaient pas aux catégories génériques reconnues par l'institution littéraire : ils ne pouvaient être considérés ni comme des essais, car le récit y prédominait sur l'argumentation, ni comme des romans étant donné qu'il s'agissait de proses factuelles. Ambrosio Fornet signale que l'émergence de tels textes

---

[5]   Anna Forné (2014), dans une analyse des œuvres testimoniales ayant remporté le prix *Casa de las Américas* depuis 1970 jusqu'à la date, montre que les textes récompensés incorporaient des modalités diverses d'élaboration littéraire de la matière narrative et, par conséquent, ne se limitaient pas à reproduire la réalité sociopolitique de manière linéaire. De même, Luisa Campuzano souligne comment l'institutionnalisation du témoignage à Cuba aurait eu comme retombées positives l'élaboration de règles et de paradigmes créatifs littérairement parlant allant au-delà des frontières du genre *stricto sensu* (Fornet *et al.*, 2015 : 210).

s'expliquait alors par le processus révolutionnaire cubain et l'intensification des mobilisations populaires dans d'autres pays d'Amérique latine qui avaient donné lieu à un « *boom* » des œuvres testimoniales (2001 : 137)[6].

À strictement parler, la catégorie « témoignage » employée de manière rétroactive – autrement dit *lectoriale* (Schaeffer, 1989 : 151) – ne comportait pas les mêmes implications lorsqu'elle s'appliquait aux différents textes dont on cherchait à hiérarchiser la valeur littéraire. Un premier ensemble de textes se composait de témoignages d'expériences politiques rédigés par les protagonistes eux-mêmes, tels que les *Pasajes de la guerra revolucionaria* d'Ernesto Guevara (1963, « Épisodes de la guerre révolutionnaire »), dont la teneur littéraire a notamment été revalorisée de manière posthume (García, 2014), ou encore *Perú, 1965 : apuntes sobre una experiencia guerrillera* d'Héctor Béjar Rivera (1969, « Pérou, 1965 : notes sur une expérience de guérilla »), récompensé la même année lors du concours *Casa de las Américas*. Un second ensemble se composait de textes ethnologiques tels que *Juan Pérez Jolote* de Ricardo Pozas (1949), *Biografía de un cimarrón* de Miguel Barnet (1966, « Biographie d'un nègre marron ») – aujourd'hui considérées comme des expressions pionnières du genre testimonial en Amérique latine – et *Manuela la Mexicana* d'Aida García Alonso (1968, « Manuela, la Mexicaine »), également récompensé du prix *Casa* en tant qu'essai. Ils se construisaient à partir de la transcription et de l'édition d'entretiens de l'ethnologue avec un « informateur » qui se faisait le porte-parole d'une expérience collective discréditée par l'historiographie traditionnelle. Un troisième ensemble comprenait des textes issus de la recherche journalistique, ce qui était le cas d'*Opération massacre* de Rodolfo Walsh (1957) qui relate un épisode de l'histoire politique argentine contemporaine à sa publication, tout en y enchâssant une réélaboration romancée des témoignages des protagonistes[7].

---

[6] La prolifération du discours testimonial semble avoir été particulièrement intense à Cuba, si l'on en juge par les travaux de Quintero Herencia (2002 : 375) et de Morejón Arnaiz (2006).

[7] Au-delà d'*Opération massacre*, nous n'avons pas identifié dans les discours accompagnant l'institutionnalisation du témoignage à Cuba d'allusions explicites à d'autres œuvres nées du journalisme qui se seraient hissées au rang de prémices du genre, à l'exception faite, peut-être, de *Quarto de despejo* de la Brésilienne Carolina Maria de Jesus (1960). Cette œuvre a largement circulé dans les années 60 et a été acclamée pour son caractère documentaire par la revue *Casa de las Américas* (Morejón Arnaiz, 2006 : 97). Ses caractéristiques intrinsèques – le journal d'une *favelada* (habitante d'une favela) éditée par un journaliste, mais publiée sous le

Toutefois, ces trois ensembles ne se différenciaient pas seulement les uns des autres par leurs contextes de production culturelle : politique, ethnologique et journalistique[8]. Ils se distinguaient également par la place que le témoignage y occupait, selon les niveaux de discours impliqués. Ainsi, dans le cas des témoignages politiques, il s'agissait d'un niveau strictement auctorial (l'auteur fait office de témoin) alors que nous pourrions parler d'un niveau sous-auctorial pour les témoignages ethnologiques s'articulant autour de la figure de l'informateur, distincte de celle de l'auteur, tout en lui étant subordonné puisque sa configuration en tant que sujet du discours dépendait en partie des décisions de l'auteur[9]. *Opération massacre*, en revanche, née de la recherche journalistique, œuvre à un niveau extratextuel voire extra discursif, certes associé au processus de genèse scripturale et aux sujets qui y participent, mais sans les caractéristiques effectives du récit (nous reviendrons sur ce point dans le prochain paragraphe).

---

nom de De Jesus – font qu'elle occupe une place singulière dans la tradition de la littérature testimoniale en Amérique latine. Pour en savoir plus sur ses conditions de production, de circulation et sa réception, veuillez-vous référer à l'étude complète de Perpétua (2014).

[8] Luisa Campuzano souligne d'ailleurs que lors de l'institutionnalisation du témoignage par la *Casa de las Américas*, trois grands aspects du genre ont été retenus : historico-politique, ethnologique et journalistique (Fornet *et al.*, 2015 : 2014). L'auteure fait ici référence aux critères qui ont orienté la sélection des jurés pour le concours de 1970, toutefois, il en est allé de même pour les œuvres qui ont été récompensées cette même année, parmi lesquelles on retrouve ces trois aspects comme nous l'avons déjà signalé dans un précédent travail (García, 2012).

[9] La relation s'établissant entre l'auteur et l'informateur dans ce type d'œuvres testimoniales a été amplement débattue dans des travaux portant sur ledit genre. Entre la fin des années 1980 et le début des années 1990, des critiques tels que Beverley (1987) et Achugar (1992) signalaient les potentialités de cette relation, liées à l'alliance solidaire pouvant s'établir entre les intellectuels et les secteurs subalternes à la suite du développement de mouvements de libération en Amérique latine. Toutefois, les inconvénients inhérents à cette perspective, qui éludait la position de pouvoir occupée par l'intellectuel ainsi que les modes par lesquels celui-ci conditionnait la production et la circulation du discours testimonial, sont rapidement apparus (Sklodowska, 1992). Comme l'indique Picornell (2011 : 134), le lettré est celui qui affiche le nom de l'auteur et qui prend les décisions concernant la forme finale du témoignage à l'égard de l'organisation du récit, le style linguistique, la pertinence plus ou moins grande de certains passages et surtout la présentation du discours, puisque ces textes naissent bien souvent de la transformation d'un ou de plusieurs entretiens vers un récit en apparence monologique à la charge de l'informateur.

Autrement dit, la forme énonciative fondamentale du témoignage pouvant se résumer par la formulation « j'y étais » (Dulong, 1998 : 56) s'inscrivait de différentes manières dans les textes qui constituèrent le *corpus* initial du genre, entendu comme type spécifique de *littérature*. Tel est l'écart existant entre le témoignage en tant que pratique sociale et sa conceptualisation littéraire en Amérique latine. La définition du genre inaugurée par le prix *Casa de las Américas* dans cette catégorie rendait déjà compte de cette hétérogénéité et notamment de l'ampleur avec laquelle les instigateurs du genre ont considéré la figure du témoin : « Los libros de testimonio documentarán, de forma directa, un aspecto de la realidad latinoamericana y caribeña. *Se entiende por fuente directa el conocimiento de los hechos por el autor, o la recopilación por este, de relatos o constancias obtenidas de los protagonistas o testigos idóneos* » (Ochando Aymerich, 1998 : 32, l'italique est de nous)[10].

La diversité des modèles textuels rassemblés sous la catégorie « témoignage » au moment de sa consécration n'a cessé de se maintenir dans les discours postérieurs sur le genre. La valorisation des textes du « *boom* » testimonial des années 60–70 qui constituèrent la base de l'institutionnalisation laissa peu à peu la place à l'élaboration d'une tradition plus vaste qui transcenda la conjoncture bouleversée de l'époque. À cet égard, au début des années 90, Elzbieta Sklodowska rappelait que les tentatives de la critique de construire une généalogie du témoignage latino-américain avaient été vaines en raison de la disparité des critères appliqués à l'identification des expressions « prototestimoniales » dans le système littéraire latino-américain (1992 : 64). Néanmoins, ces tentatives généalogiques signalent la continuité et l'approfondissement de l'opération de relecture *à rebours* sur laquelle s'est fondée l'institutionnalisation du genre. Il s'agissait ainsi d'un échantillon de la productivité du phénomène de rétroaction générique dans le cas du témoignage latino-américain.

Il est fort probable que l'étendue du terme « témoignage » ait constitué l'une des raisons de son adoption par les intellectuels et écrivains nucléés autour de la *Casa de las Américas*[11]. Les minutes des réunions entre les

---

[10]   « Les livres de témoignage documenteront, de manière directe, un aspect de la réalité latino-américaine et caribéenne. On entend par source directe la connaissance des faits par l'auteur ou la recompilation, par celui-ci, des récits ou attestations recueillis auprès de protagonistes et témoins idoines ». (Nous traduisons).

[11]   D'après Jorge Fornet, la versatilité du concept ne constituait pas un problème, mais, au contraire, revêtait un aspect positif, celui de ne renvoyer à aucune tradition

jurés et les organisateurs du prix Casa qui ont précédé l'ajout du genre au concours – parmi lesquels se trouvaient Ángel Rama, Haydée Santamaría, Manuel Galich, Isadora Aguirre, Hans Magnus Enzesberger et Noé Jitrik – attestent que d'autres tentatives de dénomination ont précédé le choix du terme « témoignage », tel que « chronique », « reportage » et « factographie » (Rama *et al.*, 1995). Le fait que ces termes soient considérés comme des alternatives pour dénommer le « nouveau » genre montre les liens étroits que le témoignage latino-américain maintient avec d'autres expressions historiques de la littérature factuelle. En parallèle, cela laisse voir les difficultés de désignation que posent ces littératures en prose, dont le trait commun consiste à diverger de la fiction comme modalité canonique de la prose littéraire (Genette, 1993 : 55 ; James et Reig, 2014 : 7). Quant au concept de « non-fiction », formulé par Truman Capote quelques années auparavant et connu des intellectuels qui participèrent à l'essor du témoignage à Cuba, il n'a pas été considéré comme une option valable pour dénommer ce genre, et ce, en raison des conjonctures politiques qui aiguillèrent ladite institutionnalisation : non seulement la *non-fiction* de Capote s'avérait étrangère au foyer de la réalité politique d'où émanait l'écriture du témoignage, mais elle renvoyait à un champ culturel (celui des États-Unis) distant voire antagonique de la vision latino-américaine anti-impérialiste des interventions politico-culturelles au sein de la *Casa de las Américas*[12].

2. Le témoignage offert par la prose de Rodolfo Walsh : une catégorie hétérogène

Bien que l'œuvre testimoniale de Rodolfo Walsh n'ait suscité que peu d'intérêt dans les études académiques sur le genre – comme nous l'avons souligné dans l'introduction –, celle-ci se révèle hautement pertinente du point de vue de l'histoire de la littérature de témoignage en Amérique

---

littéraire spécifique. Le terme en résultait d'autant plus ouvert et générait moins d'exclusions (Fornet *et al.*, 2015 : 202).

[12] L'essai incontournable de Miguel Barnet « La novela testimonio: socio-literatura » (1969), un des textes fondateurs du métadiscours sur le genre testimonial, laisse transparaître la volonté de l'auteur de différencier son projet littéraire de la *non-fiction* de Capote (Barnet 1969 : 109). Sur les distances et les approximations entre la *non-fiction* développée aux États-Unis et la littérature de témoignage latino-américaine, nous nous référons aux travaux de García (2004) et d'Amar Sánchez (2008).

latine. Il s'agit d'une littérature qui *est devenue* testimoniale parallèlement au processus d'expansion et de consolidation institutionnelle du genre considéré dans le paragraphe précédent. Walsh lui-même participa à son institutionnalisation lorsqu'il fut convoqué en tant que juré à l'inauguration de la catégorie « Témoignage » du prix *Casa* en 1970 (Fornet, 1995 : 121). C'est d'ailleurs pendant ces années que l'auteur commença à recourir au mot « témoignage » pour (re)définir un champ de sa production narrative dont *Opération massacre* constituait le modèle et qui comprenait, en outre, deux autres textes : *¿Quién mató a Rosendo?* (1969, « Qui a tué Rosendo ? ») et le *Caso Satanowsky* (1973, « Cas Satanowsky »).

Ces textes possédaient en effet plusieurs caractéristiques communes. D'autre part, il s'avérait à chaque fois être des récits factuels renvoyant à l'actualité du moment précis de leur publication. Les trois ouvrages prenaient leur source dans des recherches journalistiques publiées sous forme de séries de notes dans la presse avant d'être publiées comme livres. Il s'agissait donc de textes se différenciant nettement de la production fictionnelle de l'écrivain qui se déployait sous forme de nouvelles et d'un roman inachevé. À cet égard, l'auteur affirmait dans un entretien tenu en 1969 que « De alguna manera, una novela sería algo así como una representación de los hechos, y yo prefiero su simple presentación » (Walsh, 2007 : 142)[13]. D'autre part, les trois ouvrages abordent des faits de violence mettant plus ou moins directement en jeu la responsabilité de l'État.

Tel que nous l'avons affirmé pour les textes qui composent le *corpus* du genre testimonial lors de son institutionnalisation par la *Casa de las Américas*, dans le cas de Walsh le recours au terme « témoignage » comme catégorie générique renvoyant à son œuvre s'est avérée rétroactive et, en ce sens, lectoriale, encore qu'il s'agissait à n'en pas douter d'une (re)lecture bien particulière, puisque réalisée par l'auteur lui-même. Aussi, le terme « témoignage » appliqué aux trois livres constituant la prose factuelle walshienne possède-t-il différents sens si nous les considérons depuis leur généricité auctoriale. Ainsi dans *¿Quién mató a Rosendo?*, Walsh a recours à une modalité énonciative reproduite comme telle dans le texte, à partir de la représentation des voix des protagonistes dans le récit, comme s'il

---

[13] « D'une certaine manière, un roman serait un peu comme une représentation des faits tandis que je préfère leur simple présentation ». (Nous traduisons).

s'agissait de transcriptions de leur parole. Dans *Opération massacre*, en revanche, le discours testimonial a servi de matière à la confection du livre, mais il ne se trouve pas représenté comme tel dans le texte qui, lui, repose sur les processus emblématiques du roman hétérodiégétique. Enfin, dans *Caso Satanowsky*, la catégorie « témoignage » ne renvoie plus que de manière très générale au caractère factuel du texte ou à la dénonciation politique intrinsèque. Comme nous l'avons déjà établi auparavant (García, 2014), il s'agit plutôt d'une œuvre *documentaire* qui, à défaut de proposer un travail sur les déclarations des protagonistes, recourt au matériel journalistique, policier et judiciaire inséré comme autant de preuves du récit.

La différence n'est pas que formelle : dans *Opération massacre* et *¿Quién mató a Rosendo?*, Walsh s'appuie sur la parole des personnes impliquées et, plus précisément, sur le dialogue qu'en tant qu'écrivain et intellectuel il entable avec les secteurs populaires, dans un contexte d'aggravation de la répression exercée sur ces derniers. Dans *Caso Satanowsky*, les matériaux qui composent le texte sont écrits et imprimés et constituent une trame discursive que l'écrivain récuse comme étant constitutive du *système* et de ses agissements criminels. Dans les deux cas, les relations entre violence, État et pouvoir politique occupent le cœur du récit, mais l'auteur n'adopte la perspective des victimes que dans les deux premiers[14].

3. *Opération massacre et la logique de la littérature*

Nous porterons maintenant notre attention sur *Opération massacre* en raison de l'importance que revêt cette œuvre dans l'histoire de la littérature testimoniale de l'Amérique latine. Le texte naît dans des circonstances relativement fortuites : en décembre 1956, Walsh eut accès à la plainte judiciaire déposée par l'un des survivants d'une série d'exécutions clandestines perpétrées par les forces policières quelques mois auparavant, lors de la répression d'une insurrection civico-militaire

---

[14] Dans *Caso Satanowsky*, publié tout d'abord dans l'hebdomadaire *Mayoría* en 1958, Walsh enquête sur le meurtre de l'avocat Marcos Satanowsky et y accuse des agents des renseignements aux ordres du gouvernement de la « Révolution libératrice ». Dans *¿Quién mató a Rosendo?*, publié tout d'abord dans l'hebdomadaire *CGT* en 1968, il aborde un épisode de violence impliquant le dirigeant syndical de l'époque Augusto Vandor, en insérant des témoignages d'activistes de la gauche péroniste qui avaient assisté au fait. Nous ne nous attarderons pas ici sur l'analyse de ces ouvrages qui a été développée ailleurs (García, 2014).

contre le gouvernement *de facto* de l'époque – l'autoproclamée « Révolution libératrice » (Melón Pirro, 2009 : 67–77). Walsh, un temps partisan du gouvernement, poursuit l'enquête moins par vocation politique que par intérêt professionnel (Ford, 2000 : 11), auquel s'ajoute une identification humanitaire aux victimes. Il reconstruit ainsi les faits s'étant déroulés dans la nuit du 9 juin dans la banlieue de Buenos Aires à savoir l'arrestation de onze civils et leur transfert jusqu'à la décharge publique de la ville de José León Suárez où ils ont été fusillés et où cinq des détenus trouvèrent la mort.

L'enquête a été tout d'abord publiée par la presse d'opposition (les secteurs nationalistes lui offrirent les pages de leurs journaux) avant d'être publiée sous forme de livre en décembre 1957. En effet, bien que Walsh souhaite dans un premier temps dissocier le crime commis de ses implications politiques, concentrant alors son accusation sur la police de la région de Buenos Aires et non sur la « Révolution libératrice », la responsabilité du gouvernement dans les exécutions s'avérait inévitable. L'ordre de la répression de l'insurrection civico-militaire du 9 juin avait été donné par le président *de facto* de l'époque, Pedro Eugenio Aramburu, et exécuté avec dureté, que ce soit envers les militaires aux commandes qu'envers les civils suspectés d'avoir des liens avec le soulèvement (Melón Pirro, 2009).

Walsh apprit l'existence des exécutions de José León Suárez dans des circonstances certes quelque peu fortuites, comme nous l'avons signalé, et il se lança dans cette enquête, car il en pressentait déjà l'importance. Toutefois, l'interprétation qu'il en fit au début cherchait à déresponsabiliser le gouvernement (Jozami 2011 : 71) et soutenait qu'il ne s'agissait que d'une anomalie de la réponse répressive au mouvement insurrectionnel qui, dans l'ensemble, lui semblait justifiée. De là la distinction catégorique établie par l'auteur dans la première édition du livre entre les victimes militaires et civiles des exécutions :

En todo este libro he procurado deliberadamente no referirme a los militares rebeldes que fueron ejecutados dentro de los cuarteles. La pena terrible que se les infirió [...] por lo menos se explicaba. Tenía, en el peor de los casos, cierta lógica: la lógica del vencedor que no conoce la clemencia.

[...] El caso de los fusilados de José León Suárez es completamente distinto. Porque esos hombres eran civiles desarmados e indefensos. Porque esos hombres no se habían sublevado ni se jugaban nada. Porque algunos de esos hombres ni siquiera eran peronistas (Walsh, 2009 [1957] : 250)[15].

Par la suite, il sera possible d'envisager que la violence extrême des exécutions de José León Suárez, loin d'être une exception à la logique répressive de la « Révolution libératrice », en était constitutive : un acte commis à des fins édifiantes qui ne pouvait s'avérer efficace que s'il se dirigeait à des civils associés au péronisme ou suspectés d'être des sympathisants (Melón Pirro, 2009 : 75). Il s'agissait d'une matérialisation particulièrement violente du projet de *dépéronisation* de l'Argentine telle que se l'était proposé le gouvernement de la « Révolution libératrice » dès la fin 1955 (Altamirano, 2007 : 68).

Cela étant dit, l'intention de Walsh vis-à-vis des exécutions clandestines à José León Suárez contenait également des implications strictement littéraires. L'écrivain, en isolant cet épisode du contexte plus général de la répression de l'insurrection de juin, portait un regard littéraire sur un fait politique dans le sens que lui donne Käte Hamburger : il abordait l'histoire et ses « personnages » comme s'il s'agissait de phénomènes individuels uniques (1995 : 21). Autrement dit, il envisageait ces exécutions depuis une perspective qui privilégiait la particularité, la singularité de chacune des vies frappées de plein fouet par la violence du massacre.

L'approche de Walsh à l'égard des victimes des fusillades de juin constituait une inflexion pour l'écrivain qui, jusque-là, avait cultivé une littérature se tenant à l'écart des soubresauts sociopolitiques (il avait publié un volume de récits policiers s'inspirant des classiques du genre). Ce tournant s'inscrivait dans un processus plus général du champ littéraire argentin, traversé par d'intenses débats concernant la relation des intellectuels avec les secteurs populaires et le péronisme auquel la majorité d'entre eux s'identifiait (Altamirano, 2011 : 217–218). Comme l'écrivit l'auteur lui-même des années plus tard, *Opération massacre* a été

---

[15] « Dans l'ensemble de ce livre, j'ai délibérément choisi de ne pas faire référence aux militaires rebelles qui ont été exécutés au sein des casernes. La peine terrible qui leur a été infligée […] avait, à tout le moins, une explication. Il existait, dans le pire des cas, une certaine logique : la logique du vainqueur qui ne connaît pas la clémence. […] Le cas des fusillés de José León Suárez est complètement différent. Parce que ces hommes étaient des civils sans armes et sans défense. Parce que ces hommes ne s'étaient pas révoltés, pas plus qu'ils ne jouaient le tout pour le tout. Parce que certains de ces hommes n'étaient même pas péronistes ». (Nous traduisons).

une « exception » (2007 : 234) dans sa trajectoire et dans l'histoire de la littérature argentine. Né de la croisée aussi exceptionnelle que fécondent des aléas du moment, de la vocation de Walsh, écrivain et journaliste, et de son empathie pour les victimes, ce livre repose sur un paradoxe : son originalité littéraire s'accompagne d'une réduction historique et politique. En effet, le regard romanesque porté sur des faits a pour corrélat un biais conceptuel que l'écrivain cherchera à corriger.

Ainsi, l'importance d'*Opération massacre* dans l'histoire de la littérature testimoniale latino-américaine s'explique non seulement par les circonstances singulières dans lesquelles l'œuvre est née, mais aussi par son parcours postérieur. Le livre a été réédité en 1964, 1969, 1972 et 1973 avec, à chaque fois, des modifications introduites par l'auteur. Comme l'a remarqué Hernaiz (2012 : 19), les variations les plus visibles se situant dans le paratexte : les préfaces et les postfaces que Walsh ajoute ou supprime dans leur totalité à chaque nouvelle édition, tandis que le cœur narratif du texte composé de deux volets (« Les personnes » et « Les faits ») ne connaît pas de modifications structurales conséquentes, malgré des variations de style significatives. Les écarts de comportement entre le texte et le paratexte du point de vue des reformulations s'expliquent par le paradoxe que nous avons mentionné plus haut : c'était dans les espaces narratifs d'*Opération massacre* que l'auteur adoptait des processus romanesques renvoyant aux évènements, là où résidait sa principale originalité et sa puissance esthétique, mais également là où se situait le biais historique du livre, le regard limité qui avait poussé l'écrivain à esquisser la signification politique des évènements.

Au regard de ce paradoxe, Walsh choisira de préserver la structure textuelle de base et d'agir, par le truchement du paratexte, sur la (ré) interprétation historique de l'épisode du 9 juin développé dans l'œuvre. Un déplacement important s'opère d'ailleurs dans l'épilogue de l'édition de 1969 où l'auteur reconnaît le biais de son approche initiale :

Una de mis preocupaciones, al descubrir y relatar esta matanza cuando sus ejecutores aún estaban en el poder, fue mantenerla separada, en lo posible, de los otros fusilamientos cuyas víctimas fueron en su mayoría militares.

[…] Ese método me obligaba a renunciar al encuadre histórico, en beneficio del alegato particular. Se trataba de presentar a la Revolución Libertadora, y sus herederos hasta hoy, el caso límite de una atrocidad injustificada, y preguntarles si la reconocían como suya, o si expresamente la desautorizaban

[...] Las ejecuciones de militares en los cuarteles fueron, por supuesto, tan bárbaras, ilegales y arbitrarias como las de civiles en el basural (Walsh, 2009 [1969] : 135)[16].

Bien qu'une analyse approfondie des différentes versions d'*Opération massacre* ait déjà été réalisée (García, 2019), il nous semble important de rappeler la relation existant entre les réécritures et le processus d'essor et de consolidation du témoignage en tant que genre en Amérique latine. Comme nous l'avons affirmé plus haut, *Opération massacre* a été reconnu au début des années 70 comme un texte représentatif du genre testimonial en dépit du fait qu'il n'était pas strictement dans sa généricité auctoriale puisque les témoignages recueillis pour la construction de l'histoire apparaissaient réélaborés dans le récit, au moyen de processus inhérents au roman. Cela étant, Walsh tenta de « corriger » sa perspective historique initiale sur les fusillades de 1956 *en dehors du texte* en modifiant substantiellement le paratexte, mais il chercha également l'approximation narrative originale, selon les codes du roman, *en dehors du livre*. Notamment, dans la transposition cinématographique d'*Opération massacre* (1973) à laquelle il participa en tant que scénariste avec Jorge Cedrón, lui-même réalisateur du film.

Le film propose une approche des faits de 1956 en associant des stratégies propres au documentaire, tel que le recours à des images d'archives, à des procédés empruntés au cinéma de fiction, telles que les scènes relatant l'histoire des fusillées de José León Suárez jouées par des acteurs. En cela, il ne s'écarte pas particulièrement du livre qui avait déjà recours à l'appropriation de techniques issues de la fiction dans un récit factuel du point de vue de ses caractéristiques générales. Pourtant, le film introduit une nouveauté importante à savoir que Julio Troxler, un des survivants des exécutions, y occupe un rôle de premier plan : celui de narrateur *off* et d'acteur jouant son propre rôle. Troxler, en outre, a activement participé aux discussions autour du scénario avec Walsh et

---

[16] « Un de mes soucis, en découvrant et en dénonçant cette tuerie alors que ses exécuteurs étaient encore au pouvoir, fut de la dissocier, autant que possible, des autres exécutions, dont les victimes furent pour la plupart des militaires. [...] Cette méthode m'obligeait à renoncer à l'éclairage historique au profit du réquisitoire personnel. Il s'agissait de mettre la *Revolución Libertadora* et ses héritiers devant le cas limite d'une atrocité injustifiée et de leur demander s'ils l'assumaient ou s'ils la désavouaient. [...] Les exécutions de militaires dans les casernes furent, bien entendu, aussi barbares, illégales et arbitraires que celles des civils dans la décharge publique ». (Nous traduisons).

Cedrón. La place qu'il occupe dans le film est due au fait qu'en plus d'avoir survécu à la fusillade, il était militant de la gauche péroniste à laquelle Walsh et Cedrón s'identifiaient alors (Jozami, 2011 : 2017 ; Peña, 2013 : 67). Il venait ainsi renforcer la légitimité croissante donnée au témoignage comme forme artistique, dans le contexte latino-américain de l'institutionnalisation littéraire du genre.

Cedrón condensa dans les phrases suivantes les objectifs qui l'ont guidé lors du tournage et le rôle que Troxler y a joué :

> A mí no me interesaba que la película fuera buena o mala; lo que me importaba es que no fuera mentirosa. A veces yo lo ponía a dirigir a Troxler, porque él había vivido el fusilamiento. El de Troxler fue un aporte fundamental. Aparte de su trabajo de interpretación y de su relato, que le da el tono a la película, en toda la charla política con los actores su intervención resultó importantísima. Fueron tres meses filmando en compañía de un tipo que era mucho más claro que nosotros en ese momento. Además, ¿quién puede negar lo que él cuenta? [...] El testimonio sale de la boca de un militante, y eso le da una verdad muy grande (Peña, 2013 : 79)[17].

Toutefois, cette revendication de la figure du témoin comme porte-parole légitime d'une expérience collective et garante ultime de la véracité du récit entrait en contradiction avec le fait que, dans le film, Troxler rendait un témoignage basé sur un scénario préétabli ce qui, comme l'a remarqué Mestman (2013 : 189), impliquait un degré d'imposture dans son discours. En effet, Troxler *jouait à être* témoin, quand bien même il le faisait à partir d'un texte dont il avait participé à l'élaboration. Son témoignage dans le film reprenait les *topoï* et les intonations du discours militant de la gauche péroniste de l'époque. D'ailleurs, à sa sortie, le film a été qualifié par nombre de spectateurs de « pamphlétaire » (Cossalter, Cadús et Busto, 2011). La consécration du récit testimonial du survivant et militant comme fondement nécessaire et suffisant à la légitimation du film a eu comme répercussion inattendue et indésirée de voir une partie des spectateurs rejeter la version de l'histoire transmise par le

---

[17] « Peu m'importait que le film soit bon ou mauvais, ce qui m'importait c'est qu'il ne mente pas. Parfois je demandais à Troxler de passer derrière la caméra, parce que lui avait vécu la fusillade. Ses apports ont été fondamentaux. En sus de son jeu et de son récit qui donne le ton du film, son intervention lors des discussions politiques avec les acteurs s'est révélée de première importance. Nous avons passé trois mois de tournage en compagnie d'un type qui en savait bien plus que nous. D'ailleurs, qui peut nier ce qu'il raconte ? [...] Le témoignage sort de la bouche d'un militant ce qui lui donne une vérité bien plus grande ». (Nous traduisons).

témoin : « Ni a Troxler le creían » (« Jorge Cedrón », 1973 : 8)[18], rapporte le réalisateur à la réception du film.

Dans l'édition de 1973, la dernière que Walsh ait modifiée, se trouve un fragment du scénario du film interprété par Troxler, car il considérait que son témoignage donnait au livre « tout son sens » (2009 [1973] : 315). Cette *opération* finale de resignification élève le film au statut de réécriture du livre, peut-être la plus importante. Pourtant, le film faisait d'*Opération massacre* ce que le texte n'avait pas été – et ce, même après ses réécritures prises au sens strict –, à savoir un témoignage incarné par la voix et le corps d'un des protagonistes.

Conclusion

Tout au long du chapitre, nous avons essayé de montrer l'étroite relation que l'œuvre testimoniale de Rodolfo Walsh, en particulier *Opération massacre*, entretient avec le processus d'institutionnalisation du témoignage comme genre littéraire dans le champ latino-américain des années 60–70.

Nous avons soutenu que l'importance de ce processus d'institutionnalisation réside, d'une part, dans le fait d'avoir instauré un cadre générique borné par le terme « témoignage » afin qu'il puisse se matérialiser dans maintes pratiques littéraires et artistiques, comme cela a d'ailleurs eu lieu au sein et en dehors des limites du genre conçu en termes essentialistes (Schaeffer, 1989 : 32–33) et, d'autre part, dans le fait d'avoir préparé les conditions d'édification d'un objet littéraire aux contours plus ou moins définis, la *littérature testimoniale*, qui occupera, dès la fin des années 80, une place de plus en plus significative au sein des sujets traités par la critique académique[19]. C'est également dans ce

---

[18] « Ils ne croyaient pas Troxler ». (Nous traduisons).

[19] Remarquons que, comme corollaire de l'institutionnalisation du genre au sein de la *Casa de las Américas*, les approximations critiques à la littérature testimoniale latino-américaine ne semblent pas pouvoir faire abstraction de la catégorie du *genre*, même lorsque, comme nous l'avons signalé ailleurs (García, 2012), l'ajout de cette catégorie s'opéra bien souvent sans une discussion approfondie préalable des problèmes théoriques que cela implique. Le bien-fondé de la notion de genre pourrait constituer un élément distinctif du discours critique sur la littérature testimoniale en Amérique latine, par opposition à la place restreinte que le concept occupe dans les études sur le témoignage et la littérature dans le contexte européen. *Cf.* la récente approche de Mesnard (2017) à ce sujet.

contexte latino-américain des années 70 et sa hiérarchisation littéraire du témoignage qu'a débuté la construction d'une histoire pour le genre qui renouait avec son expansion des années précédentes – depuis le triomphe de la Révolution cubaine et la diffusion de son modèle dans d'autres pays latino-américains – et qui s'efforçait d'identifier les prémices de la littérature testimoniale dans les pratiques verbales des étapes historiques préalables. Deux éléments de l'identité générique prédominaient dans cette recherche des origines : le caractère factuel de ces récits et le sceau politique qui les caractérise, en lien avec l'expression dans la sphère publique de voix de sujets subalternes. C'est ainsi qu'il nous est aujourd'hui possible d'identifier les racines de la littérature testimoniale latino-américaine dans le processus culturel issu de la conquête et de la colonisation. Lors de ce moment fondateur de la subjectivité latino-américaine, le témoignage émergea comme un signe du traumatisme causé par la violence de la domination coloniale sur les peuples d'Amérique latine.

La politisation des critères de légitimation dans le domaine de l'art et de la culture a constitué un facteur décisif dans la consolidation du genre testimonial en Amérique latine et dans son institutionnalisation aux débuts des années 70 (Gilman, 2012). Les conceptions dogmatiques contribuèrent à minimiser la dimension esthétique de l'écriture de témoignage en ne la mesurant qu'en fonction des objectifs qu'imposait la défense de la Révolution à Cuba et son expansion à l'échelle du continent. Cette approximation du genre était, comme l'a remarqué Anna Forné (2014), basée sur le fond plus que sur la forme puisqu'elle examinait la dimension thématique du discours au détriment de la considération de ses traits formels. Même si l'on cherchait de la sorte à construire un modèle prescriptif pour le genre fondé sur une analyse unidimensionnelle de l'œuvre littéraire (Schaeffer, 1989 : 79), l'analyse de la manière dont le terme « témoignage » a véritablement fonctionné comme catégorie de production et de réception des textes d'Amérique latine montre que ce qui prévaut dans l'histoire du genre est l'hétérogénéité et le dynamisme. D'une part, parce que les textes qui sont devenus, vers la fin des années 60, des exemples paradigmatiques s'y intégraient, comme nous l'avons vu, de différentes manières, même en les considérant d'un point de vue auctorial : le dispositif énonciatif du témoignage, qui se résume à la formule « j'y étais », s'inscrit dans chaque cas à différents niveaux de discours. Les textes où le même auteur officie à titre de témoin diffèrent en cela de ceux qui re-présentent le discours d'un ou plusieurs témoins, d'une manière supposée fidèle et jalonnée de signes attestant que la parole des protagonistes a bel et bien été recréée. D'autre part, parce que la généricité de ces textes ne se borne pas à l'instance auctoriale – complexe en soi – et qu'elle intègre un niveau lectorial dont nous avons tâché de démontrer la productivité en ce qui concerne la littérature testimoniale latino-américaine. Dans le contexte de l'institutionnalisation du genre, l'utilisation rétroactive du terme « témoignage » a désigné *a posteriori* des textes, nés de la pratique politique, de la recherche ethnologique et du journalisme, comme étant littéraires même lorsqu'ils n'avaient pas d'emblée poursuivi cette finalité artistique. En ce sens, l'œuvre de Rodolfo Walsh constitue un parfait exemple du dynamisme historique des genres littéraires et notamment du témoignage en Amérique latine.

L'application lectoriale de cette catégorie générique à son œuvre *Opération massacre* revêt un intérêt tout particulier, car il s'agissait d'un texte composé à partir de procédés romanesques et non de la représentation écrite des témoignages de ceux « qui y étaient » – contrairement à d'autres textes également devenus canoniques du genre, citons ainsi *Juan Pérez Jolote* ou *Biografía de un cimarrón*. Le cas de Walsh met en exergue les relations complexes pouvant s'établir entre les plans auctoriaux et lectoriaux de la généricité : au début des années 70, l'auteur a fait du témoignage une catégorie de (re)lecture de sa propre œuvre qu'il actualisera, dans un même temps, comme catégorie de (ré)écriture, en participant à l'élaboration du scénario de la transposition cinématographique d'*Opération massacre* puis à l'intégration de certaines parties de ce dernier à la dernière version de son livre. À cet époque, Walsh se définissait alors comme un « écrivain politique » (2007 : 206) et ses critères de jugement sur la justesse des témoins avaient évolué : vers la fin des années 50, il privilégiait la voix des « victimes innocentes » face à la violence de l'État – de là cet intérêt porté aux exécutions de José León Suárez –, tandis que pendant les années 70 il préférait celle d'un militant dont la figure de survivant s'incarnait comme un moment parmi d'autres dans un processus de résistance populaire qui avait commencé des années auparavant. Comme l'a souligné Gamerro (2006 : 49), l'activisme public en faveur de la littérature testimoniale dont Walsh a fait preuve dès la fin des années 60 a eu comme contrepartie certains va-et-vient et certaines tensions sur le genre que l'écrivain adoptait dans ses papiers personnels. La « simple présentation des faits » que semble offrir, à première vue, le genre en tant qu'option esthétique (Walsh, 2007 : 142) s'avère moins aisée si l'on considère que, à strictement parler, tout témoignage présente une « vérité partielle », tel que le notait l'auteur lui-même dans son journal en 1971 (Walsh, 2007 : 216). Cette partialité, chez Walsh, a été conditionnée par son rapprochement avec le militantisme et, notamment, le péronisme de gauche auquel il s'identifia dès le début des années 1970 (Jozami, 2011 : 217).

En 1977, l'écrivain rédigea et diffusa ses derniers textes connus, parmi lesquels *Carta de un escritor a la Junta Militar* (*Lettre d'un écrivain à la junte militaire*), où il dénonce les crimes commis par la dictature civico-militaire qui s'était instaurée l'année précédente. Vers la fin de cette lettre, il se déclare « fiel al compromiso que asumí hace mucho tiempo de dar testimonio en momentos difíciles » (Walsh, 1984 : 213)[20]. Le 25 mars, après avoir distribué le texte de manière clandestine, il a été pris en embuscade et assassiné par un groupe opérationnel de l'Escuela de Mecánica de la Armada (École de mécanique de la Marine). La *Lettre* ne sera largement connue qu'après la chute du gouvernement *de facto*, dans les années 80. Dès lors, Walsh, qui a contribué à fonder la littérature testimoniale en écrivant sur la survie d'autrui, est rentré dans l'imaginaire culturel argentin et latino-américain comme l'écrivain-témoin qui, par sa vie et son œuvre, mais aussi par sa mort, a témoigné des crimes du pouvoir politique.

Références

ACHUGAR, Hugo (1992). « Historias paralelas / historias ejemplares. La historia y la voz del otro ». *Revista de crítica latinoamericana* 36: 49–72.

ALTAMIRANO, Carlos (2007). *Bajo el signo de las masas*. Buenos Aires : Emecé.

ALTAMIRANO, Carlos (2011). *Peronismo y cultura de izquierda*. Buenos Aires : Siglo XXI.

AMAR SÁNCHEZ, ANA María (2008). *El relato de los hechos. Rodolfo Walsh: testimonio y escritura*. Buenos Aires : De la Flor.

BARNET, Miguel (1969). « La novela testimonio: socio-literatura ». *Unión* 1 : 99–122.

BEVERLEY, John (1987). « Anatomía del testimonio ». *Revista de crítica literaria latinoamericana* 25 : 7–16.

---

[20] « [...] fidèle à l'engagement que j'ai assumé, il y a longtemps, de témoigner dans les moments difficiles ». (Nous traduisons).

Cornejo Polar, Antonio (2003). *Escribir en el aire. Ensayo sobre la heterogeneidad socio-cultural en las literaturas andinas.* Lima : CELACP.

Cossalter, Javier, María Eugenia Cadús et Ximena Busto (2011). « La multiplicidad de estrategias de producción en el film *Operación masacre.* Una lectura contemporánea acerca de su heterogénea recepción », *Afuera. Estudios de crítica cultural* 10.

Cunill, Caroline (2017), « Testigos (DCH) », *Max Planck Institute for European Legal History Research Paper,* 2017–08, 25 pages, [en ligne] disponible sur https://ssrn.com/abstract=3073142 [consulté le 12 mars 2020].

Dulong, Renaud (1998). *Le Témoin oculaire. Les conditions sociales de l'attestation personnelle.* Paris : EHESS.

Feierstein, Daniel (2009) (comp.). *Terrorismo de Estado y genocidio en América Latina.* Buenos Aires : Prometeo.

Ford, Aníbal (2000). « Ese hombre », in Lafforgue, Jorge (ed.), *Textos de y sobre Rodolfo Walsh.* Madrid / Buenos Aires : Alianza, pp. 11–12.

Forné, Anna (2014). « El género testimonial revisitado. El premio testimonio de Casa de las Américas (1970–2007) ». *El taco en la brea* 1 : 216–232.

Fornet, Ambrosio (2001). *La coartada perpetua.* Mexico : Siglo XXI.

Fornet, Jorge (1995). « La Casa de las Américas y la "creación" del género testimonio ». *Casa de las Américas* 200 : 120–121.

Fornet, Jorge et al. (2015). « Premio Testimonio de Casa de las Américas. Conversación cruzada ». *Kamchatka. Revista de análisis cultural* 6 : 191–249.

Gamerro, Carlos (2006). *El nacimiento de la literatura argentina.* Buenos Aires : Norma.

García, Gustavo (2003). *La literatura testimonial latinoamericana: (re) presentación y (auto) construcción del sujeto subalterno.* Madrid : Pliegos.

García, Romina (2004). « Novela de no-ficción o testimonio: una revisión sobre el género », in Bocchino, Adriana (dir.), *Rodolfo Walsh: del policial al testimonio.* Mar del Plata : Estanislao Balder – UNMDP, pp. 93–118.

García, Victoria (2012). « Testimonio literario latinoamericano : una reconsideración histórica del género ». *Exlibris* 1 : 371–389.

García, Victoria (2014). *La obra testimonial de Rodolfo Walsh en el contexto argentino y latinoamericano de los años 60–70 : una perspectiva discursiva,* Thèse de doctorat, Facultad de Filosofía y Letras, Universidad de Buenos

Aires, disponible sur http://repositorio.filo.uba.ar/handle/filodigital/ 4669, consulté le 03/04/2022.

GARCÍA, Victoria (2019). « Las reescrituras de *Operación masacre* ». *Estudios Filológicos* 93: 23–44.

GENETTE, Gérard (1993). *Fiction and diction.* Londres : Cornell University Press.

GILMAN, Claudia (2012). *Entre la pluma y el fusil.* Buenos Aires : Siglo XXI.

HAMBURGER, Käte (1995). *La lógica de la literatura.* Madrid : Visor.

HERNAIZ, Sebastián (2012). *Rodolfo Walsh no escribió* Operación masacre *y otros ensayos.* Bahía Blanca : 17 grises.

JAMES, Allison et Christophe REIG (2014). *Frontières de la non-fiction. Littérature, cinéma, arts.* Rennes : Presses universitaires de Rennes.

JEANNELLE, Jean-Louis (2004). « Pour une histoire du genre testimonial ». *Littérature* 135 : 87–117.

« Jorge CEDRÓN. Que el pueblo se narre a sí mismo », *La Opinión,* 29 avril 1973 : 6–7.

JOZAMI, Eduardo (2011). *Rodolfo Walsh. La palabra y la acción.* Buenos Aires : Norma.

LIENHARD, Martín (1992) (ed.). *Testimonios, cartas y manifiestos indígenas. (Desde la conquista hasta comienzos del siglo XX).* Caracas : Biblioteca Ayacucho.

LIENHARD, Martín (2000). « Voces marginadas y poder discursivo en América Latina », *Iberoamericana* LXVI–193 : 785–798.

MELÓN PIRRO, Julio (2009). *El peronismo después del peronismo.* Buenos Aires : Siglo XXI.

MESNARD, Phillippe (2017) (dir.). *La littérature testimoniale, ses enjeux génériques.* Paris : SFLGC.

MESTMAN, Mariano (2013). « Las *masas* en la era del *testimonio.* Notas sobre el cine del 68 en América Latina », in Mestman, Mariano et Mirta Varela (eds.), *Masas, pueblo, multitud en cine y televisión.* Buenos Aires : Eudeba, pp. 179–215.

MOREJÓN ARNAIZ, Idalia (2006). « Testimonio de una casa », *Encuentro de la Cultura Cubana* 40 : 93–104.

NOFAL, Rossana (2002). *La escritura testimonial en América Latina.* Tucumán : UNT.

Ochando Aymerich, Carmen (1998). *La memoria en el espejo: aproximación a la escritura testimonial.* Barcelone : Anthropos.

Palazón Sáez, Gema (2010). *Memoria y escrituras de Nicaragua. Cultura y discurso testimonial en la Revolución Sandinista.* Paris : Publibook.

Peña, Fernando (2013). *El cine quema: Jorge Cedrón.* Buenos Aires : INCAA.

Pérez, Pilar (2011). « Historia y silencio: la Conquista del Desierto como genocidio no-narrado ». *Corpus* 1 (2), https://doi.org/10.4000/corpusarchivos.1157

Perpétua, Elzira Divina (2014). *A vida escrita de Carolina Maria de Jesus.* Belo Horizonte : Nandyala.

Picornell, Mercé (2011). « El género testimonio en los márgenes de la historia: representación y autorización de la voz subalterna ». *Espacio, Tiempo y Forma, Serie V* 23 : 113–140.

Pollak, Michael et Nathalie Heinich (1986). « Le témoignage ». *Actes de la recherche en sciences sociales* 62–63, *L'illusion biographique* : 3–29.

Quijano, Aníbal (2000). « Colonialidad del poder, eurocentrismo y América Latina », in. Lander, Edgardo (ed), *La colonialidad del saber: eurocentrismo y ciencias sociales. Perspectivas latinoamericanas.* Buenos Aires : CLACSO, pp. 201–246.

Quintero Herencia, Juan Carlos (2002). *Fulguración del espacio. El imaginario espacial de* Casa de las Américas *(1960–1971).* Rosario : Beatriz Viterbo.

Rama, Ángel. et al. (1995). « Conversación en torno al testimonio ». *Casa de las Américas* 200 : 122–124.

Robleto Gutiérrez, Jaime (2008). « Aproximación a la normativa penal de las culturas maya y azteca ». *Revista de la Facultad de Derecho de México,* vol. 58, N° 49 : 239–251.

Said, Edward (1975). *Beginnings: intention and method.* New York : Basic Books Inc.

Schaeffer, Jean-Marie (1989). *Qu'est-ce qu'un genre littéraire ?* Paris : Seuil.

Sklodowska, Elzbieta (1992). *Testimonio hispanoamericano: historia, teoría, poética.* New York : Peter Lang.

Strejilevich, Nora (2006). *El arte de no olvidar. Literatura testimonial en Chile, Argentina y Uruguay entre los 80 y los 90.* Buenos Aires : Catálogos.

Trimborn, Hermann (2016). *El delito en las altas culturas de América.* Lima : Pacífico.

WALSH, Rodolfo (1984). "Carta abierta de Rodolfo Walsh a la Junta militar", in *Operación masacre*. Buenos Aires : De la Flor, pp. 205–213.

WALSH, Rodolfo (2007). *Ese hombre y otros papeles personales*. Buenos Aires : De la Flor.

WALSH, Rodolfo (2009). *Operación masacre seguido de la campaña periodística*. Buenos Aires : De la Flor.

DEUXIÈME PARTIE :

LE TÉMOIGNAGE, LE FAIT LITTÉRAIRE ET L'ÉVÈNEMENT

Mise en récit des attentats du 11 septembre 2001 dans *Windows on the World* de Frédéric Beigbeder : entre réalité historique et fiction romanesque

Jovensel NGAMALEU
Université de Douala, Cameroun

Résumé : Le XXIe siècle a enregistré de nombreux attentats terroristes restés tristement célèbres, en l'occurrence l'attentat contre *Charlie Hebdo* en 2015 à Paris et les attentats contre les tours jumelles du World Trade Center en 2001 à New York City. La présente réflexion porte essentiellement sur le cas américain ayant inspiré le roman de Frédéric Beigbeder publié en 2003 et intitulé *Windows on the World*. Ce titre fait référence au célèbre restaurant qu'abritait la Tour Nord du WTC à Manhattan. Dans la présente étude, nous analysons, à la lumière de certaines caractéristiques de l'esthétique littéraire postmoderne, le dispositif narratif de reconstruction littéraire des faits par le romancier. Il ressort de cela que l'écriture chronologique, fragmentaire et complexe de *Windows on the World* s'arrime à la nature du drame.

Mots-clés : attentats, WTC, témoignage, reconstitution des faits, fiction

Abstract: The 21st century has witnessed many terrorist attacks, which feature the sadly notorious 2015 *Charlie Hebdo*'s attack in Paris and the 2001 World Trade Center Twin Towers' attacks in New York City. This chapter focuses its attention on the American case that inspired Frédéric Beigbeder's novel *Windows on the World* published in 2003. This title refers eponymously to the famous restaurant in the North Tower in Manhattan. From some characteristics of the postmodern literary aesthetic, we analyze the narrative tools of the literary reconstruction of facts by the novelist. It turns out that the chronological, fragmentary and complex writing of *Windows on the World* coincides with the nature of the tragedy.

Keywords: attacks, WTC, testimony, reconstruction of the facts, fiction

« Le seul moyen de savoir ce qui s'est passé dans le restaurant situé au 107e étage de la Tour Nord du World Trade Center, le 11 septembre 2001, entre 8 h 30 et 10 h 29, c'est de l'inventer » (*Windows on the World*, quatrième de couverture).
« L'écriture de ce roman hyperréaliste est rendue difficile par la réalité elle-même » (Beigbeder, 2003 : 7).

Introduction

Rendre compte ou, du moins, informer et renseigner l'opinion publique, ainsi que la postériorité sur les scènes de terreur est un pilier important de la littérature. Ce devoir de mémoire individuel et collectif est incarné en littérature par l'écriture testimoniale ou mémorielle. Quand l'histoire et le reportage s'allient à la littérature, l'écrivain devient, dans une certaine mesure, un historien et un reporter, bref un enquêteur (Demanze, 2019). L'écrivain, dans ce cas, tente de rétablir les faits, mais aussi de les interroger. Il participe, de la sorte, à la construction, voire à la reconstruction de l'histoire et de la mémoire d'un peuple. Cependant, au regard du caractère brusque et prompt des actes de terrorisme décimant parfois la quasi-totalité de ses victimes, narrer les faits fidèlement devient compliqué et difficile. Si le témoignage est un récit fait par une personne sur une expérience qu'elle a vécue (in)directement, il convient de mentionner que son bien-fondé et sa crédibilité dépendent du statut et de la qualité du témoin. Pour Giorgio Agamben (1999), le témoignage qui fait le plus foi est celui d'un témoin intégral, car seul le témoin intégral qui a vécu l'expérience tragique jusqu'au bout doit réellement témoigner de ce qui s'est passé et de son ressenti. Dans cette perspective d'Agamben, il s'ensuit que le témoignage authentique est un récit d'attestation qu'une victime fait d'une situation intenable par lui vécue jusqu'à son point d'achèvement. Agamben accorde plus de crédibilité à un survivant d'un évènement-limite comme l'expérience d'Auschwitz et, par ricochet, comme celui des attentats du WTC qui fait l'objet de cette étude. Néanmoins, le texte littéraire, fictionnel par nature, n'est pas à même de produire un témoignage total – sans lacunes –, compte tenu du travail d'écriture qu'il requiert. Anny Dayan-Rosenman souligne cet aspect en relevant que nombre de critiques pensent que « plus il y a travail d'écriture, moins il y a la vérité » (2007 : 167). Ainsi, la littérature dans son expression d'une certaine esthétique inhérente à l'écriture littéraire dénaturerait ou occulterait, à certains égards, l'authenticité, la crédibilité ou la véracité des faits témoignés/littérarisés. Si l'on s'en tient au point de vue de Giorgio Agamben (1998 & 1999), le véritable témoignage est celui donné par le témoin intégral (victime survivante d'une expérience-limite) ; or ce type de témoin, ayant survécu d'une situation désastreuse, est naturellement ou paradoxalement dans l'incapacité physique ou psychologique de témoigner puisqu'il se trouve dans un état d'inhumanité : c'est l'aporie agambienne du témoignage. Dans sa théorie testimoniale, Agamben emploie le terme métaphorique intraduisible « *Muselmann* » pour désigner ce type de témoin se trouvant dans un état de désolation totale et d'anéantissement verbal ou de mutisme en raison de l'ampleur du traumatisme psychosomatique vécu, l'ayant déshumanisé et dévitalisé. Frédéric Beigbeder, s'inscrivant dans la perspective agambienne du témoignage, a choisi et osé par le biais de la fiction de conférer à son héros le statut de témoin intégral, se trouvant au cœur de l'évènement-limite et dont le discours est inspiré par l'influence et l'expérience d'une mort inéluctable. Il s'agit du discours d'une victime qui vit sa mort dans les flammes ; c'est un personnage-limite. Ce dernier témoigne, du moins par l'alchimie de la fiction, dans une situation-limite qui augure sa mort, sur les attentats-suicides du 11 septembre 2001 à New York City. L'intention du romancier est de renseigner, de manière plus ou moins factuelle et dans une visée à la fois satirique, empathique et ironique, le public sur les circonstances et les conséquences de cette tragédie. Toujours est-il que la littérature testimoniale a un souci d'historicité, de véracité et de factualité/référentialité, à travers une mise en fiction – dans le cas du témoignage romanesque – s'appuyant sur un événement historique majeur facilement mémorable et réparable dans l'espace et le temps.

Frédéric Beigbeder dans *Windows on the World* démontre que la littérature, par le biais de la fiction, a la capacité de rendre compte des actes terroristes, au point de faire témoigner certaines victimes mortes ; car aucun des clients du restaurant Windows on the World n'a survécu. Son récit se situe entre le décès et la mort de ses personnages. Il relate de manière graduelle le déroulement de la destruction des deux tours jumelles du World Trade Center, tout en laissant transparaître les souffrances et les supplices des victimes de ce drame, notamment les clients du célèbre restaurant. C'est le nom de ce restaurant qui sert de titre au roman : le Windows on the World. Les scènes tragiques et les traumatismes qu'ont vécus les victimes sont décrits et pourtant, curieusement, l'auteur n'y était pas au moment des faits, en plus la totalité des clients y ont péri. Dès lors, comment le romancier parvient-il à rendre compte à travers *Windows on the World* de cette tragédie historique ? Nous répondons à cette interrogation en analysant le dispositif narratif mis en œuvre par le romancier pour faire ressortir les éléments diégétiques qui entrent en jeu dans la reconstruction littéraire des faits, mieux la mise en fiction des attentats du 11 septembre 2001. La composition du roman de Beigbeder, en effet, laisse remarquer que le texte oscille entre une perspective factuelle, émanant naturellement de l'essence même du témoignage, et une perspective fictive, trait indéniable du roman. En nous inspirant des travaux d'Algirdas-Julien Greimas (1966) et ceux de Genette (1972) nous prenons en compte les trois éléments constitutifs du récit suivants : les personnages, le cadre spatio-temporel et la structure ou technique narrative. Chacun de ces éléments constituant les principaux axes de la présente réflexion sera analysé, selon qu'il relève de la réalité historique (factualité/référentialité) et/ou de la fiction romanesque. Nous nous appuierons aussi, dans le dernier axe, sur quelques aspects caractéristiques de l'écriture postmoderne qualifiée par Marc Gontard (2005 & 2013)[1] d'« écriture trouble », puisque le texte de Frédéric Beigbeder en est une illustration.

---

[1]   L'esthétique postmoderne est un ensemble de traits caractéristiques non systématiques que présentent bon nombre de romans du XXIème siècle. Cette forme d'écriture post Nouveau-Roman est une écriture troublée ; car elle intègre dans le récit littéraire les multiples mutations idéologiques et philosophiques émanant d'un désir de dépassement des principes modernes. C'est pourquoi le genre romanesque, en particulier, fait preuve d'une déconstruction de la tendance balzaco-stendhalienne de la narration ; ce qui conduit à une écriture discontinue, métatextuelle, hybride, fragmentée et un éclatement narratif. « Le roman est devenu le personnage principal du drame de l'évolution littéraire des temps nouveaux, précisément parce que c'est lui qui traduit au mieux les tendances évolutives du monde nouveau » (Bakhtine, 2004 : 444). Christy Wampole (2021), quant à elle, parle de « degenerative realism »/ *réalisme dégénératif* pour caractériser certains romans contemporains, à l'instar de *Windows on World* pris pour exemple par elle, qui s'approprient le factuel de façon subjective, en s'inspirant des événements réels et troublants. Les frontières entre le documentaire/reportage et le fictionnel sont ainsi brouillées.

1. Les personnages-témoins : témoignage direct versus témoignage indirect

Tout témoignage nécessite un témoin. Ce dernier est un facteur important pour la crédibilité du témoignage. Dans la typologie des témoins effectuée par François Rastier (2010), il y a les simples témoins, qui ne sont pas des victimes directes d'une tragédie, les victimes survivantes, les témoins posthumes, les morts et les mourants, les bourreaux, ainsi que les faux témoins. Giorgio Agamben (1999), lui, nous le soulignions plus haut, pense que le témoignage qui serait plus valide est celui prononcé par des témoins mourants, voire « morts ». C'est-à-dire des figures-limite qui vivent douloureusement leur décès, car leur mort est imminente et inéluctable. Ainsi, c'est le témoignage des personnes qui ont vécu psychologiquement et physiquement le drame jusqu'au bout qui fait plus foi. Il s'agit des témoins intégraux, mais qui, paradoxalement, sont incapables de témoigner, compte tenu de leur état.

Le roman de Frédéric Beigbeder met en scène plusieurs personnages-témoins appartenant soit à la typologie de simples témoins, soit à celle des mourants ou des morts. L'auteur-narrateur qu'est Beigbeder est, suivant la typologie de Rastier (2010), un simple témoin, compte tenu du fait qu'il n'est pas une victime de l'attentat du 11 septembre 2001. Il ne se trouvait pas, en effet, à New York quand ce drame se déroulait, encore moins dans le fameux restaurant du WTC qui est l'espace tragique mis en exergue dans le roman. Il écrit à ce propos : « Personnellement, je donnais une interview à Club Pub, au sous-sol de la maison Grasset, dans les archives, à 14 h 56 heure française, quand Thomas Hervé a été averti sur son portable qu'un avion venait d'entrer dans une des tours du World Trade Center. » (Beigbeder, 2003 : 174)[2]. Beigbeder se trouvant en France lorsque le drame se déroulait, il ne l'a vu ou vécu que par le biais de la télévision dans le bureau de son collègue Claude Dalla Torre. Il est donc un simple témoin, voire un *témoin médiatique* du fait qu'il n'est pas une victime ou un survivant de cet attentat et aussi parce qu'il l'a vécu à distance au moyen d'un média.

Par contre, à travers le pouvoir créateur que lui confère sa posture d'artiste, l'auteur crée des personnages-limite qui sont des victimes directes de cette tragédie et donc des témoins directs d'un point de vue

---

[2]   Désormais, les renvois à cette référence seront signalés, dans le corps du texte, par la seule mention *WW* suivie des pages.

fictionnel. Il s'agit de Carthew Yorston (principalement) et ses deux enfants Jerry et David (secondairement). Nous ne citerons que ceux-ci parce qu'ils sont des personnages impliqués de façon prioritaire et directe dans le processus narratif du texte. Par le biais de ces personnages-limite (dont le récit se situe entre leur décès et leur mort), Beigbeder permet au lecteur de prendre connaissance des souffrances et des situations mortifères qu'ont connues les victimes de cet attentat. Leur désolation totale vécue et décrite par elles-mêmes ne peut que susciter une certaine empathie chez le lecteur. C'est pour cette raison que selon Agamben (1998), témoigner relève d'une aporie que seule une réflexion éthique peut résoudre. En donnant la parole au moyen de la prosopopée aux morts de cette tragédie, l'écrivain rechercherait une certaine authenticité, voire originalité ; il voudrait aussi susciter de l'empathie chez les lecteurs pour l'ensemble des victimes. Ainsi, chaque lecteur a conscience des troubles psychologiques et des tortures physiques qu'ont pu subir ces victimes par leur narration tragique au cœur de l'enfer, puisqu'aucune personne ne saurait mieux le faire dans la réalité, n'ayant pas vécu cette expérience désastreuse comme les victimes directes. Cela étant, *quid* du diptyque espace-temps mis en évidence dans le roman ?

2. Le cadre spatio-temporel du récit

L'espace et le temps du récit des faits du 11 septembre 2001 dans *Windows on the World* suscitent des interrogations émanant de la déontologie testimoniale. Beigbeder écrit son *roman-témoignage* sur les attentats entre 2002 et 2003[3]. L'histoire s'inscrit dans deux principaux lieux (entre Paris et New York City), selon les deux instances énonciatives majeures (Frédéric Beigbeder et Carthew Yorston), et à deux moments ou phases différentes de l'événement (après et pendant). Le récit du drame en effet combine deux sources de perception des faits et donc de reportage/témoignage[4]. Nous avons un témoignage direct fait par les victimes narrateurs Yorston et son fils David[5] qui se trouvent au sommet

---

[3] La précision est donnée par l'auteur à la fin du roman, suivi de la mention « Fin » (*WW* : 176).

[4] Le personnage-auteur Beigbeder agit beaucoup plus en un témoin indirect, du moins, en un reporter des faits après l'événement, dans l'élan journalistique. Par contre, son personnage fictif et victime Carthew Yorston se présente, lui, tel un témoin direct/mourant/mort pendant l'événement.

[5] Il assure le récit du chapitre « 9 h 31 », par exemple.

de la tour WTC, dans le restaurant *Windows on the World* au moment des faits[6], et un témoignage indirect et post-évènement assuré par Beigbeder lui-même, en tant que reporter-analyste. Ce dernier se trouve à Paris, en France, lorsque le drame survient, mais il se rendra à New-York, au lieu tragique (le Ground Zéro)[7] pour une enquête dans le cadre de son projet d'écriture post-événementielle. Son statut de témoin indirect et lointain remet un peu en question son écriture testimoniale. Son projet d'écriture prend naissance hors du lieu des faits, en l'occurrence à Paris : « J'écris ceci au *Ciel de Paris*. C'est le nom du restaurant situé au 56ᵉ étage de la tour Montparnasse. 33, avenue du Maine 75015 Paris » (*WW* : 7). Même si l'on peut noter une indication dans la localisation du lieu, le roman de Beigbeder est à mi-chemin ou alors fait un aller-retour entre la factualité et l'inventivité. On s'interroge d'ailleurs sur la capacité de la mémoire du romancier à ressasser tout ce qu'il a vu ce jour à travers le téléviseur.

Cependant, au regard de la distance qui existe entre le temps du drame et le récit de la reconstitution des faits, il est perceptible que l'esthétique de la chronométrie qui sous-tend son récit fait foi dans une perspective testimoniale couplée à la référentialité du récit. D'après cette chronométrie, on a une idée graduelle et factuelle du déroulement des événements. Le récit des faits s'étend en effet sur une durée d' « une heure trois quart », ce qui permet d'abord d'avoir une idée, à travers les personnages-victimes fictifs, des motifs de leur présence au WTC. À ce sujet Carthew Yorston déclare :

Ce matin-là, nous étions au sommet du World, et j'étais au centre de l'univers. Il est huit heures et demie du matin. Je sais, c'est un peu tôt pour emmener ses gamins en haut d'un building. Mais mes fils tenaient beaucoup à petit-déjeuner ici et je ne sais rien leur refuser : je culpabilise d'avoir largué leur mère (*WW* : 6).

Les indicateurs temporels tels que : « Ce matin-là » et « ici » rendent bien compte de la volonté de créer un « pacte testimonial » (Forest, 2002) entre le lecteur et l'auteur. En outre, l'heure d'entrée du premier avion dans la tour à « 8 h 46 » et celle du second à « 9 h 02 » sont des

---

[6]   « C'est la première fois que je monte au sommet du World Trade Center : mes deux fils ont adoré les ascenseurs rapides qui gravissent les 78 premiers étages en 43 secondes », déclare Carthew Yorston (*WW* : 6).

[7]   Le lieu du drame a été baptisé ainsi aux lendemains, au vu des dégâts et des décombres.

informations factuelles et vérifiables dans les archives divers relatifs à cet attentat historique. D'ailleurs, relevons que ces heures correspondent à celles relayées par les presses américaines. Dans le fragment du roman suivant, l'auteur lui-même rend compte des informations connues par le public sur la pénétration du premier avion dans la première et la plus grande tour, la Tour Nord abritant le luxueux restaurant dans lequel se trouvent ses personnages, dont son héros et ses deux fils :

> On sait peu de choses sur le *Windows on the World* de ce matin-là. Le *New York Times* indique qu'à 8h46, heure de l'entrée du vol 11 d'American Airlines dans les étages 94 à 98,171 personnes se trouvaient dans le restaurant du toit, dont 72 employés. On sait qu'une entreprise (le Risk Water Group) avait organisé un petit déjeuner de travail dans un salon privé au 106e étage, mais que toutes sortes de clients petit-déjeunaient aussi au 107e comme tous les matins. On sait que la tour Nord (la plus haute des deux, avec l'antenne sur le toit qui la faisait ressembler à une seringue hypodermique) fut la première touchée et la dernière à s'effondrer, à 10 h 28 précises. (*WW* : 7)

Il emploie, à cet effet, de manière répétitive l'expression anaphorique « on sait », aux fins de traduire l'idée de la factualité et de l'objectivité. Le romancier a une volonté de donner foi à ses propos sur l'événement. C'est toujours à partir des informations assez précises, factuelles et chiffrées qu'il narre la scène de la pénétration du second avion, cette fois-ci, dans la Tour Sud :

> À 9 h 02 minutes et 54 secondes, le vol United Airlines 175, autre Boeing 767, encore un Boston-Los Angeles, a basculé légèrement sur la gauche avant de pénétrer dans les étages 78 à 84 de la tour 2, causant un choc de magnitude 0,7 d'une durée de 6 secondes. Il transportait 65 passagers dont 9 membres d'équipage, et volait plus vite que l'American Airlines numéro 11 (930 kilomètres heure). [...] Certains experts affirment que les dommages causés dès cet instant à l'immeuble étaient tels que la tour Sud aurait dû s'effondrer immédiatement. C'est d'ailleurs elle qui s'écroulera la première, à 9 h 59 (*WW* : 60).

Néanmoins, un autre aspect spatio-temporel qui renforce le procédé testimonial mis en œuvre par Frédéric Beigbeder, mais qui fait douter son caractère véridique est le dialogue anachronique qui s'effectue entre lui, auteur, et le personnage fictif Carthew Yorston. Il y a, dès lors, un décalage chronotopique problématique dans le récit. C'est ce décalage qui offre la possibilité à l'auteur de créer un dialogue avec son personnage-héros. Cette situation relève de la magie de la fiction dans la gestion du temps et de l'espace par le romancier. Notons que l'auteur, personnage réel et narrateur « extradiégétique » (Genette, 1972) par rapport au drame, dialogue en 2002, étant à Paris, avec un personnage fictif mort en 2001 à New York City, au point où le discours de ce dernier a un effet illocutoire et perlocutoire sur lui. En effet, dans le chapitre « 9h 16 » Beigbeder s'interroge sur le fait que certaines victimes, les « jumpers » – sauteurs –, ont fait le choix d'une « chute libre », en se jetant dans le vide pour échapper à l'incendie. Il finit par conclure que c'est par dignité qu'elles le font ; car elles auront choisi leur manière de mourir héroïquement au lieu d'attendre passivement la mort par flambement sur place. Cependant, dans le chapitre suivant, Carthew Yorston prend la parole et lui répond de manière outrée :

> N'importe quoi, mon pauvre Beigbeder. Si entre 37 et 50 personnes se sont jetées dans le vide du haut de la tour Nord, c'est tout simplement par impossibilité de faire autrement, suffocation, douleur, réflexe instinctif de survie, parce que cela ne pouvait pas être pire que de rester à l'intérieur du brasier asphyxiant. Ils ont sauté tout simplement parce qu'à l'extérieur il faisait moins chaud qu'à l'intérieur (*WW* : 85).

Ce dialogue fictif n'est certes que le fruit du génie ou de l'inventivité littéraire ; mais il est révélateur à plus d'un titre. Il (feint de) permet(tre) de cerner le vécu physique et psychologique des victimes, exprimé par elles-mêmes. Il trahit aussi et surtout l'impuissance ou les limites du témoin indirect et lointain. Cette situation laisse de la sorte transparaître le problème du statut du témoin. La confrontation entre ces deux types de témoins, le témoin simple et de témoin mourant ou mort, respectivement, laisse entrevoir une quête de vérité ou d'authenticité narrativo-testimoniale en créant un humour noir. Le témoin direct et victime du drame remet en question le témoignage du simple témoin qui se perd en conjecture parce qu'ayant vécu la scène à distance, à partir d'un écran de téléviseur. C'est justement pour surmonter, partiellement, cette limite géographique que Frédéric Beigbeder se décide à se rendre à New-York City sur le lieu des faits pour essayer d'observer directement la réalité tragique, en réduisant ainsi la distanciation entre le lieu-source et le lieu d'écriture. L'*écrivain-enquêteur* (Demanze, 2019 & Viart, 2019) répond par conséquent à son personnage-victime : « Ok Carthew, puisque tu le prends sur ce ton, je pars pour New-York » (*WW* : 86). Beigbeder a le devoir, semble-t-il, d'honorer la mémoire de son héros victime par la véracité des faits et l'objectivité dans ses analyses ou ses interprétations du désastre. Alors, il se doit de faire une « descente/ enquête sur le terrain », pour employer l'expression d'usage en sciences sociales, afin d'observer, de vivre la réalité décrite de plus près dans la peau de l'enquêteur. Son départ pour New-York joue un effet important sur le témoignage de l'après-évènement, notamment en ce qui concerne la gestion de la phase post-attentats aux États-Unis. C'est pourquoi une fois à New-York, il visite le lieu du drame, découvre ce qu'il comporte comme vestiges, ruines ou décombres et ce qu'il en est devenu – un site public visité –, interroge des personnes sur ces attentats et se renseigne sur les projets de reconstruction envisagés.

3. *La structure du récit et la technique narrative mise en branle*

La structure narrative du roman obéit à une logique chronologique. Elle est basée sur la durée de l'événement inspirateur du roman. L'auteur souligne d'ailleurs dès l'incipit : « L'enfer dure une heure trois quarts. Ce livre aussi » (*WW* : 7). D'un point de vue purement temporel, le roman va de « 8 h 30 » à « 10 h 29 ». Chaque chapitre du récit est chronologiquement et successivement chiffré, comme si chacun durait une minute. De même, plusieurs chapitres tiennent sur une seule page. On dirait que l'auteur s'efforce d'harmoniser matériellement la longueur narrative ou énonciative et la longueur temporelle, à travers sa gestion du temps chronologique et de l'espace du livre. Cependant, si le récit est linéaire sur le plan chronologique, il ne l'est pas forcément sur le plan narratif.

Le dispositif narratif présent dans le texte de Beigbeder est fragmenté et discontinu dans sa globalité. Les fragments du récit varient considérablement sur le plan du contenu. Il y a une alternance entre l'histoire événementielle narrée ou analysée et l'histoire confessionnelle auctoriale. C'est un entremêlement, une imbrication des propos liés à l'attentat et des fragments autobiographiques, pour la plupart. Les fragments ou les séquences tragiques se superposent aux fragments n'ayant parfois aucun rapport aux événements du 11 septembre, suivant un procédé proche du collage. L'esthétique postmoderne marquée, dans le cas d'espèce, par l'hybridité générique et la complexité narrative est en œuvre dans le roman. La rupture avec les modèles narratifs classiques et modernes se perçoit dans le texte par une polyphonie narrative, donnant l'impression d'un documentaire ou reportage à teneur majoritairement testimoniale. La dimension confessionnelle est relayée en second plan. En effet, dans le roman de Beigbeder, les deux narrateurs principaux – le témoin vivant/indirect et le témoin mort/oculaire – ont en commun le récit des faits, quoiqu'à des degrés ou niveaux différents. Les deux récits sont menés chapitre après chapitre, suivant un ordre chronologique, et sont en général alternés[8]. Le premier narrateur qui est Beigbeder – témoin tiers – porte un regard à la fois chronologique et critique sur les faits comme tout bon analyste ou journaliste-reporter ; tandis que le second narrateur – témoin victimaire et fictif –, Carthew Yorston, narre son rapport direct aux faits dans une perspective plus descriptive – du point de vue psychosomatique – et authentique en sa qualité de témoin mourant confronté directement à la tragédie.

Le récit de Frédéric Beigbeder est mené avec plus d'autoconfession, d'autodérision et d'humour noir visant à diluer, parfois sous la forme de digressions fréquentes, le tragique de l'événement narré/analysé. Or le récit de Carthew Yorston se situe au cœur des faits, dans le gouffre de la mort ; par conséquent, il est plus pathétique, tragique et traumatique. Nous devons aussi préciser que l'auteur intervient dès le premier chapitre du roman qui s'intitule « 8 h 30 ». Ce chapitre inaugural joue le rôle de prologue permettant de planter le décor de la tragédie qui va suivre : « Vous connaissez la fin : tout le monde meurt. [...] L'originalité de cette histoire, c'est que tous ses personnages vont mourir en même temps et au même endroit [Windows on the World] » (*WW* : 5). Les indices spatio-temporels s'y trouvent : nous sommes en « [d]ébut septembre, tôt le matin » ; il est « 8 h 30 », au restaurant (*id.*). Les propos de Frédéric Beigbeder sont généralement tenus au présent de l'indicatif à valeur discursive ou analytique. Il assume le rôle d'un reporter qui laisse le soin à ses personnages-victimes de s'exprimer, de narrer directement les faits, leur vécu désastreux. Il s'agit en l'occurrence de Carthew (prioritairement) et de David, entre autres personnages secondaires victimaires. Dans l'incipit Beigbeder écrit :

> Dans un instant, au *Windows on the World*, une grosse Portoricaine va se mettre à crier. Un cadre en costume-cravate aura la bouche bée. " Oh my God. " Deux collègues de bureau resteront muets de stupéfaction. Un rouquin lâchera un " Holy shit ! ". La serveuse continuera de verser son thé jusqu'à ce que la tasse déborde. Il y a des secondes qui durent plus longtemps que d'autres. Comme si l'on venait d'appuyer sur la touche " Pause " d'un lecteur de DVD. Dans un instant, le temps deviendra élastique. Tous ces

---

[8] On peut noter une exception aux chapitres « 10 h 22 » et « 10 h 23 », par exemple, où il y a une succession ou continuation du récit du sujet narrant et narré, à savoir Carthew Yorston.

gens feront enfin connaissance. Dans un instant, ils seront tous cavaliers de l'Apocalypse, tous unis dans la Fin du Monde (*WW* : 5).

Cet extrait du fragment-prologue du récit de Beigbeder laisse des traces d'un récit fictif d'une part à cause de sa qualité de témoin simple ou post-événement et, d'autre part, à cause du fait qu'il utilise les termes « histoire » et « personnages » en lieu et place de témoignage et victimes respectivement, même si la référentialité « Windows on the World » laisse penser aux attentats du 11 septembre 2001. Cependant, le récit direct du drame débute au chapitre suivant – « 8h 31 » – par le personnage Carthew Yorston, victime de l'attentat : « Ce matin-là nous étions au sommet du World [...] » (*WW* : 7). Remarquons l'emploi de l'imparfait de l'indicatif à visée narrative, outre le pronom personnel « nous » mis pour Cartew et ses deux fils – Jerry et David –. Ensuite, dès sa deuxième intervention, Carthew précise le temps qu'il est, à travers un présent à valeur énonciative : « Il est huit heures et demie du matin » (*ib*.). Enfin, il achève son premier fragment chapitral par cette autre phrase révélatrice ou anticipatrice : « Dans deux heures je serai mort, mais peut-être suis-je déjà mort[9] » (*ibid*). Ce dernier s'étant rendu au World avec ses enfants pour déjeuner ce matin-là fera partie des victimes. Autant dire que si Frédéric Beigbeder se positionne comme un analyste des faits, il laisse la charge du récit du désastre à son héros-limite ou double narrateur qui rend compte en situation tragique, sous un prisme à la fois familial – (il constitue avec ses fils une triade victimaire) et général (les autres personnages victimes et l'atmosphère régnante) –.

Lorsqu'on parcourt les fragments dans lesquels Beigbeder est énonciateur, le lecteur découvre les réflexions sur sa propre vie et sur sa société occidentale. Il mène un discours à caractère « autosociobiographique » (Ernaux, 2011). Ce discours est sous-tendu à

---

[9] L'auteur donne la parole au personnage pour créer un jeu d'ambiguïté qui trahit, de prime abord, la complexité de son projet testimonial. C'est un clin d'œil au « lecteur modèle » (Eco, 1985) qui doit faire preuve de jugeote, afin de se rendre compte de la difficulté qu'il y a dans la volonté de reconstitution de ces attentats, notamment du point de vue des victimes. Sa technique littéraire testimoniale se fonde surtout sur le procédé de la prosopopée qui consiste à donner la parole à un mort, une victime de la tragédie dans une visée d'authentification feinte du récit inscrit fictivement dans le décor du drame. Pour réussir un tel pari ou défi littéraire, qui, dans la vraie vie s'avère impossible, l'auteur ressuscite une victime ou alors l'invente purement et simplement pour qu'elle témoigne de son/leur vécu, en qualité de témoin oculaire de l'événement.

la fois par l'autodérision et la satire sociopolitique. Il s'agit d'une forme de « renarrativation du sujet [postmoderne] » (Blanckemann et al., 2004 : 362). C'est ce qui renforce le flou testimonial dans le roman. On peut voir dans ce procédé scriptural un certain remplissage ou surcharge. Les interventions de l'auteur visent, pratiquement, à faire retarder le récit tragique. Elles brouillent et ralentissent le rendu événementiel. Néanmoins, l'alternance narrative qui s'opère minute par minute, chapitre par chapitre, entre Beigbeder et Yorstorn facilite la lecture. La brièveté ou la *fragmentéité* des chapitres rend aussi le livre plus lisible et moins ennuyant. Le lecteur glisse ainsi rapidement et aisément du discours argumentatif et autosociobiographique de Beigbeder au discours narratif à teneur testimoniale de Carthew. Ce personnage essaye de narrer les faits selon son point de vue, tout en décrivant l'atmosphère de panique généralisée. Le lecteur a une image de cette tragédie à travers sa narration puisqu'il relate comment la descente aux enfers a commencé avec l'entrée du premier avion à 8 h 45 :

> Un putain de boeing d'American Airlines fonçait dans New York à basse altitude, et se dirigeait droit vers nous [...]. J'aimerais vous dire mon premier réflexe a été pour Jerry et David, mais ce n'est pas le cas. Je n'ai pas eu le réflexe de les protéger. Je n'ai pensé qu'à ma petite personne, quand j'ai plongé ma tête sous la table (*WW* : 28).

L'usage du présent de narration et du pronom personnel « vous » laisse penser à une volonté manifeste du personnage d'impliquer le lecteur à qui il narre le désastre qu'il est en train de subir. Beigbeder, en donnant directement la parole à la victime – face à la mort, mourante ou morte –, entend faire preuve de témoignage direct. C'est-à-dire un témoignage vivant et crédible, à certains égards, quoique teinté de procédés fictifs. L'entrée du deuxième avion dans la tour est également relayée par Carthew :

> À 9 h 02 minutes et 54 secondes, le vol United Airline 175, un autre Boeing 767, encore un Boston-Los-Angeles, a basculé légèrement sur la gauche avant de pénétrer dans les étages 78 à 84 de la tour 2, causant un choc de magnitude 07 d'une durée de 6 secondes. Il transportait 65 passagers dont 9 membres d'équipage, et volait plus vite que l'American Airline numéro 11 (930 kilomètres-heure) (*WW* : 56).

Si les données factuelles et chiffrées contenues dans ce fragment essayent de donner avec précision le déroulement des faits, il convient de remarquer le brouillage narratif entre les narrateurs Beigbeder et

Carthew. Comment Carthew peut-il dans cette condition périlleuse donner autant de détails factuels relevant d'une enquête post-événement ? Une fois de plus, cette complexité, voire cette complicité entre l'auteur et le narrateur fictif est révélatrice. L'auteur, par l'entremise de sa fiction, s'est substitué à une victime (imaginaire) à sa guise. Soulignons que rien ne nous prouve que Carthew Yorston ait réellement existé. Il ne serait qu'un être de papier. Yorston ne ferait pas partie des 749 victimes à qui le romancier a dédié son roman. Frédéric Beigbeder ne saurait user du nom d'une victime pour lui faire dire ce qu'il veut comme il le veut dans son univers fictionnel. D'après ses fragments autobiographiques repartis dans le roman, l'auteur s'est, d'ailleurs, inspiré du nom de sa grand-mère paternelle. Il écrit à propos : « ma grand-mère était américaine, elle s'appelait Grace Carthew Yorstoun. […] Enlève le "u" et tu obtiens Carthew Yorston, un personnage de fiction » (*WW* : 173). Frédéric Beigbeder a opéré une espèce de dédoublement de soi pour témoigner de l'événement, faisant inexorablement un aller-retour entre factualité et fictionnalité. Son dessein est de narrer/analyser ces attaques terroristes suivant deux champs de perception, deux sources différentes, mais complémentaires. Néanmoins, on peut souligner dans cette stratégie narrative/argumentative[10] une tentative de simulacre et de (dis) simulation (Baudrillard, 1981). Nous pouvons nous s'interroger sur la « posture » (Meizoz, 2002) ambivalente et défiante ou l'imposture de Frédéric Beigbeder au regard des techniques/jeux, par lui mobilisés, de mise en fiction des attentats du WTC, sur fond d'humour noir doublé de l'ironie. Le témoignage d'un tel événement tragique peut-il se faire avec une certaine inventivité ou ambiguïté, voire subjectivité frisant une légèreté ludique aussi remarquable ? Compte tenu de cette gestion ou dosage (in)équitable du factuel et du fictionnel, du tragique et du ludique, outre la structure diégétique bidimensionnelle du roman[11], il est

---

[10] Le procédé narratif mis en branle participerait de la recherche par Beigbeder d'un seuil d'authenticité et de crédibilité dans son discours testimonial.

[11] *Windows on the World* peut être considéré, d'une part, tel un alibi pour l'auteur pour parler de sa propre vie, sous un ton confessionnel empreint d'autodérision, comme il le fait dans ses autres romans. D'autre part, le témoignage fictionnel, mené en parallèle, colore son projet narcissique et individualiste. Il saisit en outre l'occasion, dans une perspective critique, pour régler son compte à l'Amérique, en faisant le procès de l'américanisme fondé sur l'hypercapitalisme et l'idée de superpuissance planétaire.

possible d'affirmer que l'acte d'écriture de *Windows on the World* relève, en partie, d'un simulacre de témoignage ou d'un pseudo-témoignage.

Frédéric Beigbeder s'appuie par moment sur le témoignage de Carthew pour essayer de crédibiliser son récit. Après la narration de l'entrée du premier avion dans la tour, le romancier affirme : « On sait maintenant assez précisément ce qui est arrivé à 8 h 46 » (*WW* : 29). Néanmoins, son intervention est plus chargée de précisions que celle de Yorston et donne plus de teneur testimoniale et un aspect analytique à son texte :

Un Boeing 767 d'American Airlines transportant 92 passagers dont 11 membres d'équipage s'est encastré dans la face nord de la tour n°1, entre le 94ᵉ et le 98ᵉ étage, ses 40.000 litres de kérosène prenant immédiatement feu dans les bureaux de Marsh et McLennan Companies. Il s'agit du vol AA 11 (Boston Los Angeles) ayant décollé à 7 h 59 de l'aéroport de Logan se déplaçant à la vitesse de 800 kilomètres-heure. La force d'un tel impact est estimée équivalente à l'explosion de 240 tonnes de dynamite (choc de magnitude 0, 9 qui durerait 12 secondes). On sait aussi qu'aucune des 1 344 personnes prisonnières des 12 étages supérieurs à cet impact n'a survécu (*Ibid.*).

Par ailleurs, dans une perspective de démultiplication des sources narratives[12], notons l'entrée dans le récit de deux autres narrateurs victimes du drame. Il s'agit de Jerry et David. Grâce au récit de ces deux personnages fictifs, on a également une idée de ce qui s'est passé dans la tour. D'abord, c'est le benjamin de la famille, David, qui prend la parole pour nous faire part de la situation : « Je mangeais des pancakes en compagnie de quelques terriers quand les forces sombres se sont abattues sur nous » (*WW* : 72). Dans la narration de ce dernier, on découvre une autre fictionnalisation, celle de la réalité qu'il vit. Il affirme qu'il s'agit d' « une attaque planifiée de longue date, sûrement une tentative du lieutenant Devil-Raptor pour prendre Ultra-Dude [son papa selon lui] en surprise » (*Ibid.*). Pour ce gamin, cette situation mortelle doit permettre à son père de se rendre compte qu'il est un héros doté des superpouvoirs dont il est lui-même ignorant et, par conséquent, il devrait prendre

---

[12] L'une des caractéristiques du roman (post)moderne est la polyphonie narrative, car on note un brouillage des voix narratrices ; c'est fort à propos que Maurice Couturier précise : « Le roman moderne sera donc habité d'entrée par plusieurs énonciateurs entre lesquels l'auteur réel distribuera ses effets de voix et aussi ses désirs, rendant ainsi le lecteur incapable de reconstituer à coup sûr les contours du "sujet-origine" [...] » (1995 : 73).

conscience de sa capacité de les sauver : « Il ne savait pas qu'il disposait des facultés méga-extra-sensorielles comme dans X-men, quand le gars se rend compte qu'il voit à travers les murs alors qu'il ne savait même pas » (*WW* : 72). David est dans une illusion hollywoodienne. C'est un enfant leurré par les trucages cinématographiques. Il est coupé de la réalité et semble vivre un film en face, dans lequel il serait le fils d'un acteur-superhéros. Vu sous un autre angle, on dirait qu'il se distrait face à la mort, par candeur. Il manque de maturité et de force psychologique pour vivre la réalité fatale en face. Du moins, l'auteur joue avec ses personnages et le récit des faits. Il fait retarder la mort de ses personnages par des séquences textuelles comiques, visant à mettre une sorte de « pause » (Genette, 1972) qu'on peut assimiler à la « minute publicitaire »[13] dans le récit de la catastrophe, afin de détendre le lecteur, voire de l'intriguer et l'amuser. Ces stratégies scripturales créent un humour noir, à travers l'irruption du comique dans le tragique. Ce serait un moyen de se dissuader de l'idée d'une mort imminente et violente. En tout cas, ce jeu narratif n'altère pas le traumatisme que David a subi lorsque l'avion est entré dans la tour. Ce dernier va finalement sortir de son illusion en réalisant effectivement que son père n'est pas un superhéros. « So dad you're not a super hero? » (*WW* : 122), interroge-t-il son père avec dépit. David, qui n'avait jamais pleuré de sa vie, comme nous dit le texte, s'est dès lors mis à pleurer. Ses pleurs deviennent contagieux et le trio familial sanglote de plus belle.

Jerry, l'aîné de David, lui, est conscient de la situation. Ses prises de parole le démontrent : « Je ne sais pas pour Dave, mais moi je sais que je comprends tout ce qui se passe. On est bloqués dans cette tour sans pouvoir ne descendre ni monter. Avec cette chaleur horrible. J'ai tellement, tellement chaud. J'arrive pas à penser à d'autres choses. Je me trouve trop jeune pour mourir » (*WW* : 93). La récurrence de l'hyperbole dans cet extrait du récit de Jerry met en exergue l'état mortifère où il se trouve, mais également sa volonté de se soustraire de cet enfer, car il est trop jeune pour passer de vie à trépas. Jerry exprime son souhait d'être astronaute et de travailler à la NASA. C'est la raison pour laquelle il souhaiterait se métamorphoser en une mouche pour se sauver. En dotant ces protagonistes d'un pouvoir narratif, tout lecteur de *Windows on the World* a une connaissance des souffrances psychologiques et des (dés)

---

[13]   Faut-il rappeler que l'auteur est diplômé en Marketing-Publicité, a été publicitaire/ copy writer et animateur télé.

illusions liées aux situations désastreuses qu'ont pu vivre les victimes du 11 septembre 2001.

Enfin, un autre aspect caractéristique de la narration dans *Windows on the World* qui mérite d'être analysé est l'usage de la prosopopée comme procédé narratif. Le groupe de personnages que constitue la famille Yorston est un groupe de témoins correspondant, faut-il le rappeler, à la catégorie des témoins mourants ou morts, selon la catégorisation d'Agamben (1999). Le père, avant leur mort fait le récit des souffrances infernales qu'ils subissent dans la tour. Cependant, à 10 h 21 minutes, alors que David est déjà passé de vie à trépas et que Jerry refuse de le lâcher, ils décident de se jeter dans le vide. Carthew demande à Jerry : « À trois on y va ? – Un, deux... trois. » Puis, il décrit le lent mouvement de leur chute libre : « Nos bouches étaient progressivement déformées par la vitesse. Le vent nous faisait faire des grimaces inédites [...] Pendant un court instant j'ai cru qu'on s'envolait » (*WW* : 168). Cet auto-récit informe le lecteur sur la forme de mort choisie par le duo sous l'impulsion du père. En restant ou non dans le restaurant, ils étaient des malheureux candidats à la mort violente (par flambement ou étouffement). Carthew parvient de la sorte par le possible fictionnel à décrire l'apothéose de sa vie et ses dernières pensées, ainsi que ses dernières émotions. Toutefois, malgré la mort du personnage-narrateur, au chapitre « 10 h 21 », le roman poursuit son cours et Carthew continue d'intervenir à son tour, selon le même système narratif. Il resurgit et assume le récit/l'énonciation au chapitre « 10 h 23 » puis au chapitre « 10 h 25 » et enfin au chapitre « 10 h 27 ». C'est Frédéric Beigbeder qui intervient, successivement pour la première fois, dans les deux derniers fragments chapitraux du roman, à savoir les chapitres « 10 h 28 » et « 10 h 29 ». Il écrit dans l'avant-dernier chapitre : « Je ne saurai jamais si les choses se sont passées ainsi que je les ai imaginées, et vous non plus » (*WW* : 175). Cette phrase résume ou justifie, d'une certaine façon, le projet littéraire de Beigbeder et, surtout, en dit long sur la complexité, ou, mieux, la particularité de l'événement qui sert de matière à témoignage, ainsi que sur le pouvoir imaginaire beigbederien.

Conclusion

Somme toute, vu le caractère soudain d'une attaque terroriste comme celle du World Trade Center, relater littérairement les faits de manière objective et complète est une tâche presque impossible. La fiction peut alors servir de béquille pour accomplir ce travail de mémoire. Le factuel et le fictionnel fusionnent dans le cas de l'étude pour dire un événement-limite. Il faut reconnaître que « la réalité a besoin souvent d'invention pour devenir vraie [ou une autre réalité, une *hyperréalité*] » (Semprun, 1994 : 271). *Windows on the World* de Frédéric Beigbeder se situe dans ce cadre puisqu'il renseigne sur les événements du 11 septembre 2001 par le biais des données factuelles et référentielles, mais aussi à partir de la fiction. Il va sans dire que la fiction peut servir d'instrument de témoignage. Elle permet « de révéler le possible inaccompli d'un événement réel » (Gosselin-Noat, 2001 : § 9). En d'autres termes, la fiction apparaît ici comme un moyen pour rattraper et surmonter les limites du réel, notamment dans une écriture testimoniale problématique. Frédéric Beigbeder sous un mode fictionnel crée ou réveille les clients morts du *Windows on the World* pour leur donner la parole afin qu'ils témoignent par eux-mêmes de leurs expériences avant, pendant et après la mort. Son texte est naturellement un roman et, par conséquent, la fiction lui sert de lieu et de canal ou modalité de construction de la mémoire du 11 septembre, par le biais d'un triptyque narratologique : les personnages, le cadre spatio-temporel et l'histoire narrée. Nous pouvons constater que tous ces éléments, en particulier les deux derniers, sont plus ou moins calqués sur la réalité événementielle. La fiction chez Beigbeder, dans le texte étudié, s'offre comme une possibilité de faire un *retour* sur les événements et de reconstruire les faits mondialement vécus et archivés au sujet des attentats du WTC.

Frédéric Beigbeder met par ailleurs en œuvre une écriture fragmentée du point de vue esthétique. L'esthétique du décloisonnement, du zapping, de l'hybridité, de l'ambiguïté et de la métatextualité/fiction est au service de la mise en récit de l'événement historique, de manière éclatée et poreuse. Les bribes ou les fragments s'imbriquant essayent de rendre compte des épisodes du drame sous ses aspects physiques et psychologiques troublants et reflètent de la sorte l'action de collision, de l'explosion, du choc entre deux corps (l'engin et le bâtiment). Le résultat d'une telle action violente ne peut être que des décombres, des détritus, des miettes, des morceaux de chairs des victimes et des objets divers. De même, l'idée de l'organisation fragmentaire du récit traduirait l'incapacité de la mémoire du sujet écrivain de fixer ce qui est brusque, disparate, hétéroclite et surtout traumatique, en l'occurrence ces attaques terroristes. Ainsi, Beigbeder aura réussi, à sa manière et à partir des moyens littéraires, le défi de réaliser un tel projet romanesque complexe et d'envergure mémorielle.

Références

AGAMBEN, Giorgio (1999). *Ce qui reste d'Auschwitz. L'archive et le témoin.* Paris : Payot & Rivages.

AGAMBEN, Giorgio (1998). *Homo Sacer: Sovereign Power and Bare Life.* Trad. Daniel Heller-Roazen, Redwood City : Stanford University Press.

BAKHTINE, Mikhaïl (2004). *Esthétique et théorie du roman.* Paris : Gallimard.

BAUDRILLARD, Jean (1981). *Simulacres et simulation.* Paris : Éditions Galilée.

BEIGBEDER, Frédéric (2003). *Windows on the World.* Le Mans: Édition Libra diffusio.

BLANCKEMAN, Bruno & Marc, Dambe (2004). *Le Roman Français au tournant du XXIe siècle.* Paris : Presses Universitaires de la Sorbonne Nouvelle.

COUTURIER, Maurice (1995). *La Figure de l'auteur.* Paris : Seuil.

DAYAN-ROSENMAN, Anny (2007). *Les Alphabets de la Shoah : Survivre, témoigner et écrire.* Paris : CNRS.

DEMANZE, Laurent (2019). *Un Nouvel âge de l'enquête.* Paris : José Corti.

ECO, Umberto (1985 [1979]). *Lector in fabula. Le rôle du lecteur.* Paris : Grasset.

ERNAUX, Annie (2011 [2003]). *L'Écriture comme un couteau : Entretien avec Frédéric-Yves Jeannet.* Paris : Gallimard.

FOREST, Philippe (2002). « Notes à la suite de Giorgio Agamben sur la question du témoignage littéraire : pacte autobiographique et pacte testimonial », in : Bouju, Emmanuel (dir.). *Littératures sous contrat.* Rennes : Cahiers du groupe Φ.

GENETTE, Gérard (1972). *Figures III.* Paris : Éditions du Seuil.

GONTARD, Marc (2003). *Le Roman français postmoderne. Une écriture turbulente.* [en ligne] http://halsh.archives-ouvertes.fr/halsh-00003870, consulté le 23 août 2019.

— (2013). *Écrire la crise : l'esthétique postmoderne.* Rennes : Presses Universitaires de Rennes.

GOSSELIN-NOAT, Monique (2001). « Polyphonie romanesque et voix narrative dans *L'espoir* et *Les noyers de l'Altenburg* d'A. Malraux », *Cahiers de Narratologie*, 10.2, [en ligne], http://journals.openedition.org/narratologie/10172, consulté le 12 octobre 2019.

GREIMAS, Algirdas Julien (1966). *Sémantique structurale.* Paris : Librairie Larousse.

MEIZOZ, Jérôme (2002). « Recherches sur la "posture" : Rousseau », *Littérature*, vol. 126, N° 2, p. 3–17.

RASTIER, François (2010). « Témoignages inadmissibles », in *Littérature*, 2010/3 pp. 108–129. [En ligne] http ://www.cairn.info/Revue-littérature-2010-3-p-108.htm, consulté le 24 mai 2019.

SEMPRUN, Jorge (1994). *L'Écriture ou la vie.* Paris : Gallimard.

VIART, Dominique (2019). « Les Littératures de terrain », in *Fixxion* [en ligne]. n°°18, disponible en : http: // www.revue-critique-de fiction-contemporaine.org, consulté le 2 juillet 2019.

WAMPOLE, Christy (2021). *Degenerative Realism. Novel and Nation in Twenty-First-Century France.* New York : Columbia University Press.

Réceptions croisées d'un témoignage fait de littérature pour dire l'Histoire traumatique contemporaine : *Le Lambeau* de Philippe Lançon

Marion BILLARD
Université Sorbonne Nouvelle (CREC, EA 2292)

Résumé : En 2018 paraît *Le Lambeau*, premier témoignage d'un rescapé de l'attentat du 7 janvier 2015 contre le journal satirique *Charlie Hebdo*. Philippe Lançon revient dans les moindres détails sur l'attentat dont il a été victime puis sur les longs mois d'hospitalisation qui ont suivi. Acclamé par les lecteurs ainsi que par ses pairs, l'ouvrage de P. Lançon s'est toutefois retrouvé au cœur d'une polémique concernant sa catégorisation générique. N'étant pas un « roman d'imagination » (*Le Parisien* avec *AFP*, 2018), il s'est vu refuser une nomination au prestigieux prix littéraire Goncourt. Cette non-nomination soulève la question des poétiques du témoignage et des (en)jeux de celui-ci avec la littérature et la fiction. La mise en perspective du projet narratif de P. Lançon (à travers l'analyse de son récit et des entretiens qu'il a accordés) avec ses réceptions (recensions dans la presse, traductions et prix littéraires) en France et en Espagne permettra d'interroger la place des récits de victimes dans l'élaboration d'une mémoire collective du terrorisme à l'échelle nationale et transnationale.

Mots-clés : terrorisme, témoignage, littérature, réception, presse

Abstract:[1] *Le Lambeau* published in 2018 (and translated into English in 2019 as *Disturbance. Surviving Charlie Hebdo*) is the first testimony of a survivor from the January 7th 2015 attack against the satirical newspaper *Charlie Hebdo*. Philippe Lançon revisits in details the attack, from which he was one of the victims, and the long months of hospitalisation that followed. Acclaimed by the readers and his colleagues, P. Lançon's work was nevertheless in the middle of an argument with regards to its common categorisation. The fact that it is not a « creative writing » (*Le Parisien* avec *AFP*, 2018) prevented it from being nominated for the prestigious Goncourt prize. This non-nomination raises

---

[1] Je remercie chaleureusement Amatillah Mohamed pour sa précieuse aide s'agissant de la version anglaise du résumé.

the issue of the poetics of testimony at stakes in literature and fiction. Putting into perspective of P. Lançon's narrative project (through the analysis of his tale and the interviews he granted) along with its receptions (recensions by the press, translations and literary prizes) in France and in Spain will allow us to question the place of victims' tales in the construction of a collective memory on terrorism at a national and transnational scale.

Keywords : terrorism, testimony, literature, reception, press

« Exactamente a donde yo iba: sólo ve aquel que es capaz de verse a sí mismo mirando lo que ve », Luis Goytisolo, *Teoría del conocimiento*

Introduction

Le 7 janvier 2015, les locaux parisiens de l'hebdomadaire satirique *Charlie Hebdo* sont la cible d'un attentat islamiste au cours duquel douze personnes sont assassinées et onze autres blessées. Parmi les survivants, plusieurs ont fait le choix de raconter leur expérience. Coco (2021), qui s'est retrouvée face aux terroristes alors qu'elle quittait le bâtiment de la rue Nicolas-Appert, a proposé une *mise en dessin* de son témoignage. Il en va de même pour Luz (2015) et Catherine Meurisse (2016), arrivés sur les lieux juste après l'attentat[2]. Présents dans la salle de réunion, Philippe Lançon (P. Lançon) et Riss (2019) ont quant à eux fait le choix des mots pour dire l'expérience traumatique. C'est à l'ouvrage du premier que cet article se consacre. Publié trois ans après les faits dans la prestigieuse collection « Blanche » des éditions Gallimard, *Le Lambeau* de P. Lançon connaît immédiatement un vif succès éditorial. Plébiscité par les lecteurs, il ne tarde pas non plus à obtenir une reconnaissance institutionnelle. L'année même de sa parution, *Le Lambeau* ne remporte pas moins de sept prix littéraires en France. Le palmarès révèle néanmoins que la catégorisation générique de l'ouvrage ne fait pas consensus. Au-delà de la polémique déclenchée par la non-nomination de *Le Lambeau* au prix Goncourt 2018, cette absence et les débats qui s'en sont suivis interrogent les (en)jeux du témoignage avec la littérature et la fiction. Le présent article mettra ainsi en perspective le projet narratif mis en place par P. Lançon avec ses réceptions (prix littéraires et presse)

---

[2]   Pour une analyse de ces deux témoignages graphiques, voir Touton (2021).

en France et en Espagne. Ces deux pays ne partagent pas seulement une frontière, ils ont une commune expérience de la violence terroriste. Tout comme la France, l'Espagne n'a pas été épargnée par la vague d'attentats islamistes qui a touché l'Europe ces dernières années. En août 2017, deux attentats sont commis à Barcelone (17-A) puis à Cambrils. La Costa Brava n'est toutefois pas le premier territoire espagnol à avoir été le témoin d'attaques terroristes islamistes. Au matin du 11 mars 2004, ont lieu dans les trains de banlieue madrilènes les attentats les plus meurtriers jamais perpétrés au sein de l'Union européenne (11-M). À cela, il faut souligner que l'Espagne a été confrontée, bien avant la propagation du terrorisme international, à des violences terroristes nationales. L'organisation terroriste *Euskadi Ta Askatasuna*[3] (ETA) a ainsi perpétré des centaines d'attentats, principalement sur le sol espagnol et, dans une moindre mesure, sur le sol français ; causant la mort de 845 victimes entre 1968 et 2010 (López Romo, 2015 : 149). Si la violence terroriste est une réalité qui touche l'Espagne depuis plus d'un demi-siècle, les témoignages des victimes directes et indirectes n'ont fait l'objet d'une attention institutionnelle et éditoriale que tardivement. Même si le recueil de témoignages *Contra el olvido: testimonios de víctimas de terrorismo* publié en 2000 par Cristina Cuesta, elle-même victime de terrorisme[4], n'est pas le premier ouvrage consacré à des témoignages de victimes de terrorisme, c'est lui qui ouvre la voie à une timide visibilisation de la parole des victimes de terrorisme en Espagne. Qu'un témoignage d'une victime de terrorisme fasse l'objet d'une attention particulière ne va donc pas de soi sur ce territoire d'autant que les discordances entre les victimes de différents types de terrorisme ne sont pas rares. Par conséquent, l'analyse conjointe de la réception de *Le Lambeau* – traduit et paru en espagnol en août 2019 sous le titre *El colgajo* puis en catalan en septembre 2019 sous le titre *L'esqueix de carn* – par la presse espagnole et par la presse française permettra de montrer comment ces dernières présentent l'ouvrage et si elles l'insèrent dans une mémoire littéraire plus large du terrorisme (nationale et transnationale). Ce regard croisé sera d'autant plus intéressant que P. Lançon a accordé plusieurs entretiens à la presse espagnole.

Après avoir étudié l'articulation des dimensions personnelle et collective au sein de la narration de P. Lançon, nous analyserons les

---

[3]   « Pays basque et Liberté ». Nous traduisons.
[4]   Son père, Enrique Cuesta, fut assassiné le 26 mars 1982 par le groupe terroriste des Commandos Autonomes Anticapitalistes.

poétiques de *Le Lambeau* dans le but de mieux comprendre les (con)fusions génériques qui ont eu lieu au moment de sa réception.

1. Une histoire pour l'Histoire : entre lambeau intime et lambeau collectif

De l'écoute du premier « bruit sec » (Lançon, 2018a : 74) à l'arrivée des premiers secours, P. Lançon et ses confrères se retrouvent seuls face aux « frères K » (Lançon, 2018a : 242). Cette expérience individuelle et intime du terrorisme s'est rapidement transformée en expérience collective du terrorisme. Bien que ce soient les membres de la rédaction de *Charlie Hebdo* qui aient été la cible de l'attentat, en cette matinée du 7 janvier 2015, c'est tout un pays – et au-delà – qui vient d'être touché. Les manifestations de soutien aux victimes de l'attentat à travers, notamment, le message « Je suis Charlie » et le rassemblement du 11 janvier 2015 ont fait de l'attentat contre *Charlie* une affaire collective. Chloé, la chirurgienne de P. Lançon, lui dira d'ailleurs qu'il « [est sorti] d'un événement national qui a bouleversé la vie de tous » (Lançon, 2018a : 394). En publiant leur témoignage, les rescapés renforcent ce sentiment collectif puisque leur expérience intime devient une expérience partagée. Comme le souligne Elizabeth Jelin, « la experiencia y la memoria individuales no existen en sí, sino que se manifiestan y se tornan colectivas en el acto de compartir. [...] la experiencia individual construye comunidad en el acto narrativo compartido, en el narrar y en el escuchar[5] » (2002 : 37). Ce partage est d'ailleurs directement évoqué par P. Lançon dans un entretien accordé à *L'Obs* : « J'ai eu la chance de pouvoir créer mon propre récit et de le partager avec les lecteurs » (Michel-Aguirre et Thierry, 2020 : 57). En partageant son expérience personnelle, P. Lançon raconte, comme nous le verrons dans cette première partie, non seulement un événement connu de tous mais aussi ce que lui et lui seul a vu dans un souci de (re)penser ce temps, soudainement suspendu à la date du 7 janvier 2015.

---

[5]   « L'expérience et la mémoire individuelles n'existent pas en elles-mêmes, mais elles se manifestent et deviennent collectives dans l'acte de partage. [...] l'expérience individuelle fait communauté dans l'acte narratif partagé, dans la narration et l'écoute ». Nous traduisons.

1.1 (Re)vivre l'événement

Souvent énigmatiques, les titres des chapitres 4 et 5 de *Le Lambeau* ne laissent planer aucun doute sur la thématique abordée. « L'attentat » et « Entre les morts » sont ainsi consacrés au récit de l'attentat terroriste. Ce passage, qualifié dans *Charente Libre* de « scène sanglante, totalement effarante de soudaineté et de radicalité » (Bonnefoy, 2018 : 4) immerge le lecteur au cœur du drame. Il est dans la salle de rédaction, entre les morts et les mourants. Dans un entretien accordé à la revue espagnole *El País Semanal*, P. Lançon justifie la crudité avec laquelle il décrit cette scène et, plus particulièrement, son ami Bernard Maris : « [...] no podía no contarla porque es la puerta de entrada al resto del libro[6] » (Hermoso, 2018). La porte d'accès évoquée par P. Lançon ne donne toutefois à voir qu'une vision morcelée de l'attentat. Ce morcellement est double puisqu'il renvoie d'une part à l'expérience singulière de P. Lançon parmi celles des survivants (on ne voit qu'à travers un seul regard). Et d'autre part, aux souvenirs de ce dernier (on est tributaire avec P. Lançon de ses trous de mémoire). Cette vision parcellaire est d'ailleurs annoncée dès les premières lignes du chapitre 5 : « Mon champ de vision était réduit au vide qui naissait de l'événement et de ma propre immobilité ou, pour être plus exact, de ma suspension » (Lançon, 2018a : 81). Elle se vérifie par la suite lorsque les terroristes sont nommés au moyen de la métonymie suivante : « une paire de jambes noires » (Lançon, 2018a : 83). En décrivant la cervelle de B. Maris telle qu'il l'a vue, P. Lançon inscrit cette vision dans un cadre référentiel factuel : il se place en « témoin » (2018a : 126). Parce que « l'effet stylistique, l'image poétique, voire la simple métaphore, compromettent l'appartenance des faits racontés au domaine du réel, tel que le limite notre "bon sens" élémentaire » (Dulong, 1998 : 88). P. Lançon s'y refuse dans un premier temps pour nous livrer son témoignage brut. C'est dans ce sens qu'Alexandra Schwartzbrod, journaliste à *Libération*, analyse ce recours à une écriture crue : « C'est précisément cette crudité qui fait de ce livre un témoignage rare, fascinant autant qu'effrayant » (2018a : 2). Nombreux sont ses confrères espagnols et français à avoir qualifié *Le Lambeau* de « témoignage » (Joffrin, 2018 : 2 ; Ayén, 2019) ou encore de « livre testimonial » (Aïssaoui, 2018 : 6). Pourtant, P. Lançon semble opérer une distinction entre

---

[6] « [...] je ne pouvais pas ne pas la raconter car c'est la porte d'entrée au reste du livre ». Nous traduisons.

l'expérience qu'il raconte et celle d'autres témoins. Dans son récit, le témoignage est celui des autres (Nina, Arnaud, Marilyn, Sophia, etc.). La seule fois qu'il utilise ce terme, c'est pour faire référence à un courriel que lui a envoyé un collègue entré dans les locaux de *Charlie Hebdo* après le départ des terroristes. P. Lançon lui répond alors : « […] j'étais dans un autre monde tout en étant dans celui-ci – même si je sais, par d'autres témoignages qui rejoignent le vôtre, que mon regard donnait exactement cette impression » (Lançon, 2018a : 103). Bien que P. Lançon ne qualifie pas son propre récit de « témoignage », nous verrons à présent qu'il s'agit avant tout du récit d'une expérience individuelle.

1.2 Écrire son histoire

S'il est vrai, comme l'écrit Christophe Ono-Dit-Biot dans *Le Point* que « l'histoire n'est pas une histoire mais l'Histoire, que tout le monde […] connaît » (2018 : 84–85), *Le Lambeau* n'en reste pas moins une histoire personnelle racontée principalement à la première personne du singulier qui s'inscrit dans ce qu'il est convenu d'appeler les écritures du soi (Chiantaretto, 2014). L'ouvrage est d'ailleurs présenté par Gallimard dans la catégorie « Mémoires et autobiographies ». Les éditeurs espagnol – Anagrama – et catalan – Angle Editorial – l'ont publié dans la collection plus vaste des « récits » (« *Panorama de narrativas* » et « *narratives* »). Ces choix éditoriaux et la présentation de l'ouvrage par Anagrama sur la quatrième de couverture comme « una mezcla de crónica, *memoir* y gran literatura[7] » (Lançon, 2019b) expliquent sans doute pourquoi les expressions « novela autobiográfica[8] » (Aparicio Maydeu, 2019), « memorias[9] » (Ventura, 2019) et « crónica[10] » (Hermoso, 2018 ; Pamiès, 2018 ; Ayén, 2019) alternent dans la presse espagnole sans que l'une ne l'emporte sur l'autre. Mais alors comment P. Lançon raconte-t-il son histoire ? Carole Dornier rappelle que « comme dans tout récit autobiographique, le témoignage suppose l'identité référentielle du *je narrant*, du *je narré* et de *l'auteur* » (2003 : 40). Le survivant P. Lançon est à la fois *je narrant*, *je narré* et *auteur* de *Le Lambeau* mais force est de constater que coexistent plusieurs *je-s narrés* et *narrant* dans le récit.

---

[7] « Un mélange de chronique, de *mémoire* et de grande littérature ». Nous traduisons.

[8] « Roman autobiographique ». Nous traduisons.

[9] « Mémoires ». Nous traduisons.

[10] « Chronique ». Nous traduisons.

Les *je-s* renvoient tous à P. Lançon mais pris à différentes étapes de sa reconstruction. Écriture complexe, *Le Lambeau* est « plus qu'un témoignage saisissant sur *"l'événement"* et ses ramifications, [il] est une œuvre littéraire exceptionnelle » (Raspiengeas, 2018 : 11). P. Lançon l'a d'ailleurs construite en s'entourant de nombreux écrivains et de nombreuses autres œuvres littéraires. Chaque « respiración poética[11] » (Lassus, 2019 : 15) illustre, on ne peut plus littérairement, son état psychique et physique. Loin de faire partie d'un simple exercice d'érudition, les innombrables apparitions littéraires favorisent le surgissement de la voix – et donc du récit – de P. Lançon et accompagnent sa réception par le lecteur. Nous ne proposerons ici que deux exemples parmi les dizaines qui parsèment le récit. Un passage de l'une des *Lettres à Milena* de Kafka permet ainsi à P. Lançon d'exprimer « la position et l'état d'esprit » (2018a : 401) dans lequel il s'est retrouvé après qu'une aide-soignante lui a apporté le premier aliment solide qu'il a pu manger depuis le 7 janvier 2015. La figure omniprésente de Robinson Crusoé, sorte d'ombre littéraire du journaliste, dit quant à elle son isolement. Grâce à la littérature – et à l'Art en général – P. Lançon peut tout dire, tout (faire) ressentir ; de sorte que sa petite histoire est fondamentalement une histoire écrite « en littéraire » (Dupuis, 2018 : 88) visant à transmettre des émotions et des sensations subjectives partageables. Pour reprendre les mots de Mirna Velcic-Canivez,

> [...] le témoin s'adresse à celui qui connaît déjà plus ou moins ces faits, qui est déjà informé, [...] [i]l cherche un interlocuteur prêt à reconnaître dans ce qu'il dit une réalité à la fois objective et subjectivement vécue. [...] Reconnaître les expériences d'autrui présuppose une certaine capacité de partage. On peut envisager ce partage comme une relation émotionnelle entre le témoin et son interlocuteur (2006 : 20).

C'est précisément cela que propose P. Lançon : transmettre au lecteur ce qui sera toujours hors de portée d'une chronique journalistique ou d'un récit historique. C'est en quelque sorte ce qu'affirme A. Schwartzbrod dans *Libération* : « Par la force de son écriture, on EST dans la pièce de cet immeuble sans charme de la rue Nicolas-Appert, on sent presque les cœurs battre à tout rompre » (2018b : 24). Néanmoins, plusieurs hiatus mettent en évidence l'irréductible fossé creusé entre P. Lançon et « ceux

---

[11]   « Respiration poétique ». Nous traduisons.

qui […], désormais, venaient d'une autre planète – la planète où la vie continue » (2018a : 90).

1.3 À la recherche du temps continu

Présentée sur la quatrième de couverture de la traduction espagnole comme « un libro […] luminoso[12] » (Lançon, 2019b), l'ombre de l'attentat du 7 janvier 2015 se reflète malgré tout sur le récit de la première à la dernière phrase. *Le Lambeau* est certes, le récit d'une reconstruction physique et psychique réussie mais c'est bel et bien l'attentat qui bat la mesure de la narration. Le récit s'ouvre ainsi « [l]a veille de l'attentat » (Lançon, 2018a : 11) et se clôt le 13 novembre 2015 alors que plusieurs attentats viennent de se produire à Paris et Saint-Denis. Nous avons vu précédemment que l'attentat contre *Charlie Hebdo* n'occupait que deux chapitres sur vingt au total. Pourtant, celui-ci s'immisce subrepticement dans chaque chapitre. Parce que le 7 janvier 2015 a marqué une rupture dans le cours de la vie de P. Lançon, les références à cette date pour situer des événements postérieurs sont nombreuses. Plus étonnant, cette même référence permet de rattacher à l'attentat des événements antérieurs à cette date. Les syntagmes « avant l'attentat », « avant le 7 janvier » ou encore « dans les jours précédant le 7 janvier » permettent ainsi de reconstruire « [le] pont que l'attentat a fait sauter » (Lançon, 2018a : 14). L'auteur reconnaît lui-même que l'attentat conditionne tout dorénavant : « […] je ne parvenais plus à évoquer ce que je voyais ou lisais sans le lier ouvertement à mon expérience. Elle devenait le filtre, la vésicule par laquelle tout circulait » (2018a : 449).

Précisément parce que P. Lançon a vécu l'attentat, le regard qu'il porte sur celui-ci est diamétralement opposé à celui que portent tous ceux qui n'ont pas été pris pour cible des terroristes. Si l'attentat du 7 janvier 2015 est un événement de l'Histoire parmi d'autres, il est l'événement qui structure désormais l'histoire de P. Lançon. Ce n'est pas un hasard si cette distinction est au cœur de l'un de ses questionnements : « Voulais-je sortir et retrouver ma "vie d'avant", comme le souhaitaient ceux qui semblaient mettre entre parenthèses un événement qui, dans ma propre vie, mettait le reste entre parenthèses ? » (Lançon, 2018a : 393). Ce hiatus, que P. Lançon établit entre lui et son entourage, est tout

---

[12] « Un livre […] lumineux ». Nous traduisons.

aussi valable entre l'auteur et la société. Lorsque P. Lançon évoque la manifestation du 11 janvier 2015 – expression d'une condamnation et d'une souffrance collectives – il s'en détache en soulignant que pas plus que lui ne pouvait rejoindre la foule celle-ci ne pouvait venir jusqu'à son chevet (2018a : 171) :

> J'ai entendu pour la première fois prononcer ce slogan, Je suis Charlie. La manifestation et le slogan concernaient un événement dont j'avais été victime, dont j'étais l'un des survivants, mais cet événement, pour moi, était intime. Je l'avais emporté, comme un trésor maléfique, un secret, dans cette chambre où rien ni personne ne pouvait tout à fait me suivre, si ce n'est celle qui me précédait dans le chemin que j'avais maintenant à entreprendre : Chloé, ma chirurgienne. J'écrivais dans *Charlie*, j'avais été blessé et j'avais vu mes compagnons morts à *Charlie*, mais je n'étais pas Charlie. Le 11 janvier, j'étais Chloé.

Ce décalage avec les autres, avec ceux qui se trouvent « sur la rive des vivants » (Lançon, 2018a : 393), se poursuit lorsque P. Lançon reprend ses chroniques à *Libération* et *Charlie Hebdo*. Il écrit « pour transmettre une expérience, mais la plupart des réactions [lui] rappel[lent] la cruelle phrase de Céline : "L'expérience est une lanterne sourde qui n'éclaire que celui qui la porte" » (2018a : 444). Le lambeau – qu'il soit écrit ou non en italique – joue en effet un rôle capital dans « les retours » (Lançon, 2018a : 468) du rescapé car, et c'est ce que nous étudierons dans la prochaine partie, l'objectif n'est pas tant que les lecteurs rejoignent P. Lançon dans la salle de rédaction de *Charlie Hebdo* pour vivre ce que lui seul a vécu mais bien que celui-ci rejoigne ses lecteurs pour (re)vivre.

2. Un lambeau chirurgical devenu œuvre littéraire

L'hôpital occupe une place de choix dans le récit de P. Lançon puisqu'il est le décor des chapitres 6 à 20. C'est dans ce cadre que P. Lançon subit de multiples opérations, qu'il renoue avec l'écriture, qu'il s'engueule avec sa compagne, qu'il rit avec sa chirurgienne et qu'il pleure en solitaire. C'est dans ce cadre, enfin et surtout, qu'il découvre la signification du terme chirurgical « lambeau ». Dans cette deuxième partie, nous proposerons quelques variations autour du thème intitulé « lambeau », entendu d'abord comme opération chirurgicale puis comme pratique scripturale. Nos analyses littéraires éclaireront ainsi les réceptions de l'ouvrage par la critique littéraire, journalistique et scientifique.

2.1 *Le lambeau : à la fois partie et essence de l'être*

Dans le chapitre 15, intitulé « Le lambeau », P. Lançon dresse une sorte de généalogie familiale de son lambeau. Le lecteur apprend que sa grand-mère paternelle a elle aussi subi plusieurs opérations au visage après qu'elle s'est retrouvée littéralement dans le moteur de sa voiture au cours d'un accident. L'histoire se répète puisqu'à son tour P. Lançon subit plusieurs opérations pour reconstruire sa mâchoire. En découvrant son nouveau visage dans le reflet d'un miroir, P. Lançon ressent une certaine déception. Son menton ressemble à « une grosse escalope sanguinolente et vaselinée de couleur claire, entre jaune et blanc, d'une surface lisse, glabre et unie comme celle d'un jouet en plastique » (Lançon, 2018a : 334). Pourtant, ce sera cette « grosse escalope » qui donnera le titre à son récit. Comme le souligne Renaud Dulong, « le corps du témoin présentifie l'événement en établissant une continuité physique entre ce passé et le présent de la rencontre. C'est une pièce à conviction, ou, comme le parchemin, le support matériel du récit attesté » (1998 : 192). Autrement dit, le lambeau est la trace visible peu à peu effacée de l'attentat, sorte de rémanence. Parce que ce terme est essentiel à P. Lançon autant qu'à son récit, il s'affiche en lettres capitales sur la première de couverture. Les traductions espagnole et catalane (ainsi que les traductions allemande et néerlandaise) ont conservé ce choix contrairement à d'autres. *Le Lambeau* s'intitule ainsi *O retalho* dans sa version brésilienne ; *Disturbance. Surviving Charlie Hebdo* en anglais ou encore *La traversata*[13] en italien. Les titres traduits insistent respectivement sur la mise en récit, le bouleversement et le long parcours (hospitalier) de l'auteur. Pourtant, *Le Lambeau*, « titre chirurgical autant que métonymique » (Ono-Dit-Biot, 2018 : 85) n'a pas été choisi par hasard. Il est en effet une partie essentielle du corps reconstruit de P. Lançon et, dans le même temps, ce qui le caractérise dorénavant en tant qu'individu. L'auteur accorde d'ailleurs à ce syntagme nominal une place centrale d'une part car il est le titre de son récit ainsi que celui du chapitre 15 et d'autre part, car il apparaît pour la première fois – volontairement ou involontairement – à mi-parcours du récit, autrement dit, au sommet de notre lecture : « [...] et un autre soir, pour la première fois, j'ai entendu sortir de la bouche de Chloé le mot qui allait désormais, en grande partie, me caractériser : le

---

[13] À noter que ce titre a été choisi par P. Lançon. Voir à ce sujet le numéro 1660 du supplément *Il Vernerdì di Repubblica* (2020).

lambeau. On allait me faire un lambeau » (Lançon, 2018a : 249). Bien avant que le jargon chirurgical ne fasse irruption dans le récit, P. Lançon avait associé littérairement sa blessure à la mâchoire à cet « horrible mélange / D'os et de chairs meurtris, et traînés dans la fange, / Des lambeaux pleins de sang, et des membres affreux » (2018a : 155) évoqué par Racine dans *Athalie*. Nous percevons, déjà, le processus de poétisation de la crudité évoquée dans la première partie de l'analyse. Si le « lambeau » est bien le terme chirurgical qui désigne la greffe dont a bénéficié P. Lançon, la précédente citation dévoile que le syntagme cache aussi une référence littéraire. Chirurgie et littérature sont de fait intimement liées. C'est d'ailleurs ce que souligne Víctor-M Amela dans le quotidien *La Vanguardia* : « Lançon es un escritorazo : fusiona vida y literatura hasta la imposibilidad de distinguirlas[14] » (2019). Ou encore la psychanalyste Marie-Hélène Roch : « Le lambeau est chair et la prose de son récit » (2018 : 123).

Au terme de cette première variation, nous comprenons mieux pourquoi Gallimard a choisi de faire figurer sur la quatrième de couverture trois acceptions du substantif « lambeau » proposées par le *Trésor de la langue française informatisé*. *Le lambeau* ne peut se résumer en un paragraphe qui gloserait l'histoire. Il est tout à la fois les trois acceptions choisies par l'éditeur. Non seulement *Le Lambeau* est bien « un morceau [...] de papier [...] déchiré ou arraché » à l'histoire de P. Lançon mais il est aussi ce « morceau de chair ou de peau arrachée volontairement » par les terroristes et ce « segment de parties molles conservées lors de l'amputation d'un membre » qui a servi à la reconstruction de son visage. Nous pensons que deux autres acceptions, tirées de ce même dictionnaire, complètent chacune en partie la définition du projet narratif de P. Lançon : « Au figuré : Ce qui reste, subsiste d'un tout divisé, arraché, usé ; fragment, débris que l'on recueille » et « En particulier : Fragment d'écrit, de conversation incomplètement cité ou reçu ». *Le Lambeau* est bien le récit fragmenté de ce qu'il reste après l'attentat puisque comme l'écrit Gad Soussana « [à] la fin de l'événement, il ne reste que le témoignage » (2001 : 32). Le lambeau n'est pas qu'une métonymie. Il n'est pas qu'une partie du nouveau corps de P. Lançon et de son récit ; il est l'essence même de ces derniers. En cela, nous

---

[14] « Lançon est un écrivain hors pair : il fait fusionner vie et littérature jusqu'à l'impossibilité de les distinguer ». Nous traduisons.

rejoignons Carles Geli lorsqu'il affirme que « la reconstrucción de la cara del periodista es también la de su esencia[15] » (2019).

2.2 Poétiques de *Le Lambeau : le je écrivain*

Après avoir remporté le prix Roman News, P. Lançon a affirmé que son livre était « une œuvre d'imagination comme tout acte de création » (Lançon, 2018b). La construction du « je écrivain » au sein du récit nous semble être l'un des éléments fondamentaux qui permet d'expliquer partiellement la poétique de *Le Lambeau*, c'est-à-dire, la manière dont son auteur l'a construit. Comme l'a remarqué le critique littéraire Jordi Amat, « l'aparició d'aquest jo indeterminat, que sorgeix en el dolor apuntalat per la lectura de tres llibres – *Cartes a Milena*, *La muntanya màgica*, *Proust* –, és el gran tema de *L'esqueix de carn*[16] » (2019 : 7).

Dès les premières lignes de son récit, P. Lançon se présente comme un « journaliste » (2018a : 11). Cela explique sans doute que ses confrères espagnols et français caractérisent régulièrement ce récit de « chronique » puisque ce genre renvoie à l'écriture journalistique. Si *l'auteur* est bel et bien journaliste de profession, qu'en est-il du *je narré* et du *je narrant* ? Nous avons observé précédemment qu'il n'y avait pas qu'un seul *je narré* et *je narrant* dans *Le Lambeau*. Quels sont ces autres *je-s* et en quoi leur alternance nous informe-t-elle sur la manière dont *l'auteur* se considère lors de cet « acte de création » qu'est l'écriture ?

De longues pages durant, le *je narrant* se présente comme tout sauf comme un écrivain. D'abord décrit comme journaliste et « critique » (Lançon, 2018a : 12), l'attentat bouleverse la voix narrative et provoque un questionnement identitaire : « Suis-je à la fois le détective, le témoin et la victime ? » (Lançon, 2018a : 96). Cette incertitude influence l'écriture au point que le *je narré* ne sait plus quel *je* narre son histoire :

> L'homme qui triait les souvenirs comme si un siècle le séparait de la minute précédente, était-ce celui qui était déjà presque mort, ou celui qui

---

[15] « La reconstruction du visage du journaliste est aussi celle de son essence ». Nous traduisons.

[16] « L'apparition de ce je indéterminé, qui surgit dans la douleur accompagné par la lecture de trois livres – *Lettres à Milena*, *La montagne magique*, *Proust* –, est le grand thème de *Le Lambeau* ». Nous traduisons.

commençait à le remplacer ? Je ne savais pas lequel des deux vivait et je ne sais pas lequel des deux écrit (Lançon, 2018a : 95).

L'utilisation dans la même phrase de l'imparfait de l'indicatif puis du présent de l'indicatif souligne la permanence de la confusion, des minutes qui ont suivi l'attentat jusqu'au moment où ces lignes sont écrites. Cette réflexion métadiscursive lie le temps de l'action narrée avec le temps de l'énonciation soulignant par là même l'influence qu'exerce l'expérience vécue sur l'acte d'écrire. Cette confusion entre les deux *je-s* est aussi visible dans l'utilisation des pronoms. Le *je narré* se dédouble en « je » et « il » : « Celui qui allait devoir vivre la regardait approcher comme une créature venue d'un autre monde auquel il n'appartenait plus. [Coco] s'est penchée vers moi » (Lançon, 2018a : 91). À mesure qu'avance la narration, le *je narrant* (sujet du discours) se distingue du *je narré* (objet du discours). Ce processus est décrit par l'auteur lorsqu'il fait siennes les affirmations de Marcel Proust : « Je n'avais jamais autant expérimenté la sentence proustienne : l'écriture était bien le produit d'un autre moi, un produit précisément destiné à me faire sortir de l'état où je me trouvais, quand bien même il consistait à raconter cet état » (Lançon, 2018a : 444). À cette distanciation entre *je narré* et *je narrant*, s'ajoute, en dernier lieu, celle entre l'*auteur* et le *je narrant*. Celle-ci est intimement liée au regard que le premier porte sur son activité scripturale. Tandis que dans les premiers chapitres, la triade *auteur-je narrant-je narré* se considérait « si peu écrivain » (Lançon, 2018a : 121), la redécouverte de l'écriture semble plaire aux trois pôles. Alors que Jean-Claude Raspiengeas signale que l'*auteur* a recours à « des techniques romanesques » (2019 : 27), le *je narrant* décrit un *je narré* qui a une attitude réflexive vis-à-vis de son écriture :

> J'ignore à quel moment « Les pompiers m'ont soulevé » est devenu « Tandis que les pompiers me soulevaient », à quel moment est apparu « et soudain, mon Dieu, ils ne riaient plus », mais c'est le changement de syntaxe, l'apparition de « tandis » et de « mon Dieu », qui m'ont suggéré que je m'adressais maintenant à d'autres, à ceux qui pourraient me lire (Lançon, 2018a : 212–213).

En outre, le *je narrant* se plaît à « jouer à l'écrivain » lorsqu'il décrit Chloé : « Ses yeux clairs s'ouvraient pour laisser passer un rayon d'ironie et elle me gourmandait, c'est le vieux mot qui convient, pour tant jouer à l'écrivain et si peu au scientifique – même si je n'étais ici ni l'un ni l'autre, mais simplement patient » (Lançon, 2018a : 311). Une fois que la qualité d'écrivain est reconnue par l'instance narrative, il est possible de séparer chronologiquement les trois pôles de la triade. Le *je narré* renvoie à la victime de terrorisme et au patient blessé ; le *je narrant* renvoie au patient qui s'essaye aux jeux littéraires une fois les soins lourds terminés tandis que l'*auteur*, qui se confond ici avec le *je narrant* et le *je narré*, reconnaît sa qualité d'écrivain hors des murs de l'hôpital, lorsqu'il cesse d'être patient. L'auteur évoque lui-même son évolution littéraire en rappelant ses débuts difficiles dans le monde des écrivains. Après avoir confié que « [son premier] roman n'avait eu aucun succès » (Lançon, 2018a : 132), il semble prendre conscience de la lourde tâche qui l'attend : (ré)apprendre à écrire pour « réapprendre à vivre » : « Le roman s'intitulait *Je ne sais pas écrire et je suis un innocent*. [...] Onze ans après publication, le titre se justifiait : j'étais dans un état et une situation qui faisaient de moi, au sens propre, un innocent, et il me faudrait lentement surmonter, si c'était possible, le sentiment que je ne savais rien écrire de ce qui m'arrivait. Il le faudrait, simplement, pour réapprendre à vivre » (2018a : 132). La présence du nom du *je narré* et du *je narrant* sur la première de couverture de *Le Lambeau* signe la fin réussie de leur thérapie – achevée avant l'écriture du récit – et leur entrée dans le cercle des écrivains. Enfin, les propos tenus par P. Lançon dans un entretien accordé à la revue espagnole *Qué leer* (Rivera, 2020) ne sont pas sans faire écho à l'épigraphe du présent article. P. Lançon écrit en écrivain, c'est-à-dire qu'il n'écrit pas directement sur lui-même mais sur celui qui observe celui qu'il a été :

> [...] empecé a escribir este libro cuando ya toda la reconstrucción física e incluso mental había tenido lugar: quien lo escribió fue un hombre nuevo, que podía tomar suficiente distancia para ejercer su oficio de escritor, es decir, para poder mirar todo lo que me había acontecido a cierta distancia. Por eso siempre digo que esta obra no es el relato de una víctima sino el de un escritor que mira el destino de una víctima. Sucede que la víctima y el escritor soy yo, pero hay una separación [de] tres años entre los acontecimientos y el libro, que median entre el hombre que vivió aquello y el hombre que lo escribió[17].

---

[17] « [...] j'ai commencé à écrire ce livre lorsque toute la reconstruction physique et y compris mentale avait déjà eu lieu : celui qui l'a écrit est un nouvel homme, qui pouvait prendre suffisamment de distance pour exercer son métier d'écrivain, c'est-à-dire, pour pouvoir regarder tout ce qui m'était arrivé à une certaine distance. C'est pour cela que je dis toujours que cette œuvre n'est pas le récit d'une victime mais celui d'un écrivain qui regarde le destin d'une victime. Il s'avère que la victime et l'écrivain c'est moi, mais il y a un décalage de trois ans entre les événements et le

Il n'est donc pas étonnant que plusieurs journalistes qualifient P. Lançon de « novelista[18] » (Escur, 2019) et *El colgajo* de « novela[19] » (Ventura, 2019 ; Aparicio Maydeu, 2019).

2.3 Poétiques de Le Lambeau : le jeu d'écriture

« Revisiter son passé, fût-il traumatique, équivaut à une promesse, celle de la trace à venir, de la page non encore écrite, c'est-à-dire un gage de jouissance narrative » (Lantelme, 2016 : 115). Cette « jouissance narrative » ressentie par l'écrivain est transmise au lecteur à travers de nombreux procédés comiques – de caractère et de situation – qui participent de la création d'un univers « lumineux », pour reprendre l'adjectif utilisé par la maison d'édition espagnole Anagrama. Comment ne pas décrocher un sourire à la lecture des scènes interprétées par l'ancien président de la République, François Hollande, plus sensible au charme de Chloé qu'à celui de P. Lançon ? Comment ne pas sourire lorsque P. Lançon (2018a : 319) se réfère, non sans autodérision, au difficile exercice de :

> [...] chier sur le trône et pisser dans le pistolet avec le maximum de dignité, d'humour, de courtoisie et d'attention, sans aucune plainte ni aucune familiarité, quand bien même l'urine envahirait le lit faute de trouver le bon angle de miction, comme c'était à peu près toujours le cas. Il ne s'agissait pas de me prendre pour un roi. La situation était assez folle pour qu'il soit inutile de m'ajouter un entonnoir – ou une perruque – sur la tête.

Ces quelques traits d'humour ne sont pas seulement utilisés pour nous faire partager des moments drôles – ou du moins légers – vécus par P. Lançon. Ils servent aussi à contourner la brutalité de l'expérience terroriste et de son hospitalisation. De fait, lorsque le patient raconte à Chloé l'entrée des terroristes dans la salle de rédaction, il ne reprend plus les termes crus des chapitres 4 et 5 : « "Nous n'étions pas d'accord. Puis les tueurs sont entrés et ils ont mis tout le monde d'accord." Quand je parlais de l'attentat, je le faisais maintenant comme s'il s'agissait d'une farce – puisque après tout c'en était une » (2018a : 232). L'humour permet

---

livre, trois ans qui se sont écoulés entre l'homme qui a vécu cela et l'homme qui l'a écrit ». Nous traduisons.

[18] « Romancier ». Nous traduisons.

[19] « Roman ». Nous traduisons.

d'enlever la charge dramatique de la scène. L'accent ne porte plus sur la peur et la souffrance de P. Lançon mais sur sa capacité à les transformer en matériel littéraire. Il en va de même lorsque P. Lançon décrit les policiers qui assurent sa protection au plus près du bloc opératoire :

> [...] ils devaient mettre une charlotte, des surchaussures et une blouse. Des sourires embarrassés sont passés d'un visage à l'autre, comme des nuages sur un paysage. On flottait entre métier et comédie. [...] Les cosmonautes flottaient maintenant dans une atmosphère sans gravité. Peut-être leurs armes allaient-elles s'envoler, et eux avec, pour finir au plafond, comme le whisky solidifié du capitaine Haddock (2018a : 194–195).

Le comique fait partie de la vie y compris dans les moments les plus douloureux. C'est ce qu'explique P. Lançon dans un entretien accordé au quotidien *Sud Ouest* : « La vie est un mélange, composée de farces et de drames. Bien sûr qu'il y a du sang et du pus dans mes pages, mais ça n'empêche pas que, souvent, je me voyais chez Molière. Parfois j'étais Argan et je tombais sur Toinette, comme dans le "Malade Imaginaire" » (Harté, 2018).

La transformation de l'expérience en objet littéraire ou, pour le dire autrement, l'autonomisation du récit vis-à-vis de son référent s'exprime également lorsque P. Lançon devient Monsieur Tarbes : « Ici, a dit la femme des admissions, il lui faut un pseudonyme. Pris au dépourvu, mon frère a pensé au berceau pyrénéen de notre père, à la ville où habitaient notre tante et notre oncle chirurgien, et il a dit : "Tarbes". C'est ainsi que je suis devenu, dans le monde des Invalides, Monsieur Tarbes » (Lançon, 2018a : 409). Si « Monsieur Tarbes » est bien le pseudonyme que P. Lançon a utilisé aux Invalides, dans le récit, il est plus que cela. L'intéressé spécifie d'ailleurs le statut qu'il accorde à ce nouveau patronyme : « Monsieur Tarbes n'était pas Philippe Lançon, ni un pseudonyme de Philippe Lançon. Il était un hétéronyme, tel que Fernando Pessoa l'avait sans doute imaginé en créant son œuvre sous des vies différentes, et pas seulement des noms » (2018a : 410). Monsieur Tarbes devient un personnage à part entière qui n'est pas le double littéraire de l'auteur. Il s'agit d'un personnage autonome auquel le *je narrant* fait toujours référence au moyen de la troisième personne du singulier. Monsieur Tarbes n'arrive qu'au chapitre 18 car il est celui qui est entré aux Invalides et qui « [naît] progressivement » (Lançon, 2018a : 419). Il est celui qui aide P. Lançon à écrire ses articles de presse, sorte de nouvelle vésicule (Lançon, 2018a : 432). Il est, enfin, le patient qui est arrivé au terme de son long parcours hospitalier, « l'homme dont les cicatrices se refermaient » (Lançon, 2018a : 479) et auquel le *je narrant* peut dire au revoir. Tandis que P. Lançon circule à nouveau seul dans les rues de Paris, il aperçoit « la silhouette de Monsieur Tarbes marcher à l'intérieur, de l'autre côté des fossés [des Invalides] » (2018a : 500). Outre le sens premier du terme « fossés » qui renvoie à l'espace qui sépare Monsieur Tarbes du *je narrant*, nous ne pouvons pas ne pas insérer ce terme dans le champ sémantique du « creux », développé tout au long du récit et qui ne cesse de renvoyer à sa blessure qui n'était « non pas exactement un trou, mais un cratère de chair détruite et pendante » (Lançon, 2018a : 92). P. Lançon est à l'extérieur des Invalides et nous avions vu précédemment que le *je narrant* ne se considérait « écrivain » qu'en dehors de l'hôpital. Par conséquent, nous pouvons postuler que lorsque P. Lançon observe la « silhouette de Monsieur Tarbes », il s'en éloigne davantage encore pour le regarder désormais en écrivain qui s'apprête d'ailleurs à mettre un point final à son récit. C'est peut-être pour cette raison que P. Lançon a finalement préféré « le lambeau » à « Monsieur Tarbes » pour intituler son récit (Lançon, 2018b). Contrairement au lambeau, Monsieur Tarbes n'existe qu'au sein des Invalides et qu'au sein du récit. P. Lançon est, en outre, revenu sur le choix du titre lors de la présentation à Barcelone de son ouvrage en ces termes : « "Me pareció idóneo porque es un término técnico de la cirugía reconstructora. No quería un título patético. En francés alude a deshacerse en pedazos"[20] » (Doria, 2019 : 45).

Enfin, l'œuvre acquiert une autonomie définitive lorsque P. Lançon affirme, se souvenant d'un entretien réalisé avec le prix Nobel de littérature Mario Vargas Llosa, à l'Université de Princeton en novembre 2015 : « Je n'avais guère d'idées ni d'informations sur la démocratie et le terrorisme. J'imagine que mon lambeau parlait pour moi » (2018a : 507). Même si P. Lançon n'avait à ce moment-là pas encore pensé à rédiger son témoignage, la seconde phrase est polysémique. Elle renvoie d'une part, à la reconstruction faciale de P. Lançon, visible par tous lors de l'entretien à Princeton. Et de l'autre, à *Le Lambeau* que tient le lecteur entre ses mains. Si *Le Lambeau* parle pour P. Lançon cela signifie qu'il parle en son nom, comprenez, à sa place. Lui qui « avai[t] hâte de sortir du livre couvert de sang et de salive dans lequel [il était] entré » (Lançon, 2018a : 437) fait

---

[20] « "Il m'a semblé adéquat car c'est un terme technique de la chirurgie reconstructrice. Je ne voulais pas de titre pathétique. En français cela renvoie à se désagréger en morceaux" ». Nous traduisons.

d'une pierre deux coups : il s'extrait de son histoire personnelle en même temps qu'il s'extrait de son livre.

3. (Con)fusion des genres : réceptions de *Le Lambeau*

Les acclamations unanimes reçues par *Le Lambeau* n'ont pas empêché l'expression de quelques divergences concernant sa catégorisation générique. L'identification référentielle de la triade *auteur-je narrant-je narré*, est, nous semble-t-il, à l'origine des dissensus. Après un bref tour d'horizon des prix attribués à *Le Lambeau*, nous confronterons les argumentations des uns et des autres pour définir génériquement le récit avec nos précédentes analyses sur les *je-s* poétiques. Enfin, nous constaterons que le clivage fiction / non-fiction est souvent dépassé pour mettre davantage l'accent sur la portée universelle du récit.

3.1 Reconnaissances éditoriales et institutionnelles

Publié en avril 2018, *Le Lambeau* est « [l'] événement éditorial de l'année » (Devecchio, 2018 : 16). Immédiatement plébiscité par les lecteurs, le livre s'est vendu en France à 232 119 exemplaires l'année de sa parution (Le Monde avec AFP, 2019). L'ouvrage a connu un succès constant. Ainsi, le 17 juillet 2019, *L'Express* dévoile de nouveaux chiffres clés : « le livre en est à sa 26ᵉ réimpression. Près de 317 000 exemplaires ont été achetés à ce jour. Il a été traduit en neuf langues[21] et adapté dernièrement au théâtre[22] » (Benedetti, 2019 : 134). Soulignons également que l'ouvrage est paru en France dans différents formats (poche, livre audio, édition adaptée en grands caractères) permettant ainsi de cerner un plus large public.

À cette reconnaissance des lecteurs, s'ajoute une reconnaissance institutionnelle. En 2018, P. Lançon reçoit en effet sept prix littéraires en France : le Prix du Roman News (24 septembre), le Prix Jean Bernard de Médecine et littérature (25 octobre), le Prix Femina (5 novembre), le Prix spécial du jury Renaudot (7 novembre), le Prix Humanisme du Salon

---

[21] Les neuf langues sont les suivantes : allemand, anglais, catalan, espagnol, italien, japonais, néerlandais, polonais et portugais.

[22] *Le Lambeau. Charlie en pièce(s)*, mise en scène et interprétation : Avner Camus Perez, Olivier Morin et Benjamin Perez (2019).

maçonnique du Livre de Paris (18 novembre), le Prix Roger-Caillois (12 décembre) et, pour finir, le Prix des Prix littéraires (13 décembre). L'ouvrage a en outre concouru pour le Prix Interallié et le Prix Médicis. Cette reconnaissance par les paires va au-delà des frontières françaises puisque *La traversata*, version italienne de *Le Lambeau*, a été finaliste dans la catégorie « narrativa straniera e traduzione[23] » pour le Prix Gregor von Rezzori 2020. La presse a aussi récompensé l'ouvrage. *Le Lambeau* a ainsi été désigné meilleur livre de l'année 2018 par le magazine français *LIRE*. Et en Espagne, *El colgajo* a été désigné meilleur livre de l'année 2019 dans la catégorie « no ficción traducida[24] » par le quotidien *La Vanguardia* (« Los libros del año 2019 », 2019 : 32) et meilleur roman international de l'année 2019 par la revue *El cultural* (« "El colgajo", de Philippe Lançon, mejor novela internacional de 2019 », 2019) qui avait d'ailleurs déjà mis à l'honneur un témoignage sur l'attentat contre *Charlie Hebdo* en désignant *La levedad* (Meurisse, 2017), traduction espagnole de *La légèreté* (Meurisse, 2016), meilleure bande-dessinée de l'année 2017 (Olarte, 2017).

Récompensé dans les catégories roman, essai, littérature (française ou étrangère) ou encore récit de non-fiction, les différentes reconnaissances institutionnelles mettent en lumière la difficile catégorisation générique de *Le Lambeau*.

3.2 *Le Lambeau* : un livre de mauvais genre ?

Selon l'ancien président du jury Goncourt, Bernard Pivot, parce que *Le Lambeau* n'est pas « un roman d'imagination » (Le Parisien avec AFP, 2018), il ne pouvait se voir décerner le célèbre prix littéraire. Pierre Assouline, membre de l'Académie Goncourt, a quant à lui réagi à l'attribution du Prix Femina du roman français à *Le Lambeau* en affirmant que « rarement le paysage littéraire aura été enveloppé d'un halo si flou » (2018 : 1). P. Lançon avait pourtant affirmé quelques semaines auparavant que son ouvrage était bien « une œuvre d'imagination » (Lançon, 2018b) avant de préciser dans de nombreux articles de presse ce que cela signifiait : le référent (l'attentat du 7 janvier 2015) est le point de départ de l'histoire racontée mais celle-ci ne se résume pas au

---

[23]   « Récit étranger et traduction ». Nous traduisons.
[24]   « Non-fiction traduite ». Nous traduisons.

premier. Comme le dit P. Lançon, « ma vie a croisé un événement qui, bien malgré moi, l'a déterminée. Je fais en sorte d'explorer ce phénomène avec le maximum d'intensité et de détachement, d'écrire à partir de l'expérience et de l'imagination qu'il m'a données » (Michel-Aguirre et Thierry, 2020 : 57). En quoi le récit de P. Lançon est-il « une œuvre d'imagination » ? Premièrement, fiction et non-fiction prennent appui l'une sur l'autre au point de parfois se confondre. L'attentat terroriste du 7 janvier 2015, expérience vécue par l'*auteur*, est ainsi perçu comme une fiction par le *je narrant*. Preuve en est le recours au champ sémantique du théâtre lorsqu'il se remémore l'entrée des terroristes dans la salle de rédaction :

> Tandis que Marilyn et Arnaud me parlaient, ou parlaient devant moi, je mâchais le biscuit de Cabu, murmurais une blague à Wolinski, voyais et voyais encore avec espoir, avec désespoir, Franck dégainer son arme pour signaler d'un coup la fin du spectacle. Il n'y arrivait pas et le spectacle ne faisait que commencer, celui qui mettait peu à peu les spectateurs dans le cercueil et sur la scène (Lançon, 2018a : 159–160).

Et plus loin : « L'attentat avait aussi été une scène de théâtre, un dramolet, et le serait en partie resté si les tueurs avaient utilisé, tout en récitant de travers quelque sourate du Coran, des pétards ou des balles à blanc » (Lançon, 2018a : 258). La fiction envahit la vie de P. Lançon jusqu'à l'hôpital où ses parents deviennent des personnages : « Les têtes de mes parents flottaient comme celles de personnages qu'il me fallait créer, nourrir, développer, des êtres intimes et qui ne l'étaient plus. J'entrais avec eux et par eux dans cette fiction particulière qu'est le brutal excès de réalité » (2018a : 129). À l'inverse, les visions imaginaires sont perçues comme réelles. Alors que Christiane, cadre à la Pitié-Salpêtrière, lui fait visiter une chambre plus grande, il revit l'angoisse provoquée par l'attentat (Lançon, 2018a : 245) :

> [...] la fenêtre donnait sur un toit [...]. [...] devant ce toit je revoyais les tueurs, n'importe quels tueurs, tout en noir, avec des cagoules, mitraillant la chambre sur-le-champ. Ce n'était pas un effet de l'imagination : c'était une scène véritable, qui faisait irruption dans celle que nous vivions et jouait des coudes pour s'y substituer. Pendant quelques secondes, ces tueurs fantômes ont été plus réels que Christiane, Juan, les policiers et moi-même. Ou plutôt : nous n'étions plus réels que sous leurs balles, les uns planqués sous la fenêtre ou sous le lit, les autres morts, et moi dans la salle de bains, avec mes tuyaux, attendant le coup de grâce.

Fiction et non-fiction sont en concurrence dans le quotidien de P. Lançon (Lassus, 2019 : 15). Il n'est donc pas étonnant que l'auteur rende compte de cette porosité dans son récit afin que le lecteur se retrouve à son tour dans « un état de fiction[25] » (Lançon, [s. d]). Comme l'écrit le *je narrant* (Lançon, 2018a : 365–366) :

> [...] la séparation entre fiction et non-fiction était vaine : tout était fiction, puisque tout était récit – choix des faits, cadrage des scènes, écriture, composition. Ce qui comptait, c'était la sensation de vérité et le sentiment de liberté donnés à celui qui écrivait comme à ceux qui lisaient. Quand j'écrivais au lit, [...] je n'étais pas le patient que je décrivais ; j'étais un homme qui révélait ce patient en l'observant, et qui contait son histoire avec une bienveillance et un plaisir qu'il espérait partager. Je devenais une fiction. C'était la réalité, c'était absurde et j'étais libre.

Cette réflexion métadiscursive rejoint nos précédentes analyses sur la poétique de *Le Lambeau* : le *je narré* (le patient) n'est plus le *je narrant*. Ce dernier transpose désormais littérairement la réalité. Souvenons-nous de la description crue de la cervelle de B. Marris : à ce moment-là, *je narré*, *je narrant* et *auteur* ne formaient qu'un. À mesure que la narration avance, le *je narrant* se détache du *je narré* et propose une nouvelle description, plus poétique, de la cervelle de B. Marris. Celle-ci devient au chapitre 10, « L'anémone » (Lançon, 2018a : 204–219). Par ce déplacement d'image, le référent cesse de n'être qu'une matière organique sanguinolente pour devenir aussi matière créative, matière littéraire. À la fin du chapitre, l'anémone se transforme en « poche d'encre » (Lançon, 2018a : 219). Celle-ci n'est donc plus seulement la source d'inspiration, « la porte d'entrée » du récit mais également l'outil pour l'écrire (Roch, 2018 : 122).

Deuxièmement, *Le Lambeau* est « une œuvre d'imagination » car P. Lançon distingue d'une part, l'attentat, et de l'autre, le récit qu'il en fait. Dans un article publié dans *La Nouvelle Revue Française*, il rappelle ainsi que « le texte est lié au groupe, à chaque personne du groupe, par l'absence de fiction » (Lançon, 2018c : 13). Dans un entretien accordé au journal *Ara*, il révèle n'avoir jamais pensé faire de son expérience une fiction : « Havia de ser un relat d'allò que vaig viure tal com ho recordava. Fer-ne ficció em semblava fora de lloc. La història va ser tan

---

[25] P. Lançon évoque cet « état de fiction » à l'occasion d'un entretien réalisé par les éditions Gallimard. Il raconte alors qu'« [é]crire ce livre a été un [...] travail, entrepris plus tard, où mémoire et rêverie ont fait de toute réalité vécue un état de fiction ».

violenta, tan extrema, que en certa manera és una ficció. Jo ho vaig viure aixì[26] » (Juanico, 2019). Ce n'est pas l'attentat terroriste qui est fictionnel mais bien sa transposition dans le récit. Comme l'a expliqué P. Lançon dans un entretien réalisé le 24 octobre 2019 à Madrid à l'occasion du Festival Getafe Negro (2019d) : « Igual yo no hice una novela, pero yo lo hice como una novela en el sentido que es un cuento, es decir que precisamente escribimos cuentos o novelas sea de ficción o no de ficción porque no queremos escribir discursos políticos, sociológicos o así. Contamos historias para explorar un mundo con su ambigüedad, sus zonas negras o grises o sangrientas pero sin dar conclusiones[27] ».

Et troisièmement, Chloé, sa chirurgienne, évoque-t-elle aussi la part de fictionnalisation – autrement dit, d'imagination – que contient le récit dans un entretien réalisé pour le quotidien *Libération* : « Philippe Lançon a fictionné notre relation » (Favereau, 2019 : 32). C'est donc bel et bien le processus de mise en récit qui crée la fiction et non son référent. Pour l'auteur, *Le Lambeau* est « un cuento: real y contado por el que lo vivió[28] » (Amela, 2019). Le conte est un genre en accord avec le projet de P. Lançon à bien des égards. Tout d'abord, il oscille entre imagination et réalité. Par ailleurs, c'est un genre qui renvoie à l'enfance et P. Lançon a affirmé qu'à la suite de l'attentat, « [il avait] vécu malgré [lui] une seconde et douloureuse enfance » (Craveri et Lançon, 2018 : 492). Et pour finir, c'est un genre que l'on associe à l'oralité. Alors qu'il avait perdu l'usage de la parole, P. Lançon ne pouvait communiquer avec les autres que par l'écrit. *Le Lambeau* se présente, en quelque sorte, comme la matérialisation de la parole retrouvée.

La réception ou non de *Le Lambeau* comme un récit d'imagination repose à n'en pas douter sur l'interprétation identitaire des *je-s* évoqués par C. Dornier, que nous avons analysés dans la deuxième partie du

---

[26] « Ça devait être un récit de ce que j'avais vécu comme je m'en souvenais. En faire de la fiction me semblait hors de propos. L'histoire a été si violente, si extrême que d'une certaine manière c'est une fiction. C'est comme cela que je l'ai vécu ». Nous traduisons.

[27] « Peut-être que je n'ai pas fait un roman mais je l'ai fait comme un roman dans le sens où c'est un conte, c'est-à-dire qu'on écrit des contes ou des romans de fiction ou de non-fiction précisément parce que l'on ne veut pas écrire de discours politiques, sociologiques ou de ce genre. On raconte des histoires pour explorer un monde avec son ambiguïté, ses zones noires ou grises ou sanglantes mais sans donner de conclusions ». Nous traduisons.

[28] « Un conte : réel et raconté par celui qui l'a vécu ». Nous traduisons.

présent travail. Soit l'on considère que la triade *auteur-je narrant-je narré* n'a pour seul référent P. Lançon. Dans ce cas, c'est la factualité du récit qui prévaut. Soit l'on accepte l'existence de plusieurs *je-s narrés* et *narrant* qui se distinguent momentanément de l'*auteur*. Dans ce second cas, le récit peut bien être considéré comme « une œuvre d'imagination » dans la mesure où les *je-s* jouent – sans la nier – avec la factualité pour la transformer. Plusieurs chercheurs et journalistes posent un regard différent sur le récit pour éteindre la polémique. La chercheuse Linda Hamrin Nesby suggère ainsi de classer le récit dans le « patografigenren[29] » (2019 : 57) car cela permettrait de rendre caduc l'opposition entre fiction et non-fiction. La notion d'autofiction ne permettrait-elle pas, elle aussi, de résoudre ce casse-tête ? En effet, pour Isabelle Somé : « [...] le terme d'autofiction n'est peut-être pas très explicite en soi mais il met bien en lumière le brouillage des frontières, la fusion des genres qui est à son origine. Le pacte autofictionnel est toujours à la fois romanesque et autobiographique, ce qui a priori paraît contradictoire. Mais si l'on y regarde de plus près, ce n'est pas un pacte oxymoronique, c'est un pacte de l'indécidable entre rêve et réalité [...] » (2014 : 383). Le genre autofictionnel ne satisfait toutefois pas l'écrivain Dominique Noguez qui revient sur la non-nomination de *Le Lambeau* au Goncourt dans un article du *Monde*. Selon lui, « il ne s'agit pas seulement de faire une place – elle est déjà faite – à cette variété de fictions à forte teneur en autobiographie qu'on a un moment cru bon d'appeler "autofiction". Il s'agit tout bonnement d'accueillir de plein droit des "récits" ou des livres sans nom de genre » (2018 : 21). Dans la mesure où *Le Lambeau* se situe(rait) à cheval sur plusieurs catégories a priori antinomiques, le plus simple reste(rait) de les effacer pour se centrer davantage sur l'originalité et la singularité du récit. En Espagne, la critique littéraire Mercedes Monmany va dans le même sens en présentant *El colgajo* comme « un estremecedor y magnífico libro sin género[30] » (2019). Finalement, la seule catégorie à même de satisfaire tous les critiques est celle, très vaste, de la Littérature.

---

[29] « Le genre de la pathographie ». Nous traduisons.

[30] « Un bouleversant et magnifique livre sans genre ». Nous traduisons.

3.3 Un attentat parmi d'autres : le récit d'une expérience singulière pour (re)penser le terrorisme

Bien qu'il n'y ait pas de consensus autour de la catégorisation formelle du récit, tous s'accordent à dire qu'il permet d'appréhender le phénomène terroriste. Pour M. Vargas Llosa, au terme de la lecture de *Le Lambeau*, « uno […] comprende que el terrorismo – no sólo el islamista, todos los terrorismos, políticos y religiosos sin excepción – no ganará nunca la guerra que ha desatado […][31] » (2018). Dans les lignes de *Le Lambeau*, le terrorisme n'est pas seulement évoqué à travers l'attentat du 7 janvier 2015. P. Lançon insère son expérience individuelle dans une Histoire plus vaste du terrorisme : « L'anémone a survécu à l'article, mais pas trop. Pendant dix mois, elle m'a rendu des visites de moins en moins fréquentes, de moins en moins intenses, jusqu'à l'attentat suivant, celui du 13 novembre, qui a agi comme un remède de cheval en me transformant, d'une minute à l'autre, en ancien combattant » (Lançon, 2018a : 218). Ce sont sur ces mêmes attentats de novembre 2015 que P. Lançon clôt son ouvrage. Il se trouve alors à New York avec Gabriela : « Nous n'étions plus très loin de l'endroit où, le 11 septembre 2001, la locomotive s'était de nouveau emballée. Cette course avait commencé bien avant, les spécialistes discutaient des événements et des dates, mais ici avait eu lieu le début de quelque chose dont la suite, après la borne du 7 janvier où nous avions fini dans la chaudière, se répétait en s'amplifiant » (Lançon, 2018a : 509). Tandis que le lieu de l'action rappelle la trace d'un attentat passé, le temps de l'action dit un attentat en train d'avoir lieu. Dans l'article déjà mentionné, publié dans *La Nouvelle Revue Française*, P. Lançon apporte des précisions sur le choix de cette fin : « J'ai vite senti que mon livre devait finir […] le 13 novembre – là où l'Histoire, croisant mon histoire, continuait » (2018c : 30). L'Histoire prend le pas sur l'histoire de P. Lançon et c'est pour cela que la seconde peut illustrer la première. *Le Lambeau* ne se contente plus de raconter l'attentat terroriste du 7 janvier 2015 ; il permet de (re)penser tous ceux qui ont précédé et qui ont suivi. Le journaliste Salvador Rich (2019) met d'ailleurs en lien l'ouvrage de P. Lançon avec cinq autres dont deux romans espagnols sur le terrorisme de l'ETA, signés Fernando Aramburu et le témoignage du

---

[31] « L'on comprend que le terrorisme – pas seulement l'islamiste, tous les terrorismes, politiques et religieux sans exception – ne gagnera jamais la guerre qu'il a déclenchée […] ». Nous traduisons.

journaliste espagnol Antonio Pampliega[32], fait prisonnier par Al-Qaïda en Syrie. Ce n'est donc pas tant la forme des récits qui permet la mise en réseau de ces derniers que leur thématique. Romans et témoignages, fiction et non-fiction s'insèrent parfaitement dans ce que l'on pourrait appeler « les écritures de l'expérience terroriste ».

À ces rapprochements littéraires, s'adjoignent des rapprochements factuels. Selon le journaliste Ignacio Orovio « Lançon podemos ser cualquiera, y por ahí nos atrapa : el 11-M, el 17-A…[33] » (2019), de sorte que l'histoire de P. Lançon n'illustre pas qu'une expérience terroriste géographiquement limitée. La journaliste A. Schwartzbrod rejoint son confrère en affirmant que « le témoignage de Lançon a une valeur universelle » (2018a : 3). L'évocation par P. Lançon du 17-A lui permet d'ailleurs de souligner qu'après n'importe quel attentat, les manifestations de soutien et de deuil collectif laissent place à un oubli ou, du moins, à une mise en sommeil du souvenir jusqu'à l'attentat suivant : « Comme les précédents, les attentats de Barcelone et de Cambrils m'éloignent d'une histoire où, une fois les bougies éteintes et les petits cœurs rangés, tout le monde fait comme si rien n'avait eu lieu – comment faire autrement ? – et comme si ces tueurs n'étaient pas une conséquence désastreuse de ce que nous sommes, de ce que nous vivons » (2018a : 191). Le journaliste Miquel Molina va plus loin en rappelant que « la voz de las víctimas de los atentados, [es] a menudo silenciada por el ruido político interesado que éstos generan, como ha sucedido tras los ataques de Barcelona y Cambrils[34] » (2019). Pour pallier cette cacophonie, le journaliste insiste sur l'importance de publier les témoignages des victimes de terrorisme et présente celui de P. Lançon comme une référence : « [E]l valor literario de lo que ha escrito [P. Lançon] es tal que trasciende su propio caso y se convierte, también, en un manual para situaciones difíciles[35] » (Molina,

---

[32]　Les références à ces ouvrages sont disponibles dans la bibliographie.

[33]　« Nous pouvons tous être Lançon, et sur cette voie-là, le 11-M et le 17-A nous rattrapent ». Nous traduisons.

[34]　« La voix des victimes des attentats, [est] souvent passée sous silence à cause du bruit politique intéressé que ces derniers génèrent, comme cela est arrivé à la suite des attaques de Barcelone et de Cambrils ». Nous traduisons.

[35]　« La valeur littéraire de ce qu'a écrit [P. Lançon] est telle qu'il transcende son propre cas et devient, également, un manuel pour des situations difficiles ». Nous traduisons. Cette terminologie est également utilisée par la psychanalyste Danièle Brun qui voit *Le Lambeau* comme « l'équivalent d'un manuel à usage conjoint pour les patients comme pour les soignants » (2018 : 67).

2019). L'on s'étonnera toutefois que le journaliste n'ait pas mentionné l'Espagnole Irene Villa, laquelle, après avoir été victime d'un attentat perpétré par l'ETA qui lui coûtera l'amputation de ses deux jambes ainsi que de trois de ses doigts, a publié son témoignage qu'elle présente comme « un manual[36] » (2011 : 22) et dans lequel elle revient, entre autres, sur les différentes opérations chirurgicales – dont un lambeau – qu'elle a subies. Sans doute le journaliste a-t-il préféré rendre compte des dernières actualités éditoriales sur le terrorisme en citant une étude scientifique espagnole publiée en 2018, sur les victimes blessées du terrorisme en Espagne qui inclut cinq témoignages de victimes de différentes organisations terroristes : « [*El colgajo*] No es el primer libro que rescata el testimonio de las víctimas de atentados. Sin ir más lejos, en marzo se presentó *Heridos y olvidados. Los supervivientes del terrorismo en España* […]. Pero lo que hace especial el ensayo de Lançon es que, a la relevancia de su testimonio, suma una calidad literaria que va a convertir su trabajo en una referencia a la hora de abordar este tipo de situaciones[37] » (Molina, 2019). Même si M. Molina insère le récit de P. Lançon dans la catégorie des témoignages de victimes de terrorisme – tous terrorismes confondus – *Le Lambeau* marque un tournant. En cela, il rejoint son confrère du *Monde*, Jean Birnbaum, pour qui « [la] renaissance [de P. Lançon] exige une nouvelle pratique d'écriture » (2018 : 2). Le témoin ne doit plus se contenter de témoigner, il doit faire de son témoignage une œuvre littéraire singulière car, pour paraphraser P. Lançon, le bon conteur a toujours raison, puisque c'est lui qu'on lit ou qu'on lira (2018a : 68). Le témoignage sera d'autant plus fort qu'il ne dira pas seulement un événement mais toute une époque. C'est l'hypothèse que formule A. Schwartzbrod en affirmant que *Le Lambeau* est « peut-être même le livre d'une génération, la génération meurtrie, traumatisée mais aussi combative de *Charlie Hebdo* et du Bataclan » (2018b : 24).

---

[36] « Manuel ». Nous traduisons. Alors âgée de 12 ans, Irene Villa est victime d'un attentat à la voiture piégée le 17 octobre 1991. Elle publie son témoignage en 2004 puis une version augmentée de celui-ci en 2011.

[37] « [*Le Lambeau*] n'est pas le premier livre qui sauve de l'oubli le témoignage des victimes d'attentats. Pas plus tard qu'en mars dernier a été présenté *Heridos y olvidados. Los supervivientes del terrorismo en España* […]. Mais ce qui rend l'essai de Lançon particulier c'est qu'outre l'importance de son témoignage, s'ajoute une qualité littéraire qui va faire de son travail une référence à l'heure d'aborder ce type de situations ». Nous traduisons.

Conclusion

Les journalistes français et espagnols ont loué la qualité du récit de P. Lançon en l'érigeant en modèle littéraire de résilience (Steinmetz, 2018). Qu'il soit l'un des leurs a sans doute accru l'intérêt porté à son récit. Aussi sera-t-il intéressant d'observer si le témoignage de Riss[38] recevra le même accueil de part et d'autre des Pyrénées. P. Lançon raconte une expérience singulière « exclusivement de [son] point de vue » (Devecchio, 2018 : 16) tout en l'inscrivant dans une Histoire politique, littéraire et artistique collective. L'universalité de son récit tient non seulement à la présence de nombreux artistes (écrivains, poètes, peintres, musiciens) qui l'accompagnent et qui lui permettent de transmettre des émotions universelles mais aussi à son caractère métadiscursif. *Le Lambeau* ne décrit pas seulement une expérience traumatique, il (re)pense les modalités de sa mise en forme. Parce que le récit renvoie à une expérience extrême, l'écriture est mise à l'épreuve : « Les mots permettent d'aller plus loin, mais quand on est allé si loin, d'un seul coup, malgré soi, ils n'explorent plus, ne font plus de conquêtes ; ils se contentent maintenant de suivre ce qui a eu lieu, comme de vieux chiens essoufflés. Ils fixent des limites artificielles, trop étroites, au troupeau anarchique des sensations et des visions » (Lançon, 2018a : 83).

L'attentat a fait entrer la mort dans la vie, la fiction dans la réalité. Les frontières ont été brouillées. Puisque « l'art interprète le monde et donne une forme à l'informe » (Todorov, 2014 : 61), P. Lançon s'en empare et esquisse une nouvelle poétique du témoignage. Il met en forme ce brouillage en brouillant volontairement sa forme : fiction et non-fiction ne s'excluent plus mais s'interpénètrent. *Le Lambeau* est ainsi sans genre, il est Littérature. Il dit une vérité qui dépasse son objet référentiel. Il dit l'attentat, la souffrance, la lenteur, la reconstruction psychique et physique, la perte d'une vie passée et l'acceptation d'un « corps métamorphosé » (Lançon, 2018a : 417). Grâce au lambeau, P. Lançon a retrouvé un visage, une identité et une voix. Aussi, aurait-il pu affirmer, paraphrasant l'un des écrivains qui accompagnent sa remémoration : « *Le Lambeau*, c'est moi ! ».

---

[38] Paru en octobre 2019, *Une minute quarante-neuf secondes* a reçu en 2020 le Prix du Livre politique et le Prix « Coup de cœur » du Jury du Prix des Députés. L'ouvrage a été traduit en espagnol dans une maison d'édition argentine (Riss, 2020).

Références

Ouvrages, articles et entretiens de Philippe Lançon

CRAVERI, Benedetta & Philippe LANÇON (2018). « Candide à l'hôpital ». *Commentaire*, vol. 2, n. 162 : 491–494.

LANÇON, Philippe (2018a, 12 avril). *Le Lambeau*. Paris : Gallimard.

LANÇON, Philippe (2018b, 26 septembre). « Réponse de Philippe Lançon au jury du prix du RomanNews », *BibliObs*, disponible sur https://bibliobs. nouvelobs.com/actualites/20180926. OBS2973/reponse-de-philippe-lancon-au-jury-du-prix-du-romannews.html, consulté le 12/04/2020.

LANÇON, Philippe (2018c, novembre). « Sonate de sortie ». *La Nouvelle Revue Française*, n. 633 : 13–31.

LANÇON, Philippe (2019a, 4 juillet). « Philippe Lançon : "Je n'imaginais pas que 'Le lambeau' puisse toucher autant de lecteurs" » (L. Salamé) [L'invité de 7 h 50 France Inter], disponible sur https://www.franceinter. fr/emissions/l-invite-de-7h50/l-invite-de-7h50-04-juillet-2019, consulté le 12/04/2020.

LANÇON, Philippe (2019b, 28 août). *El colgajo*, trad. Juan de Sola. Barcelona : Anagrama.

LANÇON, Philippe (2019c, septembre). *L'esqueix de carn*, trad. Joan Casas. Barcelona : Angle Editorial.

LANÇON, Philippe (2019D, décembre). « Getafe Negro XII – Encuentro con… Philippe Lançon » (M. Rodríguez) [Youtube], disponible sur https://www.youtube.com/watch?v=p3tlt8541C8, consulté le 12/04/ 2020.

LANÇON, Philippe ([s. d.]). « *Le Lambeau* de Philippe Lançon. Entretien », disponible sur http://www.gallimard.fr/Media/Gallimard/ Entretien-ecrit/Entretien-Philippe-Lancon.-Le-lambeau/(source)/218136, consulté le 12/04/2020.

Articles scientifiques sur *Le Lambeau*, de Philippe Lançon

BRUN, Danièle (2018). « Jusqu'à la vie accompagner la mort évitée ». *JALMALV*, vol. 3, n. 134 : 65–74.

Lassus, Jean-Marie (2019). « *El colgajo* (2018) de Philippe Lançon: una experiencia clínica de la escritura y de la literatura ». *Desde el Sur*, vol. 11, n. 2 : 13–22.

Nesby, Linda Hamrin (2019). « Patografien som genre og funksjon: Ulla-Carin Lindquists Ro utan åror. En bok om livet och döden (2004) og Ole Robert Sundes Penelope er syk (2017) ». *Edda*, vol. 106, n. 1 : 54–68.

Roch, Marie-Hélène (2018). « *Le Lambeau*, de Philippe Lançon. Le livre, L'Événement ». *La Cause du Désir*, vol. 3, n. 100 : 118–123.

L'expérience terroriste racontée

Aramburu, Fernando (2006). *Los peces de la amargura*. Barcelona : Tusquets.

Aramburu, Fernando (2016). *Patria*. Barcelona : Tusquets.

Coco (2021). *Dessiner encore*. Paris : Les Arènes BD.

Cuesta, Cristina (2000). *Contra el olvido: testimonios de víctimas del terrorismo*. Madrid : Temas de Hoy.

Luz (2015). *Catharsis*. Paris : Futuropolis.

Meurisse, Catherine (2016). *La Légèreté*. Paris : Dargaud.

Meurisse, Catherine (2017). *La levedad*, trad. Lluís Maria Todó. Madrid : Impedimenta.

Pampliega, Antonio (2017). *En la oscuridad*. Barcelona : Ediciones Península.

Riss (2019). *Une minute quarante-neuf secondes : récit*. Arles : Actes Sud ; Paris : Charlie Hebdo : Les Échappées.

Riss (2020). *Un minuto cuarenta y nueve segundos*, trad. Pablo Krantz, Buenos Aires : Libros del Zorzal.

Villa, Irene (2011). *Saber que se puede. Veinte años después*. Barcelona : Ediciones Martínez Roca.

Ouvrages et articles scientifiques

Derrida, Jacques, Alexis Nouss et Gad Soussana (2001). *Dire l'événement, est-ce possible ? Séminaire de Montréal, pour Jacques Derrida.* Paris : L'Harmattan.

DORNIER, Carole (2003). « Le genre du témoignage dans les écrits du XVIIIe siècle : de la déclaration d'intention à l'effet de réception », in : Gaudard, François-Charles et Modesta Suárez (dir.). *Formes discursives du témoignage*. Toulouse : Éditions Universitaires du Sud, pp. 39–53.

DULONG, Renaud (1998). *Le Témoin oculaire. Les conditions sociales de l'attestation personnelle*. Paris : Éditions de l'EHESS.

JELIN, Elizabeth (2002 [2001]). *Los trabajos de la memoria*, Madrid : Siglo XXI de España Editores; Nueva York : Social Science Research Council.

LANTELME, Michel (2016). *Figures de la repentance : littérature et devoir de mémoire*. Paris : Classiques Garnier.

LÓPEZ ROMO, Raúl (2015). *Informe Foronda: los efectos del terrorismo en la sociedad vasca*. Madrid : Catarata.

SOMÉ, Isabelle (2014). « Quand le chaos règne au dehors comme au dedans, reste la force du témoignage autofictionnel », in : Chiantaretto, Jean-François (dir.). *Écritures de soi, écritures des limites*. Paris : Hermann Éditeurs, pp. 383–402.

TODOROV, Tzvetan (2014 [2007]). *La Littérature en péril*. Paris : Flammarion.

TOUTON, Isabelle (2021). « Sobrevivir a la barbarie: el cómic como tabla de salvación frente al terrorismo yihadista », *Cuadernos de Historia Contemporánea*, vol. 43, p. 53–72.

VELCIC-CANIVEZ, Mirna (2006). *Prendre à témoin : une étude linguistique*. Paris : Éditions Ophrys.

Articles sur *Le Lambeau* parus dans la presse espagnole

« "El colgajo", de Philippe Lançon, mejor novela internacional de 2019 » (2019, 27 décembre). El *Cultural*, disponible sur https://elcultural.com/el-colgajo-de-philippe-lancon-mejor-novela-internacional-de-2019, consulté le 12/04/2020.

« Los libros del año 2019 » (2019, 31 décembre 2019–1er janvier 2020). *La Vanguardia*: 32–34.

AMAT, Jordi (2019, 21 septembre). « Memòria. De periodista a supervivent de l'atemptat contra "Charlie Hebdo". Un jo indeterminat », *Cultura/s La Vanguardia*, p. 7.

AMELLA, Víctor-M (2019, 6 septembre). « "Vi el reflejo de mi cara en el móvil: había un hueco…" », *La Vanguardia*, disponible sur https://www.lavanguardia.com/lacontra/20190906/471965979983/vi-el-reflejo-de-mi-cara-en-el-movil-habia-un-hueco.html, consulté le 12/04/2020.

APARICIO Maydeu, Javier (2019, 14 octobre). « Experimentos con la verdad », *El País*, disponible sur https://elpais.com/cultura/2019/09/17/babelia/1568716247_899786.html, consulté le 12/04/2020.

AYÉN, Xavi (2019, 24 août). « Los mejores títulos de la "rentrée" literaria internacional », *La Vanguardia*, disponible sur https://www.lavanguardia.com/cultura/20190824/464218679432/mejores-titulos-rentree-literatura-internacional.html, consulté le 12/04/2020.

DORIA, Sergi (2019, 4 septembre). « Philippe Lançon : "El odio está de moda, pero no sirve para nada" », *ABC* : 44–45, disponible sur https://www.abc.es/archivo/buscador/?titulo=lan%C3%A7on&tipo=hemeroteca&fecha=2019-9-4&publicacion=ABC&edicion=Madrid, consulté le 12/04/2020.

ESCUR, Núria (2019, 4 septembre). « Philippe Lançon : "Siento que le pasó a otro y ese otro ya no existe" », *La Vanguardia*, disponible sur https://www.lavanguardia.com/cultura/20190904/47179926150/superviviente-charlie-hebdo-ataque-libro-el-colgajo-testimonio.html, consulté le 12/04/2020.

GELI, Carles (2019, 21 décembre). « Los 50 mejores libros de 2019 », *El País (Babelia)*, disponible sur https://elpais.com/cultura/2019/12/19/babelia/1576754312_263800.html, consulté le 12/04/2020.

HERMOSO, Borja (2018, 27 juillet). « La nueva vida de Philippe Lançon, el escritor que sobrevivió al ataque a "Charlie Hebdo" », *El País Semanal*, disponible sur https://elpais.com/elpais/2018/07/13/eps/1531502153_421531.html, consulté le 12/04/2020.

JUANICO, Núria (2019, 3 septembre). « Philippe Lançon : "Amb l'atemptat vaig dir adeu a l'home que podia parlar, menjar, somriure i besar" », *Ara*, disponible sur https://llegim.ara.cat/Philippe-Lancon-atemptat-parlar-somriure_0_2301369867.html, consulté le 12/04/2020.

MOLINA, Miquel (2019, 1ᵉʳ septembre). « Yo soy mi cirujana », *La Vanguardia*, disponible sur https://www.lavanguardia.com/opinion/20190901/47118922085/opinion-miquel-molina-yo-soy-mi-cirujana.html, consulté le 12/04/2020.

Monmany, Mercedes (2019, 21 décembre). « El atentado contra "Charlie Hebdo", sobrevivir para contarlo », *ABC-Cultural*.

Olarte, Héctor G. (2017, 29 décembre). « Los diez cómics de 2017 », *El Cultural*, disponible sur https://elcultural.com/Los-diez-comics-de-2017, consulté le 12/04/2020.

Orovio, Ignacio (2019, 4 septembre). « Yo, yo, yo, yo, yo y Lançon », *La Vanguardia*, disponible sur https://www.lavanguardia.com/cultura/20190904/47179900549/yo-yo-yo-yo-yo-y-lancon.html, consulté le 12/04/2020.

Pamiès, Sergi (2018, 11 mai). « Lançon es Charlie », *La Vanguardia*, disponible sur https://www.lavanguardia.com/cultura/20180511/443481554069/lancon-es-charlie.html, consulté le 12/04/2020.

Rich, Salvador (2019, 22 novembre). « El diari d'un au Fènix », *Llegir en cas d'incendi*, disponible sur http://www.llegirencasdincendi.cat/2019/11/lesqueix-de-carn-philippe-lancon/, consulté le 12/04/2020.

Rivera, Maica (2020, janvier). « Philippe Lançon "Gracias a escribir pasé de la muerte a la vida, de víctima a novelista" », *Qué leer*.

Vargas Llosa, Mario (2018, 14 octobre). « La desaparición de lo ordinario », *El País*, disponible sur https://elpais.com/elpais/2018/10/13/opinion/1539430923_197224.html, consulté le 12/04/2020.

Ventura, Lourdes (2019, 16 septembre). « El Colgajo », *El Cultural*, disponible sur https://elcultural.com/el-colgajo, consulté le 12/04/2020.

Articles sur *Le Lambeau* parus dans la presse française

Aïssaoui, Mohammed (2018, 24 mai). « "Le Lambeau" dans toutes les têtes ». *Le Figaro* : 6.

Assouline, Pierre (2018, décembre). « Des jurys face à la boîte de Pandore ». *Service littéraire*, n. 123 : 1–2.

Benedetti, Sandra (2019, 17 juillet). « Palmarès. Les meilleures ventes de livres en France ». *L'Express* : 134.

Birnbaum, Jean (2018, 13 avril). « Philippe Lançon. Réparer les morts ». *Cahier du « Monde »*, n. 22784 : 1–3.

Bonnefoy, Marie-Aimée (2018, 9 juin). « Je suis "Le lambeau" ». *Charente Libre* : 4.

Devecchio, Alexandre (2018, 12–13 mai). « Philippe Lançon "Bach, Proust, Vélasquez ont veillé sur moi, très concrètement" ». *Le Figaro* : 16.

Dupuis, Jérôme (2018, 18 avril). « Beau lambeau ». *L'Express* : 88.

Favereau, Éric (2019, 6 février). « À visage humain ». *Libération* : 32.

Harté, Yves (2018, 27 juin). « Philippe Lançon : la vie après l'attentat de "Charlie" », *Sud Ouest*, disponible sur https://www.sudouest.fr/2018/06/27/philippe-lancon-la-vie-est-un-melange-compose-de-farces-et-de-drames-5183715-10407.php, consulté le 12/04/2020.

Joffrin, Laurent (2018, 12 avril). « Transfigurer ». *Libération* : 2.

Le monde avec afp (2019, 19 janvier). « En 2018, le livre le plus vendu est signé Guillaume Musso », *Le Monde*, disponible sur https://www.lemonde.fr/culture/article/2019/01/19/en-2018-le-livre-le-plus-vendu-est-signe-guillaume-musso_5411502_3246.html, consulté le 12/04/2020.

Le parisien avec afp (2018, 5 novembre). « Prix Femina : Philippe Lançon couronné pour "Le Lambeau" ». *Le Parisien*, disponible sur http://www.leparisien.fr/culture-loisirs/livres/prix-femina-philippe-lancon-couronne-pour-le-lambeau-05-11-2018-7935489.php, consulté le 12/04/2020.

LIRE (décembre 2018–Janvier 2019). n. 471.

Michel-Aguirre, Caroline et Maël Thierry (2020, 9 janvier). « Philippe Lançon, cinq ans après "Charlie" : "Les tueurs passent, la création continue" ». *L'Obs*, n. 2879 : 55–57.

Noguez, Dominique (2018, 25–26 décembre). « Dominique Noguez "Les grands prix littéraires doivent s'ouvrir au récit"». *Le Monde* : 21.

Ono-Dit-Biot, Christophe (2018, 26 avril). « Philippe Lançon, la vie à l'arraché ». *Le Point*, n. 2382 : 84–85.

Raspiengeas, Jean-Claude (2018, 19 avril). « Le Lazare, gueule cassée, de "Charlie Hebdo" ». *La Croix* : 11.

Raspiengeas, Jean-Claude (2019, 28 janvier). « "La parole apporte le soulagement de mieux se comprendre" ». *La Croix* : 26–27.

Schwartzbrod, Alexandra (2018a, 12 avril). « "Charlie" Lançon, penser les plaies ». *Libération* : 2–3.

Schwartzbrod, Alexandra (2018b, 6 novembre). « Philippe Lançon Prix Femina pour "Le Lambeau" ». *Libération* : 24.

Steinmetz, Muriel (2018, 26 avril). « Le grand livre de résilience de Philippe Lançon ». *L'Humanité* : 17.

Sitographie

Anagrama, disponible sur https://www.anagrama-ed.es/libro/panorama-de-narrativas/el-colgajo/9788433980410/PN_1009, consulté le 12/04/2020.

Angle Editorial, disponible sur https://www.angleeditorial.com/esqueix-de-carn-782, consulté le 12/04/2020.

Le Trésor de la Langue Française Informatisé, disponible sur http://atilf.atilf.fr/, consulté le 12/04/2020.

Témoigner du séisme de Fukushima : Michaël Ferrier et la poétique du désastre

Asako MURAISHI

Université de Fukuoka, Japon

Résumé : Le présent article a pour objectif de mettre en lumière l'imbrication du témoignage et de la littérature à travers l'analyse de *Fukushima : Récit d'un désastre* par Michaël Ferrier. Le témoignage serait-il réservé aux vrais témoins qui ont vécu un événement dans leur chair ? Le « mensonge » littéraire serait-il compatible avec la « vérité » testimoniale ? Les « littérateurs » dont parle Jean Norton Cru ne risquent-ils pas de recourir aux témoignages au profit de sa virtuosité littéraire ? Nous tenterons en premier lieu de démontrer dans quelle mesure le récit de Ferrier confronte le naufrage de la parole et l'impossibilité de la littérature face aux désastres hors normes. Notre deuxième intérêt consistera à dégager les effets bénéfiques de la littérature dans le témoignage qui se déclinent selon trois orientations : le bon usage de l'humour, la révélation de la vérité et l'accès à l'universel. En dernier ressort, nous définirons en quoi consiste le message de portée philosophique que la seule part littéraire du témoignage pourrait transmettre : le refus du messianisme terrestre et l'hommage à la beauté du monde.

Mots-clés : Fukushima, Michaël Ferrier, témoignage, vérité littéraire

Abstract: The purpose of this study is to highlight the interaction between testimony and literature through the analysis of *Fukushima : Récit d'un désastre* by Michaël Ferrier. Would testimony be reserved for true witnesses who experienced an event in the flesh? Would the literary "lie" be compatible with the testimonial "truth"? Do "literators" of whom Jean Norton Cru speaks risk using testimonies for the benefit of his literary virtuosity? We will first attempt to demonstrate to what extent Ferrier's account confronts the shipwreck of speech and the impossibility of literature in the face of extraordinary disasters. Our second interest seeks to identify the beneficial effects of literature in testimony which come in three directions: the proper use of humor, the revelation of the truth and access to the universal. Ultimately, we will define what the message of philosophical significance that the only literary part of the testimony could convey: the rejection of earthly messianism and ode to the beauty of the world.

Keywords: Fukushima, Michaël Ferrier, testimony, literary truth

Introduction

Le séisme de Fukushima a donné un impact si grave qu'il a fait couler beaucoup d'encre aux écrivains, dont l'écriture tâtonnante et soucieuse mène avec une gradation du degré de fictionnalité depuis le témoignage journalistique communément appelé « non-fiction » jusqu'au roman dystopique inspiré du séisme. Aujourd'hui, neuf ans après, cette inflation éditoriale ne s'arrête pas et s'avère encore plus remarquable, surtout que le temps révolu aidant, est survenue la possibilité de faire un nouveau type de bilan rétrospectif.

Afin de cerner l'évolution et la dynamique de la littérature de témoignage, ce chapitre a l'ambition de décortiquer l'œuvre emblématique d'un écrivain qui a réalisé son œuvre dans l'immédiateté de l'événement tout en y intégrant un regard détaché : *Fukushima : Récit d'un désastre* par Michaël Ferrier. En voyant beaucoup de ses compatriotes expatriés regagner leur pays dans le désarroi total, l'écrivain décide de rester au Japon et même de se diriger vers le Nord. Muni d'un dosimètre, il part avec sa petite amie Jun dans une camionnette chargée de vivres. Fraîchement sorti en 2012, un an après le séisme, l'œuvre développe une écriture d'urgence aussi bien qu'une écriture de réflexion dans un parfait équilibre de la passion et de la raison. Cette écriture en tension se fonde sur son profil singulier, celui d'un étranger métis vivant au Japon : au lieu d'imiter ou de s'identifier, l'écrivain tente de connaître et comprendre notre peuple marqué par l'homogénéité dans le respect de la différence et de la diversité. D'où deux postures contradictoires qu'il réconcilie adroitement : d'une part, décrire et analyser le désastre le plus précisément possible dans le rôle d'observateur impassible, d'autre part, porter un engagement et une compassion pour la population japonaise dont il partage la vie depuis plus d'un quart de siècle.

Or, tout comme la majorité du peuple japonais, l'écrivain n'est pas une victime qui a été réellement touchée par la catastrophe. Il n'est pas un tiers indifférent mais il n'est pas non plus un « *tôjisha* » – vocabulaire initialement juridique désignant des personnes directement concernées par un procès, ce terme s'emploie éventuellement dans le contexte sociétal pour désigner les marginaux et leur entourage et, dans le contexte catastrophique, pour désigner les sinistrés. Dans ce terme s'insinue la souffrance des sinistrés inaccessible aux personnes non concernées, ce qui renforce la nature exclusive du témoin en tant que garant de la légitimité testimoniale et de l'aura auctoriale.

Que signifie alors témoigner sans être *tôjisha* ? Serait-on en plein droit de témoigner d'un événement tragique sans l'avoir vécu dans sa chair ? Quelles sont les dérives possibles ? Comment établir une éthique du témoin indirect pour ne pas se réduire au spectateur-consommateur ni prétendre être porte-parole des victimes ? Toute la littérature reste-t-elle inopérante devant un cataclysme si effroyable ? Mais Fukushima n'est pas notre première expérience du désastre : même après la bombe atomique à Hiroshima – Jean-Luc Nancy souligne d'ailleurs sa rime « sinistre » avec Fukushima (2012) –, la littérature japonaise subsiste et persiste toujours : la littérature aurait-elle une autre fonction que de constater des faits ? En faisant un état des lieux de la littérature post-Fukushima sans prétendre à l'exhaustivité, notre analyse de l'œuvre de Michaël Ferrier se veut une réponse aux problématiques autour de la littérature testimoniale, oscillant entre impossibilité et possibilité.

1. L'impossibilité de la littérature de témoignage

1.1 La poésie malgré tout

En général, l'écrivain reste dans la sobriété descriptive et prône le style impersonnel en gommant les traces de subjectivité. Pourtant, dans certains passages s'infiltre un brin de lyrisme. Par exemple, la description de la secousse distille une poésie sans fard comme l'écrivain utilise la métaphore de la bête féroce en laissant libre cours à son imagination : « Les vibrations saturent chaque point de l'espace et le rendent incompréhensible. Oscillation, éparpillement. Tout se ramifie et se désagrège. On dirait une bête qui rampe, un serpent de sons, la queue vivante d'un dragon » (Ferrier, 2013 : 29). La bête fait sa réapparition dans la scène du tsunami : « Le monstre avance toujours, grandit d'instant en instant. Une bête d'eau, noire et maléfique, qui concasse et qui déchiquette, qui engloutit et qui digère, qui rejette, qui ne s'arrête et ralentit jamais » (Ferrier, 2013 : 135). C'est aussi avec une grande dextérité littéraire que l'écrivain émaille son récit d'anecdotes historiques ou de références littéraires, picturales, musicales ou cinématographiques. Claudel, Sterne, Picasso, Goya, Boris Vian, *Dits des Heike*, Akutagawa, Kurosawa… son corpus s'étend des plus célèbres auteurs occidentaux à la littérature classique japonaise en passant par l'histoire et la poésie chinoises :

> Alors le séisme éclate de colère.
>
> Toute la maison tremble, le bas, le haut, comme des muscles qui jouent, comme des os qui craquent. Toute la maison trébuche, elle ameute et proclame. Maintenant, c'est un malade qui grelotte en égrenant un mantra vénérable : *potam am cram… karaban kreta… tanaman anangtera…* Quelque part au-dessus de nos têtes, un lustre est devenu fou, son cliquètement comme un rire. Je vois Antonin Artaud là-bas : il est monté sur le toit de l'hôtel de ville, il va plonger dans la mer déchaînée. Il joue du piano jazz et tire des coups de pistolets. Escalade de croches, tourniquet… Quelle musique dans ce désastre ! Les tuiles tombent, les volets s'envolent. Les toits des maisons dévalent en pente, on dirait une avalanche… Triple salve de poèmes dans la nuit… (Ferrier, 2013 : 228).

Certes, on doit reconnaître que dans son écriture, la poésie s'exprime avec une finesse discrète et que les auteurs et les œuvres sont cités à juste titre pour mieux transmettre cet événement d'envergure exceptionnelle. Néanmoins, on aurait pu y sentir une sorte de complaisance esthétique quand on pense à la sincérité douloureuse des écrits des victimes les plus proches du cœur de la catastrophe. Malgré certaines maladresses stylistiques, les enfants sinistrés[1] ou les travailleurs de la

---

[1] Il s'agit d'un recueil de leurs écrits et dessins faits dans les refuges (Mori, 2011) sur l'imminence de la catastrophe, la mort des proches, l'interruption soudaine de la vie quotidienne, les conditions difficiles de vie dans les refuges. Après qu'il est devenu un best-seller vendu à 200,000 exemplaires, l'éditeur a suivi l'évolution de ces réfugiés en rassemblant de nouveau leurs écrits, qui nous donnent à sentir la résilience des enfants qui ont surmonté les épreuves de la vie aussi bien que la fragilité de ceux qui n'y arrivent pas. Les témoignages recueillis par les étudiants auprès des sinistrés s'inscriront dans le même ordre de pensée : il s'agit du recueil des mémoires de licence présentés par les étudiants de Tôhoku-gakuin sous la direction-édition de leur professeur Kiyoshi Kanebishi (2012). Les témoignages sur les phénomènes étranges et mystérieux qui se sont produits après le séisme, tels que le chauffeur de taxi qui transporte les âmes des défunts, font l'objet d'une recherche de portée anthropologique, qui démontre la nécessité du deuil collectif par le biais de la narration.

décontamination[2] expriment sans artifice ni ambages leur expérience vécue en chair et en os. Cette interrogation s'avère d'autant plus cruciale que durant ces dernières années de recrudescence, la littérature de Fukushima a connu une affaire de plagiat autour du *Beau visage* par Yûko Hôjô (2019), qui a suscité de vives polémiques. Sans aucune enquête sur le terrain, cette finaliste du prix Akutagawa, l'équivalent japonais du prix Goncourt, a recyclé plusieurs textes sur le séisme pour étoffer son écriture dont le thème est centré sur la psychologie juvénile plutôt que la catastrophe elle-même[3]. Il serait judicieux de songer de nouveau à ce que veut dire Jean Norton Cru, historien marqué par son vécu dans les tranchées, qui condamne sévèrement les « littérateurs »[4] : « Je considère comme sacrilège de faire avec notre sang et nos angoisses de la matière à

---

2   Le témoignage d'un liquidateur prend la forme d'un recueil de ses propos postés tous les jours sur son compte *Twitter*, tenu sous le pseudonyme de Happy (2015). Dans son journal de bord virtuel, il décrit sans concession les détails de ses travaux effectués, ainsi que sa peur des dangers sanitaires et dénonce les contradictions des autorités locales.

3   L'histoire relate une lycéenne de 17 ans qui vit avec son frère après avoir perdu sa mère dans le tsunami. Au fil de la narration, on a pu aisément repérer plusieurs extraits tirés de certaines œuvres testimoniales telles que le recueil des mémoires universitaires cité plus haut (Kanebishi, 2012) ou l'essai-reportage de Kôta Ishii sur la morgue pour les victimes du tsunami (Ishii, 2011). La similitude avec le dernier réside par exemple dans la description glauque des cadavres distillant des liquides puants et visqueux mêlés d'eaux d'égout et de sécrétions corporelles, ce qui a abouti d'ailleurs à la critique envers le dolorisme outrancier de l'auteur. Comme le suggère le titre *Le Beau visage*, l'originalité de l'auteur réside dans l'intrigue selon laquelle l'héroïne tient avec une exaltation malsaine à soigner son image de « jeune fille sacrificielle » tant convoitée par les médias. D'où le fait que la réflexion de Yûko Hôjô porte beaucoup moins sur le désastre que sur la psychologie d'une adolescente marquée par son ego surdimensionné. Bien que le thème principal de l'auteur soit autre chose que la catastrophe elle-même, ce qui provoque des attaques, c'est son indécence d'avoir osé en faire une matière littéraire sans aucun essai de partager le vécu des sinistrés. Comme le dit Kanebishi, un écrivain a la liberté d'écrire la catastrophe tout en mobilisant au maximum son imagination, alors que Hôjô a « volé la parole des autres », celle des victimes.

4   Voici un extrait qui démontre l'attitude empirique de Cru : « [l]a guerre n'est pas un concept métaphysique, [qu']elle est un fait matériel qu'on peut connaître par le contact direct, par les yeux, les oreilles, le nez, les nerfs, les entrailles, bien plus exactement que par une opération purement intellectuelle » (2006 [1929] : 138). En se limitant rigoureusement aux témoins oculaires et auriculaires, Cru ouvre la voie aux témoignages des acteurs ordinaires tels que les combattants de base. L'historien dévalorise au contraire les témoignages des personnes d'autorité et de notoriété qui n'ont jamais été sur le front : les généraux, les politiciens et surtout les écrivains.

littérature. Si nous avons encore la guerre au XXe siècle, c'est parce que les hommes ont trop entretenu cette fausse beauté du carnage[5]».

1.2 L'écriture de l'humilité

Certes, le récit de Michaël Ferrier semble guidé en priorité par un souci littéraire, mais l'écrivain ne se sent pas aussi bien dans sa peau : tiraillé entre le désir d'expression et l'interdit de la parole, Ferrier ne cesse d'avouer le naufrage de son écriture :

> Le désir de dire, le souci impérieux de porter témoignage, se trouve immédiatement confronté à toute une série de réticences et de résistances, née de la disproportion entre ce que ces gens ont vécu et le récit qu'il est possible – d'en faire. À peine commence-t-on à raconter qu'on suffoque : nous avons affaire à l'une de ces réalités qui font dire qu'elles dépassent l'entendement ou l'imagination (Ferrier, 2013 : 166).

Pour surmonter cet obstacle, il n'y a pas d'autre solution que d'abandonner l'ambition de production en adoptant une posture modeste de réception : écouter les sinistrés, recueillir leurs témoignages et surtout laisser leur parole « couler à flots » avant qu'ils scellent définitivement la mémoire affligée : « Ils vont jusqu'au bout de leur parole, ils me disent, dans leur désordre même, dans la fureur qui s'est emparée du récit. Ils me disent » (Ferrier, 2013 : 138). Mais dans cette parole muette qui sous-tend leur vie en brouillant leur pensée, on entend « la suspension des respirations et le timbre si particulier de certains silences, l'immense rumeur de la vague qui s'est installée en eux, qui les habite pour toujours » (Ferrier, 2013 : 128). La mémoire sourde d'ordre physique résonne en creux « comme si le langage lui-même était frappé par la vague, que la parole était emportée par le vacarme du monde » (Ferrier, 2013 : 131). En réveillant les sens plus intuitifs tels que l'ouïe ou l'odorat, l'écrivain décrit comment la parole se désintègre, se déconstruit et se décompose en ondes sonores :

> La stupeur muette de la vague, son monosyllabe entêtant. Ensuite, dans la fureur des flots, le gargouillis des cris, le broyage des mots. Emportées par la

---

[5] Lettre à sa sœur Alice datée du 22 janvier 1917, cité par Jean-Marie Guillon (2014). Un autre exemple de l'hostilité de Cru face aux « littérateurs » : « tandis que les poilus faisaient de l'héroïsme au quotidien et sans phrases, les civils ne voulurent pas demeurer en reste et ils firent du patriotisme bruyant, verbeux et ostentatoire » (2006 [1929] : 116).

vague, les syllabes hurlent, les consonnes se fracassent, les voyelles bégaient. Bientôt, on ne peut plus murmurer, bredouiller, vagir. Les moindres souffles deviennent des râles terrifiants. Toute la langue prise, écrabouillée dans ce bouillonnement (Ferrier, 2013 : 132).

Dans ces réminiscences lancinantes des paroles étouffées et souterraines, la délectation esthétique est proscrite. L'écrivain est conscient que la poésie n'est jamais gratuite et qu'elle se fonde sur le sacrifice. « *Kowai* » (on a peur), « *yabai* » (ça craint), « *nami ga kita!* » (la vague arrive !)… si l'écrivain transcrit les paroles de la population japonaise avec leur propre langue, – d'ailleurs tenant de la diversité culturelle, il a coutume d'intégrer dans son œuvre des expressions en langue étrangère –, ce n'est pas pour un exotisme clinquant mais pour s'approcher au plus près des vécus et des ressentis des sinistrés, leur peur, leur douleur, leur angoisse, leur colère.

Si Jean Norton Cru décèle chez les « littérateurs » le goût de la réussite ou le désir de s'afficher, loin s'en faut chez Michaël Ferrier. L'écrivain situe son expérience du désastre dans la continuité de sa vie quotidienne, rien d'extravagant. Plutôt terrifié par les dangers de la rupture violente de la vie ordinaire, l'écrivain avoue être bouleversé par une expérience que l'on pourrait qualifier de mystique, où il se trouve mis à nu par une force inexplicable : « La vanité et l'orgueil se défont à ce moment précis, nous abandonnent comme des vêtements qui tombent, la peau d'une orange que l'on pèle et qui descend doucement vers le bas » (Ferrier, 2013 : 32). En retrait de soi, l'écriture de l'humilité nous amène à l'effacement et au dépouillement en renonçant à l'illusion d'une maîtrise du verbe.

1.3 De l'indicible au dicible

En faisant preuve de la probité intellectuelle indispensable au témoignage, Michaël Ferrier approfondit la problématique de l'indicible jusqu'aux questions générales de la littérature. Le témoignage est en effet exposé au danger perpétuel d'altération en contact avec la littérature. Témoignage et littérature constituent un antagonisme insoluble en ressuscitant la question primordiale de la littérature moderne, celle de l'abyme qui s'étale entre fiction et réel, entre esthétique et éthique. Aux confins de la littérature où tous les langages sont en suspens, on est encore censé dire à l'instar d'Adorno : « Après Fukushima, écrire de la poésie est barbare ». Elie Wiesel confirme cette césure littéraire après le désastre inimaginable : « Auschwitz nie toute littérature, comme il nie tous les systèmes, toutes les doctrines, l'enfermer dans une philosophie, c'est le restreindre, le remplacer par des mots, n'importe lesquels, c'est le dénaturer » (Wiesel, 1977 : 190). Mais suffirait-il de ressasser cette rengaine de l'indicible et de s'enfermer dans l'apologie du mutisme ? Sans porter atteinte à la douleur des victimes, ne faudrait-il pas avancer d'un pas dans la quête d'une nouvelle littérature ?

Michaël Ferrier semble adhérer au « dogme » de l'indicible : d'abord le non-sens des images inlassablement propagées par les médias : « C'est un véritable tsunami médiatique, hypnotique, qui n'explique rien, qui submerge et engloutit lui aussi, et nous laisse l'œil hagard, l'air vaguement stupéfié, halluciné, paralysé. Nous sommes pris dans les rets de l'image et, au sens propre du terme, *sidérés* » (Ferrier, 2013 : 44). « Submergé par le déluge des images », l'écrivain insiste sur le fait que tout acte de représentation visuelle, que ce soit dans les films ou dans les reportages, n'est plus valable : « Aucune d'elles ne m'avait préparé à cette confrontation incroyable avec le réel, car les images, sauf chez les très grands photographes ou les cinéastes d'exception, nous tiennent à distance – naissent de cette distance même » (Ferrier, 2013 : 118).

Certains genres littéraires tels que le récit de voyage sont aussi invalidés. En confirmant devant la terre dévastée que « le paysage n'est plus *lisible* » (Ferrier, 2013 : 213), l'écrivain reste méfiant envers la couleur locale chatoyante et parfois kitsch :

> Aucun folklore pesant : nous sommes à l'exact opposé de la ruine romantique. Rien d'intéressant ni d'original, de coloré ou de cocasse, de folklorique ou de piquant. Il n'y a personne ici. Nul ne se risque à visiter l'invisitable. Plus de périple touristique, plus de récit de voyage possible. Les esthètes du pittoresque et les touristes de la catastrophe ne trouvent plus les mots : privés de leurs repères habituels, ils traversent le paysage sans pouvoir le toucher (Ferrier, 2013 : 214).

Mais c'est surtout l'effondrement de sa bibliothèque qui dit le mieux cette inanité du langage. L'écriture est haletante comme si c'était un dernier déversement avant de tomber dans un mutisme total :

> Le grand Hugo hésite, tergiverse, il grogne de toute la puissance de ses œuvres complètes et puis il s'écrase au sol dans un fracas énorme. Aimé Césaire, lui, tombe avec élégance et majesté. Nerval chevauche René Char, Claudel monte sur Villon, Villon sur Apollinaire. Enfin, Malherbe vient, et entraîne à sa suite toute la Pléiade… Ronsard, du Belley, Belleau, Jodelle… L'alexandrin, l'ode et le sonnet piquent du nez dans la poussière.

Les surréalistes sont ensevelis d'une seule traite, dans une violence rafale. [...] Un à un, ou par groupes, par paquets, les livres sont précipités vers la terre, et les phrases à l'intérieur des livres, et les lettres dans les mots, phonèmes, syllabes, syntagmes, segments de sons par saccades. Grammaire perdue, syntaxe suspendue, c'est tout l'ordre du monde qui est en train de se défaire, paragraphe par paragraphe, verset par verset, alinéa par alinéa. Toute la poésie française se casse la gueule. Seul Baudelaire résiste, là-haut, pour je ne sais quelle raison, éternel récalcitrant (Ferrier, 2013 : 31).

Néanmoins, cette impuissance de la littérature n'est pas que désespérante ; au contraire, chez Michaël Ferrier, elle se révèle féconde. La métaphore biblique nous suggère que le désert stérile est en effet un signe avant-coureur de la terre promise. Le séisme offre un terreau propice au renouvellement, en faisant table rase de notre système de représentation pour dépasser le champ habituel de la compréhension. En faisant appel à notre inconscient, il perturbe irréversiblement notre rapport au réel et à l'imaginaire :

C'est ainsi : la centrale entre jusque dans nos rêves. La catastrophe colonise nos imaginaires. Chaque jour, Fukushima se glisse un peu plus dans le terreau des représentations mentales, s'insinue au plus intime de nos vies. Particules, molécules, corpuscules... parasites charbonneux visant à remplacer notre corps propre, à le neutraliser (Ferrier, 2013 : 243).

Ce changement de la perception est tellement drastique[6] qu'on se rapproche ainsi d'un point singulier où le langage se défait et renoue avec la réalité, d'un « degré zéro de l'écriture » auquel Roland Barthes songe face à l'aporie du témoignage de l'Holocauste, d'un seuil limitrophe où son « écriture blanche » se résout en silence et en ellipse (2004 [1953] : 59–60)[7]. Pour Michaël Ferrier, ce serait Kenzaburô Ôe qui sonde aussi loin que Barthes l'infini de la création littéraire : ses *Notes de Hiroshima*, témoignage poignant de la dignité humaine des irradiés, développent « une écriture éclatée, semi-improvisée, ancrée dans le réel », tout en formant « une cohérence énigmatique » (Ferrier, 2013 : 305). Inclassable

---

[6] Ferrier explique cette faillite de la représentation par le biais de l'imaginaire futuriste de la science-fiction qui rattrape le réel, comme l'illustrent ses références aux *Rêves*, film d'Akira Kurosawa ou *Jeunesse*, nouvelle de Joseph Conrad.

[7] Contrairement à ce qu'on croit, Roland Barthes, inscrit en faux en tant que sémiologue marqué par le plaisir textuel, commence sa trajectoire théorique par remettre en doute l'univers clos du langage. Son écriture blanche est née de l'écriture lazaréenne de Cayrol aussi bien que de l'écriture neutre de Blanchot.

et hors genre, cet essai mêlé de prose et de poésie, en renouvelant les questions littéraires, s'ouvre sur une nouvelle forme de témoignage dans lequel on pourrait « discerner, par éclats, le mouvement même de la vie » (Ferrier, 2013 : 305).

2. La possibilité de la littérature de témoignage

2.1. Les bénéfices de la littérature : le bon usage de l'humour

L'indicible, l'ineffable, l'impénétrable, tous ces thèmes aux préfixes négatifs accompagnés par les témoins sacralisés, sont devenus topoï et même clichés de la littérature qui s'articulent autour des figures emblématiques d'origine juive, tels que Claude Lanzmann devenu apôtre de l'interdiction de l'image-idole. Mais nous avons vu que Michaël Ferrier ne se cantonne pas dans ce culte de l'indicible, en pariant sur le potentiel de la littérature. C'est surtout que l'irreprésentable risque d'engendrer l'isolement des victimes en les mettant à l'écart du reste du monde et d'aggraver le refoulement de la douleur jusqu'à la rendre intouchable et pernicieuse : d'où l'impossibilité d'envisager des mesures concrètes pour une meilleure réhabilitation du témoin qui se fait à travers l'écoute et le partage. Or, comme on l'a vu, la fiction permet au témoin de remédier à l'incapacité d'appréhender la réalité toute crue et de se libérer de la hantise qui le ronge depuis longtemps. En s'approchant au plus près de l'incommunicable, la fiction apporte de la fraîcheur dans l'esprit et du recul nécessaire pour la reconstruction du fait où l'on rencontre le soi comme l'autre. Il s'agit de la thérapie du récit telle qu'elle est reconnue dans le domaine psychanalytique[8]. Pour l'hygiène mentale du témoin, la littérature de témoignage a pour objectif de « désacraliser » la souffrance sans en dénaturer l'intensité[9]. Notre objectif consiste désormais à savoir comment Michaël Ferrier s'évertue à procéder à ce soin littéraire.

Parmi tous les dispositifs fictionnels qu'il met en place, c'est peut-être l'humour qui est le plus efficace. Le rire diabolique dont on se sert pour

---

[8] On pourrait rappeler aussi le processus réparateur de ce que Dulong appelle « témoin historique » : le « témoin oculaire » connaîtra cette troisième option quand il se fait « témoin instrumentaire » en sublimant la douleur par la voie alchimique de l'art.

[9] Annette Wieviorka pense aussi que le rôle de l'histoire à « l'ère du témoin » est de garder la distance scientifique avec le témoignage individuel qui « s'adresse au cœur et non pas à la raison ». Tout en respectant les émotions honorables des témoins, l'historienne pense que les témoignages individuels manquent de neutralité.

dénigrer les autres est certainement malsain, mais s'il est employé de bon aloi, il écarte tout dolorisme victimaire et toute sensiblerie larmoyante que les témoins moralement vulnérables risquent de colporter. L'écrivain sait utiliser ces antidotes émotionnels contre les expériences terribles : d'abord il amalgame le grave et le trivial en parlant de son allergie au pollen qui provoque une véritable « catastrophe » : « Moi aussi, comme la terre, je tremble, je frémis, je frisonne, j'éternue, et comme les centrales nucléaires, je fuis, je coule, je me répands en fluides divers, en particules, je vaporise mon entourage » (Ferrier, 2013 : 242). La mésalliance du sublime et du trivial s'empare aussi du style biblique grandiose de Claudel. « Nous avions compris de quel Cyclope à demi endormi sous les feuillages et les fleurs nous étions les hôtes » (Ferrier, 2013 : 33) – cet extrait relatant sa traversée de la plaine du Kantô ravagée par le séisme en 1921 sur lequel se superpose la dernière phrase de Ferrier qui vient freiner le transport lyrique : « Cette fois, c'est sûr, le Cyclope s'est réveillé » (Ferrier, 2013 : 33). Quand Ferrier montre ses griffes à la société actuelle, surtout à l'impérialisme nucléaire, c'est l'humour noir qui triomphe. Voici par exemple une accusation véhémente et bien maîtrisée, se mêlant savamment à une référence cinématographique pour décrire le profil d'un scientifique pro-nucléaire :

> Un petit florilège de ses déclarations donne une franche envie de rire… ou de vomir. La plus savoureuse : « La radioactivité n'affecte pas les gens souriants (*nikoniko*) mais seulement les gens soucieux (*kuyokuyo*). Ceci a été prouvé par des expérimentations animales. » […] Le traitement du docteur est donc simple mais efficace : *Be happy, don't worry*. On dirait le docteur Folamour de Kubrick quand il chante : « *How I stopped worrying and learned to love the bomb* » (remplacer *bomb* par *nuclear plant*). Faut rigoler ! Ne plus s'en faire et apprendre à aimer la centrale, joyeuse, triomphante, rayonnante ! (Ferrier, 2013 : 238–239).

Un brin de désinvolture adoucit la bile noire quand l'écrivain parle des jargons techniques trompeurs comme un grimoire, qui nous égarent plutôt qu'ils ne nous éclairent :

> Ils arrivent dans un ramdam indescriptible et avec leurs cohortes de chiffres, rébus indéchiffrables qui sonnent comme des blasons de groupes de rap : tellure 132, technétium 99… Dans les mots eux-mêmes, le virus fait son œuvre : les finales se suspendent et s'expectorent, consonnes et voyelles se font mutines (iodine), clownesques (zirconium 93), révolutionnaires ou matamores (strontium 89, américium 241). Le monde devient un univers compliqué de signes et de pièges (Ferrier, 2013 : 224).

Avec ses traits d'esprit, l'humour offre ainsi aux témoins démunis des armes invincibles pour combattre toute épreuve de vie.

2.2. *Les bénéfices de la littérature : la révélation de la vérité*

Si la littérature de témoignage ne se limite pas à sa valeur documentaire, contrairement à la thèse de Jean Norton Cru, c'est sans doute parce qu'elle libère toute parole du contexte politico-historique. Rappelons que Norton discrédite tous les types de figures littéraires dans le témoignage. Aux yeux de l'historien austère, Dorgelès ou Barbusse cèdent trop à l'embellissement du réel pour défendre leurs idées. Jean Norton Cru dénonce ainsi les écrivains belliqueux emportés par l'exaltation épique aussi bien que les écrivains pacifistes tombés dans l'exagération de la violence. Mais ses diatribes contre les écrivains « affabulateurs » sont-elles bien fondées ?

En général, exempt d'une quelconque opinion, Michaël Ferrier donne le privilège aux faits en relayant les événements tels qu'ils se sont déroulés. Sa plume est objective et impartiale, mais elle perd aussitôt sa neutralité dès qu'elle commence à relater la corruption malsaine politico-industrielle qui gangrène en profondeur le secteur nucléaire sous l'emprise des lobbies financiers. Certes, sa verve féroce fustige les maux de la société actuelle. Mais si l'on lit de près, son but n'est pas de se dégrader en une campagne de dénigrement anti-régime. Loin d'être une diabolisation, il s'agit plutôt d'une désillusion envers la politique en général : l'écrivain constate qu'au terme de la négligence et de l'ignorance des risques sanitaires, il n'y a plus de philosophie qui démarque la différence des partis politiques, droite ou gauche, conservateur ou révolutionnaire. Ce désenchantement politique est orchestré par leur collusion avec les médias qui constituent le quatrième pouvoir, et qui tombent facilement dans les pièges de la propagande, de la démagogie et du populisme, surtout dans l'escamotage de la vérité :

> Mais le plus sûr moyen d'escamoter l'information n'est pas de la taire : c'est de la rendre publique en même temps qu'un millier d'autres. Dans la pluie désordonnée des bulletins et des communiqués, au milieu d'un jargon technique jamais explicité, les plus savants se perdent et les plus patients renoncent. On *informe,* c'est-à-dire : on ne dit pas du tout ce qui a eu lieu et comment ça s'est passé, mais on cherche à lui donner forme, à l'entortiller dans les fausses explications, à le noyer dans la nasse des commentaires, la noria des comptes-rendus (et celle des controverses), la nuée des éclaircissements (Ferrier, 2013 : 237).

Si les médias pratiquent l'hypocrisie et ne colportent que des mensonges, il n'y a paradoxalement que la fiction qui saurait nous dire la vérité. Sans se confiner dans un militantisme stérile contre le nucléaire, Ferrier n'hésite pas à chercher dans la littérature la subtilité et l'équivoque de l'autocritique. L'écrivain conseille ainsi aux lecteurs de « ne pas oublier de glisser dans votre sac pour les séismes quelques livres triés sur le volet. Si vous les choisissez bien, ils vous renseigneront sur le désastre ambiant bien mieux que les communiqués officiels et les chaînes de télévision » (Ferrier, 2013 : 58). Ce que les livres qu'il choisit lui apprennent, ce sont les missions de l'écrivain : *Le Dit des Heike* nous suggère que, strictement limité au rapport des faits, il devrait assumer le rôle de scribe ou de chroniqueur assimilable à celui de scientifique, car pour se préparer à des séismes imprévisibles, « les noter minutieusement dans les *Annales* fut une manière sage de prévoir le rythme de la nature » (Ferrier, 2013 : 71). L'écrivain a aussi pour tâche de dévoiler le secret des tours de magie, tout ce qui se passe sournoisement dans les coulisses du monde. Le vice occulte fait souvent l'objet de cette révélation, comme le poète Mitsuharu Kaneko déplore, dans son *Histoire spirituelle du désespoir*, la décadence des religieux, « loups sous robe de bonze » (Ferrier, 2013 : 239).

2.3. *Les bénéfices de la littérature : l'accès à l'universel*

La fiction contribue à enrichir le témoignage dans la mesure où elle nous libère de tout attachement terrestre en nous amenant dans un espace littéraire. Comme Renaud Dulong met en exergue l'interaction entre l'émetteur du témoignage et son récepteur (Dulong, 1998), la vérité est le fruit de l'élaboration dans la communauté littéraire, le consensus vertueux que l'auteur et ses lecteurs construisent ensemble. Le témoignage littéraire doit être fondé sur la sincérité du premier et la confiance des derniers. Quand un pacte s'établit entre ces deux pour que l'authenticité cède à la vraisemblance, la fiction assume sa raison d'être dans le témoignage. La fiction est ainsi nocive si l'on falsifie la réalité par l'idéalisation, mais elle serait au contraire bénéfique si l'on s'attache à la vérité polyphonique en proposant un lieu de partage pour la communauté spirituelle.

En partant de ce principe, on voit que les références savantes ne sont pas anodines chez Michaël Ferrier. Quand deux textes de différentes époques et horizons se mettent côte à côte chez Ferrier, il n'y a pas que du plaisir littéraire, mais une communauté d'esprit est en voie de construction. Quand l'écrivain se demande comment nos ancêtres ont réagi face aux désastres inédits, il tente de puiser la sagesse dans ce patrimoine commun à l'humanité qu'est la littérature. En citant Voltaire, l'écrivain fait revivre le séisme de Lisbonne en 1755, la perplexité et la peur régnant dans la population, l'avidité invétérée des commerçants tirant profit de la crise. Avec ses références à Paul Claudel et Ryûnosuke Akutagawa, l'écrivain ressuscite l'ambiance morbide, surtout la « vague inquiétude » lors du séisme du Kantô de 1923. Dans l'œuvre de Michaël Ferrier, La Boétie et Céline se côtoient afin de nous renvoyer au péril nucléaire permanent et aux impasses de la période post-catastrophique, auxquels s'ajoute *Pluie noire* de Masuji Ibuse, qui fait allusion à la bombe atomique d'Hiroshima.

Si la fiction joue un rôle crucial dans le témoignage, elle a la fonction d'alerte pour inciter les lecteurs à songer aux menaces concrètes qui pourraient nuire à leur vie. Le mot « *safe safe safe* » qu'un vieux paysan répète en cette langue de la mondialisation « comme s'il apercevait que, pendant des années, on lui a menti en utilisant des vocables rutilants parés des prestiges d'une technologie *high-tech* et d'une caution internationale » (Ferrier, 2013 : 199) – montre que le nucléaire n'est pas un problème local mais un phénomène global.

Les intertextes servent aussi à montrer que nous n'avons pas tiré de leçon de l'histoire. La référence à l'Othello de Shakespeare et à la java des bombes atomiques de Boris Vian, que son amie chantonne « devant l'énième épisode de cette saga héroï-comique » (Ferrier, 2013 : 260) à la télévision, nous révèle l'absurdité commune à toute humanité qui répète inlassablement les mêmes erreurs commises à Tchernobyl.

Avec la structure tripartite du récit qui se décline selon trois éléments, la terre (séisme), l'eau (tsunami) et l'air (radioactivité)[10], le texte foisonnant d'intertextes peut ainsi donner au témoignage une dimension universelle régie par une vérité inébranlable qui traverse les siècles et les continents. La littérature pourrait couronner le témoignage de quelque chose d'inaltérable et d'indestructible que l'écrivain compare à « *ôgi no kaname* », le pivot de l'éventail dont parle *Le Dit des Heike*. Certes, Jean Norton Cru a peut-être raison de penser que la vérité se cache dans la réalité subjective et concrète que le témoin a vécue dans sa chair. Il est

---

10   Selon l'écrivain, la composition ternaire renvoie également à celle de la tragédie ou du haïku (voir notre entretien avec Michaël Ferrier). Il est à noter aussi que s'il n'a pas choisi comme forme le journal, tout en reconnaissant son rôle de chroniqueur, c'est pour éviter la facilité de la routine et de l'automatisme.

certain que le témoin authentique doit raconter « sa » guerre plutôt que « la » guerre, mais il est aussi indéniable que le témoignage doit passer par « la » guerre de l'héritage littéraire pour que « sa » guerre soit transmissible au-delà des contraintes spatio-temporelles.

3. Fukushima : le prophétisme avorté et la beauté du monde

3.1. L'apocalypse déçue et la demi-vie nucléaire

Il est temps d'examiner en quoi consiste le manche de l'éventail, « ce point invisible, à la fois souple et inflexible, tendu et délié » (Ferrier, 2013 : 92). Quelles sont les valeurs communes et fondamentales dont Michaël Ferrier, le veilleur de nuit, souhaite faire part à ses lecteurs ? Le cataclysme est en effet la source des problèmes collectifs : entre vie et mort, chacun exprime ses pulsions incontrôlables et révèle sa vraie personnalité, ce qui engendre une grave détérioration des relations humaines. Miu Kakiya ou Manichi Yoshimura se focalisent ainsi sur les avatars issus de la mentalité typiquement japonaise, grégaire et conformiste, tels que la justification du bouc émissaire et le totalitarisme tyrannique au nom de « *kizuna* », terme galvaudé pour chanter la solidarité et la fraternité, qui constitue avec « *tôjisha* » un mot-clé pour mieux comprendre ce désastre[11]. À la différence de ces auteurs japonais, Michaël Ferrier choisit un autre angle d'approche de la question collective en exploitant la veine eschatologique. Sans se souvenir que Cru a une méfiance viscérale à l'égard de ceux qui abusent du qualificatif emphatique d'« apocalyptique », les écrivains imprégnés du schème historique hégélien risquent toujours de tomber dans l'écueil de la ferveur prophétique et du complexe messianique. Certes, Michaël Ferrier voit dans le paysage ravagé des villes du Tôhoku une sorte de « mangrove post-industrielle » (Ferrier, 2013 : 121), retour aux temps primordiaux après la liquidation du monde. Néanmoins, c'est

---

[11] *Refuges* (Kakiya, 2014) décrit le microcosme étouffant de la société locale, où le pouvoir patriarcal et la domination masculine sont encore en place. Le dynamisme des femmes, en apparence les plus vulnérables, mais en réalité viviers d'énergie, nous donne du courage. *La Maladie de Bollard* (Yoshimura, 2014) met en question la soumission aveugle à la dictature et le fatalisme néfaste de la communauté fermée. Contrairement au *Rhinocéros* d'Ionesco qui confie son espoir au « dernier homme », la version japonaise du théâtre de l'absurde prend l'allure d'un roman dystopique à la Georges Orwell et débouche sur un dénouement ironique et pessimiste : à force de lavages de cerveau à répétition, l'héroïne abandonne sa résistance en se libérant du malaise qui la perturbait depuis longtemps.

avec un humour attendrissant que l'écrivain sait tempérer son propos. Il serait amusant d'en trouver dans la diversité des qualificatifs attribués aux messages SMS reçus de la part de ses amis et connaissances juste après la première secousse :

> Le faussement décontracté : « Alors ça tangue à Tokyo ? » L'empressé fiévreux : « Dès que tu le pourras, dis-moi que tu vas bien. » Le solennel protocolaire : « Mes pensées vont vers toi et vers le Japon… » […] Le cosmique comique : « Ce doit être apocalyptique à Tokyo. Prends bien soin de toi. » (Ferrier, 2013 : 37)

Mais l'écrivain se montre plus sarcastique dès qu'il s'agit de l'exaltation médiatique et commerciale de la fin du monde :

> Sur les écrans de télévision, c'est la fin du monde offerte en spectacle. La grande vague des images emporte tout. Dans les reportages à l'étranger, on confond allègrement les traces du séisme et celles du tsunami, on fantasme une explosion nucléaire. Avec une sorte de jubilation dans le pire quelquefois suspecte, on présente les victimes en photos, films, images. Le chaos est exhibé, c'est la *désintégration* parfaite (Ferrier, 2013 : 46).

C'est aussi avec une ironie sulfureuse que l'écrivain mentionne l'annulation des films catastrophes ou des jeux vidéo post-apocalyptiques, qui « se targuaient de faire de la fin du monde un divertissement [et] n'ont plus le courage de le regarder en face, assommés par leur propre poids de lâcheté » (Ferrier, 2013 : 112). Afin de critiquer « l'industrie du spectacle » obsédée par le succès populaire et la rentabilité économique, il n'oublie pas d'ailleurs de citer Guy Debord qui nous annonce l'avènement de notre ère de la pornographie des malheurs exposés sous le regard indifférent et impitoyable des masses.

Si l'écrivain ne tombe pas dans un messianisme irrationnel, c'est parce qu'il s'agit de la fin sans fin, l'apocalypse en continu[12] : « Contrairement à ce qu'on a pu lire ou entendre ici ou là, Fukushima n'est pas une apocalypse. […] C'est une catastrophe en gargouillis, non en apothéose. Une sorte de dégringole quotidienne, systématique. Ce n'est pas une extermination violente, c'est un état létal » (Ferrier, 2013 : 294). Afin de mieux expliquer le monde des morts-vivants, où l'on ne peut jamais

---

[12] Quant à la tendance contre-apocalyptique de Ferrier, il est conseillé de se référer à l'article de Catherine Coquio (2015), « D'un ton anti-apocalyptique : *Après la fin du monde* de Michaël Foessel et *Récit d'un désastre* de Michaël Ferrier », *Écrire l'histoire*, n° 15, pp. 119–128.

profiter pleinement des richesses terrestres, Ferrier propose la notion de « demi-vie » : « une mort à crédit. Une longue existence de somnambule, toute une vie dans les limbes. On n'est déjà plus dans la vie, pas encore dans la survie » (Ferrier, 2013 : 294). Si l'écrivain cite Homère et Achille, qui refuse « une moindre vie » pour avoir « une vie accomplie » avec sa mort unique, la « demi-vie nucléaire » entraîne la disparition de la mort « irremplaçable », la négation de l'individu. C'est en effet le pouvoir invisible qui nous enferme dans cet enlisement anonyme. « Centrales croupissantes », « nappe de temps étale et infiniment déperditive »… par le recours à cette métaphore de la « cage d'ascenseur » dans *La Fin des temps* de Haruki Murakami, l'écrivain développe un imaginaire de la domination sournoise du système qui nous apprivoise[13]. La littérature permet ainsi d'intégrer au témoignage des concepts abstraits, pour faire passer un message philosophique caché derrière les faits constatés.

En recueillant la parole des sinistrés, l'écrivain tente de partager leur difficulté de mener une vie saine et ordinaire, les tracas et les complications qu'ils ont dans leur « demi-vie » « friable », « émiettée » et « désœuvrée ». Cette attitude de rester dans le concret fait partie de ce que Cru relève comme condition préliminaire de bon témoin. Sans prétendre à la synthèse des sens historiques que dégage cet événement, Ferrier ne cesse de nous sensibiliser à l'avenir de l'humanité : directement ou indirectement, nous sommes tous concernés en tant que témoins de l'Histoire, comme l'indique avec éloquence l'étymologie latine du terme « témoin », signifiant « tiers » et surtout « survivant », le *terstis* comme *superstes*, celui qui survit. Sans grandiloquence ni hyperbole, l'écrivain a réussi à avertir ses lecteurs de la charnière du temps à laquelle nous assistons.

---

[13] L'écrivain explique « une entreprise de domestication » sous les termes suivants sans oublier un savoureux calembour : « il y a une variante américaine très en vogue dans le milieu des affaires : « *Business as usual* ». Dormez bien, braves gens ! Rien ne doit venir troubler le cirque des affaires. [...] La politique, l'université, la publicité, la télévision – sans oublier les sacro-saints marchés financiers – cherchent malaisément à remettre sur cette catastrophe leur rythme de routine. Il s'agit de faire comme si rien ne s'était passé, comme si rien n'était en cours encore, comme si la grande machinerie sociétale, administrative, laborieuse, centralisante, pécuniaire, pouvait reprendre la main – et même, accroître son emprise. / [...] Confinez-vous ! Les particules radioactives ne vous toucheront pas. Vous serez confinés, pour ne pas dire cons finis… *in fine* » (Ferrier, 2013 : 231).

3.2 *La joie de vivre et le monde en bénédiction*

La fiction sert ainsi de support pour éviter un certain prophétisme frénétique dans le témoignage de Michaël Ferrier. Nous avons vu que cette voie est différente de celle des auteurs japonais, qui abordent le bouc émissaire comme thématique collective. Ferrier choisit également une autre piste dans la thématique individuelle : si les auteurs japonais tels que Seikô Itô ou Arata Tendô travaillent sur le deuil de longue haleine et la difficulté d'accepter la mort des proches[14], quelles sont les autres fonctions de la littérature que notre écrivain dédie à l'écriture testimoniale ? Elles sont détectables dans le passage suivant, où il décrit les travaux de reconstruction :

> L'homme, pour lutter contre le chaos, trace des lignes, esquisse des couleurs, recompose lentement le paysage. Il découpe, il dispose, il ordonne. Pour remettre un semblant d'ordre dans cette déroute, pour lui redonner une apparence de sens, il plante des fanions sur les tas de gravats. Un drapeau blanc, un drapeau bleu. Il s'invente ainsi des victoires dérisoires, mais qui n'en ont pas moins de prix. Pour combattre la boue et le carnage, la poésie de ces quelques tissus et leur géométrie (Ferrier, 2013 : 207).

Fidèle à l'étymologie du terme « poème », *poiesis* signifiant en grec « création », Michaël Ferrier sauve l'effort humain élevé au rang divin d'installer un ordre contre le désordre naturel. Sans se laisser embourber dans le misérabilisme, l'écrivain croit en le potentiel infini de l'homme en détresse, sa volonté vigoureuse de prendre en main son avenir en se révoltant contre son destin : « Extraire des débris la force – incroyable, impensable mais en même temps irrésistible – de tout recommencer / S'arracher du pathos, des gravats. Ignorer les commentaires défaitistes, fatalistes. Déblayer. Embrayer sur quelque chose de neuf, d'envolé » (Ferrier, 2013 : 208). Les voix s'élevant des vestiges ne sont pas toujours des cris *de profundis,* mais aussi des rires et des chants. Ferrier se sent encouragé par un homme qui « rit de toutes ses forces » en montrant un dessin du mont Fuji miraculeusement sauvé des eaux : « Il est beau dans ce désastre. Le rire lui donne une force incroyable » (Ferrier, 2013 : 212).

---

[14] *Radio imagination* (Itô, 2013) tourne autour de l'écoute des défunts et de leur leçon de vie à travers la figure d'un homme décédé dans le séisme et devenu animateur d'une émission radiophonique diffusée par les ondes imaginaires. *Moon night diver* (Tendô, 2016) aborde la culpabilité des survivants et la profondeur de l'amour à travers la figure du plongeur illégal qui a perdu son frère dans le tsunami.

Un vieil homme qui se met à chanter « comme une prière dans le silence du matin » vient aussi l'envelopper par « sa force soyeuse […] comme une grâce » (Ferrier, 2013 : 188). En bousculant les limites spatio-temporelles, la mélodie sublime de ce vieil homme se synchronise avec celle d'un garçon qu'Akutagawa a rencontré au bord de la rivière lors du séisme en 1921. Deux textes se mettent ainsi au diapason pour faire résonner « ces choses que même un incendie déchaîné ne peut réduire en cendres » (Ferrier, 2013 : 190).

C'est ensuite Bashô, le poète du haïku, qui se joint à eux pour rendre hommage à la force incommensurable de la vie. En mettant à profit sa riche culture littéraire, Michaël Ferrier propose une nouvelle interprétation du fameux haïku « herbes de l'été / Des valeureux guerriers / La trace d'un rêve ». Inspiré par le poème chinois de Du Fu intitulé « La vision du printemps », ce haïku ne chante pas une ruine esthétisée mais une vie en renaissance :

> Le poème de Bashô n'est pas une élégie plaintive, une ode au néant ou la lamentation funèbre d'un vieillard sur le précipice qui nous guette et la disparition qui nous serait promise. Bien au contraire : dans l'écroulement généralisé, ce « squelette exposé aux intempéries » fait le pari de l'herbe et de l'été. S'il y a exploit poétique de Bashô, il est là. Alors, quelque chose d'immense recommence, qui vient de très loin et qui traverse les siècles (Ferrier, 2013 : 217).

Cette force vitale pour s'en sortir du fond des abysses – énergie cosmique et tellurique en plein tourbillon, celle des herbes d'été opulentes dont Bashô fait l'éloge – n'est pas réservée aux esprits élus, mais quelque chose de fondamental que chacun de nous porte en lui et qu'un événement déchirant tel que le séisme pourrait réveiller. Chaque être humain laisse une trace et une écriture de sa vie en surmontant les désastres, comme l'a bien dit Ferrier : « Dans cette géographie égarée, au milieu de ce temps bouleversé et des vies emportées, chacun inscrit à sa manière une syntaxe patiente et décalée, la sienne – et cette inscription prend pour chacun d'entre nous une importance décisive. Dans chacun de leurs gestes, la vie transparaît de façon mystérieuse et émouvante » (Ferrier, 2013 : 218). Si la poésie est encore possible après Fukushima, il ne reste que de témoigner de cette lucidité et de cette alacrité des hommes ainsi que de cette beauté et cette « bénédiction » du monde qui se manifestent au-delà de la malédiction.

Références

BARTHES, Roland (2004 [1953]). *Degré zéro de l'écriture, suivi de nouveaux essais critiques*. Paris : Seuil, coll. « Points ».

COQUIO, Catherine (2015). « D'un ton anti-apocalyptique : *Après la fin du monde* de Michaël Foessel et *Récit d'un désastre* de Michaël Ferrier ». *Écrire l'histoire*, n° 15 : 119–128.

CRU, Jean Norton (2006 [1929]). *Témoins : Essai d'analyse et de critique des souvenirs de combattants édités en français de 1915 à 1928*. Paris : Les Étincelles, rééd. Nancy : Presses Universitaires de Nancy, coll. « Histoire contemporaine ».

DULONG, Renaud (1998). *Le Témoin oculaire : les conditions sociales de l'attestation personnelle*. Paris : Éditions de l'EHESS.

FERRIER, Michaël (2013 [2012]). *Fukushima. Récit d'un désastre*. Paris : Gallimard, coll. « folio ».

GUILLON, Jean-Marie (2014). « Jean Norton Cru, littérature et témoignages de la Première Guerre mondiale ». *Cahiers d'Études Germaniques*, n° 66, disponible sur http://journals.openedition.org/ceg/2077, consulté le 10/04/2020.

HAPPY (2015). *Fukushima daiichi genpatsu shûsoku sagyô nikki: 3.11 kara no 700 nichi kan (Journal à bord de décontamination du premier central nucléaire de Fukushima : 700 jours depuis le séisme du 3 mars 2011)*. Tokyo : Kawade shobô shinsha.

HÔJÔ, Yûko (2019). *Utsukushî kao (Le Beau visage)*. Tokyo : Kôdansha.

ISHII, Kôta (2011). *Itai: shinsai, tsunami no hate ni (Cadavres : au-delà du séisme et du tsunami)*. Tokyo: Shinchôsha. Traduction française par le groupe Honyakudan (2013). *Mille cercueils, À Kamaishi après le tsunami du 11 mars 2011*. Paris : Seuil.

ITÔ, Seikô (2013). *Sôzô rajio (Radio Imagination)*. Tokyo : Kawade shobô shinsha.

KAKIYA, Miu (2014). *Hinanjo (Refuges)*. Tokyo : Shinchôsha.

KANEBISHI, Kiyoshi (dir.) (2012). 3.11 : *dôkoku no kiroku (3.11 : le mémoire des lamentations)*, Tokyo : Shinyôsha.

MORI, Ken (dir.) (2011). « *Tsunami* » *no kodomo tachi: sakubun ni kakarenakatta monogatari (Les enfants du tsunami : les histoires non écrites dans leur dissertations)*, Tokyo: Bungei shunjû.

NANCY, Jean-Luc (2012). *L'Équivalence des catastrophes (Après Fukushima)*. Paris : Galilée.

TAWADA, Yôko (2014). *Kentôshi (Porteur de lampe)*. Tokyo : Kôdansha.

TENDÔ, Arata (2016). *Moon night diver (Plongeur au clair de lune)*. Tokyo : Bungei shunjû.

WIESEL, Elie (1977). *Un Juif aujourd'hui*. Paris : Seuil.

WIEVIORKA, Annette (1998). *L'Ère du témoin*. Paris : Plon.

YOSHIMURA, Manichi (2014). *Borâdo byô (La Maladie de Bollard)*. Tokyo : Bungei shunjû.

Rescapés du XXe siècle de Mikołaj Grynberg. Témoignages sur la Shoah et l'antisémitisme polonais

Pawel KAMIŃSKI
Université de Silésie (Katowice, Pologne)

Résumé : Le présent article se propose d'analyser la question des témoignages sur la Shoah et l'antisémitisme polonais à l'exemple des *Rescapés du XXe siècle* de Mikołaj Grynberg. Son objectif principal est de répondre à la question si la soi-disant « nouvelle politique historique », promulguée par l'État polonais actuel visant à propager le mythe de la « Pologne innocente », est en effet justifiée. Pour y parvenir, l'auteur analyse les témoignages inclus dans ledit texte de Grynberg, en les divisant en deux groupes opposés (Polonais nuisant aux Juifs / Polonais aidant les Juifs) et les comparant avec d'autres travaux situés dans le domaine des études sur la Shoah. Ainsi essaie-t-il de confronter l'état factuel (relations des témoins) avec les propos officiels du Gouvernement polonais. L'étude de ces éléments montre que la version idéalisée, imposée par les autorités polonaises actuelles, est incompatible avec les études des historiens indépendants et les dépositions des survivants.

Mots-clés : Mikołaj Grynberg, nouvelle école polonaise d'histoire de la Shoah, nouvelle politique historique, antisémitisme, témoignage-interview

Abstract: The present study seeks to analyse testimonies on the Shoah and Polish anti-Semitism on the basis of *The Survivors from the 20th century* by Mikołaj Grynberg. Its main goal is to answer the question whether the so-called « new historical policy », enacted by the current Polish State aiming at propagating the myth of an « innocent Poland », is indeed justified. In order to carry out his plan, the author analyses testimonies included in the text mentioned above, by dividing them into two opposite groups (Poles harming Jews / Poles helping Jews) and comparing them with other works located in the field of the studies on the Holocaust. He tries then to confront the factual state (accounts of witnesses) with official statements of the Government of Poland. The study of those elements shows that the idealised version, imposed by the present Polish authorities, is incompatible with studies conducted by independent historians and evidence given by survivors.

Keywords: Mikołaj Grynberg, New Polish School of History of the Holocaust, new historical policy, anti-Semitism, testimony-interview

Introduction

Les interprétations des témoignages sur la Shoah, de même que les témoignages eux-mêmes, varient en fonction du sujet analysant et du sujet relatant. Cette divergence discursive, englobant aussi les idées négationnistes promulguées entre autres par Carlo Mattogno[1], résulte notamment de ce que la Shoah est l'objet de maintes études, situées dans différents domaines de recherches : de l'histoire à la sociopolitique, en passant par la littérature et la religion. Il n'étonne donc pas qu'aujourd'hui, sur le sol polonais, l'histoire de l'Holocauste est examinée par de nombreux historiens (y compris les littéraires, comme Jacek Leociak), mais aussi par des anthropologues et des psychologues sociaux. La polyphonie arborescente de ces études, ainsi que des milieux où on les entreprend, occasionne, par la force des choses, non seulement l'apparition d'une riche palette de nuances interprétatives, mais aussi des points de vue discordants, formulés parfois selon les circonstances politiques et au profit de certains lobbys. Nul doute alors qu'une telle approche suscite de nombreuses controverses, même à l'échelle internationale, comme c'était à propos de la loi votée par le Gouvernement polonais en février 2018 (mais retirée sitôt – au moins dans sa dimension pénale – à la suite de multiples protestations internationales), pénalisant quiconque imputerait « à la République de Pologne ou à la nation polonaise,

---

[1] Militant négationniste italien, antisémite radical, publiant essentiellement dans les revues de l'extrême droite néofasciste et néonazie, qui nie l'authenticité de l'Holocauste. Il est à signaler que les calomnies contestant le génocide nazi des Juifs ont été démenties par différents spécialistes dans le domaine de la Shoah, tels Robert Jan van Pelt (cf. *The case for Auschwitz. Evidence from the Irving Trial*, Bloomington : Indiana University Press, 2002), Pierre Vidal-Naquet (cf. *Les assassins de la mémoire. « Un Eichmann de papier » et autres essais sur le révisionnisme*, Paris : La Découverte, 2005) ou bien Sybille Steinbacher (cf. *Auschwitz: Geschichte und Nachgeschichte*, München : C. H. Beck, 2015).

publiquement et contrairement à la réalité des faits, la responsabilité ou de la coresponsabilité de crimes nazis perpétrés par le Troisième Reich allemand » (cf. Szurek, 2019 : 47–48). Ajoutons que la peine pouvait aller jusqu'à trois ans de prison.

Les témoignages allant à l'encontre de la politique actuelle des autorités polonaises foisonnent dans *Ocaleni z XX wieku* (*Rescapés du XXe siècle*), livre de Mikołaj Grynberg – publié en 2012 et réédité en 2018 – qui rompt avec la manière traditionnelle de présenter les interviews avec les témoins oculaires. C'est un recueil d'entretiens transcrits pour plusieurs voix, ce qui permet en effet de le considérer comme un « reportage parlé », car l'intervieweur dialogue, au sens propre du mot, avec les témoins. Ceux-ci, de leur côté, posent des questions à celui qui les interviewe tout en l'entraînant dans une discussion où les aveux mutuels, liés aussi à l'intimité, ne sont pas rares. Les interviews incluses dans cette publication constituent l'enregistrement d'une quinzaine de relations que l'auteur a écoutées en parlant, en Israël, avec les Juifs survécus à l'Holocauste.

Les interlocuteurs parlent non seulement des Polonais qui sauvaient les Juifs, mais aussi de ceux qui participaient activement au génocide. Cela contrarie la « nouvelle politique historique » (question discutée durant le colloque international qui s'est tenu à l'École des hautes études en sciences sociales à Paris en 2019) et remet assurément en cause le mythe d'une « Pologne innocente », perpétué par l'Institut de la mémoire nationale (*Instytut Pamięci Narodowej*, IPN), faisant fonction de pôle officiel de production de l'histoire (cf. Behr, 2019 : 275–290)[2]. Il n'en demeure pas moins que le texte de Grynberg, qui est accessible à un large public, révèle que certains Polonais dénonçaient massivement les voisins juifs, recouraient aux chantages, demandaient de l'argent en échange du silence, et tuaient. Comme l'avoue une des rescapées, il arrivait que ceux-là étaient – sur le plan humain – pires que les Allemands. De tels propos se marient à ce que disait autrefois Jan Karski (juriste, écrivain, historien, diplomate et courrier polonais qui, devant les Alliés, témoignait du génocide des Juifs), et à ce qu'écrit, aujourd'hui, dans ses publications, Jan Gross, tout en admettant que l'« État polonais antinazi clandestin constituait l'entreprise la plus solide de son genre dans toute l'Europe

---

[2] Les chercheurs du Centre polonais de recherches sur la Shoah (*Centrum Badań nad Zagładą Żydów*, CBnZZ), faisant partie de l'Académie polonaise des sciences (*Polska Akademia Nauk*, PAN), constituent son pôle opposé. Notons que les interprétations des deux institutions sur le phénomène de la Shoah sont souvent contradictoires.

occupée » (2019a : 28). Il y a lieu ici de souligner que, durant l'occupation allemande, les autorités polonaises non seulement punissaient sévèrement toutes tentatives de collaboration avec l'envahisseur nazi (citoyens polonais encouraient la peine de mort), mais aussi blâmaient les actes antisémites.

À la lumière de ces voix divergentes, c'est-à-dire celles du Gouvernement polonais actuel (qui continue à idéaliser l'image de la Pologne durant la Seconde Guerre mondiale) et celles témoignées par les rescapés et les chercheurs examinant la question (qui prouvent qu'une partie de la société polonaise a participé activement à la persécution des Juifs aussi bien durant qu'après la période susmentionnée), il est important de nous joindre à ce débat international en nous appuyant sur l'œuvre de Mikołaj Grynberg. Notre étude pourra enrichir le domaine d'études qui ne cesse de susciter aussi bien l'intérêt général d'une valeur non négligeable que des controverses sociopolitiques et de vérifier, partant, si les postulats des autorités polonaises actuelles, s'inscrivant dans la « nouvelle politique historique », sont en effet bien fondés.

Afin d'effectuer notre examen sur les attitudes hostiles de certains Polonais envers les Juifs, nous mobiliserons les données relatives aux faits historiques, avec lesquelles seront ensuite juxtaposés les témoignages inclus dans *Rescapés du XXe siècle* de Grynberg. Mais vu que c'est une publication non fictionnelle, constituant un recueil de reportages, la présente proposition ne vise aucunement à une analyse littéraire. Tant s'en faut, car cet ouvrage fera fonction d'un document historique. Ainsi le chapitre lui-même se positionne-t-il dans la lignée des recherches largement menées autant en Pologne qu'à l'étranger. Parmi les chercheurs les plus connus, dont les études sur la Shoah et les relations polono-juifs ont permis de jeter une nouvelle lumière sur la problématique en question et, par là même, de contester l'image d'une « Pologne innocente », se situent entre autres : Jan Grabowski[3], professeur et historien polono-canadien ;

---

[3] Parmi ses publications, il faut citer : « *Ja tego Żyda znam!* » *Szantażowanie Żydów w Warszawie 1939–1943* (« *Je le connais, c'est un Juif* ». *Varsovie 1939–1943 : le chantage contre les Juifs*), Warszawa : Polska Akademia Nauk, 2004 ; *Judenjagd. Polowanie na Żydów 1942–1945. Studium dziejów pewnego powiatu* (*Judenjagd. La chasse aux Juifs 1942–1945. Étude de l'histoire d'une région*), Warszawa: Stowarzyszenie Centrum Badań nad Zagładą Żydów, 2011 ; *Hunt for the Jews: Betrayal and Murder in German-occupied Poland* (*La chasse aux Juifs : Trahison et meurtre en Pologne sous l'occupation allemande*), Bloomington : Indiana University Press, 2013 ; un ouvrage collectif en deux volumes, rédigé sous sa direction et celle de Barbara Engelking,

Jacek Leociak[4], professeur de littérature ; Barbara Engelking[5], professeure de sociologie et psychologie ; Andrzej Żbikowski[6], professeur d'histoire ; Dariusz Libionka[7], également professeur d'histoire et, *last but not least*, Jan Tomasz Gross[8], sociologue et historien polono-américain, professeur émérite de l'Université de Princeton.

---

intitulé : *Dalej jest noc. Losy Żydów w wybranych powiatach okupowanej Polski* (*Plus loin, c'est encore la nuit. Le sort des Juifs dans différentes régions de la Pologne occupée*),Warszawa: Stowarzyszenie Centrum Badań nad Zagładą Żydów, 2018 et *Na posterunku. Udział polskiej policji granatowej i kryminalnej w zagładzie Żydów* (*En service. Participation de la police bleue et criminelle à l'extermination des Juifs*), Wołowiec: Wydawnictwo Czarne, 2020.

[4] Il a écrit avant tout : *Tekst wobec Zagłady. O relacjach z getta warszawskiego* (*Le texte face à l'Extermination. Sur les témoignages du ghetto de Varsovie*), Toruń: Uniwersytet Mikołaja Kopernika, 1997 ; de concert avec Barbara Engelking : *Getto warszawskie. Przewodnik po nieistniejącym mieście* (*Le ghetto de Varsovie. Guide d'une ville qui n'existe plus*), Warszawa: Stowarzyszenie Centrum Badań nad Zagładą Żydów, 2001; *Ratowanie. Opowieści Polaków i Żydów* (*Sauvetage. Récits sur les Polonais et les Juifs*), Kraków: Wydawnictwo Literackie, 2018 et *Młyny boże. Zapiski o Kościele i Zagładzie* (*Moulins de Dieu. Notes sur l'Église et l'Holocauste*), Wołowiec: Wydawnictwo Czarne, 2018.

[5] Outre les ouvrages rédigés en collaboration avec d'autres chercheurs (nous les rapportons dans les notes particulières), nous pouvons évoquer : *Jest taki piękny słoneczny dzień… Losy Żydów szukających ratunku na wsi polskiej 1942–1945* (« *On ne veut rien de vous prendre… seulement votre vie.* » *Des Juifs cachés dans les campagnes polonaises, 1942–1945*), Warszawa: Stowarzyszenie Centrum Badań nad Zagładą Żydów, 2011.

[6] Voici quelques textes choisis qu'il a publiés : *Ideologia antysemicka w Polsce 1848–1918* (*Idéologie antisémite en Pologne 1848–1918*), Warszawa: Żydowski Instytut Historyczny, 1994; *Żydzi. Antysemityzm. Holocaust* (*Juifs. Antisémitisme. Holocauste*), Wrocław: Wydawnictwo Dolnośląskie, 2001; *Polacy i Żydzi pod okupacją niemiecką 1939–1945. Studia i materiały* (*Polonais et Juifs sous l'occupation allemande 1939–1945. Études et matériaux*), Warszawa: Instytut Pamięci Narodowej, 2006 et *U genezy Jedwabnego. Żydzie na kresach Północno-Wschodnich II Rzeczypospolitej: wrzesień 1939 – lipiec 1941* (*À l'origine de Jedwabne. Juifs aux Confins Sud-Orientaux de la Deuxième République : septembre 1939–juillet 1941*), Warszawa: Żydowski Instytut Historyczny, 2006.

[7] Parmi ses publications, on trouve celle rédigée sous sa direction et celle de Jacek Leociak et Barbara Engelking : *Prowincja Noc. Życie i zagłada Żydów w dystrykcie warszawskim* (*Province la Nuit. La vie et l'extermination des Juifs dans la région de Varsovie*), Warszawa: Stowarzyszenie Centrum Badań nad Zagładą Żydów, 2007, mais aussi *Zagłada Żydów w Generalnym Gubernatorstwie* (*L'Extermination des Juifs dans le Gouvernement général de Pologne*), Lublin: Państwowe Muzeum na Majdanku, 2017.

[8] Voici quelques-uns de ses textes : *Polish society under German occupation. The General gouvernement, 1939–1944* (*La société polonaise sous l'occupation allemande.*

1. Approches historiques polonaises à l'égard de la Shoah

Lorsqu'on pense aux examens entrepris par les chercheurs polonais dans le domaine de la Shoah, que ce soit l'histoire, l'anthropologie, la sociologie ou la littérature, il faut insister au préalable sur la distinction des trois phases qui marquent l'évolution des études sur l'Holocauste et sur la question juive en général, y compris les rapports polono-juifs. Ce sont : la soi-disant époque « d'avant Gross », la nouvelle école polonaise de l'histoire sur la Shoah et la nouvelle politique historique.

1.1. Époque « d'avant Gross »

En Pologne, après la fin de la Seconde Guerre mondiale, on aperçoit une tendance politique à « généraliser » les victimes du régime nazi sur le plan national. Les responsables du musée d'Auschwitz « n'ont voulu voir que des nations sœurs opprimées par le fascisme et non le fait que chaque victime grecque ou hollandaise, par exemple, était aussi une victime juive » (Szurek, 2019 : 39). Une telle approche, aussi légitime qu'elle soit, ne traduit pas cependant toute la complexité du phénomène et la chose la plus significative, relègue la tragédie de la nation juive au second plan. Il faut toutefois signaler que le problème est plus complexe que cela ne puisse paraître, car les Polonais d'origine juive trahissent différentes attitudes envers leur judéité : il y a également ceux qui ne revendiquent pas l'identité juive ou s'abstiennent de l'exhiber publiquement, tout en voulant, pour des raisons variées et selon le cas particulier, de la réserver à l'espace privé. En tout cas, on aperçoit la « déjudaïsation » de la mémoire du musée d'Auschwitz et « une universalisation antifasciste où la spécificité du sort des victimes juives n'apparaissait aucunement » (Kichelewski, 2019b : 254). Un tel positionnement des autorités de la Pologne populaire à l'égard des victimes juives se manifeste nettement pendant l'inauguration solennelle du Monument international des victimes du

---

Le Gouvernement général, 1939–1944)), New Jersey: Princeton University Press, 1979 ; *Sąsiedzi: Historia zagłady żydowskiego miasteczka* (*Les Voisins : 10 juillet 1941. Un massacre de Juifs en Pologne*), Sejny : Fundacja Pogranicze, 2000 ; *Fear: Anti-Semitism in Poland after Auschwitz* (*La peur : L'antisémitisme en Pologne après Auschwitz*), New York: Random House, 2006 ; *Złote żniwa. Rzecz o tym, co się działo na obrzeżach zagłady Żydów* (*Moisson d'or. Le pillage des biens juifs*), Kraków: Znak, 2011 et *PiS i antysemityzm, czyli pośmiertne zwycięstwo Dmowskiego* (*PiS et antisémitisme ou la victoire posthume de Dmowski*), Kraków: Wydawnictwo Austeria, 2019.

fascisme à Birkenau, en avril 1957. Voici comment Kichelewski décrit la cérémonie politique :

> Ni le Premier ministre Józef Cyrankiewicz, ni le vice-ministre de la Culture Kazimierz Rusinek, ni enfin le ministre de l'Intérieur Mieczysław Moczar [...] ne mentionnèrent une seule fois les Juifs dans leurs longs discours, suscitant l'indignation des délégations étrangères et au premier chef du président du Comité international d'Auschwitz Robert Waitz. Plus tard, en avril 1968, lorsque le « pavillon juif » fut inauguré au Block 27 en pleine campagne antisioniste, son contenu, qui avait pourtant été pensé depuis des années, fut remanié pour accentuer l'équivalence des souffrances entre Juifs et Polonais. Ce revirement entraîna à nouveau moult protestations étrangères et la démission de Waitz du Comité international d'Auschwitz (*ibid.*)

Dans les années soixante, on observe aussi une vive campagne antisioniste causée par la crise de la guerre de Six Jours (conflit militaire opposant Israël à l'Égypte, à la Syrie et à la Jordanie, ainsi qu'au Liban et à l'Irak). Dans le cas échéant, le pouvoir communiste polonais accuse les sionistes de collaboration avec les Allemands (on avance la théorie sur le complot germano-israélien), de falsification antipolonaise de l'histoire sur la Shoah, et les rescapés, eux, sont accusés d'ingratitude (cf. *ibid.* : 253–258). Ce conflit génère l'exode – il serait plus convenable de parler ici de l'exil, donc de l'émigration forcée – des Polonais d'origine juive vers Israël[9].

Outre l'attitude silencieuse des historiens polonais de cette période sur l'Holocauste, il faut aborder la question de la nature des discours officiels. Là, dans différents milieux, aussi bien politiques que religieux, on évite obstinément d'utiliser le mot qui commence par « Ż » (*Żyd*, Juif). La Shoah devient donc un phénomène de nature universelle, où le sort des Juifs est passé sous silence, marginalisé, neutralisé. C'est notamment Jacek Leociak qui s'indigne contre ce type de rhétorique de termes généralisateurs, d'euphémismes et d'omissions, dont usaient même les hiérarques catholiques. Il s'avère que ceux-ci n'étaient pas capables de prononcer le vocable « Juif » ni au cours de l'Holocauste ni juste après la guerre, à savoir quand les Juifs étaient assassinés dans les pogroms (cf. Leociak, 2018a : 79).

---

[9] À cette thématique est consacrée une autre publication de Mikołaj Grynberg, à savoir *Księga Wyjścia* (*Exode*), Wołowiec: Wydawnictwo Czarne, 2018.

Tout compte fait, on peut observer, d'un côté, la marginalisation et l'anonymisation des victimes juives, ainsi que l'indifférence à l'égard de leurs émotions, de l'autre, une politique agressive antisioniste qui engendre des conflits polono-juifs et ne permet pas d'entreprendre des études approfondies et objectives sur le sort des Juifs durant la Seconde Guerre mondiale, dont l'expression la plus tragique constitue la Shoah.

1.2. *Nouvelle école polonaise de l'histoire sur la Shoah*

La publication du livre *Sąsiedzi: historia zagłady żydowskiego miasteczka* (*Les Voisins : 10 juillet 1941. Un massacre de Juifs en Pologne*) de Jan Gross constitue un tournant capital dans la tradition polonaise de parler et d'écrire sur la Shoah, car il déclenche un nouveau mécanisme de percevoir, d'analyser et de discuter de la tragédie des Juifs. Comme le constate pertinemment Joanna Tokarska-Bakir, Gross, dans ce texte – d'ailleurs fort controversé selon bien des Polonais –, rompt avec un « modèle de sadisme social » (cf. 2019 : 191) qui, dans l'optique de Robert Merton, désigne « les structures sociales organisées de telle sorte qu'elles puissent systématiquement induire la douleur, l'humiliation, la souffrance et une profonde frustration de certains groupes ou couches sociales » (1972 : 17).

Il n'est donc pas étonnant que Gross, en renversant l'ordre établi lié à la perception de l'Holocauste et à la manière d'en parler, suscite nombre de controverses et de polémiques virulentes. On lui reproche (les attaquants les plus nombreux figurent parmi les nationalistes qui s'acharnent à protéger l'éthos national) surtout le manque d'objectivité, la manipulation des faits, les mensonges intentionnés de nature antipolonaise[10] visant à détruire l'image d'une « Pologne innocente ». C'est ainsi que Tokarska-Bakir résume les mobiles de Gross, à savoir la moelle de son texte et les fondements des attaques dirigées contre lui :

---

[10] Le terme « antipolonisme », équivalent de « polonophobie » et « sentiment antipolonais », se réfère à toutes sortes d'attitudes hostiles à l'égard des Polonais en tant que peuple et/ou communauté culturelle. Il est souvent employé par les autorités polonaises actuelles, surtout quand différents groupes étrangers (médias, politiciens, autorités, chercheurs, etc.) imputent à la Pologne la coresponsabilité de l'extermination des Juifs et reprochent à Droit et Justice (*Prawo i Sprawiedliwość*, PiS, parti politique au pouvoir) le manquement au respect des droits de l'homme et la violation des normes juridiques. Force est d'ajouter que l'usage contemporain de ce mot – excessif d'ailleurs – par les milieux de droite n'est pas tout à fait conforme à sa définition.

En demandant une « nouvelle attitude à l'égard des sources », c'est-à-dire une attitude qui prendrait en compte la voix des victimes juives, Jan Gross convoquait les émotions des victimes et des témoins de la Shoah. Jusqu'alors, quand elles parvenaient à se manifester dans la littérature polonaise, au théâtre ou dans l'historiographie, elles étaient raillées ou reçues avec une indifférence glaciale, et on leur reprochait leur manque d'objectivité, leur particularisme ethnique, leur non-scientificité, leur inopportunité, leur effet de mode (2019 : 192).

Si la publication des *Voisins* de Gross est assurément la source de la formation de « La nouvelle école polonaise d'histoire de la Shoah[11] », c'est déjà dans les années quatre-vingt que surgissent, dans l'espace public, trois événements qui contribuent à la réfutation du mythe d'une « Pologne innocente ». Ce sont : l'affaire du Carmel d'Auschwitz[12], la diffusion du film *Shoah* de Claude Lanzmann[13] et la publication, en 1987, dans le journal catholique libéral *Tygodnik Powszechny* (*Hebdomadaire universel*),

---

[11]   Le terme « école » désigne un groupe de chercheurs appartenant à différents centres scientifiques, menant leurs recherches dans le cadre de différents domaines et appliquant des méthodes analytiques diversifiées. S'agissant de l'appellation même de la « nouvelle école polonaise d'histoire de la Shoah », on la doit à Adam Michnik (journaliste, essayiste, historien polonais, ancien militant de l'opposition polonaise), qui, en appelant le Centre de recherche sur l'Extermination des Juifs, s'est servi du terme d'« école historique », tout en renouant, de manière métaphorique, à l'« École de Cracovie », c'est-à-dire au groupe d'historiens de la fin du XIXe siècle.

[12]   Ce conflit, qui dure près de dix ans et déclenche une crise sérieuse dans les relations entre les milieux juifs et l'Église catholique, résulte de la fondation du couvent carmélite à l'intérieur du musée d'Auschwitz-Birkenau. Les premières sœurs carmélites – d'abord au nombre de huit, ensuite quatorze – s'installent dans les anciens locaux du « Théâtre » d'Auschwitz en 1984. À la suite de cet événement, de jeunes Juifs belges organisent une protestation militante dans l'enceinte du musée, en provoquant ainsi une discussion internationale. En 1988, dans la cour du bâtiment, à proximité du Block 11, les religieuses font dresser une croix. Ce qui gît donc à la base du conflit, c'est la volonté des milieux catholiques de « christianiser la mémoire » de la Shoah. Jean-Charles Szurek résume la nature du différend de manière suivante : l'« opinion polonaise et l'Église de Pologne, notamment le cardinal primat Józef Glemp, eurent beaucoup de difficultés à admettre que le monde juif aussi avait quelque légitimité sur l'espace du musée » (2019 : 43).

[13]   Pour ce qui touche à la projection du film de Claude Lanzmann, sorti en salles en 1985, la télévision polonaise se limite à présenter les séquences polonaises en vue de discréditer l'Église catholique. Mais à la suite d'une intervention vigoureuse du réalisateur, le film est présenté dans son intégralité dans un cinéma de Varsovie, en suscitant un vif débat – aussi bien officiel que clandestin – sur les réalités de l'occupation allemande en Pologne et sur le rôle des Polonais en tant que témoins des persécutions des Juifs.

d'un article intitulé *Biedni Polacy patrzą na getto (Les Pauvres Polonais regardent le ghetto)*[14]. Son auteur, Jan Błoński, professeur d'université, historien, critique littéraire et traducteur polonais, s'y interroge – comme le premier – sur la coresponsabilité polonaise dans l'homicide des Juifs vivant en Pologne. Une telle attitude a suscité l'indignation de bien des lecteurs.

Bref, dans les années quatre-vingt, la manière de parler de la Shoah en Pologne diffère considérablement des pratiques discursives qui étaient réalisées jusqu'à présent. L'accent est enfin mis non seulement sur les souffrances des Juifs, mais aussi sur la coresponsabilité d'une certaine partie des citoyens polonais dans le cadre des persécutions des Juifs, durant et après la Seconde Guerre mondiale. On commence donc à aborder les sujets qui, dans l'opinion publique et privée, étaient considérés comme tabous. Cette période est également marquée par la volonté des milieux catholiques de « christianiser » la mémoire de l'Holocauste tout en reléguant celle du peuple juif au second plan.

1.3. Nouvelle politique historique

C'est à la suite de la promulgation de la loi votée par le Gouvernement polonais au mois de février 2018 – régularisant les recherches portant sur la Shoah et introduisant des sanctions pénales contre tous ceux qui oseraient divulguer des points de vue sur le phénomène restant en contradiction avec la narration officielle de la Pologne – qu'apparaît le plus nettement la « nouvelle politique historique » (force est de préciser que ce genre de politique est en vigueur en Pologne déjà depuis les années 2000). Cette politique, axée sur le nationalisme, récuse, en premier lieu, les responsabilités polonaises dans le meurtre collectif des Juifs de Jedwabne (10 juillet 1941) et le pogrom de Kielce (4 juillet 1946). Une telle attitude des autorités polonaises rassemble un grand nombre de partisans, d'autant plus que cette « contre-histoire, acte idéologique d'un néopatriotisme de combat, est dotée de puissants moyens de l'État, notamment ceux de l'Institut de la mémoire nationale (IPN) » (Szurek, 2019 : 47). L'origine de ce type de narration est pourtant plus ancienne et ledit projet de la loi n'est qu'une réalisation culminante des idées largement répandues, aujourd'hui, au sein des milieux nationalistes. Ces racines

---

[14] Le texte a été traduit en français et publié en France dans *Les Temps modernes* (n° 516, juillet 1989).

remontent pour certaines bien avant le retour de la Pologne dans le giron des nations démocratiques après 1989, qui permit d'ouvrir publiquement les recherches et les débats sur l'histoire de la présence juive en Pologne et les attitudes de la société polonaise face à ses concitoyens juifs. On en retrouve les genèses dès le milieu des années 60, et elle se cristallise à la faveur de la campagne antisémite du printemps 1968 (Kichelewski, 2019b : 250).

Bref, on vise à déculpabiliser ces Polonais qui témoignaient, lors de la Seconde Guerre mondiale, et juste après, des attitudes hostiles à l'égard des Juifs, tout en propageant le mythe d'une « Pologne innocente ». Dans l'optique actuelle, on continue également à percevoir les Juifs installés sur le sol polonais comme un groupe ethnique allogène, comme un tissu racial dont l'origine est différente de celle de la population autochtone ; de là, en outre, une certaine folklorisation de la culture et de l'histoire juives dans la mentalité polonaise. Ainsi, il n'étonne nullement que la Shoah, sur le plan ethnique, soit toujours considérée comme un phénomène extérieur à l'histoire polonaise, un phénomène qui touche « autrui » et non la Pologne en tant qu'État et conglomérat de citoyens unis par l'histoire, l'origine et la religion communes, d'où la dépolonisation de l'histoire des Juifs, qui est mise en exergue à l'époque contemporaine.

Outre la susmentionnée dépolonisation de l'histoire juive, Ewa Tartakowsky, parmi d'autres caractéristiques majeures repérées dans les chapitres des manuels polonais touchant à la problématique de la Shoah, énumère également

> la déjudaïsation des victimes des camps de concentration et d'extermination ; l'héroïsation des Polonais non juifs durant la guerre, singulièrement s'agissant du sauvetage des Juifs ; la mise en concurrence des mémoires sur fond de différenciations ethno-religieuses (2019 : 267).

Somme toute, les aspects dominants dans la narration officielle du Gouvernement de la Pologne visent, en particulier, à nier l'antisémitisme présumé de la population polonaise et à héroïser – au niveau général et individuel – les actes « vaillants » des Polonais au cours de la Seconde Guerre mondiale. Ce dernier type d'héroïsation apparaît, peut-être, le plus nettement dans le cas d'Irena Sendler, connue pour avoir sauvé 2 500 enfants juifs. Il reste pourtant vrai que la vie de Sendler – ce que prouve entre autres Anna Bikont dans sa publication *Sendlerowa.*

W ukryciu (*Sendlerowa. En cachette*, 2017[15]) – a été employé dans le dessein de construire le mythe d'un héros national. Bien que les actes valeureux de Sendlorwa – dont la valeur et la gravité ne peuvent pas être niées – soient évidents, il s'avère toutefois que sa biographie a été façonnée, voire théâtralisée et embellie par elle-même. Elle est présentée comme catholique (car être polonais équivaut à être catholique), tandis qu'elle n'a eu aucune relation avec l'Église ; elle était féministe de gauche (c'est ce que trouve Bikont), communiste dressée contre la droite, mariée avec un Juif (elle continuait à dissimuler son origine juive). Qui plus est, elle envisageait même de partir pour Israël et de s'y installer. Notons encore que cette femme, d'une vaillance fort exceptionnelle, a adressé une demande à l'Église catholique, confinant à un vœu qui, chose peu surprenante, n'a jamais été exaucé. La voilà : « puisqu'on a introduit à l'école le cours de catéchisme, que les enseignants catholiques introduisent dans le programme la lutte contre ce grand péché national – l'antisémitisme » (AŻIH[16] S/353/12, papiers des années 1995–2003).

En fin de compte, il convient de remarquer que l'objectif primordial de la « nouvelle politique historique » polonaise est de propager, coûte que coûte, le mythe d'une « Pologne innocente », tout en héroïsant l'attitude de toute la nation polonaise pendant la Shoah.

2. Généricité auctoriale

Insistons au préalable sur la présentation de deux grandes lignées de textes qui caractérisent la prose testimoniale. D'un côté, on distingue le récit suivi où le parcours du témoin est présenté dans sa continuité, de l'autre, la série de séquences où l'on a affaire à l'écriture fragmentée et où l'attestation testimoniale « se construit [...] à travers une identité narrative interstitielle » (Jurgenson, 2017 : 63). Dans le cas des *Rescapés du XXe siècle*, bien que ce texte appartienne à une autre catégorie générique des ouvrages testimoniaux (pour les besoins de la présente étude, nous le qualifions d'« interview-reportage »), on aperçoit non seulement la pluralité des instances narratives (vingt-cinq témoins au total), mais aussi une fragmentation constante due à deux facteurs, c'est-à-dire la manière dont Grynberg réunit ses témoignages et la façon dont ces relations sont

---

[15] Le texte n'a pas encore été traduit en français, d'où notre traduction littérale.

[16] Il s'agit de l'acronyme des archives de l'Institut historique juif de Varsovie (*Archiwum Żydowskiego Instytutu Historycznego*).

racontées. Comme l'observe Luba Jurgenson, « la multiplication des instances narratives accentue la fragmentation » (*ibid.* : 74). Mais les productions littéraires (y compris textes non fictionnels) manifestent un paradoxe constitutif singulier, parce que, au sein de ce corpus, on observe, d'une part, une très forte contrainte énonciative, d'autre part, une grande liberté générique et formelle, ce qui est le cas de l'œuvre de Grynberg (cf. Coquio, 2017 : 101). Dans ce contexte, on ne peut pas passer sous silence le fait que le témoignage se caractérise par la transgénéricité littéraire patente et, quant à la littérature de la Shoah, elle reprend de bon gré – comme l'a prouvé Judith Klein dans sa publication intitulée *Literature und Genozid* – les procédés typiques du courant moderniste.

Dans le texte analysé, il est difficile d'observer une linéarité qui soit rigoureusement respectée ou une énonciation non partagée. Il en est ainsi, car les témoins décrivent différents événements sans respecter pour autant la chronologie et, en dévoilant leurs histoires intimes, ils renouent un dialogue avec l'intervieweur. Cela permet un échange de points de vue sur l'historicité et la réalité de la Seconde Guerre mondiale. Grâce à cela, le sujet lisant reçoit quelques renseignements – aussi rudimentaires soient-ils – sur l'existence concentrationnaire des grands-parents de Grynberg et leur parcours durant l'occupation nazie en Pologne. Cela permet en effet d'observer que l'auteur appartient autant à la « troisième génération », donc à ce groupe de personnes dont les grands-parents ont survécu à la Shoah, qu'à la génération « 2,5 ». Dans ce dernier cas, il s'agit des descendants des enfants cachés (cf. Suleiman, 2002), car c'est le père de Grynberg qui se cache durant la guerre en compagnie de son propre père.

Les réflexions de Catherine Coquio sur la généricité du témoignage harmonisent avec la nature même du texte de Mikołaj Grynberg. Elle avance la conception que, dans ce type de publications testimoniales (c'est non sans raison que nous évitons d'employer ici le classificateur adjectival « littéraire »), il faudrait :

> plutôt y voir un *acte verbal* soumis à une multiplicité d'inflexions, exigences et usages différents, variant eux-mêmes selon certaines circonstances : l'endroit et le moment où le témoignage a lieu et est entendu ou recueilli ; le degré d'implication du témoin dans ce dont il témoigne, ses conditions d'énonciation ou de rédaction, le dispositif social ou le cadre dans lequel est pris son discours (la conversation, le journal intime, le tribunal, le livre…), (2017 : 98).

Quant à la qualification de Mikołaj Grynberg en tant que collecteur de témoignages, il est loisible – à la lumière de la conception de Régine Waintrater, qui perçoit l'écoute comme une co-construction – de le considérer comme « témoignaire[17] », pour la raison qu'il assume la proximité entre ses témoins et lui-même, faisant ici fonction d'« auditeur-collecteur ». Et, attendu qu'il recueille tous les récits énoncés en sa présence, il apparaît également comme le « témoin du témoin », ce qui permet de parler ici de « passage/relais de témoin » (cf. Waintrater, 2003). Il ne serait pas exagéré de le considérer – selon la conception, cette fois-ci, de Geoffrey Hartman, professeur de littérature anglaise et comparée – comme « témoin par adoption » (« *a witness by adoption* »), car il s'agit sans aucun doute d'un entretien planifié et non d'une observation accidentelle. De surcroît, étant donné que Grynberg, dans la majorité des cas, écoute des récits d'une souffrance humaine extrême, on peut aussi le désigner comme « témoin du témoin traumatisé » (« *a witness to the trauma witness* »), (Laub, 1992 : 58).

3. Témoignages dans Rescapés du XX*^e* siècle

Dans la partie suivante de l'examen, nous présentons deux types de comportements dont certains Polonais faisaient preuve avant et durant la Seconde Guerre mondiale. Pour des raisons évidentes, nous les fractionnons en deux catégories opposées : la première englobe les actes dirigés contre les Juifs (donc ceux marqués d'antisémitisme), tandis que la seconde, au contraire, comprend les attitudes qui sont loin d'être qualifiées d'hostiles.

3.1. Hostilité, abandon, ostracisme

Il est vrai que l'antisémitisme existe en Pologne déjà avant la Seconde Guerre mondiale. Cet aspect est mentionné dans la publication de Mikołaj Grynberg par Kuba Wodzisławski. Celui-ci souligne que les attitudes antijuives prennent de l'ampleur après la mort de Józef Piłsudski (il décède en 1935), donc à l'époque où les mouvements nationalistes, tels que *La Démocratie nationale* (*Narodowa Demokracja*, ND, d'où l'appellation acronyme « endecja ») et *Le Camp national-radical* (*Obóz*

---

[17] On appelle le récepteur du témoignage « témoignaire » pour mettre en exergue la proximité s'établissant entre lui comme auditeur-collecteur et le témoin qu'il interviewe (cf. Barjonet, 2017 : 146).

Narodowo-Radykalny, ONR) commencent à jouer un rôle significatif sur la scène politique polonaise. Wodzisławski avoue :

> Moi, j'habitais à Częstochowa. Là, il y a eu un pogrom en 1937, mais on n'en parle pas même aujourd'hui. [...] Des groupes de combat dans les rues, et des slogans "Youpins, allez-vous-en en Palestine !". Et quoi, ça vous plaît, une telle Pologne d'avant-guerre ?[18] (*MG* : 80)[19].

Irena Waks, un autre témoin des *Rescapés du XXᵉ siècle*, raconte qu'elle n'a pas été admise à l'Université Jagellonne bien qu'elle ait passé les examens d'entrée. La raison pour laquelle les autorités académiciennes ont refusé de l'immatriculer a été le manque de l'acte de baptême, donc son origine juive. Un autre interviewé, Marcel Goldman, évoque qu'un jour, à l'époque où il fréquentait un collège de garçons localisé à Radom, un de ses copains polonais, lors d'une pause longue, a écrit sur son banc : SALE YOUPIN. Comme il raconte :

> Je ne l'ai pas effacé. J'ai attendu jusqu'à ce que la leçon finît, et avant que tout le monde ne soit sorti, je me suis placé au milieu et j'ai demandé « Où est ce casse-cou qui l'a écrit ? » (*ibid.* : 338).

Il a reçu aussi une lettre de son amie d'alors, qui fréquentait un collège de filles, dans laquelle elle lui demande de confirmer s'il est effectivement – à ce que l'on dit – d'une autre confession que chrétienne. Pour des raisons claires, il a renié son identité juive.

Ces incidents font penser aux soi-disant « bancs ghetto » (*getta ławkowe*), c'est-à-dire une forme particulière de la discrimination des juifs dans les années trente en Pologne. Pour préciser, il s'agit de la séparation des étudiants juifs, qui n'ont pas eu le droit de choisir eux-mêmes le siège dans les salles de cours ou de conférences des universités polonaises. Cette ségrégation officielle dans le placement accentue, à n'en pas douter, la manifestation publique des attitudes antisémites à l'échelle nationale, propagées par les mouvements nationalistes. On observe aussi une « déshumanisation » continue des Juifs dans la presse de la *Démocratie nationale*. Cette problématique est scrupuleusement étudiée dans la publication récente de Jacek Lociak, professeur à l'Académie polonaise des sciences, qui est d'avis que c'est entre autres le fanatisme

---

[18]   C'est nous qui traduisons toutes les citations du texte de Mikołaj Grynberg.

[19]   Les références à l'ouvrage analysé de Mikołaj Grynberg (*Ocaleni z XX wieku*) seront désignées par la mention *MG*, suivie du numéro de la page.

religieux qui est responsable de l'antisémitisme polonais (cf. 2018). C'est à Shulamit Volkov, initiateur de la conception, que l'on doit l'idée que l'antisémitisme fait partie du code culturel, car il incarne les valeurs fonctionnant au sein d'une collectivité. Ainsi ce code exprime-t-il l'éthos national de cette collectivité (cf. 2000).

Parmi d'autres actes antijuifs accomplis aussi bien avant que durant la Seconde Guerre mondiale, il faut mentionner les attaques à caractère religieux, lancées également par certains prêtres catholiques. Il s'agit avant tout de la propagation et de la consolidation des convictions fort stéréotypées, telles que la légende du sang dont les Juifs ont besoin pour préparer une *matsah*, pain sans levain, à l'occasion de la Pâque juive (pour s'en procurer, ils enlèveraient et tueraient les enfants chrétiens) ou bien la responsabilité de la mort de Jésus-Christ qui incombe à tous les Juifs de toutes les époques, puisqu'il s'agit d'un « péché héréditaire[20] » (sur la légende du prétendu meurtre rituel juif, cf. Tokarska-Bakir, 2015). De telles attitudes axio-normatives contribuent à l'élargissement de la haine dirigée contre les Juifs, parce qu'elle se répand de la sphère religieuse à la sphère laïque. Il est donc loisible de parler du passage de l'antisémitisme religieux à l'antisémitisme séculier.

Les témoins de Grynberg attestent eux-mêmes les actes antijuifs polonais sur le plan religieux. Róża Micenmacher parle des enfants juifs qui, durant l'occupation allemande, étaient cachés dans les couvents catholiques et qui, déjà après la guerre, criaient : « Nous ne voulons pas être juifs, les juifs ont tué le Christ » (*MG* : 242). Il est donc à supposer, avec une grande certitude, que c'est bel et bien quelques-unes des religieuses (car il serait trop hâtif et généralisant de constater que la responsabilité en incombe à toutes les sœurs catholiques) qui inculquaient à ces enfants l'idée du déicide pendant leur séjour aux monastères. Mais quelles que soient leurs intentions (par exemple la conversion forcée), il est indéniable que ce type de didactique religieuse a influé négativement sur le psychisme des enfants sauvés. Quant à Irena Johannes, elle évoque un épisode qui s'est produit lorsqu'elle avait cinq ans. Là, Kobiela, fils d'un paysan, âgé alors de trois ans, l'a battue tout en criant qu'elle avait tué le Christ. Il va de soi que le comportement du petit garçon ne se réalise pas de manière consciente ; élevé le plus probablement dans une

---

[20] La nature héréditaire du péché tire son origine des paroles prononcées par les juifs avant la crucifixion du Fils de l'homme (« Que son sang retombe sur nous et sur nos enfants », Matthieu 27.25)

atmosphère antijuive, il répète machinalement les gestes qu'il voit et les paroles qu'il entend dans son milieu familial. Au sujet de l'origine de ce type de violence chez les enfants s'est exprimé entre autres Michał Głowiński. Dans son livre *Czarne sezony* (Saisons noires), il écrit : « dans les cruautés des enfants se concentre et se mire la cruauté de l'époque, ils reflètent les saloperies commises dans le monde des adultes » (116).

C'est également Efraim Laadan qui devient la victime des attaques de la part de ses collègues de même âge. Ceux-ci affichent un dédain railleur envers lui à la suite des paroles prononcées par un prêtre dans un lieu public. Voici comment Efraim évoque cet épisode :

> Je fréquentais une école polonaise à Cracovie. J'habitais dans un quartier où nous étions les seuls Juifs. Jusqu'au moment où je suis allé à l'école, je n'étais pas un Juif, un non-Juif… Je n'y pensais pas. Mais quand les cours ont commencé, des problèmes ont surgi. À l'occasion de la fête de Pâques, un prêtre est arrivé à l'école et, juste après cette rencontre, mes meilleurs copains ont soudainement commencé à crier : « Les Juifs ont tué Notre Seigneur Jésus-Christ ! Vous avez tué notre Dieu ! » Et qui était Juif, là-bas ? Moi. J'étais le seul Juif dans toute l'école. Et tout a commencé : « Le sien chez le sien pour le sien. N'achète pas chez le Juif. Les Juifs, allez-vous-en en Palestine ! » Et vous savez quoi, monsieur ? Après la guerre, j'ai pensé que les Polonais sont une nation intelligente, et j'ai suivi ces conseils pour qu'ils ne doivent plus se faire du mal pour accepter ma présence. Et voilà ! Je ne suis plus là. Et personne ne dira plus jamais de moi : « Un Juif, mais un garçon bien » (*MG.* : 187–188).

Des souvenirs pareils évoquent Rita Schenirer, à qui les gens criaient : « Vous avez tué le Christ ! Tu as tué le Christ ! » (*ibid.* : 359). Quant à Lusia Raubvogel, elle raconte que, lorsqu'elle rentrait au ghetto après le travail, sur son chemin, il y avait toujours des garçons locaux qui l'attendaient pour la frapper sur les jambes avec des baguettes. En le faisant, ils lançaient de gros mots se référant à sa judéité.

Selon la conviction généralement connue et souvent évoquée, les Polonais, à l'inverse des Allemands, avaient un don particulier de reconnaître les Juifs. Il ne s'agit pas seulement des personnes adultes, mais aussi des mineurs, ce dont il est question dans *Rescapés du XXe siècle*. Mais les pires étaient ceux qui, ayant reconnu les Juifs, les dénonçaient soit à la police polonaise soit aux Allemands. Nous présentons l'une des descriptions de ce type de scènes, donnée par Halina Kornblum :

Lorsqu'un Polonais a vu un Juif dans la rue, il allait chez un Allemand, il lui disait quelque chose et montrait du doigt. Ou c'était l'Allemand qui montrait du doigt et disait : *Komm, komm*. Et c'était aussi la mort (*Ibid.* : 176).

Ici, il faut évoquer la conception d'Andrzej Żbikowski, d'après lequel, les hitlériens, dans ce type de procédé dénonciatif, devraient être qualifiés d'« intermédiaires » du crime (2006 : 229). Les Polonais, pleinement conscients des conséquences de leurs actes insidieux, seraient donc les exécuteurs principaux du crime, quoique leurs mains n'aient pas été entachées de sang. Il n'en demeure pas moins que ce schéma de dénonciation peut être également appliqué aux habitants des autres pays européens qui étaient, à cette époque-là, sous l'occupation nazie. Żbikowski – tout en s'inspirant des travaux d'Ian Kershaw, dans lesquels l'historien britannique décrit entre autres sa conception de « *working towards the Führer* » – est enclin à appeler ledit processus de dénonciation « *working towards the Holocaust* ». Aussi parle-t-il de la coresponsabilité de certains Polonais de l'Holocauste, ce qui n'équivaut aucunement à la collaboration au profit d'Adolf Hitler ou du Troisième Reich (cf. Janicka, 2019 : 158), puisqu'il est question des actes singuliers d'une partie minoritaire de la population polonaise.

C'est dans la relation de Giora Bar-Nir, interviewée de Grynberg, qu'apparaît ce type de dénonciateur. De surcroît, il est précisé au niveau appellatif : il s'agit d'un concierge du nom de Kukułka, qui a trahi les Juifs se cachant dans un appartement 7, rue Brudna. C'est aussi le père de Rita Schenirer qui était la victime des Polonais. Ceux-ci demandaient de lui de l'argent en revanche du silence. Selon leurs propres dires, s'il avait refusé, ils l'auraient délivré aux Allemands.

On ne peut pas passer sous silence ces Polonais qui ont tué les Juifs eux-mêmes, sans recourir aux Allemands. Samuel Willenberg mentionne les évadés de Treblinka[21] qui ont été assassinés par les paysans, car ils avaient sur eux des diamants et d'autres biens précieux. Dans le contexte de cette image péjorative de certains Polonais, il convient d'évoquer les soi-disant *szmalcownicy*, c'est-à-dire maîtres chanteurs persécuteurs des Juifs. C'est ledit Samuel Willenberg qui décrit la méthode dont se servait un Polonais, chez qui se trouvaient différents objets volés aux Juifs. Le

---

[21] Cet acte se situe à « la troisième phase » de la Shoah. Expliquons ici que, selon les chercheurs polonais, la périodisation de l'extermination des Juifs polonais se compose de trois phases : la ghettoïsation, l'extermination et la « chasse aux Juifs ».

maître chanteur en question raconte comment, après avoir reconnu un Juif dans la rue, il met en pratique son procédé : « Dans la rue, j'accoste et je demande : "où allez-vous comme ça en ville, monsieur d'ancien ordre[22] ?" Et je lui prends tout ce qu'il a » (*MG* : 138–139). Pour continuer la question de l'argent, notons que certains Polonais cachaient les Juifs, mais ils le faisaient dans des buts lucratifs, comme Duriaszowa, femme méchante, contrairement à son mari. Il y avait aussi des cas où les Juifs, ayant sur eux des moyens pécuniaires, étaient tout simplement volés et puis jetés dehors par les hôtes. C'est ce qu'évoque d'ailleurs Halina Kornblum.

Avant de clôturer ce sous-chapitre, mentionnons, sans approfondir, que certains Juifs, tels que Efraim Laadan et Marcel Goldman, constatent avec un regret qu'ils ont été rejetés par la Pologne, pays qu'ils perçoivent comme leur patrie. Ils ont été obligés d'abandonner leur lieu d'origine et de s'installer en Israël. Citons, afin d'illustrer pertinemment ce que ressentent les exilés forcés à propos de ce bannissement, les paroles de Marcel Goldman :

Mes racines sont en Pologne, je ne veux pas les couper et je ne les coupe pas. La langue, la littérature, les coutumes... Mais je vous répondrai à cette question de la même manière qu'un Juif d'Allemagne a répondu à la télévision : « Moi, ici (il s'agissait de l'Europe), je détonne, mais j'y appartiens. Et là (c'est-à-dire en Israël), j'harmonise avec l'entourage, mais je n'y appartiens pas ». Vous comprenez, monsieur ? (*Ibid.* : 346).

Il convient également de prêter attention à l'attitude de certains Polonais à l'égard de Führer et, plus précisément, son projet d'anéantir la race juive. Jakub Wodzisławski avoue :

Ils [des Polonais – P.K] disaient qu'Hitler était épouvantable, mais il mérite toutefois une statue en or, parce qu'il a libéré la Pologne des Juifs. Je l'ai entendu de mes propres oreilles (*Ibid.* : 95).

Et comme le remarque Rita Shenirer, tout au début de l'interview, « les Polonais sont des antisémites affreux. Assurément, ils le sont toujours, autant qu'ils l'étaient de nos temps » (*ibid.* : 353).

Ajoutons en ce lieu que selon les estimations de Jan Gross – qui ont suscité beaucoup de controverses en Pologne, mais qui ont été admises

---

[22] Le terme polonais *starozakonny* signifie exactement « d'ancien ordre », et il est utilisé pour désigner d'une manière péjorative les Juifs.

comme plausibles et vraisemblables par, entre autres, Jan Grabowski et Anna Skibińska –, les Polonais auraient tué environ 200 000 de Juifs (cf. Grabowski, 2011 et Zychowicz, 2019 : 187–197), tandis que le nombre de Juifs qui ont survécu en Pologne est calculé de 30 000 à 50 000 personnes. Force est ici de mentionner qu'il y avait un nombre considérable de Polonais qui s'abstenaient de prêter assistance aux Juifs de crainte d'être ostracisés par leurs compatriotes, d'où les constatations que la majorité des Polonais n'aidaient pas les Juifs. Elżbieta Janicka dit : « Ceux qui ont survécu avec l'aide ou grâce à l'aide de l'environnement non juif étaient une infime minorité » (2019 : 145).

3.2. Bienveillance, assistance, accueil

Se taire sur les actes de bienveillance dont certains Polonais témoignaient à l'égard des Juifs durant l'occupation allemande défigurerait l'image globale de la situation et travestirait la vérité sur l'attitude de la population polonaise envers ses concitoyens.

Parmi ceux qui portaient secours aux Juifs figurent entre autres les membres du clergé catholique. Dans l'ouvrage de Grynberg sont évoqués deux prêtres qui aident les Juifs sur le plan « administratif », car ils leur procurent des documents qui sont nécessaires non seulement au fonctionnement peu ou prou « normal » sur le territoire de la Pologne occupé par les nazis, mais surtout à la survie. Si dans le premier témoignage on obtient des informations générales et superficielles sur la nature des « papiers » dressés par l'ecclésiastique – comme le constate la femme interviewée, Irena : « le prêtre était un brave type » (*MG* : 104) –, dans le second cas on apprend qu'il s'agit des actes de baptême qui ont permis par la suite de produire de vraies cartes d'identité (*Kennkarte*). Puisqu'il est notoire que la possession de ce type de documents était indispensable à ce que les Juifs puissent vivre « du côté aryen », l'activité des deux hommes d'Église susmentionnés (il est à supposer que, dans la réalité, ils étaient plus nombreux, mais, ici, nous nous limitons – pour des raisons évidentes – à évoquer uniquement les cas figurant dans le texte) témoigne, d'une part, de leur courage exceptionnel, d'autre part, d'un sentiment d'humanité qui, sans distinction de religion et de race, pousse à la réalisation bénévole des actes d'héroïsme et d'amour pour autrui. Somme toute, le « prix de la vie avec des documents "aryens" était élevé. Elle s'accompagnait d'une grande solitude, d'une tension et d'une peur constantes, d'un éloignement de sa judéité, de la perte de soutien de la communauté juive, d'un changement d'identité sans retour » (Skibińska, 2019 : 100).

L'autre groupe, sur lequel nous voulons diriger notre attention, englobe les personnes qui exercent des fonctions professionnelles. Insistons d'abord sur un gendarme polonais qui volait – à une gendarmerie autre que celle où il travaillait – du charbon et en apportait aux Juifs pour qu'ils puissent chauffer leurs maisons. Voici ce que constate Samuel Willenberg, homme interviewé par l'auteur, à propos dudit bienfaiteur :

> Et ce gendarme qui prenait soin de nous, c'était un bon homme. Monsieur, il venait chez nous, à la maison, à l'occasion de la fête de Yom Kippour. Je me rappelle très bien le jour où il a apporté à mon père une bouteille en faïence. Et il demande à mon père : « Qu'est-ce que Hitler veut des Juifs ? » Et il s'assoit, et boit de cette bouteille avec mon père. [...] Oui, il était notre bonheur, mais pas pour toujours. Ils l'ont transféré et ç'a été une tragédie (*MG* : 127).

Pour clôturer la présentation du groupe professionnel des Polonais qui faisaient preuve de bienveillance à l'égard des Juifs, mentionnons un médecin qui est venu à la maison d'une femme malade (effet de l'intoxication alimentaire) pour l'examiner et prescrire un traitement, et un boulanger qui vendait à une fille juive, âgée de dix ans, plus de pain que prévu : au lieu d'une demi-miche de pain, elle en obtenait, conformément à sa demande, dix miches. Ce qui est digne d'attention, c'est que le propriétaire de la boulangerie était conscient de la situation de la jeune fille, mais il ne craignait ni protestations ni indignation de ses travailleurs. Voici une brève description de ladite scène, faite, bien des années plus tard, par Halina Kornblum :

> Il m'a prise par la main, a appelé son auxiliaire et lui a dit : « Cette fille vend du pain. Donnez-lui, toutes les fois qu'elle viendra ici dix miches de pain ». Je me suis étonnée qu'il dît des choses que je n'avais pas dites, mais il semble qu'il s'est douté. Alors, j'obtenais toujours le pain et c'était très important pour nous (*ibid.* : 178).

Il n'est pas sans intérêt d'évoquer les moyens pécuniaires que percevaient les Polonais s'étant décidés à cacher, donc protéger, des Juifs sous les toits de leurs propres demeures. S'il y en avait des Polonais qui cherchaient à s'enrichir sur le malheur des victimes nazies, il y en avait toutefois d'autres pour qui l'argent ne comptait pas, car c'était une volonté bénévole qui motivait leurs actions visant à porter secours aux gens en péril. Cela touche directement les aïeux de Grynberg, à savoir ses grands-parents et son père, qui ont trouvé le refuge chez une famille polonaise (le plus probablement, il s'agit des anciens patients de son grand-père, médecin de profession), à Marymont[23], quartier résidentiel de Varsovie. Si la famille recevait en effet de l'argent de la part de *Żegota* (*Rada pomocy Żydom*, Conseil d'aide aux Juifs), ce n'est aucunement pour en tirer des profits individuels, mais pour pouvoir satisfaire les besoins essentiels de la survie de tous les habitants de la maison, y compris les Juifs. Voici comment l'auteur présente son point de vue sur la question ci-dessus :

> J'y pense de manière suivante : premièrement, je ne les juge pas, et deuxièmement, cet argent était destiné à maintenir mes grands-parents et mon père, ainsi que ceux qui les ont accueillis et hébergés (*Ibid.* : 77).

La situation supra n'est pas un cas isolé. Kuba Wodzisławski, un autre interviewé de Grynberg, avoue avoir été caché par des Polonais, Hajdasowie, dans une cabane souterraine, sans aucune volonté d'en tirer des profits matériels. Après bien des années, Wodzisławski raconte au journaliste ce qui suit : « Les Hajdasowie étaient des gens simples. Ils ne savaient pas lire, mais ils étaient très décents. Elle [la femme du foyer – P.K.] a dit ainsi : "Dans notre religion, il est dit : Ne tue pas. Et moi, je vous tuerais si je ne vous avais pas accueillis". Ils étaient dévots et décents » (*ibid.* : 91) et, dans la partie suivante de l'interview, il ajoute :

> Mais il faut que tu saches que ces Polonais ne le faisaient pas pour l'argent. Moi, je les appelle « de la meilleure espèce ». C'est grâce à eux que nous avons survécu. C'était une lutte pour la vie et pour la mort (*ibid.* : 94).

Wodzisławski est bien conscient que les Polonais, en portant secours aux Juifs, encourent le risque d'être tués par l'occupant hitlérien. Tout ému, il constate :

> Toi, tu en lisais, et moi, j'ai vu ces gens courageux de mes propres yeux. Les Allemands ont lancé un avertissement selon lequel celui qui aidera les Juifs… non seulement les cachera, mais leur donnera au moins un morceau de pain, périra. Il périra avec toute sa famille. Mikołaj, ils le faisaient, tu comprends ? Ils assassinaient les gens tels que les Hajdasowie (*ibid.* : 92).

Dans *Rescapés du XXe siècle*, outre ces deux cas, sont évoqués d'autres citoyens polonais qui protégeaient les Juifs en les cachant ou bien en

---

[23] L'appellation vient du français : « Mont de Marie ».

prenant soin d'eux. L'un d'entre eux est Kazimierz Duriasz, homme de bon cœur, à l'inverse de sa femme, qui a donné asile à Władek Kornblum et a obtenu la médaille des « Justes parmi les nations », attribuée par le mémorial israélien de Yad Vashem. Vers la fin des années quatre-vingt, Władysław est allé lui rendre visite avec sa femme, Halina. C'est ainsi qu'elle relate cette rencontre :

> Il était déjà très vieux et sourd, mais c'était un homme magnifique. Tellement cordial. Et il me traitait comme si j'appartenais à sa famille. Il m'a dit : « Tu sais, Władek était un enfant très nerveux, parce que quand nous regardions la lueur brûlant au-dessus du ghetto en flammes, il tremblait de tout son corps. Je le tenais par la main et j'avais peur qu'il ne meure. Sinon, après la guerre, je serais accusé de l'avoir tué ». Et plus tard, il m'a raconté le rêve qu'il avait dans son sommeil, déjà après la guerre. Il était debout sur une haute montagne et il voyait une personne s'approcher de loin. C'était une femme aux cheveux bruns qui est venue près de lui et s'est inclinée. Il savait que c'était la mère de Władek, et il savait qu'elle le remerciait d'avoir sauvé la vie de son fils. C'était très émouvant (*ibid.* : 166).

De surcroît, Halina Kornblum mentionne un autre Polonais qui, durant l'insurrection de Varsovie, gardait dans sa maison treize Juifs, y compris des enfants comme elle. Ajoutons encore qu'une autre femme, Lusia Raubvogel, parle d'un autre Polonais, du nom de Słonecki, qui lui a sauvé la vie en lui offrant le refuge dans sa maison. Elle le décrit comme un ange :

> C'était un être merveilleux, un homme merveilleux, un héros merveilleux de ma vie. Si vous me demandez qui j'aimais davantage, lui ou mon père, je ne trouverai pas de réponse (*ibid.* : 220).

Dans le texte analysé apparaît également Gierat, jeune Polonais qui transportait dans son camion les Juifs en Hongrie afin de leur assurer la survie. Quelques bonnes et justes que soient ses intentions, cette affaire lui a assuré une énorme fortune. En fin de compte, il a été attrapé par les Allemands et enfermé à Auschwitz. Il a survécu et, après la guerre, s'est lié d'amitié avec quelques Juifs à qui il avait prêté assistance durant l'occupation allemande. Évoquons encore, pour finir cette brève énumération des Polonais qui sont loin d'être qualifiés d'antisémites, la famille de Świerszczyńscy qui cachait chez elle Giora Bar-Nira (à cette époque-là, il se servait du prénom et du nom : Władysław Piotrowicz) et un certain Lucek qui « se cachait quelque temps chez les goïms » (*ibid.* : 87).

Les interviewés de Grynberg mentionnent, de façon générale, que nombreux étaient les Polonais qui aidaient les Juifs durant cette période hors du commun. Pour clore cette partie de notre examen, donnons la parole à Poldek Maimon, un des survivants. Il constate :

Cacher des Juifs constituait une menace de mort. On ne peut pas raconter que les Polonais ne voulaient pas aider. Ils avaient peur, et c'est normal. Ils pouvaient mourir eux-mêmes. Mais il y en avait ceux qui nous aidaient. Ils méritent tous les honneurs que l'on peut recevoir. C'était le progrès le plus humain qu'on ait pu faire à cette époque-là (*ibid.* : 18–19).

Il y a lieu ici d'observer que les Polonais sont les plus nombreux (7 177 au total pour le moment présent[24]) à avoir reçu la médaille des « Justes parmi les nations » et, de cette manière, ils constituent plus d'un quart parmi tous les Justes du monde. Même si d'aucuns (tels les Pays-Bas, qui occupent la deuxième position avec 5 910 de sauveurs) expliquent un tel état de choses par le fait que c'est en Pologne que la quantité de la population juive était la plus abondante à l'époque de la suprématie nazie, il serait insensé de négliger la contribution de certains Polonais à la survie des Juifs, d'autant plus que c'est uniquement sur le territoire de la Pologne occupée que toute assistance aux descendants d'Abraham constituait une menace de mort : en outre, non seulement à ceux qui ont eu le courage de porter secours en personne, mais aussi, ce qui est absolument à mettre en relief, à sa famille tout entière. Nul doute alors que de tels actes gagnent en estime sur le plan humanitaire et que leur valeur est incontestable.

Conclusion

Tout bien pesé, il s'avère que la « nouvelle politique historique » qu'impose l'État polonais actuel et dont l'objectif primordial est de propager le mythe d'une « Pologne innocente » et d'accentuer la martyrologie de la nation polonaise – qui, il faut l'accentuer, est sans le moindre doute

---

[24] Stefania Buchała et Jan Buchała, couple qui a sauvé la vie à Roman Polański, âgé alors de six ans, sont les personnes qui viennent de recevoir les médailles des « Justes parmi les nations ». Ces médailles posthumes ont été remises sur les mains de leur petit-fils, Stanisław Buchała, le 15 octobre 2020, à Gliwice. Le fameux réalisateur a personnellement assisté à la cérémonie pour remercier le descendant de ses sauveurs, lesquels il a enfin réussi à identifier après bien des années de recherches.

évidente et loin d'être sujette à caution –, n'est pas du tout fondée. Bien que certains Polonais, malgré les circonstances sociopolitiques atroces, eussent le courage de porter secours aux Juifs, on est confronté à une vérité affligeante qui, sur la base du socle référentiel constitué de témoignages et de preuves conservées dans les archives, nous oblige à admettre que, outre les « Justes » identifiés, figurent également ceux qui, pour reprendre la terminologie de Żbikowski, travaillent au profit de l'Holocauste (« *working towards the Holocaust* »). Ce qui est à noter, c'est qu'à la base de leur motivation gît, dans bien des cas, non seulement la démoralisation générale causée par les circonstances guerrières, mais aussi l'antisémitisme séculier issu de l'antisémitisme religieux, attisé par certains ecclésiastiques catholiques. Leur rhétorique provoque de fréquentes accusations lancées contre les Juifs, que l'on considère comme responsables de la mort du Dieu chrétien. Cette stigmatisation accroît la distance socioculturelle entre les catholiques polonais et les Juifs, perçus comme un groupe ethnique allogène. Cette façon de percevoir les relations judéo-polonaises autorise, au niveau de la subconscience collective, l'exclusion des concitoyens juifs et le refus de leur accorder une partie commune dans l'histoire de la nation tout entière.

Cependant, les actes antijuifs ont lieu aussi bien avant qu'après la Seconde Guerre mondiale. Si dans le premier cas c'est l'idéologie nationaliste des années trente qui est la force motrice de multiples gestes hostiles (attaques personnelles, propagande[25], discrimination, ségrégation dans la vie sociale et politique), dans le second, on a affaire à la généralisation des victimes de la Shoah ainsi qu'à la campagne antisioniste des années soixante, dont le point culminant a été l'expulsion de la Pologne de bien des Polonais d'origine juive.

Bref, la confrontation de l'état factuel, c'est-à-dire les preuves testimoniales, avec le discours public du Gouvernement polonais prouve incontestablement que la version idéalisée, promulguée par les milieux nationalistes et les autorités polonaises actuelles, est incompatible avec

---

[25] Il s'agit des mouvements d'extrême droite, tels que *Obóz Narodowo-Radykalny* (Camp national-radical, ONR), dont les partisans distribuent – dans les années trente du XXᵉ siècle – entre autres les prospectus approuvant la politique nazie. En plus, dans le périodique *Sztafeta* (Estafette), on trouve des textes qui formulent explicitement des idées antisémites tout en vantant les démarches politiques du Troisième Reich. Celle-ci, dans leur optique, apparaît comme un grand pays européen qui combat judicieusement la juiverie (cf. Oracz, 1934 : 3).

les études de maints historiens et les dépositions des survivants. Or, les témoignages qui surgissent sont suffisamment cohérents et véridiques pour ne pas les accepter et continuer à véhiculer une légende faussée sur la « nature angélique » de toute la nation polonaise. Cette période est pleine d'ambiguïtés, tant et si bien qu'il est nécessaire de donner l'avant-dernière parole à Jakub Wodzisławki, un des interviewés de Grynberg :

> Il faut que je te dise encore quelque chose sur les Polonais. Je ne leur fais pas grief qu'ils ne sauvaient pas les Juifs. Je ne leur reproche pas de ne pas avoir caché les Juifs. Écoute, je ne sais pas si je n'avais pas eu peur de te cacher à cette époque-là, mais je ne t'aurais jamais dénoncé. Tu me comprends ? Et maintenant, va et écris cela (*ibid.* : 111).

Avant de clore finalement notre propos, il faut préciser que les Justes, dans le contexte analysé, ne sont pas celles ou ceux qui se soustraient à la raison d'État en réalisant des actions qui relèvent d'une forme de morale universelle, parce que l'État polonais antinazi clandestin non seulement punit la collaboration avec l'envahisseur hitlérien, mais aussi critique toute tentative de nuire aux citoyens juifs durant l'occupation allemande de la Pologne : que ce soit le pillage de leurs biens, la dénonciation ou le meurtre. Les « Justes » polonais – il faut utiliser cet adjectif qualificatif, parce que la situation en Pologne durant la Seconde Guerre mondiale diffère considérablement de celle des autres pays européens – méritent une considération fort particulière, car, en aidant les Juifs, ils encouraient la peine de mort de la part des Allemands. Ceux-ci assassinent de sang-froid non seulement ceux qui aident les Juifs, mais aussi tous les membres de leur famille ; une telle menace est absente du reste du continent européen. En plus, ces exécutions sont publiques : opérées au vu et au su de tous, dans le dessein de semer la terreur et décourager d'autres Polonais de porter assistance à leurs concitoyens juifs.

Références

BARJONET, Aurélie (2017). « Générations d'après, générations relais », in Mesnard, Philippe (éd.), *La Littérature testimoniale, ses enjeux génériques.* Paris : SFLGC, pp. 143–159.

BEHR, Valentin (2019), « Les discussions sur la Shoah en Pologne, miroir grossissant des polarisations du champ historien », in Kichelewsky, Audrey et al., *Les Polonais et la Shoah. Une nouvelle école historique.* Paris : CNRS Éditions, pp. 275–290.

BIKONT, Anna (2017). *Sendlerowa. W ukryciu.* Wołowiec : Wydawnictwo Czarne.

COQUIO, Catherine (2017), « Les enjeux anthropologiques du témoignage : Le genre, l'acte, le rite, le jeu », in Mesnard, Philippe (éd.), *La littérature testimoniale, ses enjeux génériques.* Paris : SFLGC, pp. 83–122.

GŁOWIŃSKI, Michał (1998). *Czarne sezony.* Warszawa : Open.

GRABOWSKI, Jan (2008). *« Je le connais, c'est un Juif ! » : Varsovie 1939–1943. Le chantage contre les Juifs.* Paris : Calmann-Lévy.

GRABOWSKI, Jan (2011). *Judenjagd. Polowanie na Żydów, 1942–1945. Studium dziejów pewnego powiatu.* Warszawa: Stowarzyszenie Centrum Badań nad Zagładą Żydów.

GROSS, Jan (2019a). « Itinéraire d'un historien de la Shoah en Pologne », in Kichelewski, Audrey et al., *Les Polonais et la Shoah. Une nouvelle école historique.* Paris : CNRS Éditions, pp. 23–36.

GROSS, Jan (2019b). *Les Voisins : 10 juillet 1941. Un massacre de Juifs en Pologne.* Paris : Les Belles Lettres.

GRYNBERG, Mikołaj (2018). *Ocaleni z XX wieku.* Wołowiec: Wydawnictwo Czarne.

HARTMAN, Geoffrey (1996). « Introduction. On Closure », in idem., The longest Shadow. In *the Aftermath of the Holocaust.* Bloomington and Indianapolis : Indiana University Press, pp. 1–14.

JANICKA, Elżbieta (2019). « Les observateurs participants de la Shoah. Pour un nouveau paradigme descriptif », in Kichelewski, Audrey et al., *Les Polonais et la Shoah. Une nouvelle école historique.* Paris : CNRS Éditions, pp. 145–162.

JURGENSON, Luba (2017). « "Publication collective" : création de "l'autre" ou laboratoire de la singularité ? », in Mesnard, Philippe (éd.), *La littérature testimoniale, ses enjeux génériques.* Paris : SFLGC, pp. 63–82.

KARSKI, Jan (2004). *Mon témoignage devant le monde : Histoire d'un État secret.* Paris : Point de mire.

KERSHAW, Ian (1999). « "Working Towards the Führer". Reflections on the Nature of the Hitler Dictatorship », in Leitz, Christian (éd.), *The Third Reich.* London : Blackwill, pp. 231–252.

KICHELEWSKI, Audrey et al. (dir.) (2019a). *Les Polonais et la Shoah. Une nouvelle école historique.* Paris : CNRS Éditions.

KICHELWESKI, Audrey (2019b), « La campagne "antisioniste" de 1968. Point de départ d'une narration officielle polonaise sur la Seconde Guerre mondiale », in Kichelewski, Audrey et al., *Les Polonais et la Shoah. Une nouvelle école historique*. Paris : CNRS Éditions, pp. 247–258.

LAUB, Dori (1992), « Bearing Witness or the Vicissitudes of Listening », in Laub, Dori et Shoshana Feldman (dir.), *Testimony. Cries of witnessing in Literature. Psychoanalysis and History*. London : Routledge, pp. 57–74.

LEOCIAK, Jacek (2018a). *Młyny boże. Zapiski o Kościele i Zagładzie*. Wołowiec : Wydawnictwo Czarne.

LEOCIAK, Jacek (2018b). *Ratowanie. Opowieści Polaków i Żydów*. Kraków : Wydawnictwo Literackie.

MERTON, Robert K. (1972), « Insiders and Outsiders: A Chapter in the Sociology of Knowledge ». *American Journal of Sociology*, vol. 78, n° 1. Varieties of Political Expression in Sociology : 9–47.

MESNARD, Philippe (dir.) (2017). *La Littérature testimoniale, ses enjeux génériques*. Paris : SFLGC.

ORACZ, Ryszard (réd.) (1934), « Idziemy naprzód. Wizyta Ministra Goebbelsa », *Sztafeta* n° 46, Warszawa, le 7 juin 1934 : 3, disponible sur https://jbc.bj.uj.edu.pl/dlibra/publication/317725/edition/304089/content?&ref=desc, consulté le 12/09/2020.

PELT, Robert Jan van (2002). *The Case for Auschwitz. Evidence from the Irving Trial*. Bloomington : Indiana University Press.

SKIBIŃSKA, Alina (2019), « La troisième phase de la Shoah, 1942–1945. Possibilités et chances de survie des Juifs dans les différentes régions de Pologne », in Kichelewski, Audrey et al. (dir.) *Les Polonais et la Shoah. Une nouvelle école historique*. Paris : CNRS Éditions, pp. 37–48.

STEINBACHER, Sybille (2015). *Auschwitz: Geschichte und Nachgeschichte*. München : C. H. Beck.

SULEIMAN, Susan Rubin (2002), « The 1.5 Generation: Thinking About Child Survivors and the Holocaust ». *American Imago*, vol. 59, n° 3: 277–295.

SZUREK, Jean-Charles (2019), « Les étapes d'une prise de conscience », in Kichelewski, Audrey et al., *Les Polonais et la Shoah. Une nouvelle école historique*. Paris : CNRS Éditions, pp. 37–48.

TARTAKOWSKY, Ewa (2019), « L'enseignement de l'histoire de la Shoah en Pologne depuis la réforme de l'Éducation de 2017 », in Kichelewski,

Audrey et al., *Les Polonais et la Shoah. Une nouvelle école historique.* Paris : CNRS Éditions, pp. 259–273.

TOKARSKA-BAKIR, Joanna (2015). *Légendes du sang. Pour une anthropologie de l'antisémitisme chrétien.* Paris : Albin Michel.

TOKARSKA-BAKIR, Joanna (2019), « Sous anathème. Portrait du pogrom de Kielce : inspiration et méthodologie », in Kichelewski, Audrey et al., *Les Polonais et la Shoah. Une nouvelle école historique.* Paris : CNRS Éditions, pp. 191–204.

VIDAL-NAQUET, Pierre (2005). *Les Assassins de la mémoire. « Un Eichmann de papier » et autres essais sur le révisionnisme.* Paris : La Découverte.

VOLKOV, Shulamit (1995), « Antysemityzm jako kod kulturowy », in Breysach, Barbara (dir.), *Ze sobą, obok siebie, przeciwko sobie. Polacy i Żydzi, Austriacy i Niemcy w XIX i na początku XX wieku*, Carcovie, Znak, trad. de Bartłomiej Hański (édition originale en allemand : *Antisemitismus als kultureller Code, zehn Essays*, Munich, C. H. Beck, 2000).

WAINTRATER, Régine (2003). *Sortir du génocide. Témoigner pour réapprendre à vivre.* Paris : Payot.

ŻBIKOWSKI, Andrzej (2006). *U genezy Jedwabnego. Żydzi na Kresach Północno-Wschodnich II Rzeczypospolitej. Wrzesień 1939 lipiec 1941.* Varsovie : Institut d'histoire des Juifs.

ZYCHOWICZ, Piotr (2019). *Żydzi. Opowieści niepoprawne politycznie.* Poznań : REBIS.

Spillover: Writing Ruin in the Wake of Ebola

Hannah GRAYSON

University of Stirling, United Kindgom

Abstract: Following Ann Stoler's call in *Imperial Debris* (2013), this chapter examines how two francophone texts on Ebola spotlight ruin as they carve out a testimonial space for the epidemic in novel form. Their writing counters the rhetorics of urgency and containment that dominate crisis discourse to show the slow workings of inequality. With *En compagnie des hommes* (2017) and *Des chauve-souris, des singes et des hommes* (2016) Véronique Tadjo and Paule Constant shift attention away from concrete, privileged sites of reflection to show the spread of the epidemic as part of the ongoing processes of ruination and decay sustained by what Stoler (2013) terms "imperial formations". Here I suggest the notion of "spillover" as particularly relevant for the way writing epidemic points to this synchronic and diachronic process of ruin. Tadjo appeals to a global humanity through the voices of those giving testimony; Constant is less optimistic in her anti-colonial critique. In this way the texts lay bare the temporal and ethical implications of those writing and living in the aftermath of Ebola, in the aftermath of colonialism.

Keywords: Ebola, epidemic, spillover, ruination, postcolonial

Résumé: Suite à l'appel d'Ann Stoler dans *Imperial Debris* (2013), ce chapitre examine la ruine dans deux romans sur l'épidémie d'Ebola qui créent un espace littéraire de témoignage. Leur écriture s'oppose à la rhétorique d'urgence et de confinement qui domine les discours de crise, en démontrant les mécanismes prolongés de l'inégalité. Dans *En compagnie des hommes* (2017) et *Des chauve-souris, des singes et des hommes* (2016), Véronique Tadjo et Paule Constant se détournent des lieux concrets et privilégiés de mémoire afin de montrer la transmission de l'épidémie comme processus continu de ruine et de décomposition. Ce processus est entretenu par ce que Stoler (2013) nomme « imperial formations ». Je propose que le terme « spillover » est d'un usage pertinent pour l'analyse de l'écriture de l'épidémie, en ce qu'il souligne le processus synchronique et diachronique de la ruine. Tadjo fait appel à une humanité internationale à travers les voix de ceux qui témoignent ; Constant est moins optimiste dans sa critique anticoloniale. Les deux romans dévoilent les enjeux éthiques et temporels de ceux qui écrivent et ceux qui vivent à la suite d'Ebola, à la suite du colonialisme.

Mots-clés : Ebola , épidémie , « spillover » , ruine , postcolonial

Introduction

« État d'urgence », « Lutte », « La menace s'intensifie », « Contaminés par la peur », « Une peur sans frontières ». So read headlines in 2014 when an Ebola outbreak was discovered in Guinea and spread to Sierra Leone and Liberia. Sensationalised phrases preceded apocalyptic images and phantasmagoria that in recent days has become all too familiar: hazmut suits, PPE and white plastic sheeting. Where semantics of danger, battle, and containment move beyond the headlines of mainstream media and characterise political discourse (and we can think of countless examples from the current Covid-19 pandemic of war against disease, or the desperate "hunt" for victims) the focus becomes all about taking and completing (re)action in fast systematic way.

Urgency and speed are at the heart of emergency discourse. Rightly, in as much as fast response is an absolute necessity, but risky when such urgency decontextualizes crisis. Language of battle – fighting an outbreak, beating a disease – are driven by Western culture's "hygienic imperative" (Sedgwick, 1992: 278); where Western authority experiences a crisis it responds with this imperative to clean up, fix, and improve. Within public rhetoric on disease more broadly, it plays into fears of the "other", fears of contamination.[1] This discourse also relies on extreme surveillance and language of containment (we see that in zoning, and increased attention to protecting borders and domestic space). And thirdly, the notion of finality is common. When the epidemic was declared over in 2016, an abundance of terms (such as "mis fin", "l'épidemie vaincue", "terminé") emphasised that apparent ending. Such language makes claims of neatness in space and time, suggesting a lack of

---

[1]   See the work of Elena Semino on metaphor, including about the use of metaphor in the current Covid-19 pandemic and on cancer: *Metaphor, Cancer and the End of Life: A Corpus-based Study* (2018), London: Routledge.

ongoing consequence, of ongoing suffering. Public discourse in this way encourages an end of attention, of care, at a set date and time. As Sarah Brophy observes in the case of AIDS, this discourse renders the victims of an epidemic "untroublesome", by "a public rhetoric that would fast-forward public consciousness to a sometime future world, one purified of the scourge and its 'victims', a world, in other words, purified of grief and of mourning." (2016: 8).

It is that "fast-forwarding" this chapter seeks to engage with. Such language of urgency, containment and finality – so relevant given the current pandemic and indeed, discourses of crisis more generally – risks hurrying us through, increasing fear, but also exculpating and decontextualizing. Working against this, testimony, in multiple forms, gives insight into the longer-term personal experiences of the ruin caused by crisis – in this case Ebola. Recent literature on Ebola helps us think about how people live *with* and *in* its ruins, but also works to bear witness to that living, while placing those questions in the broader history of the aftermath of colonialism. The two novels I examine here are *En compagnie des hommes* (2017) by Véronique Tadjo and *Des chauve-souris, des singes et des hommes* (2016) by Paule Constant. Each text shifts attention away from concrete, privileged sites of reflection to immerse the reader in the aftermath of disease-ravaged West Africa. This comes partly through the polyvocal and itinerant styles of both texts, which point to the widespread nature of damage, across people, space and time.

Testimonio, as John Beverley defines it in *De/Colonizing the Subject*, is "a book-length narrative told by a first-person narrator who recounts a life story or transforming experience, with the intent of winning support for the struggle and achieving legal reparations" (1992: 92–4). In many contexts, testimony has of course been targeted not at tangible reparation but seeking re-education or strategies of affective engagement – most famously, in Europe, in the wake of the Holocaust – through bearing witness via a first-person, autobiographical account. Moving beyond the autobiographical, fictionalised testimony has recognised and played on the mediated process of transmitting memory and worked to retain a profoundly personal impetus whilst seeking to intervene in cultural memory. What all testimonial writing does is intervene in the process of interpreting the significance of an event. This chapter is concerned with literary narratives that bear witness and engage in that process of interpreting, and which in turn draw our attention to the protracted, material nature of an event's significance.

When viewed as a juridical narrative act, as eye-witness evidence in the form of a report given *after* a crime or incident, or when "breaking silence" is aligned with the urgency and sensationalism of breaking news, the expectation of testimony is that it will be quickly formulated, and delivered in a linear, comprehensive-but-contained fashion. However, any witnessing that takes place in a context of a formerly colonised nation, brings with it, for postcolonial scholars, an acute suspicion towards claims of finality, challenging Western bias towards versions of colonial history. Debates about the premature celebration of the "post" of "postcolonial" have been carried out at length by Anne McClintock (1992), Ella Shohat (1992) and Stuart Hall (1996) to name but a few. And those same discussions (around who gets to effect closure on historical events) have occupied scholars of trauma studies and memory studies – not least Stef Craps who in his *Postcolonial Witnessing* argues that Western understandings of trauma, mourning and recovery risk obscuring the continuing oppressive effects of long-term racial trauma (2015: 60). With that critique of trauma theory's Eurocentrism in mind, the examples I draw upon emerge predominantly from non-Western, non-anglophone settings.

By shifting the grounds of our knowledge of an event away from generalizations to emphasize instead the locatedness and immediacy of first-person points of view, these narratives of witness explore the personal and social effects of the culturally constructed meanings of Ebola, while also contesting recycled stereotypes and the desire for radical closure that characterizes emergency media discourse. It is both the intervention in the process of interpreting *and* that locatedness that interest me here, in wanting to outline the slow work to which it bears witness (in the enduring effects of imperialism) in what I will describe as "spillover".

1. *Literary narratives of witness*

It is fair to say that, in many ways, the creative writing in literature that bears witness to tragedy is a unique textual space for articulating the slow workings of imperialism. In many ways fiction expands our capacity for witnessing: questions the truth imperative, creates new frames of references, appeals to emotion and imagination, preserves a heterogeneity of perspective.[2] As narratives of witness (both in fiction and non-fiction forms) carve out testimonial space to remember crises

---

[2]   For further reading, see Felman and Laub (1992) and Attridge (2017).

and their contexts they also orient and contribute to cultural memory. Elsewhere I have described fiction written in the wake of the genocide as "des pas tentatifs" after Patrice Nganang's formulation in *Manifeste d'une nouvelle littérature africaine* (Grayson, 2016). This is more reflective of the "working through" of trauma. Tentative steps, or what Shoshana Felman calls "small steps" in relation to Lanzmann's documentary *Shoah* (1992: 119), reorient our temporal claims of testimony away from accounts that bring finality and containment, or breaking silence as a one-off, momentary act akin to 'breaking news'. There is no suggestion that breaking silence leads to an end to silence – all testimony will fall short of capturing what the experience was like. Rather, we see such witnessing as a gradual process of change one has to pass through (Felman and Laub, 1992: 85), a non-linear, tentative narrative process that attempts to form intelligible structures out of disarray.

Heavily influenced by the enduring legacy of dialectical thought in the post-World War II era, theoretical writing on testimony has tended to see fiction as an ethically irresponsible inferior to testimony. Couched in ethical readings of right or wrong, and focused on conceptual binaries like silence/speech and truth/lies, I argue, in foregrounding this notion of time, that in fiction, testimony's representational capacity can be expanded precisely to bear witness to the slow work of imperialism that spills over into the present. The already blended genres (when fictional characters bear witness to real events) create blended or destabilised expectations in readers (were the authors there? is what they write true? who is speaking?) that can extend to a destabilising of temporal frames which, I argue, is vital for acknowledging the *longue durée* of imperial formation. That is, acknowledging apparently singular "crises" or "traumas" within their timeline of structural inequality and suffering.

Postcolonial studies' suspicion towards claims of finality can highlight where literary form undoes the "post" and undermines claims that the effects of colonialism ended with independence. In other words, the forms so pertinent for reflecting on individual traumatic experiences – epiphanic moments, truncated recollections, time lapses – can in the same way make present a broader political past. As well as altering chronologies, creative writers hold temporal boundaries up to scrutiny through a poetics of witness[3] that engage not only with an event/crisis

---

[3] According to Antony Rowland, such poetics include direct addresses; reporting what's seen (in reality or imagination) particularly from heart of crisis *but not*

but its origins and foundations. Postcolonial narratives of witness show the traumas sustained by the formerly colonised to be "collective in nature and impossible to locate in an event that took place at a singular, historically specific moment in time. [Rather] they are part of a long history of exploitation that persists into the present." (Craps, 2015: 63). In this vein, this chapter presents "spillover" as a powerful critique of time as conceptualised by Western societies.

Creative writing that blends eye-witness accounts with a broader project of bearing witness is representative of the processes of spillover I will examine here. By combining fictionalised first-person accounts of what was seen (eye-witnessing in the sense of facts) and interrogating the suffering that transcends and impacts this particular crisis (bearing witness in the sense of testifying to that which cannot be seen), this writing stands as a counterpoint to the discourses of containment and finality that were introduced at the beginning of this chapter.[4] If testimony is a tentative narrative process that attempts to form intelligible structures out of disarray; then *one* of the ways literature works as witness is by zeroing in on that disarray precisely to reveal it as part of the ongoing effects of imperialism.

2. Ebola and spillover

Two novels that work to bear witness to Ebola and its ruin are Véronique Tadjo's *En compagnie des hommes* (2017) and Paule Constant's *Des chauve-souris, des singes et des hommes* published in 2016. The novels tell the stories of an Ebola epidemic that wreaks havoc on lives – Tadjo's loosely based on the epidemic from March 2014 that started in Guinea, then spread to Liberia and Sierra Leone leading to 11,000 deaths and more than 28,000 people infected. The current epidemic in DRC continues, though a vaccine was finally found in November. Working against the rushed language of crisis, both texts make the past present by tracing the lasting, tangible effects of colonialism. The journeying narratives have a community of witnesses speak from the pages, from health workers, to patients, grave-diggers and bats. Both novels, in their

---

for purposes of glorifying heroes. Poetry as Testimony: Witnessing and Memory in Twentieth-Century Poems (2014, New York: Routledge).

[4] See Kelly, Oliver (2004). "Witnessing and Testimony" *Parallax* 10.1: 79–88 for further discussion of this distinction (p. 81).

multiple narrative strands, deny any sense that the full story has been told, is consigned to the past and can now be forgotten. Rather, the stories of Ebola detail the ongoing consequences of the epidemic and echo stories of earlier, ongoing sufferings. Ebola is a particularly sharp example of irretrievable disaster: and because of immediate threat of contamination and threat to life, around it we see the epitome of the kind of disaster rhetoric cited at the beginning of this chapter. But as an epidemic – a disease that spreads rapidly across borders – it is also a particularly useful example for reading crisis whose effects go beyond the delineated periods that can often dominate media and political discourse concentrating on containment and finality.

Taking my cue from Ann Laura Stoler, whose work on the lasting effects of imperialism and in particular what she terms "ruination" has informed my reading (2013),[5] I'd like to suggest that the notion of spillover is particularly useful to bear in mind as part of this literary critique of temporal boundaries. A key notion in ecology and virology, "spillover" describes the change in a transmission pathway when the reservoir of a disease in an animal transfers to a human. This transmission usually occurs through blood or bodily fluids and increases epidemic spread with direct consequences for human health and wellbeing. "Spillover" also of course has connotations of causes in one place having an effect somewhere else.

In texts on Ebola, the relevance is obvious. I highlight it partly because it is explicitly narrated in Constant's text, as the origin of the epidemic:

Olympe porta la chauve-souris a sa bouche, ouvrit ses lèvres, sentit le museau qui cherchait un téton. Avec la langue, elle força le museau pour y glisser un

---

[5]   Ruins tend to have connotations of enchantment, favoured images of a vanished past, with structures abandoned and grown over. We can think of icons of loss and longing like the Roman Colosseum, the Acropolis, inspiring imperial nostalgia and melancholy for lost beauty and glory. But ruin is a destructive verb: a corrosive process. And attention, for Stoler, is on ruin as an active process and a vibrantly violent verb: "Imperial projects are themselves processes of ongoing ruination, processes that 'bring ruin upon,' exerting material and social force in the present. Ruination is an act perpetrated, a condition to which one is subject, and a cause of loss. Each of these has its own temporality. Each identifies different durations and moments of exposure to a range of violences and degradations that may be immediate or delayed, subcutaneous or visible, prolonged or instant, diffuse or direct." (2013: 9)

peu de salive. La chauve-souris tétait. Olympe sent la salive lui envahir la bouche et au bout de la langue l'aspiration ferme et rythmée de la succion qui la comble de bonheur. (2016 : 27)

But largely because this notion of spillover helps sharpen our senses to the way processes of ruination transcend supposed borders between species, between geographical zones, and between artificial time periods. In its unstoppability, Ebola (personified in various ways by the authors) provides an example of the wide and long-term reach of crisis, with aftershocks inscribed in the text.

Looking at "spillover" when reading epidemic is where we see the widespread and protracted nature of ruination: extended exposure to processes of ruin. As one of Tadjo's narrators points out: "Oui, l'épidémie est terminée. Et cependant nous vivons toujours dans les griffes d'Ebola." (2017: 117). That "cependant", I argue, has wider implications for contesting the "post" of post-colonial and the urgency lexis that surrounds crisis more generally. As we see the creeping, seeping effects of the epidemic, our attention is drawn to the protracted consequences of colonialism. Indeed, the uneven exposure to the disease's effects *and* the politically fraught "interventions" that respond to it, are shown by both authors to be inextricably bound up/located in the aftermath of colonial "interventions".

In these ways, reading for spillover in the novels works against notions of containment and finality. First, it challenges those infectious disease discourses of tropical medicine that would keep sick bodies banished to a distant "elsewhere". It undermines the conceptual compass that would construct and arrange disease as indigenous to certain terrains and bodies. And secondly, it points to the lack of finality – in the physical, social and economic effects of the disease itself, and in the consequences of colonialism (marked as over half a century ago). In this way they work to locate this one event in a longer story of systemic inequality. This is the slow work of testimony. Both Tadjo's peripatetic cross-section of accounts and Constant's slower dwelling on the tangible effects of colonial pasts in medical interventions, shift attention away from concrete, privileged sites of reflection to immerse the reader in the breadth and long history of the disease's ruin. These two functions/ critiques (undermining containment and finality) map more or less onto the structures of each novel: *En compagnie des hommes* is more synchronic in its itinerant nature, which demonstrates how widespread the damage is, both in kind (social, physical, environmental) and in space. Constant's

Des chauve-souris takes a more diachronic lens to show how the specific history of colonial intervention has left a particular area more vulnerable to ruin and abandonment.

3. *En Compagnie des hommes*

From the perspectives of a wide range of human and non-human characters, Tadjo's *En Compagnie des hommes* relays the rapid spread of the epidemic. The text reads as a communal work of bearing witness from medical staff, grave-diggers, patients and families who speak of their experiences faced with the danger of the epidemic. The itinerant approach (both in narrators like the bat who move around, and in the frequent shifts between narrative perspectives) provides a snapshot of one moment. This is more a set of glimpses showing how the disease spreads beyond the decomposing body of a bat than any long view of its after-effects. *En Compagnie des hommes* traces spillover as synchronic reach.

Tadjo's multiple, quickly-changing perspectives give voice to the number of people who fought urgently and sacrificially against the disease. Her polyvocal style registers a collaborative commitment signalled in her title (*En compagnie des hommes*) so different from the sensationalised narratives of anglophone medic-heroes in their own post-Ebola publications: *Ebola Rising; Ebola Unleashed;* and *Inferno: A Doctor's Ebola Story,* to cite but a few titles. Tadjo's heroes are the gravediggers and patients-turned-volunteers who are drawn together in a network of earnest responders. Parents, lovers, medical staff, animals: each one's involvement is told from a first-person stance with varying tones of panic, sadness, pragmatism and resolve. The stirring orality of the novel comes from this community of voices, marked by their different emotional and epistemological positions yet held by the text in that radical divergence. They coexist as each one's subjectivity is given the space of a chapter to speak in language that is varyingly reflective, matter-of-face or lyrical. This is added to the novel's transgeneric style which weaves poetry, legend, song and testimony alongside almost documentary-like prose. The reader is given a series of up-close glimpses that together indicate the disease's reach across space, across ages, genders and roles.

But what is lost with a text that shifts perspective so many times is the opportunity to delve more deeply into the psychological and emotional cost of experiencing the epidemic. For the synchronic focus that brings this sense of spread and reach is also characterised by a speed with which

Tadjo writes to convey the panic and urgency of life at the centre of the epidemic. As well as the range of people affected, she shows the speed at which the disease spreads, from a girl kissing a bat, to the sharing of water bottles, sex between unknown carriers, caring for the sick. So follows a rapid spread that is exemplified in the narrative of the préfet which speeds up in sentences of decreasing length. When two thirds of the way through the book, the national, regional and international response is relayed by the préfet, the speed of the narrative increases as soon as the first Westerner dies. In short sentences lacking subjects, emergency and security process is described:

> Vérification au départ. Prise de température des voyageurs. Formulaires médicaux à remplir. Isolation de passagers suspects… Transporter des équipements, construire de nouveaux centres de traitement. Recruter et assurer la formation intensive des travailleurs sanitaires. Une offensive massive. (105)

The tragedy hits home as the starkly depersonalised emergency response contrasts the intimacy of moments of contagion. Where this sense of emergency is apt, it also raises the question of whether the publication was written itself as a kind of rushed literary response to the epidemic. Where there are indications of long-standing inequality (55; 95), the roots of these are not explored, and the overwhelming tone is one of breathless optimism. The writing sometimes disappoints in its fleeting style, moving on to a different narrator before much insight into psychological depth has been given. Because the reader doesn't dwell for any length of time with one character, there is less opportunity to empathise, or to imagine the lasting impact of this moment on that life, and the epidemic thus seems to happen in an unidentifiable moment, in an unidentifiable place: "une région éloignée" (2017: 107). One exception to this comes in the Baobab, whose words open and close the novel, citing the blind indifference of years of human destruction (of the earth and its forests, oceans, natural resources). The tree gives some sense of a before and after, claiming it will remember and tell these stories, and that "[m]algré le chaos, l'aube a continué de se lever et le crépuscule d'annoncer la nuit". (2017: 37) But the optimism is generic, and characteristic of the novel's aim to honour "le courage [d]es hommes, des femmes, des jeunes pris dans la tourmente" (2017: 36) who remain nameless. Nataša Raschi argues that the Baobab provides a sense of balance (2019, np), but I would suggest rather that in its standalone nature, one is struck by the facile use of such a trope, and sees the "arbre premier, arbre éternel, arbre symbole" (2017: 23) as a framing device that gives but a brief nod to the longevity, or temporal spillover, of this crisis.

The effect of a story which is placeless and nameless, as mentioned above, requires further thought. In one sense, it effectively shows that the disease did not discriminate, and was not stopped by any man-made borders. For example, a doctor explains that "l'impact de ce décès s'étendait bien au-delà des frontières nationales." (2017: 95). Thus we see the novelty of this Ebola epidemic, moving beyond forest villages where previous outbreaks had remained. The personification of a disease who travels at will, and the voices of animals who do the same, indirectly make a mockery of those who build borders so easily traversed. And yet amidst the crisis, man's determination to reinforce such borders comes across clearly: "L'engagement, qu'il soit international, national autant que communautaire ou individuel, semble s'arrêter aux frontières que chacun construit." (2017: 96). Tadjo has also discussed this in interview: "Les pays africains ont répondu de manières assez différentes, mais beaucoup ont fermé leurs frontières avec les pays touchés par l'épidémie. Ce fut une décision terrible." (Wimbush, 2018: 252), which suggests it is somewhat central to her literary project.

This fleeting, synchronic view comes at the expense of an attention to the fact that this particular crisis is happening to specific people who are living (and dying) in contexts marked by long histories of ruin. The decontextualization out of clearly delineated "spatial and social microecologies" (Stoler, 2013) means the ongoing processes of ruination, that in some part led to and in large part worsened this epidemic, are overlooked. There is no explicit acknowledgement of the aftermaths of colonialism, of most relevance one would think in terms of zoning practices echoed in the defiant bordering I have mentioned. Nor is there, despite the overtly itinerant narrative style, any scrutiny of the fatal role of increased modern travel in spreading the disease.[6] I would argue that the extent of the tragedy only makes sense fully in this wider context.

---

[6]   These two elements are central to the theory of "combined and uneven development", which was "devised to describe a situation in which capitalist forms and relations" exist alongside "archaic forms of economic life" and pre-existing social and class relations. This theory argues that "capitalist development does not smooth away but rather produces unevenness, systematically and as a matter of course." It also speaks to ongoing processes of ruination, of particular relevance to writing in/on global emergencies: "Capitalist modernisation entails development, yes – but this

Where the choice of roles instead of names and non-specification of locale frees the story from the confines of national borders and also retains some of the anonymity that is traditional in oral legends, it seems to characterise Tadjo's appeal to a *humanité en commun*. Though undoubtedly a key impetus for her writing, Tadjo's call for a kind of global solidarity seems pulled along by the urgency of humanitarian response. For a literary testimony to decontextualize its stories from their past and persisting imperial formations somewhat undermines any project of building global solidarity. Her appeal to "faire notre devoir sur terre" (2017: 65) at points risks obscuring the more vexed questions of implication that emerge when we turn away from the present moment. Such notions of responsibility as distant (in space and time), protracted and ambiguous, emerge far more clearly in literary narratives of witnessing that help us read the slow workings of imperialism. This is the case in Constant's text, which I address now.

4. *Des Chauve-souris, des singes et des hommes*

Turning to *Des Chauve-souris, des singes et des hommes*, I will outline Constant's more diachronic approach which maps onto Stoler's focus on the long history of ruination. The novel follows Agrippine, an MSF doctor, who is tired of Brussels, and Europe, and now launching a WHO vaccination programme to combat river diseases in rural DRC. Instead of fulfilling her problematic white maternal saviour ambitions, she helps the disease spread and dies from it herself. Although Constant's text shifts between parallel plots, the shifts are less frequent and the plots fewer than in Tadjo's. A consistent third person narrative throughout brings a steadiness that is met by a relatively continual setting on the banks of the Legbala or Ebola river in northern DRC. With this focus, Constant depicts the long-term effects on people in one place, the kinds of infrastructure to which they have access, and how *into this context* the Ebola virus erupts.

The novel's slow pace is suspended by a retrospective draw that Constant constructs, inviting reflection on the past through a recurring focus on genealogy. Grandparent-parent-child relationships, reflections

'development' takes the forms also of the development of underdevelopment, of maldevelopment and dependent development." (Warwick Research Collective, 2015: 11–13)

on childhood, ancestor-medics all function in the text as draws to look back critically at the long history of European intrusion in Africa, particularly in the field of medicine. Constant's text underscores how the very subjects bearing witness (here medical staff and researchers) are those who perpetuate the negative impacts of colonialism. Virgile, a travelling researcher, studies colonial medicine and its disruption of ecosystems (61). There is overt racism for example when he, a supposed expert on Africa, claims "Mais dites-moi, ici c'est Tintin au Congo !" (112), and nuns give their own names to local children, showing how the past continues to structure the present in the persistence of racist attitudes and language practices over time. The spilling over of past into present shows the two as continually imbricated in one other, and this spillover is inscribed in both material and immaterial ways. I will illustrate this with two examples.

The first – material – presence worth noting is the Catholic mission central to the story. The mission's health centre, where Agrippine's journey takes her, stands as a ruin, testament to a long history of futile interventions and the inevitability of death. In the makeshift cemetery beside the health centre, wooden crosses mark the deaths of countless patients and generations of nuns. Inviting reflection on the past, alongside the nuns' determination to treat everything as *un petit cas du paludisme* these are vestiges of inefficacy and the ruin it leads to. The nuns themselves own, "nous nous débrouillons, mais nous ne savons rien" (62).

Agrippine's own mission is clouded in unfulfilled maternal desire that emerges as a seemingly inevitable echo and extension of the slow, protracted mission of the nuns. Tragically, but not surprisingly, her efforts lead to further illness and death (including, ultimately, her own).

The physical space of the mission, framed by its graveyard, stands in the face of a naïve and self-centered optimism embodied in Agrippine. Her own medical expertise is dumbed down by a white saviour complex only highlighted by the Sisters' earnest, hopeless care. Constant's realism, particularly in describing the stubbornness and age of the graveyard, makes plain the inevitability of decay and death : "Agrippine regardait cette assemblée de femmes déjà usées qui lui semblaient promises, à plus ou moins brève échéance, à finir sous la latérite" (56). Inefficacy is demonstrated in sheer numbers of dead, and the failed operations, but also the empty medical cupboards, lack of refrigeration for the vaccines : "elles n'ont ni Internet ni téléphone satellite... elles sont totalement sous-équipées, ne possèdent qu'une dizaine d'aiguilles pour plusieurs centaines de maladies" (61). In returning to this setting again and again (two parallel narratives means re-setting the plot is a regular feature), these physical markers foster attunement to previously unheard suffering of long-term racial trauma and trace the poverty and lack of access to medicine back to that forgotten past.

This comes alongside wider inefficacy as the naivety of French medics and other travellers stands no chance against the will of the ironically personified tourist-disease. In a parallel scene, a team of gorilla-seeking researchers try in vein to give medicine and freeze-dried food away to locals in a bid to lighten their load of excessive resources (133). In the starkest critique of these so-called experts, they then engage in a moment of deeply problematic and performative care-taking that has South African student Alice share her water bottle with an ailing teen (and, unbeknownst to her, Ebola-carrier) under the voyeuristic lens of an older American man's Leica camera. The reel is developed later on in the novel, where the boy's sick body is lost between close ups of the silverback gorillas and a final image of Alice's naked body in bed after sleeping with the photographer (140). As Agrippine and her team set off to transport vaccines down the river, the narrator knowingly cautions against such ignorance:

> Il n'y a rien que les maladies aiment tant que d'être transportées d'hôpital en hôpital, mais quand elles n'en ont pas l'occasion, de village en village. Elles ne sont pas contre les balades en forêt et les croisières en pirogue. Les maladies souffrent de solitude, un malade n'est pas assez. (111)

Constant's two primary narrative threads set up an opposition between the futile attempts of visiting medics and a group of local villagers seeking wisdom: a canoe carrying lukewarm vaccines floats down the river just as a group of villagers set off to the *Montagne des nuages* in search of supernatural intervention. There is no presentation here of a redeemed present; only continuity of suffering from the past.

The second – immaterial – presence of the past to mention are the questions of responsibility that hover open-ended as the disease spills over and wreaks havoc in body after body: "Chaque cadavre laissait derrière lui des fluides corporels, du sang et des sécrétions... Je saignais du nez, vomissais du sang, souffrais atrocement." (Tadjo, 2017: 89). Against narratives of containment and finality that seem pulled along by the urgency of humanitarian response, more vexed questions of implication and responsibility emerge when the text turns away from the present moment. Since the spread of disease often has neither clear-cut source nor perpetrator, writing after an epidemic eschews the victim-perpetrator paradigm we can so easily fall back on. This ambiguity invites questions about responsibility that are both more protracted and ambiguous than the legal binary of guilt-innocence. Questions of whose fault it is linger over both texts, but in *Des chauve-souris* it is the search for where the virus started that drives the plot forward. People want explanation and their survival instinct erupts in violence as they search for the root cause. When the mother of Olympe (the girl who carries the diseased bat) gives other mothers permission to beat and banish her daughter for spreading the disease, Constant reveals something of survival as an implicated process. "Elles décuplèrent les coups qu'elles retenaient pour les leurs… Elles participèrent au châtiment d'Olympe comme on goûte d'un plat interdit, mais rare et succulent… Elles la bousculèrent, la secouèrent" (87). Where one reviewer describes the book as revealing "les mécanismes et les gestes innocents qui conduisent aux plus grandes épidémies,"[7] in fact layers of internalised and inherited guilt – be that of contagion, survival, or (historical) blame – permeate the text.

The retrospective draw of Constant's text points these questions of responsibility and blame at this epidemic's locatedness in other processes of ruin. Physical traces of the colonial past (in Agrippine and Virgile's genealogy and the infrastructure of the health centre) provoke memories of that past's failures, and shadow the medics' current vaccination mission as much in the centre's history of failed treatments as the poor decisions that doom this one to failure. It is not that this epidemic is shown to have imperial roots, but certainly that the protracted weight of ruination imbalances the way this rural community feels its effects (Stoler, 2013: 29).[8] Those effects are tangible in these cases in depiction

---

[7] https://livre.fnac.com/a10606211/Paule-Constant-Des-chauves-souris-des-singes-et-des-hommes (Last visit, 20 May 2022).

[8] "For students of colonial studies, the protracted weight of ruination should sound an alarm. The point would not be, as some French scholars have recently done, to mount a charge that every injustice of the contemporary world has imperial roots, but rather to delineate the specific ways in which peoples and places are laid to waste, where debris falls, around whose lives it accumulates, and what constitutes 'the rot that remains.' One task of a renewed colonial studies would be to sharpen our senses and sense of how to track the tangibilies of empire as effective histories of the present. This would not be to settle scores of the past, to dredge up what

of healthcare services in particular but also management of finance, layering further complexity on the fight to survive. Sheer lack is voiced in verbless enumeration : "Pas de médicaments, pas d'instruments, pas de radio, pas de réanimation, pas d'oxygène, pas de spécialistes. Pas de laboratoire, pas de diagnostic." (Constant, 2016: 127)

The inadequate action of the politically and financially privileged lies behind this fatal poverty. Where Tadjo has this explicitly verbalised by the nurse (57) and the préfet (105) who bemoan the authorities' failures, Constant's anticolonial critique is a longer, slower story of abandonment and amnesia. "La pensée coloniale... se voulait moderne. On lui promettait la santé et on le rendait malade" (70). The long-forgotten, failed missionary health centre is host to the lingering presence of inevitable death, and the mismanaged batch of vaccines and clamouring for comforting through touch that furthers the spillover point to the recurring effects of irresponsibility. The implicit and explicit traces of (ir)responsibility emerge clearly in *Des chauve-souris,* in a narrative that is less celebratory than Tadjo's. Responsibility, for Constant, is less about solidarity and heroism, and more about flawed intervention in unfamiliar contexts. In these ways her text lays bare the implicated positions of those varyingly accountable for the aftermath of Ebola, in the aftermath of colonialism.

Conclusion

In conclusion, where questions of accountability and implication persist, "[As] crises like Ebola eat through people's resources and resiliencies, they [may] also embolden new political actors with indignant refusal, forging unanticipated, entangled, and empowered alliances" (Stoler, 2013: 29). We need to attend to the cultural and material specificities of these too, beyond the kind of universal solidarity Tadjo appeals to, including the unequal power dynamics that work against building solidarity and dialogue. This is more possible as we wake up to spillover and the material and immaterial afterlives of colonial ruination by regarding Ebola as one process of ruin within others. Representations

---

is long gone, but to focus a finer historical lens on distinctions between what is residual and tenacious, what is dominant but hard to see, and not least what is emergent in today's imperial formations and critically resurgent in responses to them." Stoler, 29.

of wide (synchronic) and slow (diachronic) spillovers work against the discourses of containment and finality that dominate Western hygienic narratives and surreptitiously absolve responsibility. These novels – as with other narratives of witnessing – move us some way beyond the punctual humanitarian phantasmagoria of emergency campaigns to situate Ebola and those living through it, in longer histories of spillover. But they also prompt us to think about the work of testimony to question: what holds our attention, and for how long? What warrants remembering? Stoler asks:

> whether a skewed attentiveness to colonial memorials and *recognized* ruins may offer less purchase on where these histories lodge and what they eat through than does the cumulative debris which is so often less available to scrutiny and less accessible to chart... (2013: 7)

Work remains to further foster attunement to present and past suffering beyond the immediacies of crisis discourse. I suggest that these novels bearing witness to Ebola sharpen our senses and sense of how to attend to the ongoing effects of colonial history, effects whose materiality is perhaps most striking of all when the physical ruin of bodies and communities is inscribed into textual form.

References

ATTRIDGE, Derek (2017). *The Singularity of Literature*. London: Routledge.

BEVERLEY, John (1992). "The Margin at the Center: On Testimonio" in Smith, Sidonie and Julia Watson (eds.). *De/Colonizing the Subject: The Politics of Gender in Women's Autobiography*. Minneapolis: University of Minnesota Press, pp. 91–114.

BROPHY, Sarah, (2016) [2004]. *Witnessing AIDS: Writing, Testimony, and the Work of Mourning*. Toronto : University of Toronto Press.

CONSTANT, Paule (2016). *Des chauve-souris, des singes et des hommes*. Paris: Gallimard.

CRAPS, Stef (2015). *Postcolonial Witnessing: Trauma out of Bounds*. Basingstoke: Palgrave Macmillan.

« Des chauve-souris, des singes et des hommes ». Online from 7 September 2017, consulted 14 March 2020. URL: https://livre.fnac.com/a10606211/Paule-Constant-Des-chauves-souris-des-singes-et-des-hommes

FELMAN, Shoshana and Dori LAUB (1992). *Testimony: Crises of Witnessing in Literature, Psychoanalysis and History.* New York; London: Routledge.

GRAYSON, Hannah (2016). *"Nomads' Land: Space and Narrative in the Work of Tierno Monénembo".* Thesis. Coventry: University of Warwick.

HALL, Stuart (1996). "When Was 'the Postcolonial'? Thinking at the Limit" in *The Post-Colonial Question: Common skies, Divided horizons*, by Chambers and Curti (eds.). London: Taylor and Francis.

MCCLINTOCK, Anne (1992). "The Angel of Progress: Pitfalls of the Term 'Post-Colonialism'." *Third World and Post-Colonial Issues*: 84–98.

NGANANG, Patrick (2007). *Manifeste d'une nouvelle littérature africaine : pour une littérature préemptive.* Paris: Homnisphères.

OLIVER, Kelly (2004). "Witnessing and Testimony". *Parallax* 10.1 : 79–88.

RASCHI, Nataša, « Véronique Tadjo, *En compagnie des hommes* », *Studi Francesi* [Online], 188 (LXIII | II) | 2019, online from 1 February 2020, consulted 15 may 2020. URL: http://journals.openedition.org/studifranc esi/20387

ROWLAND, Anthony (2014). *Poetry as Testimony: Witnessing and Memory in Twentieth-Century Poems.* New York: Routledge.

SEDGWICK, Eve (1992). "Gender Criticism", in Greenblatt, Stephen and Giles Gunn (eds.), *Redrawing the Boundaries: The Transformation of English and American Literary Studies.* New York: MLA, pp. 271–302.

SEMINA, Elena (2018). *Metaphor, Cancer and the End of Life: A Corpus-based Study.* London: Routledge.

SHOHAT, Ella (1992). "Notes on the 'Post-Colonial'." *Social Text* 10.2–3: 99–113.

STOLER, Laura Ann (2013). *Imperial Debris: On Ruins and Ruination.* Durham: Duke University Press.

TADJO, Véronique (2017). *En compagnie des hommes.* Paris: Don Quichotte.

WARWICK RESEARCH COLLECTIVE (2015). *Combined and Uneven Development: Towards a New Theory of World Literature.* Liverpool: Liverpool University Press.

TROISIÈME PARTIE :

TÉMOIGNER EN POSTCOLONIE

Le paratexte, l'évènement-limite et la postcolonie : à propos du témoignage collaboratif

Alain F. EKORONG
Université de Douala, Cameroun

Résumé : Pour dire le génocide rwandais, la fiction se doit de fonder sa vérité sur l'autorité du témoignaire. Seulement, un grand nombre de fictions rwandaises sur ce génocide positionnent l'auteur en situation paradoxale de co-autorialité. La présente réflexion explore les modalités par lesquelles l'utilisation du matériel paratextuel rend problématique le témoignage collaboratif. Parti des considérations épistémologiques de Gérard Genette et nourri par les hypothèses de Derrida, j'analyse la puissance déconstructrice du paratexte et la manière dont il façonne la fiction testimoniale. Je montre qu'en situation postcoloniale, une poétique du paratexte de la fiction testimoniale réussit à dévoiler les dispositifs idéologiques déterminant tout témoignage de l'horreur et de la violence. Je conclus que le témoignage collaboratif, en même temps qu'il constitue une invitation à rentrer dans la communauté de la douleur, reste néanmoins un empaquetage de la souffrance qui malheureusement esthétise le génocide pour une audience occidentale.

Mots-clés : paratexte , témoignage collaboratif , empaquetage , fiction postcoloniale

Abstract: Writing on the Rwandan genocide must be grounded on the authority of the witness-survivor to meet the threshold of the truth. However, fiction on this genocide shows that the survivor's testimony is pitted against the authority of the co-author. This study aims at investigating ways in which testimonial fiction is somewhat mediated by the co-author and destined to a western, exotic, reader whose sensibility in fact informs the nature of the testimony. Grounded on genettian and derridean hypotheses about paratext, I investigate modalities through which collaborative testimony transforms the experience of the survivor in order the meet the reader's empathetic impulses. I contend that a poetic of the paratext reveals how western ideological apparatuses condition genocide survivor's testimonies for an audience detached from the true sufferings of those who fell victims to such horrendous acts.

Keywords: paratext , collaborative testimony , packaging , postcolonial fiction

Introduction

L'édition de 2011 du récit de l'écrivaine rwandaise et rescapée du génocide Esther Mujawayo intitulé *SurVivantes,* co-écrit avec la journaliste Souâd Belhaddad abonde en matériels paratextuels. Avant la page de titre, on découvre un avant-propos présenté par l'éditeur de MétisPresses David Collin et une nouvelle interview de Mujawayo réalisée par sa co-auteure. Cela est suivi de deux épigraphes, dont une de Primo Levi et l'autre de Mujawayo elle-même, d'une série de dédicaces que l'auteure fait à ses filles et aux autres victimes du génocide (y compris son mari, Innocent), deux prologues rédigés par Belhaddad et Mujawayo respectivement, le préambule de l'auteure proposé avant le début du chapitre d'ouverture et de la « Première Partie ». En plus, à la fin du 24e et dernier chapitre, on trouve une liste de simples phrases dans lesquelles Mujawayo accuse les génocidaires. Par ailleurs, il y a également trois pages d'une liste de 80 noms des membres de sa famille assassinés durant le génocide. On retrouve aussi l'interview (comportant d'ailleurs une préface) jumelée de Esther Mujawayo et de Simone Veil réalisée par Belhaddad, une postface par Alexandre Dauge-Roth soulignant la nécessité pour la littérature de témoigner de la violence, une brève histoire du Rwanda et du génocide et, enfin, une page de remerciements écrite par les deux auteures.

Même en tenant compte du fait qu'une réédition pourrait justifier l'ajout de nouveaux éléments, force est de reconnaître que la surabondance du matériel paratextuel dans les 304 pages du récit de Mujawayo est porteuse de sursignification et fonctionne comme doublage, rature, processus de scotomisation dont l'impact sur le récit de témoignage demande à être examiné. En fait, la manière dont le texte est empaqueté et conditionné suscite un certain nombre de questions non seulement sur les relations que les écrivains africains entretiennent avec les maisons d'édition européennes mais aussi sur l'influence recherchée auprès des audiences occidentales.

Le paratexte est de ce fait l'écriture de ce que Gérard Genette (1987) appelle évènement-limite. En effet, Genette conçoit les paratextes comme des seuils (c'est d'ailleurs le titre de l'essai), des frontières permettant de rentrer dans et de sortir du texte. Pour lui, le paratexte permet de déterminer a) le lieu, b) le temps, c) le mode, d) les caractéristiques pragmatiques et e) les fonctions du texte. Une telle nomenclature pousse Genette à diviser les paratextes en deux grandes catégories : les péritextes (entre autres le titre, la préface, l'avant-propos, l'introduction, les titres de chapitres, les intertitres ou encore les notes) et les épitextes (tous les éléments situés hors du cadre du texte tels que les interviews et les conversations avec l'auteur, les lettres, le journal de l'auteur par exemple). Derrida (1997) a proposé le terme « hymen » pour qualifier la manière dont le matériel paratextuel se transforme en expression graphique de la marge, de la limite ou de la frontière d'un texte. En suivant Genette et Derrida, j'affirme que le paratexte est un outil de cadrage et de contrôle du texte. C'est une instance de pouvoir (Foucault, 1971) qui régule les relations entre texte et contexte. Il circonscrit le champ de regard du lecteur de sorte qu'il reste aussi longtemps que possible dans un espace limité de la signification. Cadrer signifie par conséquent sélectionner (discriminer), inclure et exclure. Barthes (1973) avait déjà montré comment le cadrage artistique réussit à détacher l'objet de la totalité sociale et j'affirme que le paratexte pervertit et fétichise en quelque sorte le réel. À la fin, le sens est un effet du cadrage.

La présente réflexion a pour ambition de bousculer les traditions théoriques de la littérature testimoniale en analysant la manière dont le matériel paratextuel pose l'évènement-limite comme site essentiel d'un avortement éthique, particulièrement en contexte africain. S'il est vrai que la littérature testimoniale née des horreurs de l'Holocauste constitue à elle seule un genre à part entière, force est de reconnaitre que les récits de guerre africains à l'instar de *SurVivantes* mais publiés en Europe pour une audience occidentale ont le mérite de redéfinir les contours de la littérature africaine francophone dont les tropes et les codes construisent une esthétique pour ainsi dire destinée au lecteur occidental.

Étudier le matériel paratextuel permet justement d'analyser comment ces codes sont renforcés ou déconstruits. Je suis surtout intéressé par les modalités qui amènent Mujawayo à succomber à la double inscription du signe de l'altérité, car son récit campe (subconsciemment) l'Africain comme Autre dans un horizon de lecture qui légitime les pulsions occidentales. Mis autrement, les récits traumatiques africains confortent le lecteur occidental dans son sentiment de pitié pour l'Africain mais surtout cristallisent en Occident l'imaginaire d'une Afrique misérable, désolante et appelant compassion et charité. Pour tout dire, ces récits renforcent des stéréotypes racistes et coloniaux. Comment s'inscrivent-ils dans une double marginalité conditionnée et empaquetée ? Comment cet empaquetage (titres, quatrièmes de couverture, préfaces, postfaces, etc.) dé/construit-il la double altérité ? Comment ce conditionnement amène-t-il à questionner la nature même du témoignage mais aussi son médium ? Quel rapport cela induit-il entre littérature testimoniale et éthique ?

Pour efficacement répondre à ce questionnement, le présent essai suit deux moments fondateurs du rapport de la fiction postcoloniale à l'esthétique du témoignage. En premier lieu, je propose une discussion sur les épistémologies paratextuelles. Ici, je me penche surtout sur le rapport très complexe entre paratexte et récit du témoignage. Plus précisément, si le témoignage est lié à la quête de la vérité, il importe de découvrir comment et pourquoi le paratexte conditionne la réception du texte. Ayant ainsi découvert les structures esthétiques construisant l'altérité du personnage testimonial, ma réflexion pose ensuite la question du droit du rescapé à être entendu. J'analyse notamment le matériel paratextuel de *SurVivantes* de Mujawayo en tant que réarrangement d'un ordre discursif. J'arrive à la conclusion qu'en situation postcoloniale, le paratexte transforme le témoignage collaboratif en translation et donc lieu de déploiement de dispositifs idéologiques.

1. Empaqueter l'altérité en situation postcoloniale

Et voilà l'essentiel du message testimonial qui passe dans le sang de la réalité à travers l'épiderme de la fiction (Derrida, 1998 : 76)

Il est prouvé que la littérature francophone africaine a longtemps été écrite pour une audience occidentale ou pour une élite africaine occidentalisée. Il s'ensuit que l'altérité a toujours été au centre de son esthétique de la réception. Comme le note Paravy (2011 : 214) « le problème de l'altérité ou de l'identité semble bien être au centre de ce qui se noue à travers le personnage romanesque dans la littérature francophone ». Le personnage romanesque des écrits semi-autobiographiques tels que *L'Enfant noir* (Camara Laye, 1953), ou de *L'Aventure ambiguë* (Cheikh Hamidou Kane, 1961) pour ne citer que ces deux révélait déjà cette posture aporétique du sujet africain pris au piège de la scansion entre cultures ancestrales et celles de l'impérium colonial. Et c'est souvent dans le matériel paratextuel que se dévoile dans toute sa splendeur une altérité rendue nécessaire par la construction d'un horizon de lecture dont le subconscient s'abreuve de pitié et de culpabilité. Dans ce contexte, la préface porte l'éthos d'un occident tragique. Selon Watts (2005), les préfaces des textes comme *Les Trois volontés de Malick* (1920) d'Ahmadou ou *Doguicimi* (1937) de Paul Hazoumé avaient par exemple pour fonction première d'aseptiser le texte de façon à pouvoir contrôler et médiatiser (au sens premier de transmission) la différence culturelle pour un lecteur occidental. Cela a fait dire à Watts que « the paratext to these early novels from subsahara Africa instrumentalizes the text, making of it a strategic piece of evidence in favour of colonialism or part of an argument for its reform » (40). Ces propos rejoignent ceux de Sapiro (2014 : 26) à propos de la réception :

> La réception est médiatisée par les modalités de la publication et de la diffusion : paratexte (préface, postface), support (presse, article dans une revue spécialisée, brochure, livre), place et environnement dans le support (dans la page de journal ou de la collection). L'environnement peut ainsi orienter la réception d'un texte dans un sens tout différent des intentions de l'auteur, surtout en période de paroles surveillées.

Mais je suggère qu'il faut aller plus loin et considérer la nature des sens générés lorsque paratexte et texte sont juxtaposés et la manière dont le paratexte travaille le texte pour créer une expérience de lecture confortant l'horizon d'attente du lecteur occidental. Avec Graham Huggan (2001), je conçois le paratexte comme commodification de la qualité marginale qui définit et légitime l'industrie culturelle produisant le « texte postcolonial ». Il y a à travers le paratexte, une esthétisation de la différence culturelle dans laquelle ce qui est marginal et différent doit se conformer à des codes préétablis. Cela est une violence originaire, car en voulant ainsi marqueter le texte pour un marché globalisé mais régi par des codes culturels occidentaux, les paratextes arrivent à réifier l'expérience du trauma via un savant doublage du récit. Gérard Genette est d'ailleurs plus catégorique : c'est le paratexte qui transforme un texte littéraire en « livre », le rendant ainsi accessible au lecteur. De ce point de vue, le paratexte porte en lui les structures idéologiques de ce que Fish (1980 : 14) appelle « communautés interprétatives ».

Il s'ensuit que la lecture du paratexte des écrits d'évènements-limites en situation postcoloniale valide la permanence du lien entre colonie et postcolonie, car cette dernière reproduit les structures coloniales à travers des stratégies de dissémination des épistémologies qui ont fondé l'aventure coloniale. Cette tentative de contenance ou de délinéament de la marge est particulièrement significative dans le texte de Mujawayo, car les préfaces et les prologues problématisent en réalité cette marginalité en produisant une expérience de lecture plus sophistiquée.

En fait, pour un public occidental, le récit de Mujawayo est défini non pas par son altérité culturelle mais plutôt par son exposition aux évènements-limites que sont la guerre et l'extrême violence. Cette littérature doublement marginale (culturelle et épistémologique) correspond à ce que Sankara (2011 : 449–50) identifie comme troisième et plus récente phase de la fiction autobiographique africaine francophone. Ce récit est profondément ancré dans une certaine expérience historique tout en représentant des évènements-limites résistant précisément à cet empaquetage et à cette esthétisation dont parle Huggan (2001).

Par ailleurs, tout en appartenant au récit autobiographique ou au récit de vie, ce texte correspond à ce que Kali Tal (1996) appelle « littérature du trauma », une classification générique dépendant de l'auteur et non de sa culture. Si Lejeune définit l'autobiographie en s'appuyant sur le paradigme du « pacte de lecture » qui contraint le lecteur à accepter l'auteur comme personne réelle, le pacte de la littérature du trauma oblige le lecteur de donner à l'auteur le statut de témoin d'un évènement dont l'impact psychologique déstabilise. Il faut d'ailleurs aller plus loin et théoriser que cette littérature, de par sa nature dialogique, porte en elle une dimension discursive. Mais la littérature du trauma est essentiellement testimoniale, un concept complexe en contexte africain puisque sa réception s'est souvent focalisée sur sa nature documentaire au détriment de ses mérites esthétiques (Mateso, 1996).

En réalité, la théorisation du témoin dans le contexte d'évènements traumatiques – ceux résistant à la fois à la représentation et la compréhension – prend préséance dans les études littéraires dans les travaux de Shoshana Felman (1992) et Cathy Caruth (1996). Ces dernières posent comme impératif éthique la nécessité de prêter une oreille attentive au caractère lourd et incohérent du récit traumatique. Dans ce sens, le récit testimonial africain doit être intégré à un spectrum plus large d'une littérature définie par une altérité épistémologique et existentielle dans la mesure où le lecteur doit naviguer dans un complexe de réactions affectives face au témoignage. En comblant de la sorte le gap entre l'Autre traumatisé et le lecteur non-traumatique, je suggère que l'analyse du matériel paratextuel permet de dévoiler la manière dont l'énonciation d'une vérité indicible construit une connexion intersubjective obligeant le récit à révéler à son tour l'avortement éthique engendré par la commodification et l'aseptisation du témoignage. Christian Kegle (2007) a raison d'affirmer que

> la transmission du symbolique s'avère donc au cœur de la démarche testimoniale du paradigme de la survivance discursive puisqu'il s'agit par là de surmonter désespérément l'expérience de l'indicible (9).

En voulant de la sorte articuler cet indicible pour le lecteur occidental portant en lui les séquelles soit d'un traumatisme violent (la Seconde Guerre mondiale par exemple) soit de l'aventure coloniale de sa nation, la littérature testimoniale africaine francophone doit confronter des codes prédéfinis de l'altérité : l'un culturel et l'autre épistémologique. Cela, on s'en doute, affecte la nature même de son récit. La question essentielle est par conséquent celle de savoir à quelle mesure la spécificité d'une expérience individuelle traumatique devient déterminée par un ensemble de codes culturels prédéfinis. En fait, l'altérité du témoin traumatique est soumise à la même dynamique d'instrumentalisation caractéristique de l'écriture coloniale. Comme le suggère Waintraiter (2003 : 234),

> interpeller d'emblée le survivant comme un témoin potentiel, c'est une fois de plus l'instrumentaliser et le priver d'une partie de sa subjectivité. Sommé de témoigner au nom du "devoir de mémoire," il risque d'être assigné à une place de monument commémoratif, restaurateur du lien social entamé par le génocide.

Agamben (2003 : 44) avait déjà théorisé que le témoin « total » ne pouvait qu'être *Muselmann*, un véritable « cadavre ambulant » muet, et dont l'expérience ne peut qu'être traduite dans une aporie éthique : celle de l'horizon d'attente d'un lecteur n'ayant paradoxalement aucune expérience du génocide.

De ce fait, le témoin africain de la violence qui écrit son propre témoignage entre-t-il dans un champ dans lequel à la fois la subjectivité et la spécificité culturelles risquent de se diluer dans ce que j'ai appelé plus haut empaquetage du récit pour un public occidental. À preuve, le fait que depuis des décennies, les réalités africaines sont toujours codées comme violentes et misérables par une couverture médiatique occidentale parfois voyeuriste, qui en fait engage son subconscient dans le regard qu'elle pose sur l'Autre.

C'est dans ce contexte de double altérité que le matériel paratextuel des littératures testimoniales africaines francophones est essentiel pour redéfinir à la fois la fiction, l'évènement et le témoignage. Dans l'espace liminal entourant le texte, la voix du non-témoin contextualise le récit, soit en atténuant ou en amplifiant les effets de ces forces instrumentalisant le témoignage. Ici, le préfacier est essentiellement translateur, car sa fonction est d'interpréter (et donc de doubler, de réécrire) le récit testimonial pour la culture cible des lecteurs. En suivant Louwagie (2006 : 167), on peut dire que le préfacier construit les possibilités dialogiques permettant de réaliser la rencontre entre le lecteur et le trauma du survivant. Cette rencontre, elle est fondamentalement libidinale, car elle cristallise les blessures et les sentiments de culpabilité du lecteur occidental et correspond à ce que Lacan appelle « avortement éthique » à partir du moment où le témoin devient finalement une projection, une itération du même sans jamais véritablement rendre compte du traumatisme du survivant.

De ce point de vue, le matériel paratextuel constitue des translations qui rentrent pour ainsi dire en dialogue avec le texte pour créer une expérience de lecture et multiplier les possibilités sémantiques. C'est ce rapport dialogique entre paratexte et littérature testimoniale du trauma que je m'en vais à présent explorer.

Dans une belle étude réalisée en 2006 intitulée « Testimony, co-authorship, and dispossession among women of Maghrebi origin in France », Alec Hargreaves identifie ce qu'il appelle « dynamics of dispossession », des modalités empêchant que les voix des femmes maghrébines soient entendues. En observant le cadrage paratextuel à l'œuvre dans ces écrits, Hargreaves note la subalternisation de la position auctoriale des femmes maghrébines, occupant toujours la seconde position par rapport aux auteurs français. Cette dynamique du pouvoir est d'ailleurs largement observable dans les introductions qui indiquent notamment que les textes sont des transcriptions « polies » des enregistrements pour des besoins éditoriaux. Pour Hargreaves, la question essentielle est celle d'interroger la manière dont s'installe un « processus de filtrage » dans lequel l'empaquetage et la présentation du texte sont déterminés par la nature du marché en France et par la perception des exigences du lectorat français. Il affirme à ce sujet que it seems clear that there is also a danger of their testimony being subordinated to other purposes – commercial and/or ideological – by the intermediaries through whose hands it passes (51).

Évidemment, ne considérer la hiérarchisation auctoriale que comme réitération du colonial est simpliste, car il va de soi qu'aucun lecteur n'est totalement "naïf". Bien qu'empaquetée pour une audience occidentale, la collaboration paratextuelle, pour être efficacement analysée, doit s'appréhender dans sa dimension dialogique.

En effet, pour bien comprendre le cadrage des récits d'évènements-limites, il convient de dépasser la dichotomie possession/dépossession et analyser la manière dont les paratextes engagent un dialogue sur la dimension éthique du rapport entre fiction et témoignage. Je propose que les paratextes, tels que la préface, la dédicace ou la postface par exemple, constituent un appareil dialogique créant une expérience de lecture unique et totalisante. Comme l'ont déjà suggéré Hans Robert Jauss (1982) et Stuart Hall (1997), théoriser les différentes modalités *lectorales* est fondamental pour déterminer les sens possibles. Selon Jauss (1982 : 23), « l'horizon d'attente » est un mélange unique d'informations historiques et génériques internes au lecteur et ces « annonces, manifestes et latentes, lui révèlent des traits familiers ou d'allusions implicites », de sorte qu'il puisse (le lecteur) s'identifier au récit et par conséquent engager un dialogue avec le texte. Le texte n'est donc jamais un vacuum mais toujours une relation dialogique entre lecteur, texte et dans le cas de la littérature testimoniale, témoignage :

The historicity of literature as well as its communicative character presupposes a dialogical and at once process-like relationship between work audience, and new work that can be conceived in the relations between message and receiver as well as between question and answer, problem and solution (19).

Ce processus dialogique, incluant l'instant où la rencontre du lecteur avec le texte, correspond à ce que Stuart Hall (1997 : 92) appelle « distinctive moment of consumption », ce moment où le lecteur décode le paquet du contenu sémantique du texte. C'est que l'unité textuelle (si elle existe) découle réellement du processus dialogique entre lecteur et texte de sorte que le matériel paratextuel pourrait être conçu comme élément fondateur de la cohérence. Selon Bakhtine (1981), dans le cas du roman, c'est précisément la coexistence de plusieurs discours opérant dans la structure romanesque qui produit le sens et donne au roman son caractère distinctif. Dans la préface de la traduction de quatre essais issus de *L'esthétique du roman*, *The Dialogic imagination*, Michel Holquist précise :

> The novel by constrast seeks to shape its form to languages ; it has a completely different relationship to languages from other genres since it constantly experiments with new shapes in order to display the variety and immediacy of speech diversity (39).

Le caractère hétéroglossique du roman permet ainsi de juxtaposer et de recontextualiser différents discours et pratiques discursives, leur donnant une nouvelle substance, et travaillant contre les interprétations hégémoniques dont le but est de réaliser la totalité du sens. Mis autrement, le discours propre au roman est toujours lu *relationnellement* et une certaine rhétorique mine son sens et remet en question ses vérités.

Il est par conséquent pertinent de considérer la fiction testimoniale et son paratexte à la lumière de cette hétéroglossie dont parle Bakhtine, car la juxtaposition des deux entités oblige à prendre en compte le relationnel dans la construction du sens. Bien plus, la littérature du trauma reposant sur la fonction paradoxale de dire l'indicible de l'extrême violence est fondamentalement toujours aux prises avec la visée totalisante de l'entreprise de production du sens. Cette fonction devient pour moi un impératif éthique à partir du moment où on s'intéresse à la dissémination des structures de domination.

La critique relève souvent le fait que *SurVivantes* présente le témoignage comme un processus dialogique situant le discours de Mujawayo dans un plus vaste champ de son énonciation. En cette instance, le paratexte remplit une fonction cruciale, car à mesure que le texte promeut une vision dialogique du témoignage, la nécessité d'offrir à Mujawayo un espace et une agentivité lui permettant de dire sa propre histoire limite paradoxalement la quantité d'interventions dialogiques à l'œuvre dans la diégèse de son témoignage. De ce point de vue, le paratexte a une fonction performative qui rend impossible sa séparation du texte.

Ainsi posée, la relation dialogique prend une symbolique particulière dans le contexte des récits traumatiques. La présence d'un interlocuteur attentif et réceptif au témoignage permet certainement à la victime de préserver ou de réclamer son agentivité sans crainte de compromettre son statut de témoin. En tout cas, c'est ce que nous voulons maintenant tester dans la seconde articulation de cette réflexion.

2. *SurVivantes ou le témoignage collaboratif comme modalité postcoloniale*

L'édition MétisPress 2011 de *SurVivantes* de Mujawayo (avec comme co-auteure la journaliste d'origine algérienne et basée en Europe Souad Belhaddad) offre un exemple fascinant de la capacité du matériel paratextuel à instituer un dialogisme productif dans la mise en scène du témoignage d'un rescapé du trauma. L'édition de 2011 contient un grand nombre d'éléments paratextuels notamment deux interviews, un avant-propos, une dédicace, deux prologues, un préambule et une postface. Bien que justifiée par la nécessité de différencier ladite édition de celle de 2004, la prolifération du matériel paratextuel a assurément une fonction performative liée à la nature de la représentation du traumatisme dans *SurVivantes*. Autant ce matériel paratextuel met l'accent sur la nature dialogique du texte, autant il représente la communauté imaginaire des *témoignaires* ayant endossé le témoignage de Mujawayo. Le prologue performe non seulement la notion de répétition mais aussi l'hésitation du rescapé à parler du génocide. Consciemment ou non, même l'allitération des divers éléments préfaciels (l'avant-propos, les deux préfaces, le préambule et le prologue) crée l'effet de répétition préparant la mise en scène d'un dispositif dialogique à l'intérieur du texte et auquel Belhaddad fait explicitement allusion dans sa propre préface.

Le moins que l'on puisse dire est que le texte de Mujawayo est une entreprise complexe, combinant le témoignage à la première personne, le mémoire et les conventions de l'interview. Résultat d'une série d'interviews entre Mujawayo et Belhaddad, le texte retient vaguement le format de l'interview. Si les questions de Belhaddad ne sont pas textuellement reproduites, les commentaires mis en italiques tels que « elle rit » permettent à sa voix d'intervenir occasionnellement dans le récit. Mujawayo a trente-six ans au début du génocide. Dans son récit, elle fait la chronique non seulement de son expérience mais aussi des discriminations dont elle est victime en tant que Tutsi au Rwanda, de même que d'autres massacres perpétrés des décennies avant le génocide. Mujawayo ainsi que ses trois filles survivent ce génocide commis d'avril à juin 1994. Mais ses parents, sa sœur, son mari et pratiquement toute la famille étendue sont assassinés durant cette période noire. Au cours du récit, Mujawayo décrit ses efforts pour trouver du travail après cette dévastation et son exil pour l'Allemagne où elle se remarie et commence une nouvelle vie avec ses filles. Incidemment, elle est aujourd'hui psychothérapeute consacrée à la guérison des rescapés traumatiques, notamment de plusieurs Rwandais.

SurVivantes est originellement publié en 2004 par les Éditions de l'Aube. Cette édition contient deux prologues, un préambule ainsi que l'entretien croisé entre Mujawayo et Simone Veil. L'édition étudiée ici est celle de 2011 aux éditions MétisPresses dans laquelle on y retrouve un nouvel avant-propos de l'éditeur David Collin, une interview avec les co-auteurs sur la situation au Rwanda, et une postface de Alexandre Dauge-Roth, un chercheur américain spécialiste de l'œuvre de Mujawayo. Cette « nouvelle édition, augmentée, revue et corrigée » est déterminée par la logique interne gouvernant l'approche des co-auteurs, à savoir, représenter le génocide et ses répercussions, confirmant du même coup la capacité du rescapé du génocide à faire preuve d'agentivité et être acteur de la destinée de son peuple.

SurVivantes fait partie d'une douzaine de récits de survivants émergeant du génocide Tutsi de 1994 dont la plupart sont écrits par des femmes. Le texte peut être classé comme récit journalistique au même titre que la collection de textes réunis par Jean Hatzfeld. Toutefois, la particularité du texte de Mujawayo vient de la volonté d'éviter, mais surtout de critiquer la tendance à l'harmonisation des récits mettant en avant de la rédemption, le pardon et la guérison des rescapés du génocide. Immaculée Ilibagiza par exemple, auteure de *Left to tell* (2006), est l'une de ces rescapées liant sa capacité à survivre et à guérir à sa foi chrétienne et appelle les rwandais à pardonner. Dans une comparaison troublante, Ilibagiza suggère que les rescapés qui continuent à nourrir la haine pour les assassins de leurs proches sont aussi coupables que ces derniers. Or Mujawayo rejette explicitement ce paradigme en reconnaissant que la haine qu'elle éprouve pour ces tueurs et son désir de les voir souffrir sont légitimes et impératifs pour reconstruire le pays, même si elle affirme néanmoins ne pas espérer un sort pareil pour eux : « et comme je n'espère pas à mon pire ennemi que ça lui arrive demain. À personne au monde, je ne souhaite ce tragique hasard » (257). C'est que Mujawayo propose de ne pas censurer tout ce qui est émotion, mais reconnaît la place essentielle de l'éthique. Libérer ces émotions constitue en fait la première étape vers la réconciliation. Cela a surtout à voir avec le rapport de la mémoire au pardon mais aussi le refus d'idéaliser une situation qui est loin d'être parfaite. C'est cette complexité qui fait de *SurVivantes* un texte unique dans la sphère de la fiction testimoniale africaine.

Une lecture de *SurVivantes* fait ressortir trois parties essentielles. La première section donne une description froide des rescapés du génocide. La seconde s'intéresse aux évènements ayant précipité le génocide. La dernière dresse un tableau du Rwanda dix après. La plus grande partie du récit s'intéresse à la situation des rescapés, notamment ceux qu'elle reçoit chaque jour dans ses séances de psychothérapie. Le livre contient plusieurs critiques des gouvernements occidentaux non seulement pour leur refus d'intervention, mais aussi pour leur incapacité à satisfaire les besoins des rescapés du génocide. Mujawayo décrit l'incompétence des professionnels occidentaux de la santé mentale et évoque l'ironie dévastatrice qui fait que les responsables du génocide en attente de jugement et infectés du HIV reçoivent leur traitement alors même que les victimes qu'ils ont violées sont abandonnées à elles-mêmes. De ce fait, en dévoilant de la sorte les conditions des rescapées, Mujawayo s'érige en porte-parole des sans-voix et des faibles. Mais cette posture pose clairement le problème de la classification de la fiction testimoniale des évènements-limites.

SurVivantes illustre à merveille les différences essentielles entre autobiographie, mémoire et témoignage. Si une grande partie du texte met en scène l'histoire personnelle de Mujawayo, la focalisation intense sur les expériences des autres rescapées et ses réflexions sur la situation actuelle du Rwanda font en sorte que le récit ne soit pas concentré sur « le moi » de l'auteur à la première personne mais plutôt sur les contextes pré et post génocide. Mais classer le texte comme mémoire, c'est-à-dire récit individuel de certains évènements historiques, serait simpliste, car l'intérêt de l'auteure transcende le simple récit historique individualisé pour révéler la nature complexe des positions des rescapés et les obstacles rencontrés pour parler de leur présent. De même, le texte semble ne pas se conformer à une définition classique du témoignage dans la mesure où il décrit surtout l'expérience de Mujawayo au présent (il existe très peu de détails sur son expérience pendant le génocide proprement dit). Il peut donc être utile de penser ce texte hors des limites de ces classifications génériques des écrits à la première personne. De ce fait, son texte est à la fois un acte littéraire de communication destiné à informer le monde occidental sur son expérience mais aussi et surtout une performance qui repose sur l'écriture comme acte performatif visant à faire accepter son agentivité niée par le génocide. Comme le suggère Alexandre Dauge-Roth (2010 : 167–168), in their attempt to re-envision and re-assert themselves through testimony, survivors move from a position of being subjected to political violence to a position that entails the promise of agency and the possibility of crafting the meaning of who they are.

C'est que le texte de Mujawayo, et la littérature testimoniale en général, rend extrêmement complexe certains concepts récents utilisés pour qualifier l'autobiographie francophone. Dans sa réflexion sur l'auteure Tutsi Scholastique Mukasonga, Viviane Azarian (2012) fait remarquer comment les écrits testimoniaux sur ce groupe ethnique sont frappés par cet atermoiement générique :

> la question serait alors de préciser comment ces différents écrits sur le génocide se nourrissent les uns les autres mais aussi comment le génocide se constitue en rapport intertextuel dans le champ large de la littérature africaine francophone et possiblement le renouvelle (424).

Cela est en droite ligne des réflexions d'Edgard Sankara (2011a) sur la manière dont le témoignage sur le génocide complique toute tentative de généralisation des modalités esthétiques et génériques des écrits africains à la première personne. S'appuyant sur l'esthétique de la réception pour investiguer la relation complexe entre écrivain à la première personne et sa communauté indigène peu familière au lecteur occidental, Sankara (2011b) définit comme suit les paradigmes sur lesquels repose sa théorisation :

> Using this transnational reception framework, I demonstrate that the manner in which the French public and its literary filter, the press, have received Francophone African and Caribbean autobiographies reveals not only a fracture between the autobiographers and their local community, but also the mixed reaction of a French audience in search of ethnographic information (5).

Mettre l'accent sur la communauté dans la biographie francophone crée une résonance tragiquement ironique dans le cas de Mujawayo, témoin de l'oblitération de tout son réseau social et de la communauté à laquelle elle appartient. Sankara l'exprime encore plus clairement dans son étude :

> Coming from a communal society, how does the autobiographer write about her/himself, and to whom does he/she write? The receiving end, be it indigenous to the autobiographer or French metropolitan, challenges the self-projection of the autobiographer (2011b, 19).

De fait, si la formulation de Sankara renvoie l'acte d'écrire lui-même déparant le biographe africain de sa communauté, on note chez Mujawayo l'effet contraire. Sa tentative discursive de faire reconnaître aussi bien sa voix que celles d'autres rescapés est précisément la voie royale par laquelle devrait réintégrer son peuple. Après le génocide, et justement lorsque cette communauté est fragmentée, écrire devient un moyen de restauration plutôt que de désintégration. C'est la fonction du matériel paratextuel.

De ce fait, il est clair que *SurVivantes* se distingue des récits de vie africains francophones. En se situant dans ce que Lionnet (1996) appelle « intervalle entre cultures et langages », Mujawayo ne problématise pas le choix de son médium, la langue française. Pour Mujawayo, le français est la langue qu'elle parle mais qui n'est pas la sienne (Derrida, 1996), car elle donne droit à l'éducation occidentale et à l'emploi, au pouvoir, en particulier pour les Hutus qui en refusent l'accès au Tutsi. Ironiquement dans *SurVivantes*, la maîtrise du français par Mujawayo relève d'une volonté de transgression d'un tabou imposé par le gouvernement Hutu. Par ce fait, la représentation d'évènements traumatiques semble transcender la question de la polyphonie propre à la littérature francophone africaine. Cela s'explique par le fait que des évènements traumatiques de masse tels que le génocide créent en réalité leur propre langue. Et la langue d'un génocide est la haine de l'Autre et la violence. Autrement dit, le génocide a une la langue qui est le récit et pour bien l'appréhender, il faut en dévoiler les modalités.

Une réalité se dégage de la lecture de *SurVivantes* : le texte a une manière unique de *dialogiser* le témoignage sans contester son auctorialité, ne remettant pas en cause sa capacité à prendre la parole. Comme tous les témoignages de rescapés d'une tragédie, le récit de Mujawayo se fait à la première personne « je » et garde un caractère formel, une qualité orale. Ce registre informel se manifeste à travers des répétitions de mots et des ellipses (« Protéger ?!?… Protéger ?!… ») de même que par des tics verbaux tels que « ah » ou des onomatopées comme « pfffff » qui suggèrent que le texte est une transcription d'un entretien oral. Même si Mujawajo s'adresse à Belhaddad en utilisant « tu », le corps du texte est pourtant dépouillé des questions posées par cette dernière. Sa présence est plutôt manifeste à travers des expressions en italiques mises entre parenthèses et décrivant « en temps réel » les actions de Mujawayo lorsqu'elle parle. Une occurrence commune est « elle rit », placée incongrument après le récit d'un épisode particulièrement alarmant. D'autres moments sont plus descriptifs (« elle imite la scène ») pour rendre compte de l'imitation d'un ami rwandais de Mujawayo ouvrant et refermant sa mâchoire chirurgicalement réparée. Certaines phrases comme « rires » impliquent Belhaddad et suggèrent que les deux femmes rient simultanément, convoquant ainsi un espace pour que le lecteur puisse rentrer dans l'intimité de l'interview.

L'inclusion de ces éléments donne, d'une part, à *SurVivantes* un caractère dialogique en même temps qu'ils permettent à la voix de Mujawayo de s'emparer de l'absolue autorité du récit. D'autre part, les remarques de Belhaddad mises entre parenthèses tentent de représenter la nature partagée du témoignage évitant d'usurper le statut auctorial de Mujawayo. L'effet général est l'actualisation du témoignage, car si Esther raconte des évènements passés, l'interview les ramène au présent. D'un point de vue narratologique *SurVivantes* appartient à un projet plus large dont l'ambition est de se focaliser sur l'agentivité actuelle des survivants du génocide, ceux notamment ne voulant pas être définis par le passé. Des phrases apparemment anodines comme « Oh pardon, je me fâche et je m'emballe » intégrées au monologue deviennent cruciales pour découvrir toute l'ampleur du projet. En attirant l'attention sur l'espace au sein duquel Mujawayo donne son témoignage, l'auteur rappelle continuellement au lecteur le caractère vivant de celui qui prend la parole au présent, contestant du même coup toute perception de passivité dans ces moments tragiques.

L'absence de Belhaddad en tant qu'interviewée permet aussi au « tu » utilisé par Mujawayo dans la plus grande partie du texte de porter un sens plus ambivalent. Bien qu'ostensiblement destiné à Belhaddad, le lecteur peut aussi se sentir impliqué par l'utilisation fréquente du registre informel. Simples mais glaçantes, des phrases telles que « Tu sais, après le génocide, dans ma famille, presque tout le monde est massacré » (83), à travers l'interpellation à la fois de Belhaddad et du lecteur, impliquent ce dernier, le faisant rentrer dans son témoignage en tant que destinataire. À l'espace ainsi partagé entre Belhaddad et Mujawayo évoqué du reste par les expressions entre parenthèses, on pourrait ajouter l'espace actuel entre le lecteur et le je parlant, maintenant le caractère oral du témoignage et situant en même temps la discussion de Mujawayo comme partie intégrale d'une interaction.

L'importance de la présence d'interlocuteurs attentifs lorsqu'un survivant prend la parole à propos du génocide se remarque dans le récit quand Mujawayo détaille les difficultés rencontrées par les interlocuteurs pour trouver une audience empathique. Le processus de narration d'une expérience individuelle lors du génocide est compliqué à la fois par les barrières psychologiques et par l'environnement de réception du témoignage. Dans un chapitre intitulé La peur de pas être cru, Mujawayo affirme :

> Quand un rescapé raconte le génocide, il sent bien qu'on a du mal à le croire. C'est trop. Je l'ai déjà dit, pour celui qui écoute, c'est trop, c'est comme si on exagérait. Si le rescapé a régulièrement l'impression de ne pas être cru, c'est que les gens en face de lui ont souvent envie de se convaincre que ce n'était pas si horrible comme situation (95).

Sans directement s'adresser à lui ou à elle, cette phrase implique le lecteur à qui il est demandé de réfléchir sur sa volonté ou sa capacité à engager le récit de Mujawayo. Toutefois, il est aussi question de la capacité du rescapé à poursuivre son récit traumatique. Mujawayo raconte l'histoire de Bibi, une de ses patientes qui était souvent incapable de terminer le récit de son expérience pendant le génocide : « lorsque Bibi racontait la façon dont on avait tué sa dernière fille Claire, elle bloquait toujours » (96). Mujawayo donne d'autres exemples de survivants qui pour diverses raisons avaient du mal à donner leur témoignage. Elle retourne à l'histoire de Bibi non pas pour simplement affirmer le pouvoir de l'expression de soi mais surtout la nécessité d'être cru : « mais surtout, en plus d'avoir pu s'exprimer, le fait que sa parole ne soit plus mise en doute a été déterminant pour Bibi » (100). Cette question du rapport de la mémoire et de la vérité constitue la genèse de l'écriture de *SurVivantes*, car Mujawayo a également été face à la lutte interne que se livre le sujet traumatique pour raconter. À ce titre, *SurVivantes* relève du documentaire, car il constitue une archive historique non seulement pour un public occidental ayant fermé les yeux sur le génocide, mais aussi pour Mujawayo, symbole à la fois de la mémoire individuelle et de la mémoire collective :

> Alors, je me dis que c'est pour cela que je veux écrire, que c'est urgent, essentiel, qu'il me faut absolument le faire. Il me faut immortaliser ces moments que ma mémoire ne gommera jamais mais refoulera, peut-être, à force de vagues de doutes. Car je sens bien que l'Histoire et la mémoire ne feront pas grande chose pour affaiblir ces doutes (101).

L'implicite dans cette affirmation, c'est aussi le rôle de l'interlocuteur, également légataire de ce passé traumatique. En réalité, la qualité paratextuelle inscrit la fiction testimoniale africaine dans un genre unique : le témoignage collaboratif. Cela est fortement marqué chez

Mujawayo mais aussi chez des auteurs rwandais tels que Kayitare, Kayitesi, Mukagasana ou Umurerwa. Par exemple, le témoignage de Kayitare indique clairement qu'il est écrit « avec la collaboration de Patric Mayu » ; chez Umurerwa, « en collaboration avec Patrick May » ; chez Kayitesi « avec la collaboration d'Albertine Gentou ». Dans la même veine, les récits de Mukagasana inscrivent directement le nom de May en dessous du sien. Le moins que l'on puisse dire est que le témoignage collaboratif s'inscrit dans ce que Carol Boyce Davies (1992 : 19) nomme « ordering imperative » en référence à un ordre particulier du discours construit dans les structures disséminées des idéologies du lecteur occidental. Cet ordre du discours, Belhaddad l'affirme presqu'explicitement à propos du style de *SurVivantes* :

> Cette séquence s'est faite à partir d'entretiens retravaillés mais auxquels, volontairement, j'ai laissé le ton de l'oral, non pas par effet de style mais afin de traduire au plus près les tremblements, les hésitations, les nœuds et la sidération de cette parole (10).

Ici, le témoignage collaboratif s'inscrit dans l'ordre de la traduction (traduire), car la langue d'origine du témoignage ne correspond pas à celle du lecteur. En contexte postcolonial africain, le témoignage collaboratif révèle une politique du pouvoir de domination reposant sur la capacité du translateur à inclure ou exclure tel ou tel paradigme. C'est un pouvoir de discrimination (lorsque Belhaddad affirme avoir « volontairement laissé le ton oral ») disséminant la volonté d'imposer un système de valeurs et un ensemble de croyances. Bref, comme le suggère Lefevere (1992), cette translation est essentiellement gouvernée par l'idéologie et Munday (2008) la situe dans le paradigme du *Cultural Turn* figurant la question de la réappropriation culturelle des artéfacts.

Conclusion

In fine, l'examen du paratexte de la fiction testimoniale africaine révèle au moins deux réalités. La première est celle de l'empaquetage du témoignage pour un horizon d'attente qui aseptise le récit. La seconde affirme la nature translative du témoignage qui transforme la fiction testimoniale en témoignage collaboratif. Cette réalité inscrit l'idéologie au cœur du récit et transforme l'espace narratif en lieu d'exercice d'un ordre particulier du discours. J'affirme que cet ordre du discours révèle une dépendance épistémique du témoignage envers un système de valeurs et de croyances. Il suit que pour que la fiction testimoniale africaine s'impose sur le plan axiologique, elle se doit de remplacer les paradigmes épistémiques sur lesquels elle repose par un système de croyances empirique lui permettant de reconstruire son cadre conceptuel. Chez Mujawayo et chez les *témoignaires* du génocide notamment, cela suppose une reconfiguration des schémas qui gouvernent le récit collaboratif. En un mot, il s'agit de transformer la fiction testimoniale africaine en espace typique de mise en scène d'un ensemble cohérent de dispositifs culturels garantissant l'intraduisibilité de l'expérience traumatique.

Références

AGAMBEN, Giorgio (2003). *Ce qui reste d'Auschwitz*. Paris : Rivages.

APPLEGATE, Elizabeth (2013). « The Quest to Understand': Francophone African Intellectuals and Rwanda ». *The Contemporary Francophone African Intellectual*. Eds. Christopher Hogarth and Natalie Edwards. Cambridge : Cambridge Scholars Publishing, pp. 47–70.

AZARIAN, Viviane (2012). « Scholastique Mukasonga : Le "témoignage de l'absent." ». *Revue de littérature comparée* 4 : 423–33.

BAKHTIN, Mikhail (1981). *The Dialogic Imagination: Four Essays*. Trans. Michael Holquist. Austin : University of Texas Press.

BARTHES, Roland (1973). *Le Plaisir du texte*. Paris : Seuil.

BOKIBA, André-Patient (2006). *Le Paratexte dans la littérature africaine francophone : Léopold Sédar Senghor et Henri Lopes*. Paris : L'Harmattan.

BOYCE DAVIES, Carol (1992). « Collaboration and ordering imperative in life story production » in *De/Colonizing the Subject: The politics of gender in women's autobiography*, pp. 3–19.

BOYER, Florence (2005). « L'esclavage chez les Touaregs de Bankilaré au miroir des migrations circulaires ». *Cahiers d'études africaines*. 179.3 : 771–804.

BREZAULT, Eloïse (2003). « Raconter l'irracontable : Le génocide rwandais, un engagement personnel entre fiction et écriture journalistique ». *Éthiopiques : revue socialiste de culture négro-africaine*. 71 : 1–25.

BRINKER, Virginie (2012). « "Un destin dont l'absurde cloue d'aphasie ?" Le génocide des Tutsi au Rwanda, entre parole et silence ». *Ponti/Ponts. Langues littératures civilisations des pays francophones*. 12 : 11–27.

CARUTH, Cathy (1995). *Trauma: Explorations in Memory*. Johns Hopkins University Press.

CARUTH, Cathy (1996). *Unclaimed Experience: Trauma, Narrative, and History*. Baltimore, Md. : Johns Hopkins University Press.

CRAPS, Stef (2013). *Postcolonial Witnessing: Trauma Out of Bounds*. New York : Palgrave Macmillan.

DAUGE-ROTH, Alexandre. (2009). « Testimonial Encounter Esther Mujawayo's Dialogic Art of Witnessing ». *French Cultural Studies* 20.2 : 165–80.

DAUGE-ROTH, Alexandre (2010). *Writing and Filming the Genocide of the Tutsis in Rwanda: Dismembering and Remembering Traumatic History*. Lanham, Md. : Lexington Books. Print.

DERRIDA, Jacques (1997). *Adieu à Emmanuel Lévinas*. Paris : Galilée.

DERRIDA, Jacques (1998). *Demeure*. Paris : Galillée.

FELMAN, Shoshana & Dori LAUB (1992). *Testimony: Crises of Witnessing in Literature, Psychoanalysis, and History*. New York : Routledge.

FISH, Stanley (1980). *Is There a Text in this Class? The Authority of Interpretive Communities*. Cambridge : Harvard University Press.

FONKOUA, Romuald (2003). « À propos de l'initiative du Fest'Africa : Témoignage du dedans, témoignage du dehors ». *Lendemains* 28.112 : 67–72

FOUCAULT, Michel (1971). *L'ordre du discours*. Paris : Gallimard.

GENETTE, Gérard (1987). *Seuils*. Paris : Seuil.

HALL, Stuart (1999). "Encoding, Decoding". *The Cultural Studies Reader*. Ed. Simon During. London : Routledge, pp. 90–103.

HARGREAVES, Alec G. (2006). Testimony, Co-Authorship, and Dispossession among Women of Maghrebi Origin in France. *Research in African Literatures* 37.1 : 42–54.

HIRSCH, Marianne (1997). *Family Frames: Photography, Narrative, and Postmemory*. Cambridge, Mass. : Harvard University Press.

HITCHCOTT, Nicki (2009). « A Global African Commemoration-Rwanda: Writing as a Duty to Remember ». *Forum for Modern Language Studies*. 45.2 : 151–61.

HUGGAN, Graham (2001). *Postcolonial Exotic: Marketing the Margins*. New York : Routledge.

ILIBAGIZA, Immaculée & Steve ERWIN (2006). *Left to Tell: Discovering God Amidst the Rwandan Holocaust*. Carlsbad, Calif.: Hay House, Inc.

ILIBAGIZA, Immaculée & Steve ERWIN (2008). *Led by Faith: Rising from the Ashes of the Rwandan Genocide*. Carlsbad, Calif.: Hay House, Inc. Print.

JAUSS, Hans Robert (1982). *Towards an Aesthetic of Reception*. Minneapolis : University of Minnesota Press.

KAREGEYE, Jean-Pierre (2014). « Les femmes témoins : La prise de parole ». *Les temps modernes* 680.4 : 328–49.

KAYITARE, Pauline (2011). *Tu leur diras que tu es hutue. À 13 ans, une Tutsie au cœur du génocide rwandais*. Brussels : Grip-André Versaille.

KAYITESI, Annick (2004). *Nous existons encore*. Paris : Michel Lafon. Print.

KAYITESI, Berthe (2009). *Demain ma vie : Enfants chefs de famille dans le Rwanda d'après*. Paris : Laurence Teper.

KÈGLE, Christiane & Richard GODIN (2007). *Les récits de survivance : Modalités génériques et structures d'adaptation au réel*. Québec : Presses de l'Université Laval.

KING, Adele (2002). *Rereading Camara Laye*. Lincoln : University of Nebraska Press.

LEFERVERE, Andre (1992). *Translation, Rewriting and the Manipulation of Literary fame*. London: Routledge.

LEJEUNE, Philippe (1975). *Le Pacte autobiographique*. Paris : Seuil.

LEVI, Primo (1959). *If This Is a Man*. London : The Orion Press.

LIONNET, Françoise (1991). *Autobiographical Voices: Race, Gender, Self-Portraiture*. Ithaca : Cornell University Press.

LIONNET, Françoise (1996). *Postcolonial Subjects: Francophone Women Writers*. Minneapolis : University of Minnesota Press.

LOCHA MATESO, Emmanuel (1986). *Littérature africaine et sa critique*. Paris : Karthala.

LOUWAGIE, Fransiska (2006). « Le témoignage des camps et sa médiation préfacielle ». *Questions de communication* 10 : 349–67.

MUJAWAYO, Esther, & Souad BELHADDAD (2004). *SurVivantes : Rwanda, histoire d'un génocide*. La Tour d'Aigues : Aube.

MUJAWAYO, Esther, & Souad BELHADDAD (2006). *La Fleur de Stéphanie. Entre réconciliation et déni*. Paris : Flammarion.

MUJAWAYO, Esther, & Souad BELHADDA D (2010). *Survivantes : Rwanda, histoire d'un génocide*. Geneva : MétisPresses.

MUKAGASANA, Yolande & Patrick MAY (1997). *La Mort ne veut pas de moi*. Paris : Fixot.

MUKASONGA, Scholastique (2006). *Inyenzi ou les cafards*. Paris : Gallimard.

MUNDAY, Jeremy (2008). *Style and Ideology in Translation*. New York : Routledge.

PARAVY, Florence (2011). « Feu croisé sur l'afropessimisme (E. Dongala, A. Kourouma) ». *Études littéraires africaines* 32 : 60–8.

SANKARA, Edgard (2011a). "History and the Production and Reception of Autobiography in Francophone Africa." *Canadian Review of Comparative Literature/Revue canadienne de littérature comparée* 32.3–4 : 441–458.

SANKARA, Edgard (2011b). *Postcolonial Francophone Autobiographies: From Africa to the Antilles*. Charlottesville : University of Virginia Press.

SAPIRO, Gisèle (2014). *Sociologie de la littérature*. Paris : La Découverte.

TAL, Kali (1996). *Worlds of Hurt: Reading the Literatures of Trauma*. Cambridge, UK: Cambridge University Press.

THOMAS, Dominic & Richard DAVID (2002). *Nation-Building, Propaganda, and Literature in Francophone Africa*. Bloomington : Indiana University Press.

WAINTRATER, Régine (2003). *Sortir du génocide : témoigner pour réapprendre à vivre*. Paris : Payot.

WATTS, Richard (2005). *Packaging Post/coloniality: The Manufacture of Literary Identity in the Francophone World*. Lanham, Md. : Lexington Books.

Vivre au présent et présentifier le passé : *Les Maquisards* ou la poétique testimoniale d'une décolonisation manquée du Cameroun

Lucie KENGNE GATSING
Université de Dschang – Cameroun

Résumé : Le Cameroun a subi de plein de fouet les affres des puissances occidentales au nom de la colonisation. *Les Maquisards* de Hemley Boum fait (re)vivre au lecteur contemporain ces sombres heures de l'histoire du Cameroun. Cette contribution questionne la poétique et l'impact du témoignage littéraire dans la société camerounaise en perte de repères. L'étude s'appuie sur la sémiotique narrative pour rendre compte du régime de littérarité du témoignage verbalisé dans la fiction narrative de Hemley Boum. Le déchiffrement des structures narratives tant au niveau de la manifestation qu'à celui de la grammaire du récit, sur la double polarité du factuel et du fictionnel, révèle l'enchevêtrement des violences coloniales et postcoloniales et la résurgence des miasmes coloniaux en postcolonie.

Mots-clés : Décolonisation , poétique testimoniale , maquisards , mémoire collective , Cameroun.

Abstract: Cameroon has suffered the brunt of the throes of the Western colonial Masters. Hemley Boum's *Les Maquisards* offers the opportunity to contemporary readers to get to depths of Cameroon history and better understand the challenge for decolonization. This contribution scrutinizes the poetics and impact of literary testimony in Cameroonian society losing its bearings. The study falls under the theoretical and methodological frame of narratology and narrative semiotics to decipher the aesthetics of literary testimony verbalized in Hemley Boum's masterpiece. Results from analyses reveal an entanglement of colonial and postcolonial violence, and the everlasting colonial legacy in the postcolonial State.

Keywords: Decolonization , testimonial poetics , maquisards , collective memory , Cameroon.

Introduction

L'État postcolonial n'est pas sans ressembler à ses prédécesseurs coloniaux et précoloniaux. Il obéit à une règle de l'inachèvement. Il fonctionne comme un rhizome de réseaux personnels et assure la centralisation politique par le truchement des liens de la parenté, de l'alliance et de l'amitié, à l'instar de ces royaumes anciens qui possédaient les principaux attributs étatiques au sein d'une matrice lignagère et conciliaient de la sorte deux types d'organisation politique à tort incompatibles (Bayart, 1989 : 318).

L'Afrique demeure le continent qui charrie les stigmates de son passé colonial. Le Cameroun, comme beaucoup d'autres pays africains, a subi de plein fouet les affres des puissances occidentales au nom de la colonisation. En effet, la nation camerounaise naît des cendres des luttes titanesques des combattants de l'indépendance. Or malgré la détermination et le combat acharné des nationalistes jusqu'à leur sacrifice suprême pour l'entière liberté à leur pays, ce dernier demeure sous le joug de l'empire postcolonial français nonobstant l'indépendance de l'année 1960. Une situation de dépendance qui frise une décolonisation inachevée.

L'hégémonie française en Afrique et au Cameroun à l'heure de la contemporanéité atteste d'un certain degré de l'échec des luttes indépendantistes par les figures emblématiques telles Ruben Um Nyobè, Rudolf Dualla Manga Bell, Martin Paul Samba, Ernest Ouandié, Félix Moumié et bien d'autres dont la mémoire est occultée ou peu connue. Pourtant, la trajectoire et le choix politique du pionnier de l'indépendance du Cameroun méritent bien des égards. C'est ce parcours inédit que Hemley Boum tente de retracer dans son roman-témoignage *Les Maquisards.* Le texte littéraire étant un « instrument de médiation des données mémorielles » (Fogou, 2020 : 14), quels sont le régime et l'enjeu du témoignage mis en texte dans cette production artistique ? Comment l'auteure-témoin met-elle en exergue l'enchevêtrement entre les violences coloniales et postcoloniales de manière à accentuer les miasmes coloniaux en postcolonie ? Quel est l'intentionnalité d'un tel récit à l'heure de la contemporanéité ? L'étude postule, au-delà des séquences narratives testimoniales, la présence coloniale en postcolonie et appelle à la commémoration de la mémoire des martyrs.

Cette réflexion se situe dans les cadres théorique et méthodologique de la sémiotique narrative. Pour déchiffrer le sens de la structuration hemley-boumienne de *Les Maquisards,* la narratologie est convoquée sur le double versant de la sémiotique gréimassienne et de la sémiologie hamonienne. La convocation de la théorie de Gréimas (1993) favorise une meilleure compréhension de la grammaire du récit par questionnement de la portée de ses composantes narrative et thématique dans le corpus sous étude tandis que celle de Hamon (1977) vient en complément comme moyen de décryptage des rôles référentiel et idéologique textualisés dans la fiction de Hemley Boum.

L'étude est respectueuse d'une organisation tripartite. La première articulation formalise les critères d'enracinement de l'œuvre dans son cadre spatio-temporel ; la deuxième scrute les stratégies de lutte du peuple regroupé autour de son leader avant d'explorer les conditions de l'échec de ladite lutte ; la dernière questionne l'intentionnalité de l'écrivaine testimoniale et l'impact d'une telle littérarisation sur la société camerounaise en perte de repères.

1. Les Maquisards : fiction testimoniale et ancrage spatio-temporel

En tant que roman-témoignage, *Les Maquisards* est un hommage aux bienfaiteurs héroïques et une invitation à découvrir la période sombre de l'Histoire du Cameroun doublement marquée par la présence coloniale française et par la volonté du peuple de s'en libérer. Ce faisant, l'œuvre lève un pan de voile sur l'opacité référentielle et inscrit l'action et l'intrigue dans le binôme espace-temps repérable à partir des coordonnées du réel.

1.1 Dualistique spatiale et rapport de force en contexte colonial

La structure spatiale est verbalisée dans *Les Maquisards* d'après une polarité contrastive. La bipolarité spatiale met en opposition deux espaces dénotatifs antagonistes symptomatiques du rapport de places entre le conquérant et le conquis.

1.2 Textualisation de l'espace conquis et révélation du référent spatial réel

Le corpus d'analyse révèle que l'espace conquis et dominé est un territoire englobant, géographique et identifiable à partir des signifiants spatialisés qui sont constitutifs de « l'Ici » (Tandia Mouafou, 2012), c'est-à-dire l'espace topique, soumis et dominé. Il est richement figuré dans *Les Maquisards*. La romancière convoque à la fois la référence absolue, la référence déictique, les compléments circonstanciels de lieu et les lexiques culturellement marqués pour conférer à l'espace de réalisation et de déploiement des personnages inscrits dans le récit une assise sociologique, anthropologique, culturelle et politique réelle et vraisemblable.

Les toponymes construisant l'espace dominé sont révélateurs des noms du continent, du pays, des villes et des villages repérables au Cameroun. Les séquences narratives ci-dessous charrient des items lexicaux qui plantent le décor spatial :

Il venait de passer quelques jours dans une de ses planques pas loin d'*Eseka* et devait rejoindre ses compagnons Amos et Likak à leur refuge de *Lipan* (*LM* : 18) ;

Il marcha plusieurs heures dans la forêt opaque toujours plus au nord. Uniquement guidé par son instinct. Il traversa la bourgade de *Boumnyebel* puis se dirigea vers son refuge (*LM* : 19) ; Tout commença lorsqu'Alexandre Nyemb père, alors agent de l'administration coloniale, fut envoyé pour raison de service à *Nkongsamba*, dans la *région du mungo* (*LM* : 33) ; L'infirmier qui s'occupait d'elle s'appelait Joseph Ndoumbe, originaire de la *ville de Douala* (*LM* : 34) ; La nouvelle administration coloniale prévoyait d'étendre la voie de chemin de fer d'*Eseka* à *Yaoundé* (*LM* : 40) ; Les colons vivant au *Cameroun*, qui avaient assuré l'administration du pays sans ingérence de la métropole engluée dans la guerre, s'opposaient de tout leur pouvoir à ce qu'ils considéraient comme une grave atteinte à leurs droits (*LM* : 42) ; Il aurait rencontré Christine à *Foulassi* alors qu'il étudiait à l'École normale (*LM* : 80) ; Après l'obtention de son diplôme d'infirmière, elle s'engagea en *Afrique* (*LM* : 106) ; Les sœurs avaient pour mission de créer un internat pour jeunes filles à *Sangmelima*, au *Sud du pays* (*LM* : 106–107) ; *En pays Bamiléké*, il a un succès que tu ne peux pas imaginer (*LM* : 129) ; Dans le quartier *New Bell* à *Douala*, les populations adhèrent en masse à notre mouvement (*LM* : 130) ; Um Nyobè était né à *Eog Makon*, pas loin d'*Eseka* dans son fief, sa zone d'influence. Toute la *région bassa* se soulevait et lui, le Gall, était incapable d'en circonscrire l'embrasement (*LM* : 197).

Il se dégage de ces exemples une dynamique spatiale densifiée, diversifiée et complexe associée aux personnages qui, dans le feu de l'action, peuvent mouvoir aisément dans l'espace rural, en milieu forestier et surtout dans le maquis vu le contexte des violences coloniales. Cette plasticité spatiale construit un macro-espace remembrant qui, par emboîtements successifs, intègre des micro-espaces de divers degrés. L'espace dominé, en proie au commandement colonial français, est donc un espace réel, géographiquement repérable comme l'illustre la figuration tabulaire ci-dessous.

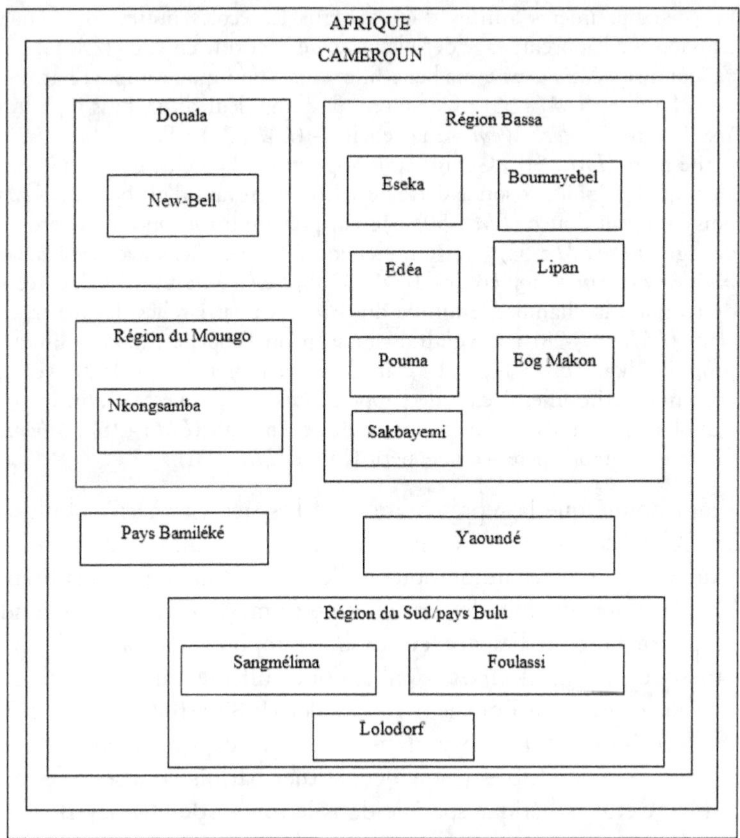

Tableau 1 : Figuration de l'espace dominé dans *Les Maquisards*.
Légende :
→ *Macro-espace de premier degré* : AFRIQUE
→ *Macro-espace de deuxième degré* : CAMEROUN
→ *Micro-espaces de premier degré* : Douala ; Région Bassa ; Région du Moungo ; Pays Bamiléké ; Yaoundé ; Région du Sud/Pays Bulu
→ *Micro-espaces de deuxième degré* : New Bell ; Nkongsamba ; Eseka ; Boumnyebel ; Edéa ; Lipan ; Pouma ; Sakbayemi ; Eog Makon ; Sangmelima ; Foulassi ; Lolodorf.
(*Source* : Lucie Kengne Gatsing, mars 2020)

Cette construction toponymique est renchérie de multiples signifiants spatialisés culturellement marqués. Les extraits suivants expriment un univers anthropologique connu grâce à quelques éléments qui filtrent le substrat culturel :

Les deux premières années d'étude dans les écoles protestantes étaient consacrées à l'apprentissage de la lecture, de l'écriture en *bassa* (*LM* : 24) ; Je t'ai comprise *Nkia wem* – ma belle-fille – mais pourquoi rompre l'harmonie de la famille ? (*LM* : 35) ; Ce ne sera pas long, leur dit-il. Puis il s'adressa à sa femme : *Ndock Wem* – ma rebelle – (*LM* : 37) ; Elle va bien *Hiini*-petite mère (*LM* : 51) ; Gérard était apparu une bouteille de gin à la main alors qu'il peinait sur son assiette de salsifis en rêvant d'un bon *ndomba* de poisson d'eau douce (*LM* : 50) ; Je t'ai préparé un *mbongo* de lièvre avec des ignames (*LM* : 53) ; Je te ramènerai à la vie. Viens avec moi *Muulé, muuléma mwan* – mon cœur – (*LM* : 326) ; Le *ko'ô* était une société secrète de femmes, la chambre féminine du *Mbog*, les patriarches, les maîtres du clan. (*LM* : 97–98) ; Je voudrais aussi qu'on l'appelle *Kundè* – liberté – proposa Likak (*LM* : 176) ; Le clan du père, apprenant que le nouveau-né était une petite fille, décida de l'appeler *Likak* – promesse « afin que nul n'oublie les engagements pris au nom de cet enfant » (*LM* : 128) ; *Mbombo, Mbombo* – grand-mère – cria le petit Kundè (*LM* : 131).

Étant donné que la représentation de l'espace vise à créer l'illusion référentielle, ces structures spatialisantes construisent des champs lexicaux variés dont la connotation oscille entre la filiation, l'art culinaire, l'affect, la vision du monde, les us et coutumes, et des savoirs fondés sur l'appartenance à l'espace culturel/anthropologique *bassa*. L'espace romanesque dans *Les Maquisards* n'est donc nullement un espace neutre. C'est à juste titre que Bourneuf et Ouellet (1985 : 108) postulent que « loin d'être indifférent, l'espace dans un roman s'exprime dans les formes et revêt des sens multiples jusqu'à constituer parfois la raison d'être de l'œuvre ». Cette esthétique spatiale dans le roman de Hemley Boum se construit par opposition à son corrélat supérieur.

1.3 Figuration de l'espace dominant

L'espace dominant est celui connotant l'Ailleurs, l'espace hypostasié, l'environnement de rêve et de bonheur. Par opposition à l'espace convoité – l'espace topique –, l'espace hiérarchique, ou encore dans l'acception de Foucault (1967), « l'espace hétérotopique », est mis en texte de manière allusive en rapport avec les évènements historiques liés à la conquête de l'espace colonial africain. Ces espaces hiérarchiques sont englobants et intègrent les espaces englobés de premier degré. Les toponymes employés à cet effet sont révélateurs du foyer énonciatif et du point d'origine du commandement colonial. Les séquences narratives et les discours rapportés des personnages participent de la textualisation de l'espace hétérotopique :

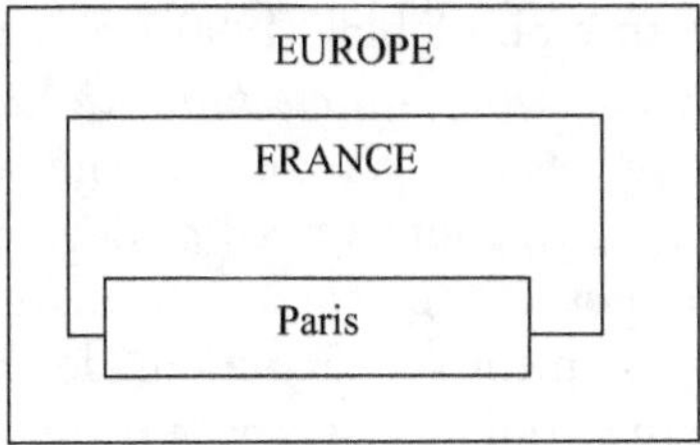

Tableau 2 : Représentation tabulaire de l'espace dominant dans *Les Maquisards.*

Légende :

→*Macro-espace de premier degré* : EUROPE

→*Macro-espace de deuxième degré* : FRANCE

→*Micro-espace de premier degré* : Paris

(*Source* : Lucie Kengne Gatsing, mars 2020)

Voyez-vous mes frères, l'appétit de l'occupant est à la mesure de notre inertie, son avidité s'accroît chaque jour davantage puisque nous lui restons soumis. Aujourd'hui, la *France* manigance auprès des Nations Unies afin que le Cameroun soit intégré dans l'Afrique française équatoriale (*LM* : 116) ; Dis-moi comment vous aider, reprit-il. J'ai des amis à *Paris,* des personnes qui vous écouteront. Vous pourrez mener la lutte de l'extérieur (*LM* : 48–49) ; Certains des nôtres sont allés en *Europe,* beaucoup se sont battus pour la *France,* ce qu'ils ont vécu nourrit leur ressentiment vis-à-vis des colons, ils ne veulent plus être traités comme des petits nègres corvéables à merci (*LM* : 153).

L'opposition sémantique et même fonctionnelle entre les deux composantes spatiales est distincte et justifie le contexte d'énonciation de l'action narrative de l'œuvre. Figurativement, l'espace dominant est sémiotisé comme suit :

À l'observation, Paris est le centre et le foyer du commandement colonial et postcolonial dont sont victimes les colonies africaines et le peuple camerounais. L'un des lieux de fixation de l'outrage colonial est le discours à travers le foyer de regard de l'autre.

1.4 Vision et allovision : de la joute oratoire à l'équilibre langagier entre les actants du jeu fictionnel

L'allovision est un concept consacré en praxématique qui postule la vision de l'autre (l'altérité) à partir du foyer énonciateur (l'identité). Cette notion permet d'étudier, de façon contrastive, le couple oppositionnel identité/altérité car à en croire Siblot (1999 : 5) « le sujet se construit et s'inscrit dans sa parole selon *la dialectique du même et de l'autre* : il dessine constamment un espace variable des mêmes où il s'engage et simultanément un espace des autres où il se dégage ». En situation de discours fictionnel, le positionnement énonciatif des uns par rapport aux autres a un retentissement sur les actions des personnages en tant qu'« organisateurs textuels qui structurent le texte, du plus haut niveau de planification au plus bas niveau linguistique » (Glaudes et Reutier, 1996 : 79). Tout comme l'espace, le personnage est une composante indispensable de l'univers narratif. Dans *Les Maquisards*, la sémiotisation du personnage est respectueuse de la dialectique du même et de l'autre. En effet, deux foyers de regard s'opposent et les outils linguistiques de désignation *altéritaire* sont marqués du sceau de la péjoration. En situation de domination coloniale et/ou postcoloniale, les dominateurs ont recours aux *Face Threatening Acts* (*FTAs*) pour désigner leurs vis-à-vis discursifs. Quelques séquences illustratrices sont les suivantes :

> *Les indigènes* devaient s'élever en parlant la langue française, déclarait-il, et pas les Français s'abaisser à leurs borborygmes *de sauvages* ! (*LM* : 41) ; Il soupirait alors : « L'Afrique serait tellement plus simple sans *les Africains*.» (*LM* : 42) ; Je ne suis pas certain que nous gagnerions à confier ce pays à *un Nègre* qui croit pouvoir me parler d'égal à égal (*LM* : 322) ; Les routes ne sont pas sûres en ce moment à cause de *ces bandits de rebelles* insista Le Gall (*LM* : 47) ; Qui donc avait pu en informer *ces chacals*, s'était-il étonné. Il n'y avait que des sœurs blanches au Sacré-Cœur, se pouvait-il qu'elles soient complices de *ces bandits autoproclamés combattants de la liberté*. Il était évident que Gérard partageait ses idées sur la façon de gérer *ces Vauriens* (*LM* : 196) ; Mais enfin Pierre, montrez-vous raisonnable. Vous ne pensez tout de même pas que cette maison abriterait *des dissidents* (*LM* : 226) ; Pierre, vous m'avez contraint à perquisitionner la maison de Mme Ngo Mbondo Njee plusieurs fois et nous n'avons jamais rien trouvé qui la relie *aux maquisards* (*LM* : 234) ; Un coup de crosse dans les côtes l'interrompit net. « Silence *macaque !* » (*LM* : 265).

On constate que les actants du pouvoir colonial convoquent à la fois l'ethnico-racial, le national, le relationnel, le psychologique et surtout l'injure relationnelle comme fondements praxiques de dénomination *altéritaire* dont la conséquence est la violation systématique des faces négative et positive des dominés institutionnels. Au-delà du gommage identitaire des dominés, les vieux poncifs de la supériorité/infériorité raciale sont mis à contribution pour affiner le tableau du langage de la violence. En réponse à ces outrages volontaires, les victimes de la dictature coloniale procèdent de la même façon pour tenter une réparation symbolique aux dommages portés en leur personne. Comme sur une scène de théâtre où chacun joue sa partition, les exemples ci-dessous illustrent la méthode exutoire des colonisés comme stratégie de nivellement de la surface discursive :

> Voyez-vous mes frères, l'appétit de *l'occupant* est à la mesure de notre inertie, son avidité s'accroît davantage puisque nous restons soumis (*LM* : 116) ; À leurs yeux, il était résolument du côté de *l'oppresseur*. La seule personne susceptible de le réhabiliter croupissait en prison (*LM* : 320) ; Ce dernier avait établi des relations de complicité voire d'amitié avec des *administrateurs coloniaux,* et des courants plus modérés de la lutte contre *l'occupation française* (*LM* : 19) ; *Les colons* vivant au Cameroun, qui avaient assuré l'administration du pays sans l'ingérence de la métropole engluée dans la guerre, s'opposaient de tout leur pouvoir à ce qu'ils considéraient comme une grave atteinte à leur droit (*LM* : 42) ;
>
> Les Bassas acceptaient mal la présence *des occidentaux* sur leur territoire. Ils jouaient le jeu du respect, voire de la soumission, que *les Blancs* leur imposaient (*LM* : 105) ; Esta Ngo Mbondo Njee attendait la sœur Marie-Bernard assise dans sa cuisine. Elle haïssait *Pierre Le Gall*, de toutes les fibres de son corps, (*LM* : 93) ; Tous savaient que *le blanc fou, le porc*, avait accusé Christine de lui avoir livré Esta (*LM* : 246) ; Mon père était *un monstre*, je l'affirme sans hésitation (*LM* : 364).

Dans cette rhétorique de désignation de l'autre, l'attaque est d'abord collective comme l'indique les hétérodésignants mis en mention dans les séquences illustratives, avant d'être figée à l'homme-monstre, Pierre Le Gall, archétype des violences et cruautés coloniales en Afrique et au Cameroun, comme le montrent les séquences descriptives de son être et son faire, assorties des constructions métaphoriques qui l'extirpent de la sphère des humains. D'un camp comme de l'autre, il semble se construire un équilibre de forces dans la mesure où « l'extranéisation discursive de *l'autre* débouche sur son expulsion du monde des êtres humains » (Akin, 1999 : 98). L'espace romanesque dans *Les Maquisards* s'annonce ainsi comme un lieu de réglages conflictuels où les forces antagonistes d'inégale valeur s'affrontent suivant le principe de l'ipséité/identité et de l'altérité, lequel conflit est lui-même circonscrit dans une temporalité narrative dilatée.

1.5 *Présent passé ou passé présent : de la narration intercalée à la complexification du signe temporel au cœur du témoignage chez Hemley Boum*

La structure temporelle est primordiale dans les textes fictionnels et narratifs en particulier. Elle permet d'inscrire, avec précision, l'action dans une époque déterminée. L'esthétique temporelle chez Hemley Boum fait de *Les Maquisards* un roman à la fois historique et contemporain.

1.5.1 Narration ultérieure et reconstruction sémiotique du passé colonial : entre inférences historiques et repères datés

Les Maquisards ou roman-témoignage convoque les sources historiques et les techniques narratologiques diversifiées pour remettre à la structure superficielle de l'œuvre la thématique testimoniale qu'est la colonisation/ décolonisation. La narration ultérieure et l'analepse sont, entre autres, des techniques narratives auxquelles a recours l'écrivaine testimoniale. Cette esthétique temporelle permet un déchiffrement simpliste du temps de l'histoire narrée dans une double perspective. L'actualisation du passé obéit d'abord à la convocation des dates et temps forts mémorables qui rappellent la présence coloniale occidentale au Cameroun :

> La famille de Gérard *s'était installée* à Eseka *entre les deux guerres*, lorsque les Français et les Anglais *avaient remplacé* les Allemands en terre camerounaise (*LM* : 40) ; *La Conférence de Brazzaville* a assoupli les conditions de vie des locaux dans les colonies françaises (*LM* : 153–154) ; Le Gall père *n'avait* jamais *fait* mystère de ses positions ; son discours *ne surprit pas* Muulé. *Après la Seconde Guerre mondiale*, les peuples africains *commencèrent* à réclamer leur indépendance. Au Cameroun comme ailleurs, la rébellion en *était* à ses prémices (*LM* : 42) ; « L'indépendance doit être totale et immédiate. » Cette phrase, il *l'avait pensé* ici même, dans cette forêt, par une nuit semblable à celle-ci. Il *avait prononcé dès 1948*, et *senti* qu'il *n'y aurait pas* de salut hors de ce parti pris (*LM* : 19) ; *La Première Guerre mondiale achevée*, le Cameroun, alors colonie allemande, prend le statut de territoire international placé sous le mandat de la société des Nations, puis sous la tutelle des Nations Unies. La France a alors reçu la mission d'administrer la partie orientale, soit quatre-vingt-cinq pour cent du territoire et la Grande Bretagne les quinze pour cent restant dans la partie occidentale. Les accords de tutelle ratifiés par les deux pays *en 1946* ne souffrent d'aucune équivoque : les puissances mandatées doivent amener les Camerounais vers la capacité de s'administrer eux-mêmes (*LM* : 116) ; Le combat larvé *se transforma* dès lors en guerre ouverte. La situation *connut* son apogée avec les émeutes de Douala puis *l'éviction de l'UPC en juillet 1955* (*LM* : 214) ; Elles *n'assistèrent*

pas à l'assassinat de Ruben Um Nyobè, lui aussi fauché d'une balle dans le dos (*LM* : 305).

Ces extraits sont des morceaux choisis qui, de façon séquentielle et progressive, instruisent le lecteur contemporain des hauts faits du passé et de l'Histoire du Cameroun en le plongeant *ex abrupto* dans la temporalité coloniale avec des dates-repères, de l'aune de la colonisation à l'assassinat de Ruben Um Nyobè en septembre 1958 en passant par l'éviction de son parti politique. Aussi, les propriétés de l'aoriste, à travers l'emploi prégnant du passé simple, du plus-que-parfait et de l'imparfait sont mises à contribution pour davantage localiser l'action dans la borne temporelle considérée. Ce memento s'enrichit des inférences multiples pour faire de *Les Maquisards* mieux qu'une œuvre fictionnelle, un référentiel historique. Ces inférences sont, entre autres, le discours explicatif justifiant la colonisation ; l'évocation des infrastructures coloniales couplées aux violences multiformes subies par le peuple :

> « De quoi peuvent-ils bien manquer chez eux pour envahir ainsi le monde ? » s'interrogeaient-ils sans arrêt. Leurs intentions affichées étaient toujours humanistes. La nécessité d'évangéliser, d'apporter la bonne nouvelle, disaient les religieux, éduquer, enseigner aux Africains les clés de la modernité, la science, les lettres, faire d'eux des êtres civilisés, expliquaient les professeurs, leur offrir la santé, une meilleure espérance de vie, une qualité de vie à laquelle ils n'auraient pas eu accès sans nous, renchérissait le personnel médical. Tous avaient des arguments altruistes à opposer aux questions, tous décrivaient leur action en Afrique comme un sacrifice personnel et pourtant nécessaire (*LM* : 66) ;

> Entendant les parents de Jeannette raconter les difficultés de leur vie au camp, les travaux manuels si pénibles pour son père âgé. « Nous avions l'impression que nos vies ne nous appartenaient pas. Une force sombre nous poussait selon son caprice, nous ignorions pourquoi elle nous avait choisis pour cible, ce que nous avions fait pour mériter tant de souffrances. Que vaut la vie d'un homme quand un autre peut en disposer à sa guise ? Quand il peut entrer dans ta maison, molester tes enfants, posséder ta femme et réduire tes parents à une servitude abjecte ? » (*LM* : 96–97) ; Amos Manguele vivait en clandestinité depuis l'interdiction de l'UPC. Il ne rentrait plus chez lui que rarement et à l'improviste. Esta, Likak, ainsi que plusieurs femmes des environs, assuraient l'approvisionnement en vivres des maquisards malgré le risque (*LM* : 213).

Ces séquences narratives et dialoguées, en lien avec le passé colonial, attestent de ce que l'œuvre de Hemley Boum s'inscrit dans le paradigme du travail de mémoire. L'esthétique du témoignage est mise en valeur grâce à la convocation des typologies narratologiques variées, car au niveau de l'instance narrative, l'auteure opte pour une polyphonie énonciative et distribue la parole à la fois au narrateur anonyme hétérodiégétique et au narrateur intradiégétique qui, de par ses propos à la première personne, crée l'effet du réel, ce que Jouve (1992) appelle « l'effet personnage ». Un réalisme littéraire davantage perceptible dans le prolongement de la temporalité coloniale textualisée dans *Les Maquisards*.

1.5.2. Narration simultanée et construction de la temporalité postcoloniale

Les Maquisards s'illustre comme un concentré narratif d'évènements s'étendant sur la double période coloniale et postcoloniale. Thérenty (2000 : 254) parle d'« omnitemporalité symbolique » pour mettre en exergue l'utilisation conjointe de toutes les plaquettes temporelles qui manifestent les différentes stratifications de la conscience réminiscente. Plusieurs indices textuels qui participent de la mise en œuvre des techniques narratives telles que la narration simultanée et l'amplitude narrative situent le « récit au présent contemporain de l'action » (Genette, 1972 : 229). Les signifiants temporalisants sont d'abord le fait du vocabulaire spécifique dont l'isotopie temporelle révélée est celle de la postcolonie :

> L'administration postcoloniale, les autorités du Cameroun « indépendant » reprirent à leur compte la traque des partisans de l'UPC, avec le soutien financier, logistique et militaire de l'ancienne métropole. Les compagnons de lutte de Mpodol se turent ou pactisèrent. Ceux qui continuèrent le combat, notamment en pays bamiléké, furent exterminés par villages entiers, assassinés même à l'étranger où certains avaient trouvé refuge. Au cours des trente années suivantes, prononcer son nom, évoquer son souvenir serait assimilé à une sédition et durement réprimés par les forces conjointes en exercice (*LM* : 306–307).

Ce fragment montre l'inachèvement du procès colonial avec ses violences, horreurs et atrocités mais aussi le caractère inachevé des luttes indépendantistes conduites par Mpodol et alliés, ce qui confère à *Les Maquisards* le statut narratif de la poétisation de la décolonisation tronquée du Cameroun. La distance narrative adoptée, au travers de l'usage des guillemets, atteste de la vision personnelle du narrateur anonyme et de la véracité des évènements narrés. De plus, la fonction testimoniale convoquée à ce niveau du récit révèle « la vérité de son histoire, le degré de précision de sa narration, sa certitude vis-à-vis des évènements, ses sources d'informations, etc. » (Guillemette et Lévesque, 2016 : 3).

En effet, le souci d'une reconstitution plus ou moins exacte des faits permet à la romancière camerounaise de réaliser un saut temporel qualitatif dans la contemporanéité à partir de la borne coloniale. La dernière partie de l'œuvre s'inscrit dans cette temporalité récente et les faits contés sont concomitants au moment indiqué c'est-à-dire décembre 1999. Les éléments narratifs qui construisent cette contemporanéité sont variés et les plus saillants sont textualisés dans les séquences ci-dessous :

> *Le mois de décembre et les fêtes de fin d'années* lui offraient son meilleur chiffre d'affaires. Sans compter que tous les citadins semblaient vouloir passer *ce réveillon de fin de siècle* dans leurs villages (*LM* : 342) ; *Alèkè et les jeunes de sa génération* avaient grandi sans savoir ce qui s'était passé pendant les années sombres. L'histoire était douloureuse, dangereuse, et tenue secrète. *Au début des années 90*, la mémoire de Mpodol ainsi que celle de plusieurs de ses compagnons fut réhabilitée par le pouvoir. Mais l'entreprise fut trop incomplète, aucune action commémorative ne fut organisée, aucune forme d'éducation à ce passé, les manuels d'histoire y firent à peine allusion (*LM* : 345). La défaite des braves a permis à l'occupant de répliquer l'exemple camerounais, *de mettre ses sbires au pouvoir de la nouvelle Afrique « indépendante »*, *s'en sont suivies des décennies de pauvreté, de corruption qui durent encore* (*LM* : 370).

Les extraits mis en mention que clôt l'adverbe temporel *encore* dans la dernière séquence marquent le caractère duratif et actuel des miasmes coloniaux en contexte postcolonial. La permanence du fait colonial/ postcolonial peut être représentée schématiquement dans un procès borné-ouvert.

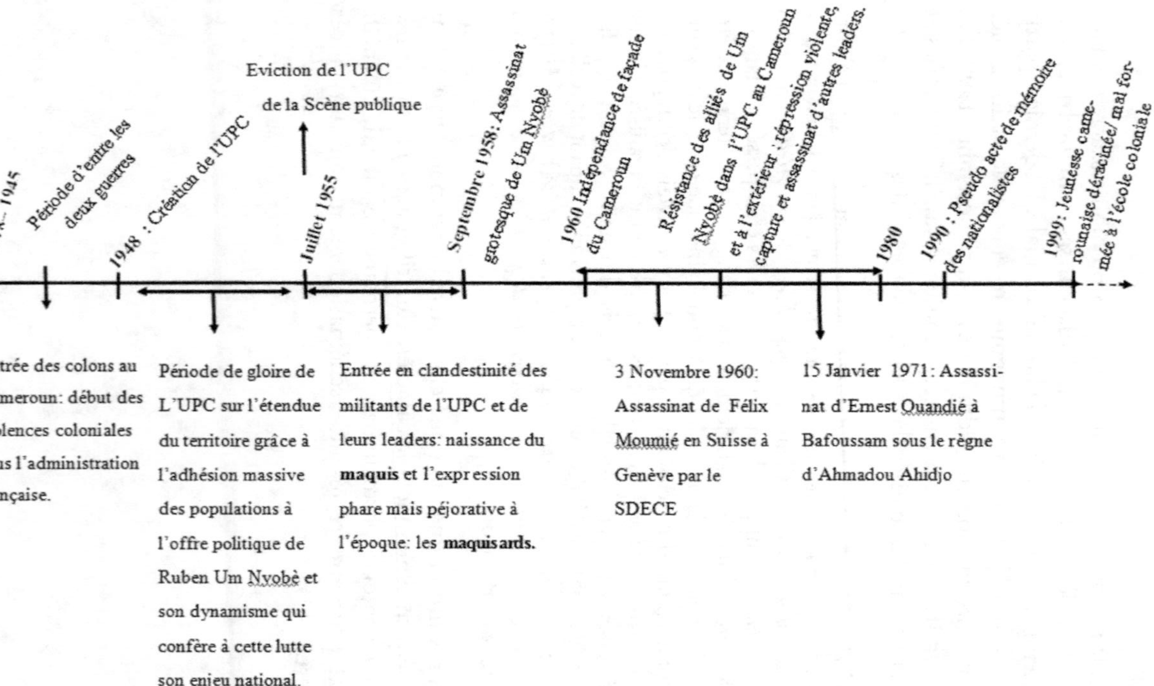

Schéma 1 : Axe spatio-temporel de la présence et des violences (post)coloniales dans *Les Maquisards*.
(Source : Lucie Kengne Gatsing, mars 2020)

L'appel au présent des faits passés est également pris en charge par les temps linguistiques inscrits dans le mode de la réalité.

1.6 *Mode indicatif et présentification du passé colonial*

La narration ultérieure est le temps de prédilection de la plupart des textes narratifs étant donné que le narrateur relate des faits antérieurs localisés dans un passé lointain en se servant les ressources verbales caractéristiques de l'aoriste. Outre cette propriété narrative, *Les Maquisards* emprunte également à l'indicatif ses temps de base pour inscrire certaines actions des personnages dans le présent afin d'intensifier l'effet du réel. Cette marque vivante d'appel au passé est textualisée dans de multiples scènes qui offrent aux personnages la possibilité d'interagir comme s'ils étaient en situation réelle de communication :

> La guerre leur *laisse* la liberté de gérer le pays comme ils le *souhaitent*, ils *rêvent* de se débarrasser de la tutelle de l'administration coloniale afin de s'approprier cette terre sur le modèle sud-africain. Paris *envisage* de donner plus de droits aux populations, de lever les lois sur l'indigénat, d'autoriser la création des syndicats et des partis politiques locaux. Cette idée leur *est* insupportable. Tu *sais*, fils, la situation *peut* dégénérer à tout moment (*LM* : 153) ; MBombo Likak était avec ton oncle lorsqu'il *est* mort. Elle a été arrêtée puis *emprisonnée* par les militaires. Mpodol venait d'être assassiné, ainsi que ton grand-oncle Amos. Ils *l'ont torturée, affamée* pendant des jours pour l'obliger à donner les noms des autres rebelles. Ils *l'ont conduite* de nuit dans la forêt, *l'ont obligé* à creuser une tombe pour ensevelir un corps trouvé sauvagement dépecé dans le bois. Vos grands-mères, Christine, l'épouse de papa Amos ainsi que Thérèse votre grand-mère maternelle, *ont réuni* une délégation de femmes et *sont allées* voir les Blancs pour obtenir sa libération. Gérard le Gall *a pris* sa défense. Les femmes *ont installé* leurs nattes, devant la maison d'arrêt, *passé* des jours et des nuits à supplier et à pleurer … Ils *ont fini* par libérer Mbombo Likak plus morte que vive, elle et d'autres (*LM* : 351).

L'accès à la conscience de ces personnages, Amos d'abord et Bayemi père en suite, grâce au discours direct, permet au lecteur contemporain de vivre les actions lointaines relatées en rapport avec le présent comme si elles venaient de se dérouler, ou encore en cours de réalisation. Le présent et le passé composé de l'indicatif mis à contribution postulent l'effacement de la rupture temporelle et le renforcement du rapprochement entre le moment d'énonciation (ME) et le moment de référence (MR), afin de susciter le sentiment de la spontanéité. Le contrat énonciatif de ce temps est ainsi rempli, car à en croire Rivara (2000 : 81), « le passé composé est la marque d'un repérage énonciatif ». Cette peinture vivante mais maussade de la période coloniale offre la possibilité à l'exégète d'articuler la réflexion sur la nature du combat mené en ces moments troubles.

2. Lutte sacrificielle et mise en péril des idéaux nationalistes : vers un continuum hégémonique colonial/ postcolonial

L'occupation du Cameroun par l'administration coloniale française est une manifestation palpable du discours hégémonique occidental sur l'Afrique. Les violences conséquentes n'ont aucunement laissé indifférentes les populations meurtries. Dans les conditions de domination absolue, le combat pour l'indépendance totale et sans condition s'est imposé comme un impératif catégorique aux nationalistes pour qui la lutte est devenue un sacrifice christique. *Les Maquisards* rend plus ou moins fidèlement compte du combat héroïque des martyrs nationaux, bienfaiteurs homériques qui se sont offerts en sacrifice pour la libération du Cameroun. Le décryptage de cette lutte sacrificielle procède d'abord du déchiffrement sémiologique du personnage référentiel.

2.1 Mise en scène du personnage héroïque et création des conditions d'adhésion de masse au combat nationaliste

En tant qu'entité thématique et support narratif, le personnage participe à l'histoire et lui donne un sens. Jouve (1992 : 39) recentre proprement le rôle cardinal de cet élément sémiotique en ces termes :

> Un personnage peut se présenter comme un instrument textuel (au service du projet que s'est fixé l'auteur dans un roman particulier), une illusion de personne (suscitant, chez le lecteur, des réactions affectives), ou un prétexte à l'apparition de telle ou telle scène qui, sollicitant l'inconscient, autorise un investissement fantasmatique.

L'effet-personnel que génère Mpodol dans *Les Maquisards* pousse le lecteur à questionner son être, son faire et surtout son importance hiérarchique dans la trame narrative de l'œuvre.

2.1.1. Sémiologie du personnage référentiel et symbolisation de l'héroïsme

Le personnage héroïque se découvre dans l'armature du récit par la richesse de son étiquette. D'abord son nom. Le désignateur nominal rigide attribué au leader charismatique intratextuel est *Ruben Um Nyobè* dont la syntaxe révèle une construction complète formée d'un prénom et de deux patronymes. Cette unité de base, en qui est placée la confiance et sur qui reposent les stratégies de lutte, rappelle l'ensemble des caractéristiques rattachées à ce nom dans la vie réelle. Ce nom propre, chargé de sémantèmes mélioratifs en contexte de guerre asymétrique, est fréquemment substitué par un désignateur marqué des sceaux de l'affect et de reconnaissance en tant que porte-parole du peuple : *Mpodol*. Ensuite, ce signifiant discontinu est repris dans les structures narratives par des désignateurs pronominaux. Les déictiques personnels, en emploi prégnant dans les séquences textuelles et actualisées dans le récit grâce au discours direct, participent de l'autoconstruction du personnage emblématique comme leader du peuple. En situation d'interaction avec ledit peuple qui n'a qu'un seul désir, l'indépendance du Cameroun, Mpodol ne manque pas d'imprimer ses marques dans son discours pour montrer son engagement total au combat. La récurrence des marqueurs de la subjectivité dans l'extrait ci-dessous atteste de sa dévotion pour la lutte de libération :

> Mais ils ont tort de *nous* sous-estimer, car *nous* ne les laisserons pas faire. *Je* le sais et au fond de vous, vous le savez aussi, l'heure est venue, *mes* frères d'entamer *notre* marche sur le monde, d'exiger que *nous* soient rendues *notre* terre et *notre* liberté. Oui, *nous* allons convaincre les Nations Unies que l'heure est venue de réunir les deux parties de *notre* pays offertes à ces puissances coloniales et de *nous* laisser administrer *nous-mêmes notre* terre [...] *Nous* proposons de démystifier le fait colonial. L'action coloniale exige d'être admise sans controverse. *Nous* leur disons non (*LM* : 116–117).

Face à la population qui l'écoute, Um Nyobè s'autoconstruit à la fois comme guide providentiel et guide-berger dont la mission est d'encadrer le peuple vers la voie de sa libération du joug colonial français. Pour ce faire, il s'adresse d'abord à ces derniers comme une personne audacieuse dont la responsabilité est immense, avant de se fondre dans la multitude en convoquant de façon itérative les pronoms et les déterminatifs personnels exprimant la pluralité et justifiant l'enjeu commun. Son refus systématique de l'hégémonie coloniale française rappelle le *Non* historique de Sékou Touré (1958 : 3) à De Gaulle :

> Nous avons, quant à nous, un premier et indispensable besoin, celui de notre Dignité. Or il n'y a pas de Dignité sans Liberté, car tout assujettissement, toute contrainte imposée et subie dégrade celui sur qui elle pèse, lui retire une part de sa qualité d'Homme et en fait arbitrairement un être inférieur. Nous préférons la Pauvreté dans la Liberté à la Richesse dans l'esclavage.

Le rapprochement des traits de caractère chez ces entités réelles et fictionnelles légitime la lutte de libération. À lire ou à écouter Mpodol, on se croirait dans une rhétorique politique en situation réelle de discours de campagne ou de précampagne électorale. Dans sa stratégie argumentative, l'orateur devient une instance politique qui, pour susciter crédibilité et séduction du côté de l'auditoire, « doit faire adhérer le plus grand nombre possible de citoyens à ses idées, à son programme, à sa politique et à sa personne » (Charaudeau, 2005 : 64).

Du côté de la réception, l'horizon d'attente révèle que le discours de Um Nyobè est un discours émis-reçu. *De facto*, la richesse, la profondeur et la pertinence de ce discours font de son garant le leader, le porte-parole du peuple, d'où la signification de Mpodol, titre honorifique donné à Ruben Um Nyobè par les personnes de sa communauté en reconnaissance de son sens de sacrifice pour le bien-être commun. En complément à sa personnalité intratextuelle, son portrait, textualisé dans les désignateurs périphrastiques, se découvre dans les pauses à valeur descriptive qui servent en même temps d'exutoire de la conscience des autres personnages :

> Muulé observait Mpodol qui ne disait rien. Il l'avait vu dans les meetings, *combatif, convainquant. L'homme presque frêle prenait alors la voix de stentor ; son charisme et son énergie galvanisaient littéralement ceux qui l'écoutaient* (*LM* : 62) ; Cela faisait des mois qu'Amos lui parlait de Ruben Um Nyobè. Dans son esprit il était resté l'ami d'Amos, *aimable et discret.* Il lui expliqua que *le jeune Um avait mûri. Il était devenu « Mpodol ». Le porte-parole de tout le peuple* (*LM* : 113) ; Si tu l'entendais, *tu serais frappé par son intelligence, par la finesse avec laquelle il dissèque, démolit* un par un les arguments politiques et juridiques dont usent les Français et leurs sbires pour justifier le maintien de leur présence sur notre terre. *Il est brillant, convaincu. Il ne recule devant aucune confrontation…* (*LM* : 113) ; *Il a toujours été comme un grand frère un peu exalté et rebelle* […] Um avait toute l'attention de son auditoire, *il se fit pédagogue* (*LM* : 115).

Ce portrait alléchant de Um Nyobè, signé par Muulé et Amos, révèle la congruence entre l'éthos oratoire et l'éthos préalable de l'orateur-combattant-héros. En situation d'interaction intratextuelle, ces qualités lui garantissent la position de leadership et construisent, *ipso facto*, sa crédibilité et sa notoriété sur le champ politique. Le témoignage de Muulé démontre davantage son omniprésence et sa cote de popularité sur l'échelle nationale :

> Je sais, acquiesça Muulé, *il a quelque chose de magnétique*. Je n'y ai jamais assisté en personne, mais l'on m'a rapporté qu'*il faisait le tour du pays, village après village, pour expliquer le sens de son combat, se rallier des sympathisants. Il parle plusieurs langues, l'ewondo, le bulu, le douala et d'autres langues encore. En pays bamiléké, *il a un succès que tu ne peux pas imaginer* […] Ils sont avec Mpodol au cœur du combat (*LM* : 130).

Ce pacte d'adhésion tous azimuts atteste du militantisme affiché et agissant du peuple au projet salutaire et vital de Mpodol. Une meilleure compréhension de l'engagement décisif dudit peuple commande l'exploration du rôle actantiel des acteurs impliqués dans la lutte de libération.

2.1.2. Rôles actantiels et figuration du combat héroïque pour l'indépendance : décryptage sémantique des axes de la description

Le déchiffrement du faire du personnage héroïque s'inscrit dans le modèle actantiel qui postule la décomposition de l'action en six postes structuraux regroupés sur trois axes sémantiques : l'axe de la communication, l'axe du vouloir et l'axe du pouvoir. En contexte de guerre contre l'occupant français, Mpodol s'engage opiniâtrement du côté de son peuple. Le schéma ci-dessous illustre l'âpreté de son combat en situation de rapport de force disproportionné.

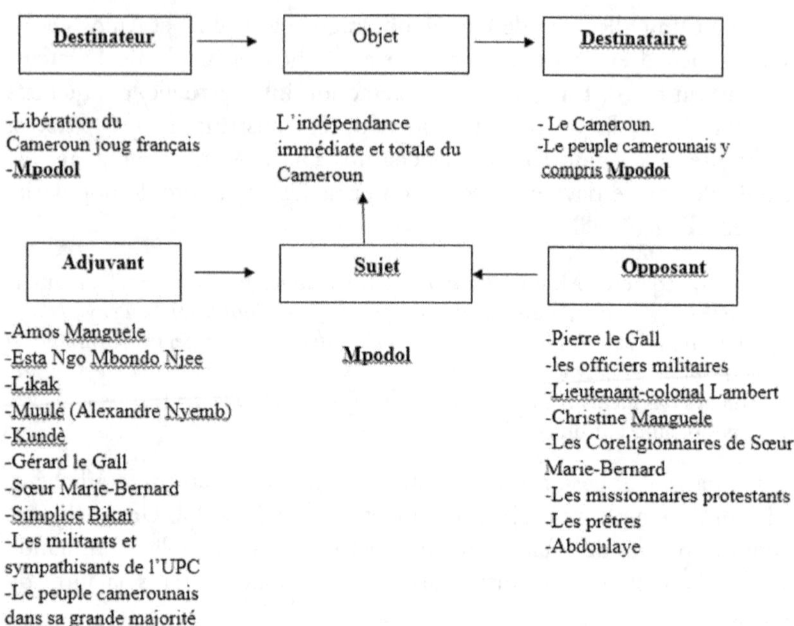

Schéma 2 : Rôles actantiels dans la lutte de libération dans *Les Maquisards*.
(Source : Lucie Kengne Gatsing, mars 2020)

Une vue synoptique du schéma ci-dessus révèle plusieurs modalités du faire du héros. En effet, la lecture superficielle de ce schéma montre qu'en situation de domination coloniale, Mpodol [Destinateur-manipulateur] prend la résolution de combattre l'occupant français afin de restituer au Cameroun son indépendance et sa souveraineté [Objet] pour le bonheur collectif du peuple camerounais [Destinataire-bénéficiaire]. Ce faisant, en tant qu'acteur principal de la lutte [Sujet], il est soutenu par ses compagnons et la grande majorité du peuple opprimé [Adjuvant]. Malheureusement, compte tenu de la nature et des moyens de leur lutte (rationnelle, légaliste et pacifique), leur témérité est laminée par la machine répressive coloniale [Opposant].

La structure profonde des axes sémantiques démontre que, malgré la domination des trois axes de la description par les combattants de l'indépendance comme en témoigne le syncrétisme actantiel de Mpodol, il y a triomphe du pouvoir négatif. En effet l'axe du vouloir est caractérisé par la disjonction entre le Sujet et l'Objet car Mpodol, qui devait assurer la jonction par la libération du Cameroun, est assassiné dans le maquis par les soldats français. Le récit de l'instant fatidique est ainsi résumé :

> Elles devraient s'éloigner silencieusement, rendues invisibles par l'épaisseur de la végétation. Elles avançaient le dos courbé à petits pas attentives à ne pas briser la moindre petite branche, à ne pas effrayer une bête dont le cri aurait attiré l'attention sur elles et sur l'enfant. Elles ne virent pas Simplice Bikaï s'écrouler, atteint dans le dos par un tireur, alors que, sur l'insistance d'Amos, il essayait de s'enfuir, ni ce dernier tomber à son tour, abattu pour s'être interposé entre Mpodol et la balle qui lui était destinée. Elles n'assistèrent pas à l'assassinat de Ruben Um Nyobè, lui aussi fauché d'une balle dans les dos. Le tireur s'appelait Abdoulaye, cela, elles l'apprirent plus tard (*LM* : 305).

Ce tableau macabre des tueries en séries fait penser aux autres actes de violence tels l'éviction de l'UPC, le musellement de ses militants et sympathisants et l'extermination des alliés de Mpodol dont le carnage rend impossible la mission de le porter en triomphe. La brutalité coloniale textualisée dans la séquence narrative ci-dessous justifie le triomphe du pouvoir négatif sur l'axe du pouvoir :

> Il y a beaucoup de violence, les plantations sont dévastées, pour la première fois de notre histoire, le pays bassa expérimente la faim. Des villages entiers sont rasés, les populations sont chassées des terres où reposent leurs ancêtres pour être regroupées le long des axes routiers, dans ce qu'ils appellent zone de pacification. Les prisons de la région sont surpeuplées, le choléra, la dysenterie y font des ravages. Les familles récupèrent les corps des leurs amaigris, défigurés. Les traîtres sont récompensés, les plus courageux, traqués et molestés [...] (*LM* : 214).

La psychose générée par de tels barbarismes du côté des combattants ne peut conduire qu'à l'échec des idéaux nationalistes. C'est pourquoi, au niveau de l'axe de la transmission, l'assassinat du Destinateur-libérateur consacre l'échec de la jonction entre le Sujet et l'Objet. Globalement, le triple échec sur les trois axes de la description témoigne de l'inaccomplissement de la volonté du peuple camerounais à travers ses leaders et connote la libération formelle du Cameroun en 1960. Cet état de soumission permanente est la réalisation des vœux de Pierre le Gall, archétype du pouvoir dominant et répressif dans le récit hemley-boumien, qui ne rêve que d'une Afrique sans les Africains et d'une indépendance tronquée pour les États africains :

Après avoir débarrassé le pays des rebelles responsable des troubles actuels, la puissance coloniale offrirait aux Camerounais la liberté pour laquelle ils avaient tant lutté et sacrifié leur vie pour certains d'entre eux. La leur offrirait, oui, en cadeau, pour preuve, de la mansuétude et de la grande générosité de la France. Ils mettraient à la tête du pays un homme à leur solde et pourraient ainsi rester aux commandes. Demeurer les seuls maîtres à bord du Cameroun apaisé par une indépendance de façade. La communauté internationale n'aurait plus rien à dire, de même que les rebelles camerounais (*LM* : 44).

Cette prémonition au début de l'œuvre devient réalité à la fin car après le massacre de Mpodol et de ses alliés, et l'octroi de l'« indépendance néocoloniale » (Benot, 1975 : 11), la même réalité perdure. L'identité des violences coloniale et postcoloniale illustre l'entremêlement de ces deux temporalités décrit sous la plume de Mbembe (2000 : 36) :

D'une part, ce temps de l'existence africaine n'est ni un temps linéaire ni un simple rapport de succession où chaque moment efface, annule et remplace tous ceux qui l'ont précédé, au point qu'une seule époque existerait à la fois au sein de la société. Il n'est pas une série, mais un *emboîtement* de présents, de passés et de futurs qui tiennent toujours leurs propres profondeurs d'autres présents, passés et futurs, chaque époque portant, altérant et maintenant toutes les précédentes.

En un mot comme en mille, cette réflexion démontre l'échec du processus de décolonisation amorcé par les martyrs nationaux et justifie la situation de dépendance permanente des États africains postcoloniaux dont Kengne (2017) situe l'origine dans le discours hégémonique. Un discours si ambivalent que même « la politique africaine de Mitterrand » (Bayart 1984) n'a pas pu déconstruire. C'est pourquoi Mbock (2010) conceptualise un type de décolonisation axé sur l'instance oppressive, la décolonisation de la France. Toutefois, une telle analyse resterait elle-même inachevée si rendu à ce niveau, un calcul interprétatif n'est pas envisagé pour « tenter de reconstituer par conjecture l'intention sémantico-pragmatique ayant présidé à l'encodage » (Kerbrat-Orecchioni, 1998 : 313).

3. *Pratiques testimoniales et plaidoyer pour la mémoire*

L'actualité-monde commande un retour en arrière pour adresser les questions historiques en lien avec le présent afin de mieux envisager l'avenir, d'où l'urgence de la pensée testimoniale, ce que Lévi *et al.* (1997)

appellent « devoir de mémoire ». À l'ère du témoin (Wieviorka, 1998), *Les Maquisards* s'inscrit dans le registre de la littérature du témoignage et fonde sa fictivité sur l'histoire tragique de la décolonisation du Cameroun avec pour figure de proue Ruben Um Nyobè. Or en tant qu'acteur emblématique de la lutte de libération nationale, sa mémoire semble sombrer dans l'oubli. Costard et Savoye (2018) le rappellent pour déplorer, « le héros oublié du Cameroun qui a consacré sa vie à la lutte pour l'indépendance et l'unité du pays ». En référence au héros national méprisé, Africanews (2019 : 4) parle de pionnier de l'indépendance assassiné par la France et dont la dépouille a été profanée, coulée dans le bloc de ciment avant d'être enterrée pour éviter toutes cérémonies funéraires. Il souligne, aux regrets, le fait que « son nom n'a pas la même renommée que d'autres figures du panthéon panafricain, comme le burkinabè Thomas Sankara ». D'où la nécessité de l'exaltation de sa mémoire car comme le précise Nora (1978 : 39), « la mémoire collective est le souvenir, conscient ou non d'une expérience vécue et/ou mythifiée pour une collectivité vivante de l'identité dans laquelle le sentiment du passé fait partie intégrante ».

3.1. Geste scriptural et acte mémoriel

Les Maquisards est l'expression du témoignage, des souvenirs des actes héroïques les martyrs nationaux comme Ruben Um Nyobè dont l'émancipation a contribué à l'indépendance, bien que tronquée, du Cameroun. La tragédie romanesque de Hemley Boum l'érige ainsi au rang du témoin posthume qui s'inscrit en faux contre la politique de l'oubli ou de la décrédibilisation de la lutte de Mpodol. La description audacieuse de l'acte de désacralisation des restes humains de Um Nyobè participe de l'engagement auctorial de démystification/démythification de l'horreur coloniale et de la volonté de reconnaissance des valeurs homériques :

> Le cadavre de Mpodol resta exposé tout le week-end. Le dimanche, les prêtres encouragèrent à aller constater par eux-mêmes la chute du mécréant qui les avait induits en erreur. Pour finir, sa dépouille fut coulée dans du béton, avant d'être ensevelie dans une tombe anonyme. Les autorités coloniales voulaient lui interdire jusqu'au contact posthume de la terre de ses ancêtres hors de laquelle aucun Bassa n'imagine d'être enterré […]. Les rites funéraires, les lamentations furent proscrits. Ils souillèrent et corrompirent son corps privé de vie, le spolièrent de la dignité légitime due aux mannes

du plus misérable des mendiants, afin d'ôter toute crédibilité à sa lutte, à son œuvre, d'en effacer jusqu'au souvenir (*LM* : 306).

Ce rappel du traitement exécrable appliqué à la dépouille de Mpodol constitue en soi un refus catégorique de cette forme d'avilissement du modèle historique. Tout se passe comme si la profanation intratextuelle de ce héros national commandait le silence absolu ou orientait les mœurs en situation de vie réelle en postcolonie. Sinon comment comprendre la vacuité cognitive de la jeunesse camerounaise quant à la culture patriotique et la conscience nationale à la veille du troisième millénaire ? L'écart dramatique entre le niveau et la somme des connaissances des jeunes, et ce qui devrait être connu du passé historique du Cameroun est sémiotisé dans la séquence narrative suivante : « Alèkè et les jeunes de sa génération avaient grandi sans savoir vraiment ce qui s'était passé pendant les années sombres. L'histoire était douloureuse, dangereuse, et tenue secrète » (*LM* : 345).

Alèkè Bayemi est donc le prototype de la jeunesse camerounaise mal éduquée, désinformée et aliénée dans le modèle éducatif colonial encore en cours au Cameroun plusieurs décennies après l'indépendance. Vu ces manquements, le geste scriptural de Hemley Boum acquiert le statut d'acte pédagogique dont la visée est la formation et l'instruction des Camerounais sur leur propre histoire : l'histoire des nationalistes de premières heures au Cameroun généralement dénommés collectivement sous l'angle de la péjoration par l'expression axiologique dépréciative, *les maquisards*. Sous le regard éthico-pédagogique de Hemley Boum, l'expression jusque-là dévalorisante subit un processus de désémantisation ravalante à la resémantisation méliorative pour s'inscrire en lettres d'or sur le fichier de la désignation linguistique des grands hommes. La détermination définie révélée dans le groupe nominal *les maquisards,* renvoyant aux nationalistes camerounais, consacre ainsi la notoriété de ces hommes extraordinaires supposés connus dans l'imaginaire historico-culturel des Camerounais. Au demeurant, actualiser le praxème portant les stigmates de la négativité sous de glorieux auspices c'est, en soi, un acte individuel de témoignage, une reconnaissance symbolique qui ferait de *Les Maquisards* un classique, tout comme *Remember Ruben* (Beti, 2001) et bien d'autres chefs-d'œuvre testimoniaux. Seulement, le « témoignage posthume des faits historiques » (Ngamaleu : 2020 : 6) ne devrait pas se limiter aux initiatives individuelles, fût-il de quelque génie littéraire que ce soit.

3.2. *Du mémoriel au mémorial : le devoir d'État*

Il va sans dire que la fiction historique hemley-boumienne vise à terme la construction de la mémoire collective à travers la célébration de la mémoire nationaliste et résistante des bienfaiteurs héroïques au rang desquels Ruben Um Nyobè. Or l'acte de reconnaissance publique pour la mise en place de la conscience nationale relève des prérogatives de l'État. Il n'est donc plus question d'une construction automatique de la mémoire du héros comme cela se lit dans *Les Maquisards* : « Au fil des générations, son combat sans concessions et sa fin quasi christique transcendèrent les obstacles pour s'imprimer en lettres d'or dans l'imaginaire du peuple camerounais. Ainsi entra-t-il dans la légende » (*LM* : 307). Un projet étatique bien pensé et implémenté selon les règles de l'art est le défi historique auquel Boum soumet le pouvoir postcolonial camerounais pour l'établissement de la justice sociale via la célébration de la mémoire des martyrs nationaux. Ce serait le cap à franchir pour passer du simple souvenir à la commémoration de la mémoire, la mémoire collective.

Conclusion

Les analyses effectuées démontrent que *Les Maquisards* est une fiction historique qui relate le passé colonial du Cameroun sous la domination française. En tant que roman-témoignage, l'œuvre de Hemley Boum cristallise l'ascétisme des luttes de libération menées par l'UPC sous l'initiative et le contrôle du leader charismatique Ruben Um Nyobè. Or la situation de dépendance actuelle de l'État postcolonial est symptomatique de la permanence du discours dominant sur les territoires jadis colonisés, ce qui consacre le postulat de la présence coloniale en postcolonie. Au-delà de cette actualisation testimoniale, *Les Maquisards* se veut une lanterne qui éclaire la contemporanéité camerounaise sur la politique de l'oubli des martyrs nationaux et, en même temps, un prétexte à la reconnaissance des prouesses héroïques à travers la commémoration de leur mémoire, gage de la construction de la conscience nationale. Ce serait le préalable à la décolonisation complète couronnée par la démolition des schèmes mentaux de sujétion préconstruits par le discours dominant afin de se projeter dans l'avenir avec fierté et assurance.

Références

AFRICANEWS (2019). « Cameroun : Um Nyobè, pionnier de l'indépendance, assassiné par la France », [en ligne], disponible sur adresse https://fr.africanews.com/2019/12/28/cameroun-um-nyobe-pionnier-de-l-indépendance-assassinepar-la-france/ [consulté le 26 septembre 2020].

AKIN, Salih (1999). « Stratégies langagières de la dénégation de l'autre » in Bres, Jacques, Delamotte-Legrang, Régine et Madray-Lesigne, Françoise (éds). *L'autre en discours*, Montpellier III : Université Paul Valéry.

BAYART, Jean-François (1984). *La Politique africaine de François Mitterrand.* Paris : Éditions Karthala.

BAYART Jean-François (1989). *L'État en Afrique : la politique du ventre.* Paris : Fayard.

BENOT, Yves (1975). *Indépendances africaines : idéologies et réalités.* Paris : François Maspero.

BETI, Mongo (2001). *Remember Ruben.* Paris : Le Serpent à Plumes.

BOUM, Hemley (2016). *Les Maquisards.* Paris : La Cheminante.

BOURNEUF, Roland & OUELLET, Réal (1985). *L'univers du roman.* Paris : Presses Universitaires de France.

CHARAUDEAU, Patrick (2005). *Le Discours politique : les masques du pouvoir.* Paris : Librairie Vuibert.

FANON, Franz (1975). *Sociologie d'une révolution.* Paris : François Maspero.

FOGOU, Anatole (2020). « Préface » in Jiatsa Jokeng, Albert, Njiomouo, Carole et Houli, Daniel Langa (éds). *Littératures camerounaises : devoirs de mémoire et politiques du pardon.* Paris : L'Harmattan.

FOUCAULT, Michel (1967). « Des espaces autres », Conférences [en ligne] No 360, pp. 752–762, Paris : Gallimard, Nrf, (1994), disponible sur adresse https://fr.wikipedia.org/wiki/Ho/oA9to6c3%A9rotopie [consulté le 15 avril 2022].

GENETTE, Gérard (1972). *Figures III.* Paris : Seuil.

GLAUDES, Pierre & REUTIER, Yves (1996). *Personnage et didactique du récit.* Metz : Université de Metz.

GREIMAS, Julien Algirdas & COURTÉS, Joseph (1993). *Sémiotique. Dictionnaire raisonné de la théorie du langage.* Paris : Hachette Supérieur.

GUILLEMETTE, Lucie, LEVESQUE, Cynthia (2016). « Narratologie », disponible sur http://www.signosemio.com/genette/namatologie.asp (Consulté le 20 mars 2020).

HAMON, Philippe (1977). *Pour un statut sémiologique du personnage*. Paris : Seuil, coll. Pont.

JOUVE, Vincent (1992). *L'effet-personnage dans le roman*. Paris : PUF.

KENGNE, Lucie (2017). Lecture pragmatique du discours hégémonique sur l'Afrique : le cas du discours colonial dans l'espace francophone. Thèse de Doctorat/PhD de l'Université de Dschang, Cameroun. [Thèse non publiée].

KERBRAT-ORECCHIONI, Catherine (1998). *L'Implicite*. Paris : Armand Colin.

MBEMBE, Achille (2000). *De la postcolonie : essai sur l'imagination politique dans l'Afrique contemporaine*. Paris : Karthala.

MBOCK, Charly Gabriel (2010). *Décoloniser la France*. Montréal : Kiyikaat Éditions.

NGAMALEU, Jovensel (2020). « Le héros de l'histoire et le témoin posthume ou deux modèles d'engagement patriotique : une lecture de *Ngum a Jemea ou la foi inébranlable de Rudolf Dualla Manga Bell* de David Mbanga Eyombwan » in Jiatsa Jokeng, Albert, Njiomouo, Carole et Houli, Daniel Langa (éds.). *Littératures camerounaises : devoirs de mémoire et politiques du pardon*. Paris : L'Harmattan.

NORA, Pierre (1978). « La mémoire collective » in Le Goff, Jacques (dir). La nouvelle histoire. Paris : Retz-CEPL.

RIVARA, Alain (2000). *La Langue du récit : introduction à la narratologie énonciative*. Paris : L'Harmattan.

SIBLOT, Paul (1999). *L'Autre en discours*. Montpellier III : Université Paul Valéry.

TANDIA MOUAFOU, J-J. Rousseau (2012). « Bipolarité spatiale et poétisation de l'imaginaire social dans les derniers romans de Mongo Beti » in Lüsebrink, Hans Jürgen, Gotze, Lutz et Gouaffo, Albert (éds.). *Discours topographiques et constructions identitaires en Afrique et en Europe*. Germany : Konigshausen : Neumann.

TOURÉ, Sékou (1958). *Discours de Sékou Touré*. Conakry.

WIEVIORKA, Annette (1998). *L'Ère du témoin*. Paris : Plon.

Témoigner contre l'oubli dans *Le Blanc de l'Algérie* d'Assia Djebar : entre la nécessité de dire et l'horreur de l'indicible

Mervette GUERROUI

Université 8 mai 1945 Guelma, Algérie

Résumé : Cette étude examine les stratégies esthétiques déployées par Assia Djebar dans *Le Blanc de l'Algérie* (1995) afin de rendre compte du passé historique de son pays. Publié en pleine crise nationale, ce récit de témoignage ressuscite les morts et les disparus qui deviennent les porte-parole d'un peuple meurtri, à travers une enquête mémorielle qui puise dans les souvenirs des victimes de la violence, mais aussi dans de multiples sources écrites. En faisant essentiellement appel aux travaux de Paul Ricœur sur les interactions entre fiction, mémoire et Histoire, nous montrons comment la quête mémorielle entreprise par l'écrivaine sert à démentir l'écriture officielle de l'Histoire en Algérie et à déconstruire les discours dominants. Nous interprétons aussi les différentes stratégies esthétiques qui ont permis à l'écrivaine d'exprimer sa peine malgré le traumatisme vécu, à travers la transgression des structures langagières et temporelles du récit. Nous démontrons, enfin, comment le travail mémoriel renforce la revendication d'une identité aux traits culturels multiples, longtemps reniée par les mensonges et les abus de mémoire.

Mots-clés : Histoire, mémoire, témoignage, traumatisme, identité.

Abstract: This work examines the aesthetic strategies deployed by Assia Djebar in *Le Blanc de l'Algérie* (1995) to account for her country's historical past. Published in the midst of the national crisis, this narrative of testimony resuscitates the dead and the disappeared who become the spokespersons of a bruised people, through a memorial investigation that draws on the memories of the victims of violence, but also on multiple written sources. Drawing essentially on Paul Ricœur's work on the interactions between fiction, memory and history, we show how the writer's quest for memory serves to refute the official writing of history in Algeria and to deconstruct the dominant discourses. We then interpret the different aesthetic strategies that allowed the writer to express her grief despite the trauma she experienced, through the transgression of the linguistic and temporal structures of the narrative. Finally, we show how memory work reinforces the claim of an identity with multiple cultural traits, long denied by lies and memory abuse.

Keywords: History , memory, testimony, trauma, identity.

Introduction

> Il m'a souvent semblé que, dans une Algérie de plus en plus fragmentée culturellement (…), toute parole de nécessité s'ébréchait avant même de se trouver, à la lueur tremblante de sa seule quête… Je ne suis pourtant mue que par cette exigence-là, d'une parole devant l'imminence du désastre. L'écriture et l'urgence.
>
> ASSIA DJEBAR, *Le Blanc de l'Algérie*

Ces propos de l'académicienne Assia Djebar expriment mieux que toute autre réflexion la nécessité de la prise de parole devant l'urgence d'une situation désastreuse et reflètent l'état de détresse et d'amertume dans lequel s'est retrouvée l'écrivaine pendant la décennie noire en Algérie. Rappelons qu'après trois décennies d'indépendance passées au sein d'un régime autoritaire qui finit par échouer, l'Algérie avait plongé dans un chaos qui durera plus de dix longues années, pendant lesquelles les intellectuels deviennent des proies de premier choix pour la rage terroriste. Poussés par l'urgence de la situation, des écrivains, mais aussi des journalistes, des médecins et même des militaires prirent la plume pour dénoncer la violence, considérant dès lors l'écriture comme le champ de bataille idéal contre un ennemi sans merci.

À la tête de cette vague d'intellectuels qui se sont érigés contre le silence, figure Assia Djebar qui a tenu à jouer son rôle dans la dénonciation des maux qui rongeaient son pays. L'écrivaine est reconnue à l'échelle internationale, non seulement pour la qualité esthétique de son œuvre qui marque un renouvellement de forme et de contenu ; mais aussi pour le caractère réaliste de son écriture qui projette un éclairage diffracté sur la société algérienne. Ses textes, tous genres confondus, ont suscité l'intérêt d'un nombre considérable de critiques et de chercheurs universitaires qui ont mis l'accent sur différentes problématiques générées par son écriture, notamment, la quête identitaire, la défense de cause féminine à laquelle elle a longtemps consacré son talent mais aussi l'obsession historiographique et mémorielle, à laquelle nous consacrons ce travail qui se veut comme une étude de l'inscription de la parole testimoniale dans son récit *Le Blanc de l'Algérie* (1995).

Classé par les critiques au sein d'un corpus qui appartient à ce qu'on appelle « littérature d'urgence » (Fisher, 2007), *Le Blanc de l'Algérie* marie le don littéraire de son auteure à une enquête mémorielle afin de rapporter « la vérité non des faits, mais celle [...] indispensable d'une époque et d'une expérience. (Wieviorka, 1998 : 168) ».

Djebar assume donc, à travers la fiction, le rôle de rapporteuse de vérité, non seulement en puisant dans les mémoires individuelle et collective (Halbwachs, 1997) mais également dans les archives et les documents officiels qui viendront soutenir son discours.

Secouée par l'atrocité des actes meurtriers commis contre les intellectuels du pays durant les années quatre-vingt-dix, l'auteure publia *Le Blanc de l'Algérie* dont elle définit la nature dans l'interview qu'elle a accordée à Thoria Smati :

> *Le Blanc de l'Algérie* est un récit et non pas un roman. J'y utilise un matériel documentaire et je pars d'une expérience personnelle qui est la suivante : il s'agit d'une conversation avec les morts les plus proches, parmi ceux qui ont été malheureusement assassinés [...]. L'année dernière à l'occasion d'un éloignement en Californie, je me suis aperçue que j'ai pu dépasser le silence que ma peine et mon chagrin avaient installé en moi. Je me retrouvais si loin, à l'autre bout de la terre, et je me surprenais vivant dans la sensation que ces amis n'étaient pas morts [...]. Ils ressuscitaient, ils s'animaient [...]. Une fois que j'ai eu fini de parler avec eux comme s'ils étaient vraiment là, l'idée de transcrire cette conversation s'est imposée à moi. (Smati, 1990 : 184)

Même si la dimension tragique marquée par les conflits, la guerre, la violence et la mort est omniprésente dans le récit, il ne s'agit pourtant pas seulement pour l'auteure de présenter un compte rendu des évènements du passé mais de les analyser et de les interpréter afin d'en saisir les conséquences directes et indirectes sur le présent. Nous nous proposons donc d'étudier la mise en texte de cette matière mémorielle et son rôle dans l'interprétation du présent et de vérifier la fonction du témoignage littéraire qui semble jouer le rôle d'une thérapie pour l'écrivaine et son lecteur à la fois, car il permet de matérialiser, par l'écriture, l'ensemble des sentiments de confusion, de peur ou de colère, qu'on ne saurait extérioriser autrement.

En inscrivant cette recherche dans une perspective socio-historique qui fait spécialement appel aux travaux de Paul Ricœur et de quelques chercheurs en études socio-littéraires, historiques et mémorielles, notre intention est d'étudier les spécificités textuelles, narratives et discursives du témoignage littéraire dans *Le Blanc de l'Algérie.* Nous pensons qu'une écriture littéraire produite au sein d'un contexte social marqué, à la fois, par l'impact de la violence coloniale et par l'instabilité post-coloniale, ne saurait échapper à cette réalité et devrait, comme le confirme Pierre V. Zima « l'absorber. (Zima, 1985 : 118) » et la traduire en des structures profondes qu'il s'agira d'interpréter.

1. *Panser les blessures du passé ou la mémoire mutilée*

Malgré la prétention de l'Histoire à demeurer la seule discipline capable de rendre compte du passé, il ne faudrait pourtant pas négliger le rôle de la mémoire dans la recréation de toutes les images obsessionnelles et les souvenirs qui hantent l'esprit des historiens et qui représentent des matériaux de travail pour l'écriture historique. Dans *La Mémoire, l'Histoire et l'oubli,* Paul Ricœur affirme que l'Histoire est inévitablement dépendante de la mémoire dans la mesure où elle y puise pour se justifier, pour s'argumenter ou tout simplement pour consolider son discours :

> Il ne faudra toutefois pas oublier que tout ne commence pas aux archives, mais avec le témoignage, et que, quoi qu'il en soit du manque principiel de fiabilité du témoignage, nous n'avons pas mieux que le témoignage, en dernière analyse, pour nous assurer que quelque chose s'est passé (Ricœur, 2000 : 182).

Pourtant, malgré cette complémentarité entre l'Histoire et la mémoire, nous ne pouvons nier l'opposition qui existe entre les deux notions. En effet, les travaux de Maurice Halbwachs (1994 ; 1997) ou de Pierre Nora (1984) démontrent qu'il faudrait dissocier ces deux notions souvent confondues afin d'établir le rapport qui unit chacune d'elles au passé humain. Dans ce sens, Nora confirme dans une interview accordée au journal Le Monde que si l'Histoire tente de porter un discours objectif sur le passé, la mémoire demeure affective, émotionnelle mais surtout sélective, car elle échappe à notre volonté consciente et subit des modifications et des altérations qui s'opèrent avec le temps :

La mémoire est le souvenir d'une expérience vécue ou fantasmée. À ce titre, elle est portée par des groupes vivants, ouverte à toutes les transformations, inconsciente de ses déformations successives, vulnérable à toutes les manipulations, susceptible de longues latences et de brusques réveils. L'Histoire est au contraire une construction toujours problématique et incomplète de ce qui n'est plus, mais qui a laissé des traces. Et à partir de ces traces, contrôlées, croisées, on tâche de reconstituer au plus près ce qui a dû se passer, et surtout d'intégrer ces faits dans un ensemble explicatif cohérent (Frachon, 2006 : 24).

Dans le contexte algérien post-colonial, la mémoire, individuelle soit-elle ou collective, est mise à l'œuvre pour restituer le passé douloureux du pays. Les évènements tragiques qui ont caractérisé son Histoire ont inspiré les écrivain(e)s pour reconstituer leur passé, chacun(e) selon sa propre vision. Sylvie Brodziak dit à cet effet que : « le commun moteur de leur écriture est incontestablement la souffrance mémorielle qui rend le présent et le quotidien insupportables (Brodziak, 2018, p. 40) ». Leurs créations se basent, dans la plupart, sur des récits et des témoignages récoltés, or, beaucoup de ces témoignages sont incomplets car produits de souvenirs lacunaires ou contradictoires, ce qui donne place à la fiction qui opère une sorte de « remplissage » de ces trous de mémoires, par le biais de l'imagination.

Une autre caractéristique marque les écritures mémorielles en Algérie, il s'agit du phénomène de refoulement de la mémoire. En fait, dès l'indépendance de l'Algérie, un processus de l'oubli s'établit dans la mémoire collective de la guerre d'Algérie dans les deux pays. Dans *La Guerre d'Algérie 1954–2004. La fin de l'amnésie*, Stora explique le parallélisme contradictoire qui a existé après la guerre entre l'oubli et les productions mémorielles :

Pendant les premières années de l'après-guerre, les voix d'hommes et de femmes ont été pourtant nombreuses, qui disaient la tragédie et la cruauté de cette guerre [...]. Les acteurs, dans la longue période d'un travail de deuil de la guerre en train d's'accomplir, n'échappaient pas au contexte politico-idéologique du moment. Aux témoignages se substitueront progressivement les ouvrages « à distance » de synthèse (Stora, 2004 : 10).

En opposition à ce processus de l'oubli, le travail commémoratif se présente alors comme une entreprise de résistance face aux systèmes politiques. Dans cette perspective, le concept de mémoire joue un rôle primordial dans la sauvegarde du passé. Ricœur compare les écrits mémoriels à des rappels qui renforcent la mémoire fragile, voire « une suppléance muette de la mémoire morte (Ricœur, 2000 : 49) ». Ce lien permanent avec le passé permet d'unifier les valeurs d'un peuple et de les célébrer à travers ce que Nora appelle : « les lieux de mémoire » (Nora, 1984). Parmi ces lieux de mémoire, la littérature est l'un des plus prisés.

L'écriture mémorielle devient alors une stratégie de résistance contre les idéologies dominantes qui se sont mises à effacer quelques épisodes du passé à des fins de nature politique. Autrement dit, il s'agit pour l'écrivain de remédier à ces lacunes historiques en restituant les traces d'un passé manipulé par les forces dominantes. Ricœur avait évoqué ces abus de mémoire sujette à des manipulations visant des reconstructions identitaires pour les peuples récemment décolonisés :

> La mémoire imposée est armée par une histoire elle-même « autorisée », l'histoire officielle, l'histoire apprise et célébrée publiquement. Une mémoire exercée, en effet, c'est, au plan institutionnel, une mémoire enseignée. La mémorisation forcée se trouve ainsi enrôlée au bénéfice de la mémorisation des péripéties de l'histoire commune tenues par des évènements fondateurs de l'identité commune (Ricœur, 2000 : 104).

Afin de reconstituer cette mémoire mutilée, les écrivain(e)s recourent à la collecte de témoignages en donnant la parole à ceux qui en étaient longtemps privés. L'étude du témoignage en tant que discours est assez complexe et suggère beaucoup de questionnements. Relevant de domaines variés, le genre testimonial peut être étudié suivant plusieurs perspectives, selon l'approche que l'on adopte pour l'analyser. Il peut être considéré, à la fois, comme un discours qui rapporte des faits historiquement « vrais » ou comme un récit subjectif et personnel. Dans le domaine juridique, l'acte de témoigner n'est valide que sous serment et se présente comme : « la déclaration par laquelle une personne relate des faits dont elle a eu personnellement connaissance ou par laquelle un expert donne son avis (Reid, 2010 : 591) ». De par sa relation avec la vérité, le témoignage est donc une étape primordiale dans la construction du fait historique. Ricœur, affirme que :

> Quoi qu'il en soit de la fiabilité principale du témoignage, il n'y a pas mieux que ce dernier pour s'assurer que quelque chose s'est passé, à quoi quelqu'un atteste avoir participé en personne, et que le principal, sinon le seul recours, reste, en dehors d'autres types de documents, la confrontation entre témoignages (*Ibid.*, 2000 : 182).

Cette prise de la parole testimoniale est souvent en rapport avec des périodes historiques de crise et représente, dans la plupart des cas, une rupture avec les discours sociaux existants car elle contredit les représentations officielles que les sociétés se font de tel ou tel fait historique. Ainsi, les témoignages sur les génocides, les guerres civiles ou les crimes de guerre provoquent souvent des scandales sociaux ou politiques, dans la mesure où ils exposent des évènements qui suscitent le choc, l'indignation ou l'effroi. En littérature aussi, bien que le témoignage y acquière un caractère esthétique, il demeure un acte de parole qui vise à rapporter des faits violents de l'Histoire. Dans son article « Témoignage littéraire », Michael Riffaterre définit la spécificité du témoignage littéraire :

> Le témoignage est l'acte de se porter garant de l'authenticité de ce qu'on observe et qu'on croit digne d'être rapporté. Tandis que le témoignage littéraire est la représentation de cet acte authentique et de l'objet qu'il authentifie dans une œuvre d'art verbal qui leur confère sa littérarité (Riffaterre, 2002 : 217).

Riffaterre explique que la véracité du témoignage littéraire réside dans sa « recréation » d'un acte de témoignage crédible, ainsi que dans l'effet du réel que l'évènement raconté produit. Dans ce sens, Annette Wieviorka estime que le témoignage littéraire renferme : « la rencontre avec une voix humaine qui a traversé l'Histoire et de façon oblique, la vérité non des faits, mais celle plus subtile mais aussi indispensable d'une époque et d'une expérience (Wieviorka, 1998 : 168) ». Le témoignage littéraire crée donc une sorte de contrat entre l'auteur et son lecteur, à travers lequel :

> même l'invraisemblable, même l'inimaginable, même l'indicible sont présentés comme des faits d'expérience, de sorte que le lecteur doit pouvoir se dire à chaque page que le narrateur a bien vu, qu'il était sur place, et parfois acteur autant qu'auteur. (Riffaterre, 2002 : 217).

Dans le contexte algérien, c'est grâce à la littérature que beaucoup de secrets de l'Histoire algérienne ont été révélés au grand public. C'est au sein des différents genres littéraires, notamment le roman, que les témoins ont trouvé un terrain pour s'exprimer en permettant aux auteurs d'accéder à leurs mémoires. La parole littéraire devient l'alliée de ces témoins, car elle les aide à jaillir de leurs espaces intimes pour attester de leurs souffrances et de leurs solitudes en leur attribuant une voix longtemps occultée, pour s'exprimer.

Sensibles aux bouleversements historiques qui ont touché leurs pays, des oppressions coloniales à la violence de la décennie noire, en passant par la guerre de libération nationale, les auteur(e)s algérien(ne)s ont usé de leurs propres vécus des faits, comme des témoignages de ceux qui les ont précédés pour créer une production littéraire fortement marquée par l'obsession historiographique. Assia Djebar explique cette nécessité de la prise de la parole face à la violence dans *Oran langue morte* (1997) :

> Qu'est-ce qui a guidé ma pulsion de continuer, si gratuitement, si inutilement le récit des peurs, des effrois, saisi sur les lèvres de tant de mes sœurs alarmées, expatriées ou en constant danger ? Rien d'autre que le désir d'atteindre ce « lecteur absolu » – c'est-à-dire celui qui par sa lecture de silence et de solidarité, permet que l'écriture de la pourchasse ou du meurtre libère au moins son ombre qui palpiterait jusqu'à l'horizon (Djebar, 1997, première de couverture).

Convaincue par cette nécessité du témoignage, l'écrivaine s'érige dans *Le blanc de l'Algérie* en « témoin tiers »[1] pour rapporter les malheurs passés et présents du peuple algérien, en accordant une attention particulière aux violences longtemps pratiquées contre les intellectuels de son pays. Contre la mainmise des discours hégémoniques sur la mémoire algérienne, elle charge son texte de témoignages poignants qui exposent une contestation contre les manipulations politiques et les distorsions de l'Histoire du pays et propose une contribution à la réécrire à travers un ton grave qui s'oppose à l'atmosphère d'optimisme qui régnait dans les discours officiels à partir de l'indépendance.

Ces témoignages sont conditionnés par le poids d'un présent et d'un passé violents qui, par leur gravité et par l'état de détresse dans lequel se sont retrouvés les témoins, légitiment l'emploi du terme « traumatisme » pour qualifier les conséquences désastreuses de la violence sur la mémoire des témoins. L'Algérie que décrit la narratrice du récit a subi un traumatisme collectif qui a affecté la vie des algériens à jamais et les a soumis aux manipulations politiques et idéologiques : « au sortir de ces sept années d'enfantement, que pouvions-nous éclairer alors, sinon des fantômes que personne ne voulait évoquer ? (Djebar, 1995 : 114) », dit-elle. Dans ce sens Ricœur évoque les travaux de Freud sur le concept de

---

[1]   Cette notion de « témoin tiers » est empruntée à Pierre Halen qui l'utilise pour qualifier celui qui a subi les conséquences du fait historique, qui a vu ses traces et a entendu de la bouche de ceux qui l'ont vécu, c'est aussi celui qui s'en est porté comme dépositaire. Voir : HALEN, Pierre (2007). *Les Langages de la mémoire. Littérature, médias et génocide au Rwanda*. Metz : Centre de recherche Écritures, 2007.

la mémoire refoulée dans le domaine de la psychanalyse pour l'appliquer à ses études philosophiques sur la mémoire :

> On se rappelle la remarque de Freud […]. Le patient répète au lieu de se souvenir. La répétition vaut l'oubli. […]. La première leçon de la psychanalyse est ici que le trauma demeure même quand il est inaccessible, indisponible. À sa place, surgissent des phénomènes de substitution, des symptômes qui, masquent le retour du refoulé sous des guises diverses. […] Des pans entiers du passé, réputés oubliés et perdus peuvent revenir. La psychanalyse est ainsi pour le philosophe l'allié le plus fiable en faveur de la thèse de l'inoubliable (Ricœur, 2000 : 579).

La pertinence du travail de Ricœur sur l'interprétation des représentations faites par Djebar sur les abus de mémoire en Algérie réside dans les rapports qu'il effectue entre l'oubli personnel et l'oubli collectif que l'auteure décrit dans son récit. Il affirme alors que : « Oublis, souvenirs écrans, actes manqués, prennent à l'échelle de la mémoire collective des proportions gigantesques (*Ibid.,* 2000 : 579) ». Il explique ainsi le rôle des récits idéologiques dans le phénomène de l'oubli collectif :

> Lorsque des puissances supérieures […] imposent un récit canonique par voie d'intimidation ou de séduction […]. Une forme retorse d'oubli est à l'œuvre ici, résultant de la dépossession des acteurs sociaux de leur pouvoir originaire de se raconter eux-mêmes (*Ibid.,* 2000 : 580).

Ces propos de Ricœur sur la relation entre les discours idéologiques et l'oubli collectif semblent alors pertinents pour la compréhension du rôle de la propagande politique qui a favorisé l'accentuation de ce phénomène dans le contexte algérien. Djebar juge que la mémoire des disparus a été manipulée en faveur d'un discours idéologique qui nia l'implication des membres du FLN[2] dans de quelconques actes criminels contre leurs

---

[2]   FLN : Le Front de libération national est créé en octobre 1954 pour obtenir de la France l'indépendance de l'Algérie. Le FLN et sa branche armée, l'Armée de libération nationale (ALN), commencent alors une lutte contre l'empire colonial français. Par la suite, le mouvement s'organise et, en 1958, le FLN forme un gouvernement provisoire, le GPRA qui négocie avec la France en 1962 les accords d'Évian. À l'indépendance, le FLN prend le pouvoir, et s'en assure l'exclusivité en instaurant le système de parti unique. Après d'importantes luttes internes, Ahmed Ben Bella prend la tête du parti, et donc de l'État. Il sera renversé trois ans plus tard par Houari Boumédiène (1965–1978) qui prend les pleins pouvoirs, réduisant largement la place du parti. Le FLN reprend une importance centrale avec Chadli Bendjedid (1979–1992), qui, dans les années 1980, est poussé, par de

compatriotes. À travers le récit de l'assassinat d'Abane Ramdane et son enterrement à côté de son présumé assassin Krim Belkacem, la narratrice du récit révèle, par exemple, non sans ironie, la médiocrité de ces actes d'abus de mémoire qui préparaient l'arrivée de générations futures, en rupture totale avec la vérité sur leur passé :

> À cette occasion, le corps d'Abane Ramdane eut droit à sa troisième tombe. Une troisième fois, on célébra le mort « tombé au champ d'honneur » ; il y eut probablement d'autres discours, aussi pompeux. Cette fois (« le comble », dirait le frère d'Abane Ramdane), on l'enterra tout près… de Krim Belkacem, son meurtrier, et ce dernier reposa non loin de l'imposant tombeau de Boumedienne, celui-ci en somme, le meurtrier du meurtrier… (Djebar, 1995 : 135).

Djebar se sert de la figure d'Abane Ramdane pour démystifier l'image mythique véhiculée par le FLN, présenté au peuple algérien comme un parti révolutionnaire uni par le combat pour l'indépendance. La narratrice décrit ce personnage comme « le premier spectre de notre indépendance (*Ibid.*, 1995 : 132) » et considère sa mort comme le début de tout un processus de déni et d'abus de la mémoire algérienne, qui sera défigurée par des mensonges qui « se stressent, se tissent et s'impriment (*Ibid.*, 1995 : 132) » et qui contribueront à l'écriture de l'Histoire officielle en Algérie. En réécrivant l'histoire de l'assassinat de ce héros de l'Algérie, Djebar tente de sauver sa mémoire de l'oubli collectif qui a caractérisé la vie des algériens depuis l'indépendance. Elle rapporte ainsi la vérité sur des évènements niés par l'Histoire officielle, et classe son texte au sein d'une « littérature de dénonciation et de témoignage (*Ibid.*, 1995 : 198) » et pense qu'elle perpétue ainsi une tradition littéraire qui débute avec la publication en 1958 du texte *La Question* d'Henri Alleg, dans lequel il s'est ouvertement exprimé sur les actes de torture qu'il a subis aux mains de la police française.

Comme indiqué explicitement dans la préface, l'écriture de ce récit est motivée par « une exigence de mémoire immédiate (*Ibid.*, 1995 : 4) ». Djebar assigne à sa narratrice la mission de témoigner des évènements tragiques, individuels et collectifs, qui ont bouleversé sa vie et celle de ses concitoyens. Ce qui caractérise le plus l'écriture de ce récit, c'est que, de par sa vocation d'historienne, l'écrivaine ne se contente pas de collecter

---

nombreuses protestations, à approuver une nouvelle Constitution et à introduire le multipartisme.

des données, mais approfondit aussi le travail vers l'analyse des causes et des conséquences des faits sanglants qui ont bouleversé l'Algérie. Poussée par « cette exigence-là d'une parole, devant l'immanence du désastre (*Ibid.,* 1995 : 272) », elle sentait un fort désir de faire ressusciter, par l'écriture, non seulement ses amis, mais aussi tous ceux qui ont disparu pour l'amour du pays, avant, pendant et après la révolution algérienne.

Tout au long de cette commémoration mortuaire, Djebar exploite les témoignages des personnages qui portent des noms homonymes avec des personnes réelles. À travers cette narration fictive qui se base sur la transcription de leur propos, l'écrivaine semble vouloir certifier les faits qu'elle raconte en comptant sur la fiabilité du témoignage, pensant ainsi à la réception de son texte qu'elle ne considère pas seulement comme un récit fictif, mais aussi comme une sorte de document historique dont les faits sont certifiés par les témoignages et les archives. Elle partage avec son lecteur sa propre expérience et celle des autres, en s'éloignant de tout ce qui pourrait la faire tomber dans les pratiques « mensongères » des historiens.

Cependant, malgré toutes les références aux faits historiques et aux personnes réelles, ce texte demeure un récit fictionnel qui ressuscite les morts et les écoute parler. Il commence par interpeller d'abord les victimes du présent qui sont les amis de Djebar : Mahfoud Boucebci[3], Abdelkader Alloula[4] et M'Hamed Boukhobza[5], assassinés par les islamistes pendant la décennie noire parce qu'ils avaient une voix et une position :

> Viser celui qui parle, qui dit « je », qui émet un avis ; qui croit défendre la démocratie. Abattre celui qui se situe sur le passage : de la pluralité de langues, de styles de vie, celui qui se tient en marge, celui qui marche insoucieux de lui-même ou inventant chaque jour sa personnelle vérité (*Ibid.,* 1995 : 238).

Cette résurrection des morts s'élargit ensuite par la quête testimoniale lorsque la narratrice se met également à interroger les victimes d'un passé à la fois proche et lointain, afin de prouver que les militants de la

---

[3] Psychiatre renommé et membre fondateur de la ligue des droits de l'Homme en Algérie, défenseur des droits de la femme, assassiné le 15 juin 1995 à Alger.

[4] Grand dramaturge algérien assassiné en sortant de son domicile, le 10 mars 1994 à Oran.

[5] Sociologue et directeur de l'institut national des études stratégiques globales, assassiné le 22 juin 1993.

liberté et les intellectuels ont toujours été victimes des oppresseurs et que seul le visage de l'ennemi a changé. Ce retour en arrière semble être un rappel des plaies encore ouvertes du peuple algérien qui doit opérer un regard introspectif sur son passé afin de panser ses blessures : « le bout de notre tunnel commencera à être vu quand on aura situé le véritable problème ! (*Ibid.*, 1995 : 249) ». En exploitant cette figure rhétorique de la prosopopée, Assia Djebar semble créer une sorte de sépulture littéraire pour les êtres perdus, non pas pour les inhumer, mais pour sauvegarder leur mémoire pour toujours à l'intérieur de l'espace de la littérature.

En interpellant les morts, l'auteure invite également son lecteur à les connaître pour préserver leur mémoire afin que leur mort ne soit pas vaine. Par ailleurs, elle démontre aussi comment le sacrifice de soi dans une Algérie corrompue est toujours dérisoire devant une scène politique rongée par l'hypocrisie et le mensonge. Elle dénonce alors, ouvertement, les mises en scène préparées par les hommes de l'État lors des funérailles et des cérémonies commémoratives de ceux qui ont offert leurs vies à leur pays. Pour témoigner de ces pratiques, elle fait appel aux *Mémoires* d'Ali Zaamoum, ancien combattant pour l'indépendance qui souligne l'hypocrisie étatique qui rend hommage à ceux qu'elle a exécutés :

> Le corps d'Abane Ramdane eut droit à sa troisième tombe [...]. On l'enterra tout prêt de Krim Belkacem, son meurtrier, et ce dernier reposa non loin de l'imposant tombeau de Boumediene, celui-ci en somme le meurtrier du meurtrier (*Ibid.*, 1995 : 149).

Pourtant, si l'écrivaine s'acharne à dénoncer les manipulations qu'a subies la mémoire algérienne et les violences qu'a vécues son peuple, elle semble avoir de la difficulté à représenter le trauma qui en a résulté. Dotant son récit d'un langage poétique, elle présente sa propre vision des événements vécus car : « l'art transforme le langage en geste et crée ses propres rites, s'engage à sa manière à produire la vérité (Coquio, 2015 : 184) ». Elle s'adonne alors à des transgressions esthétiques propres à l'écriture fictionnelle afin de transmettre sa douloureuse expérience, puisqu'elle rapporte l'horreur qu'elle et les autres ont subie. Cela nous pousse à nous interroger sur la capacité du langage à transcrire des souvenirs douloureux et traumatisants et à créer une langue capable de « réagencer le monde après le désastre (Halen, 2007 : 17) ». Cela interpelle à la fois, et paradoxalement, la question de l'indicible et la nécessité du dire :

Le modèle testimonial est ainsi pris dans une série d'options antagonistes, tendues à l'extrême : sollicité et recueilli de manière systématique par nos sociétés soucieuses de préserver les traces du révolu, il apparaît comme le lieu même de la confrontation à l'indicible, à l'insondable (Jeannelle, 2004 : 94).

Afin de surmonter l'épreuve de la violence et de contourner l'horreur du réel, Djebar semble recourir à un ensemble de moyens esthétiques transgressifs, elle « transforme le langage en geste et crée ses propres rites, s'engage à sa manière à produire la vérité (Coquio, 2015 : 184) ». Il s'agit donc d'une reconstruction poétique et esthétique de l'expérience vécue par le biais de la poétique, qui selon James Young, facilite le rôle de l'auteur à se saisir de toutes les dimensions de son expérience vécue ou des autres expériences qu'on lui a racontées, pour mieux les transmettre à son public lecteur (Young, 1978 : 417). C'est grâce à la dimension littéraire que le témoignage sur les faits violents devient alors dicible et c'est sa dimension esthétique qu'il s'agira d'interpréter.

2. *Entre la nécessité de dire et l'horreur de l'indicible*

Même si le caractère autobiographique du texte est indéniable, Djebar met ses souvenirs personnels au service de la cause historiographique. La narratrice raconte le passé de son pays en l'alternant avec son parcours personnel. Cet aller-retour entre le biographique et l'historique reflète déjà la difficulté de témoigner de la terreur comme le souligne Calle-Gruber : « Jamais de lien aussi fort que celui qui arrime ici le biographique à l'Histoire, le phantasmatique à l'horreur des faits, la littérature à l'événementiel (Calle-Gruber, 2001 : 110) ». Il serait alors inévitable de sentir la peine éprouvée par la narratrice à décrire son chagrin après la perte de ses amis.

En effet, les souvenirs de la narratrice resurgissent des années après la perte et nous sentons son trauma qui s'exprime déjà dans la difficulté de décrire la douleur : « Il y a des souvenirs qui s'insurgent de se voir divulgués sans leurs avis. Alors ils refusent de collaborer, ils s'échappent ou se dissimulent comme dans un jeu de cache-cache (Djebar, 1995 : 36) ». Cependant, malgré la difficulté de convoquer ces souvenirs qui fuient, les apparitions successives des amis lancent pourtant le processus narratif. Cette entreprise tardive dans la narration des évènements pénibles et l'incapacité de la narratrice à exprimer sa peine et à faire son seuil sont expliquées par Cathy Caruth dans son ouvrage *Unclaimed Experience, Trauma, Narrative, and History* : « Traumatic experience, beyond the psychological dimension of suffering it involves, suggests a certain paradox: that the most direct seeing of a violent event may occur as an absolute inability to know it; that immediacy, paradoxically, may take the form of belatedness.[6] (Caruth, 1996 : 91–92) ». Cette hésitation est sensible tout au long du récit à travers la peur de la narratrice qui redoute ce face-à-face avec un passé personnel chargé de peine et de souffrance. Les conséquences de ces bouleversements émotionnels semblent provoquer chez elle ce que Jonathan Boutler appelle :« a subjectivity without any subject[7] » (Boutler, 1988: 9) qui provoque « some shift in the psyche, in the self, in the interiority of the subject, to the point where the subject finds himself to have become a trace of what he was, a cinder marking the passing of the disaster»[8] (*Ibid.*, 1988: 9).

Epuisée par les années d'exil et se sentant comme « laissée contre "sa" volonté » (Djebar, 1995 : 137), la narratrice semble occuper un espace limité qui la met en marge de sa société et de son pays :

Je m'installais désormais dans de constants allers-retours, me résignant à cet entre-deux vies, entre deux libertés, celle de plonger en arrière, le plus profond, celle de précipiter en avant et d'entrevoir, à chaque fois, un nouvel horizon ! (*Ibid.*, 1995 : 36).

Le spectre du trauma est alors visible dans ses propos :

je ne sais plus qui parle, de moi ou de celui qui approche ; je ne sais pas encore qui est le fantôme, moi à mon tour, qui me met à flotter, horizontale dans l'éther, oreilles béantes, paupières fermées à peine et mon sourire paisible dans la pénombre (*Ibid.*, 1995 : 19).

La peine qu'elle ressent et l'éloignement de sa patrie pourraient peser lourdement sur sa conscience et faire que son témoignage soit une tâche des plus pénibles. Ces souvenirs refoulés sont pourtant soudainement réactivés par l'accumulation des évènements tragiques. Ce processus est décrit par Caruth comme : "literal return of the event against the will of

---

[6]   Nous traduisons : « Les expériences traumatiques, au-delà de la dimension psychologique de la souffrance qu'elles impliquent, suggèrent un certain paradoxe : C'est que subir un évènement violent et direct peut produire l'incapacité de le réaliser dans l'immédiat. L'immédiateté de l'événement violent, paradoxalement, peut produire une force de retard ».

[7]   Nous traduisons : « Une subjectivité dépourvue de sujet ».

[8]   Nous traduisons : « un changement de la psyché, dans le Moi, dans l'intériorité du sujet, au point où le sujet va devenir la trace de ce qu'il a était, une cendre laissée par le passage du désastre ».

the one it inhabits"[9] (Caruth, 1996 : 59). La narratrice explique ce retour soudain des souvenirs :

> ils viennent à moi, mes amis, je ne les ai pas appelés, bien sûr ils auraient dû rester dans ma compagnie, bien présents, comme autrefois réservés [...]. Or, ils me parlent à présent, et pleinement (Djebar, 1995 : 18).

L'apparition inattendue de ces morts semble pourtant très appréciée par la narratrice qui voudrait recouvrer les souvenirs qu'elle croyait perdus à jamais. Désirant retrouver les amis qu'elle a perdus, elle converse avec eux :

> Je vous quitte, ou vous m'avez quittée. Tous les trois ; ou chacun à son tour, je ne sais plus [...]. Vous reviendrez. Je vais tâcher de vous oublier. Vous planez ; vos ombres persistent (*Ibid.*, 1995 : 50).

Un processus de mise en récit de la mémoire est alors entamé au moment où les morts sont évoqués. Vaincre le trauma demeure cependant une tâche très pénible tant que le deuil reste impossible. Boutler affirme que : « guilt makes mourning an economic impossibility[10] (Boutler 1988 : 86) ». La narratrice l'admet :

> Nous ; témoins de l'instant qui casse la course de l'ami, ou doucement en interrompt le fil, au contraire de ceux qui assistent à leur fin à l'aboutissement par épuisement, de quelle peine ou de quel bouleversement devons-nous lentement nous décharger ? (Djebar, 1995 : 90).

Elle embarque pour un voyage qui convoque une mémoire alourdie par le poids de la culpabilité, un sentiment qui intensifie encore le trauma déjà vécu. Elle regrette de ne pas avoir su « comment admettre son affection pour eux (ses amis) (*Ibid.*, 1995 : 220) », échouant ainsi dans son rôle de solidarité et de compassion. Elle se sent coupable de ne pas avoir été là, d'avoir été loin du pays. Boutler explique ce phénomène de culpabilité :

> Here we see precisely the complexity of writing guilt/writing trauma: if the symptoms of trauma are themselves a displacement of the originary event,

---

[9] Nous traduisons : « un retour réel de l'évènement contre la volonté de celui qui l'a vécu ».

[10] Nous traduisons : « le sentiment de culpabilité rend le deuil une opération impossible ».

then guilt must be understood as a displacement of a displacement, a double deferral of the impossible event of disaster[11] (Boutler, 1988: 86).

Comment alors raconter la disparition des êtres chers ? La réponse à cette question parait hanter l'écriture de ce récit où l'auteure semble peiner à trouver, à la fois, le langage adéquat pour pleurer les absents et la forme de l'écriture qui saurait décrire sa douleur. Elle se sert alors d'une narration qui laisse sentir cette absence, ce vide, ces trous de la mémoire, ce blanc de l'Algérie qui revient souvent dans son texte. Ce manque des mots revient souvent dans le discours de la narratrice pour marquer son impuissance vis-à-vis de la violence :

> Voici qu'arrive le temps des égorgeurs ! Arrive ? Non, hélas, ce temps sanglant était déjà là, s'était glissé entre nous, au cours de la guerre d'hier et nous ne le savions pas, nous l'avions su qu'après 1962 (Djebar, 1995 : 207).

Djebar insiste sur l'ignorance des raisons qui ont bouleversé la vie des Algériens et les ont jetés dans le gouffre de la violence. Elle rappelle cette absence et ce silence qui règnent sur les raisons du déchaînement de la violence, à chaque fois qu'elle aborde l'assassinat d'un intellectuel. Elle rapporte ainsi l'assassinat irrésolu de Jean Sénac : « Il fut assassiné probablement par un amant de rencontre, un voyou croisé au hasard ou peut-être par un indicateur de la police (*Ibid.,* 1995 : 137) » ou la mort suspecte d'Anna Greki : « Anna meurt, un accident… Jean, en s'occupant des obsèques, range le dernier manuscrit de poème… Un accident ? Se répète-t-il à Alger. (*Ibid.,* 1995 : 153) ». La répétition du mot « accident » ainsi que les points de suspension et le point d'interrogation reflètent les doutes, le silence et l'ignorance qui enveloppent la mort de la poétesse.

Un autre aspect de cette difficulté que rencontre l'écrivaine à rapporter les faits de ces expériences traumatisantes se manifeste au niveau de la construction temporelle du récit, marquée par une discontinuité et une circularité qui se traduisent à travers des allers-retours entre le présent et le passé. Pour comprendre les sources de la violence qui bouleverse la société algérienne, la narratrice sent le besoin de remonter le fil du temps vers un passé qui pourrait lui fournir quelques explications. En effet, le texte est divisé en parties, divisées elles-mêmes en séquences

---

[11]   Nous traduisons : « Ici nous voyons exactement la complexité de l'écriture du trauma ou de la culpabilité : Si les symptômes du trauma sont eux-mêmes un déplacement de l'évènement original, le sentiment de culpabilité doit alors être compris comme un déplacement du déplacement, une double déviation de l'évènement du désastre ».

numérotées, qui ne sont pas classées dans un ordre chronologique et qui traduisent des discontinuités dans le déroulement du récit. Chaque nouvelle séquence recommence la numérotation, comme si rien n'avait été fait dans la séquence précédente et même à l'intérieur de chaque séquence narrative, le temps de l'histoire et le temps de la narration sont fréquemment interrompus et renvoyés dans de nouvelles directions. À partir du présent de l'écriture datant d'avril à juillet 1995, pendant lequel les voix des morts font survivre le passé dans le présent, le texte bouillonne, en faisant remonter le récit vers le début des années 90, avant de remonter encore plus loin vers les années 50 et 60 et retourner de nouveau au présent.

Le temps de ce récit n'est donc pas en progression. Il suit le mouvement d'un cercle de violence qui semble se perpétuer, tandis que des éléments constants de chaque époque évoquée se répètent dans chaque partie du texte. La violence, la mort, la torture et la répression des libertés et des femmes sont des constantes qui reviennent dans chaque époque. Cette représentation tragique du temps crée une sorte d'Histoire parallèle qui s'oppose à l'Histoire écrite par les institutions officielles, mais qui en même temps, n'offre aucune solution pour la narratrice qui semble submergée par cette évolution cyclique du temps.

Ainsi, en juxtaposant les événements de l'époque coloniale avec ceux des années de la postindépendance et des années 90, l'écrivaine travaille contre le temps linéaire et chronologique, en créant un récit dans lequel l'Histoire ne se termine jamais. Elle s'oppose de ce fait à toute tentative de conclusion vis-à-vis des traumatismes du passé, qui selon elle, sont la cause principale de ceux du présent. Il nous semble que cette narration « instable » renvoie à l'instabilité psychologique causée par le trauma subi par l'auteure et qui rend le fait d'apporter son témoignage sur la mort et la violence une tâche des plus difficiles. La discontinuité temporelle du récit reflète l'esprit « déchiqueté » de la narratrice qui semble ne plus être consciente de la notion de temps :

> Une telle mort glisse, comme une plie luisante, dans la rivière de notre mémoire. Tandis que celle qui survient avec fracas et dans le sang dégorgé, elle bouscule, elle viole notre durée, elle nous laisse pantelants (*Ibid.*, 1995 : 220).

Ce désordre dans les témoignages de la narratrice démontre l'impact du trauma causé par la mort sur l'appréciation du temps chez elle. Le présent et le passé s'entrelacent pour raconter des souvenirs qu'elle semble avoir de la difficulté à restaurer. La peine de la narratrice est aussi sensible à travers ses questionnements incessants quant à la langue à employer pour raconter la mort. Confrontée à l'impossibilité de la parole face à la violence : « Comment parler de la violence quand il n y a ni mot ni images pour la dire, la montrer ? (*Ibid.,* 1995 : 90) », elle voudrait se libérer des impositions politiques et idéologiques qui véhiculent un discours officiel sur la violence : « Comment parler de la violence hors des idéologies, des effets du réel, des systèmes de représentation que sous-tendent les discours sur la violence ? (*Ibid.,* 1995 : 95) ». Seuls alors, la rhétorique et ses artifices seraient capables de décrire le mal, de rapporter la peine, de transcrire les maux de ceux qui ont vécu la violence et l'horreur. L'auteure tente d'user d'un langage capable d'affronter la mort, de la défier et de s'opposer aux discours officiels, un langage capable de faire surgir l'invisible et de faire entendre l'inaudible.

Djebar insiste ainsi sur le rôle de la création, littéraire ou non, dans la préservation de la mémoire et de là, des traits constituant l'identité algérienne. Dans l'Algérie des années de terreur, l'objectif des terroristes fut de s'attaquer à la culture pour pouvoir dominer en maître dans une société où règne l'ignorance. Djebar montre comment la voix de l'intellectuel a été étouffée, elle raconte l'assassinat de Tahar Djaout qui ne s'était jamais soumis aux menaces, de Saïd Mekbel le critique sociologue et de la jeune directrice de l'école qui avait refusé de livrer son école aux extrémistes. À travers le combat de ces intellectuels, elle démontre le rôle des gens de culture à assurer la continuité du combat contre l'obscurantisme et contre l'hégémonie d'un État réducteur, afin d'imposer une identité culturelle multiple, démarquée de celle qu'on voudrait imposer.

3. *Pour une identité pluriculturelle*

Dans *Le Blanc de l'Algérie*, le travail mémoriel et l'exploitation du discours testimonial servent également à explorer la question de l'identité culturelle. Dans ce sens, Paul Ricœur explique comment la mémoire peut être manipulée pour répondre aux projets identitaires des nations :

> Le cœur du problème, c'est la mobilisation de la mémoire au service de la quête, de la requête, de la revendication d'identité. Des dérivent qui en résultent, nous connaissant quelques symptômes inquiétants : trop de mémoire, dans telle région du monde, donc abus de mémoire – pas assez de mémoire, ailleurs, donc abus d'oubli (Ricœur, 2000 : 104).

En effet, l'instabilité socio-politique qu'a vécue l'Algérie pendant les années quatre-vingt-dix pourrait être considérée comme l'une des conséquences de ces « abus de mémoire » évoqués par Ricœur, perpétués par les gouvernements successifs du FLN dans le pays. Benjamin Stora a expliqué que ce n'est pas l'oubli mais les commémorations excessives qui ont fait effacer d'importants évènements de l'Histoire algérienne (Stora, 2001 : 172–173).

Dans ce sens, il semblerait que Djebar tienne dans son récit à démontrer les conséquences de ces abus de mémoire sur la tragédie algérienne des années quatre-vingt-dix qui a créé une confusion identitaire chez le peuple algérien. Elle développe alors cette idée des traits culturels collectifs qui n'ont pas résisté aux abus de mémoire et à la propagande politique en Algérie depuis l'indépendance. Dans ce sens, Benjamin Stora conclut dans *La Gangrène et l'oubli : la mémoire de la guerre d'Algérie* qu'il existe un parallèle entre l'oubli individuel et l'oubli collectif :

> Tout peuple, de même que tout individu, procède, en son être mental, à des dénégations, à des dénis, plus ou moins conscients (…), des pensées, d'images, de souvenirs ressentis comme douloureux. Un mot de psychanalyse, passé dans l'usage, désigne cet état par « refoulement ». Ce qui est vrai pour tout individu et ses pulsions (Freud) l'est également pour tout peuple et ses « archétypes » qui gardent l'inconscient collectif (Stora, 1991 : 36).

L'historien expose dans son livre le processus d'occultations et de déni qu'ont employé les deux régimes français et algériens après l'indépendance de l'Algérie. C'est exactement ce processus de déni qui a mené au phénomène de l'oubli collectif que va dénoncer Djebar dans son récit. En fait, comme le rappelle Stora, la création du FLN entraîna le reniement de toutes les instances politiques algériennes qui l'ont précédé dans le combat pour la liberté. Dans ce sens, la narratrice du récit rappelle l'écart de Ferhat Abas et l'assassinat d'Abbane Ramdane qui conduisirent à la domination totale d'un parti unique qui, seul, négociera les accords d'Evian avec le gouvernement Français. Après 1962, malgré les oppositions et les conflits internes, ce parti finira par imposer l'idéologie d'un peuple « unanime ». Cet aspect unificateur se renforcera en 1965 avec l'avènement du pouvoir militaire de Houari Boumediene qui imposera l'écriture d'une Histoire officielle idéalisée, basée sur la célébration du principe du « peuple, seul héros » et qui sera renforcée par les processus d'arabisation qui vont provoquer ce qu'on a appelé « le printemps berbère » en 1980 (Stora, 1991).

Le socialisme du parti unique a ainsi prouvé son échec et mené le pays à la crise. Dans *Des noms et des lieux, Mémoire d'une Algérie oubliée*, Moustafa Lachraf renvoie les causes de cet échec à l'idéologie révolutionnaire qui n'était plus adaptée aux impératifs du moment :

> des précisions sur le mouvement nationaliste (qui) viennent contester la vision colorée et glorifiante d'une histoire faite de clichés autour des héros finalement caricaturaux (Lachraf, 1998 : 56).

Cet échec politique entraina la dégénérescence totale dans le pays et fut parmi les causes de la montée de l'islamisme radical que dénonce Djebar dans *Le Blanc de l'Algérie*. Ainsi, à travers son rituel funéraire auquel elle procède pour rendre hommage aux écrivains algériens disparus, l'auteure impose une forme créative de commémoration qui s'oppose aux impositions islamistes et à l'idéologie étatique. Elle retrace le processus d'une « nation cherchant son cérémonial (Djebar, 1995 ;104) » en explorant un langage de deuil capable de décrire comme il se doit, les atrocités commises contre les Algériens à l'époque. Pour l'écrivaine, la peine de la perte des proches doit être exprimée à travers les multiples langues parlées par les Algériens, qui ne doivent pas se soumettre au système d'arabisation imposé par l'État ni aux diktats radicaux des islamistes, car il est certain que c'est le déni de cette diversité culturelle et langagière qui a mené l'Algérie au bord de la catastrophe.

Afin d'exposer les limites d'une identité culturelle algérienne monolithique, l'écrivaine recourt dans son texte à la pratique intertextuelle qui rappelle la diversité linguistique, ethnique et culturelle des intellectuels algériens que l'idéologie étatique tient à nier l'existence. L'intertextualité dans *Le Blanc de L'Algérie* se manifeste essentiellement à travers les épigraphes qui parcourent tout le texte et à travers lesquelles la narratrice attribue une voix aux écrivains et aux intellectuels. Les épigraphes les plus remarquables demeurent celles qui rapportent les propos de Kateb Yacine et d'Albert Camus :

> « Hâtez-vous de mourir, après
> vous parlerez en ancêtres… »
> *Kateb YACINE, L'œuvre en fragments.*
> « Si j'avais le pouvoir de donner une voix à la solitude et à l'angoisse de
> chacun d'entre nous, c'est avec cette voix que je m'adresserais à vous »
> *Albert CAMUS*, Alger (Conférence, le 22.1.56) (*Ibid.*, 1995 : 9).

Ces deux épigraphes semblent rappeler la difficulté de prendre la parole pour exprimer les situations ambiguës. Ainsi, Kateb, non sans ironie, suggère que seule la mort pourrait libérer la voix, tandis que la volonté de Camus à « donner une voix à la solitude et à l'angoisse » du peuple algérien traduit les limites de la parole « ordinaire » à exprimer la souffrance de l'âme. À travers ces deux citations, Djebar semble expliquer à quel point la voix de l'écrivain est dépourvue du pouvoir représentatif face à l'horreur et à la violence excessive. Dans *Ces voix qui m'assiègent*, elle avait déjà expliqué l'importance de la multiplicité des voix dans la sauvegarde de l'identité culturelle. Dans le chapitre intitulé « Tout doit-il disparaître ? » où elle exprime son amertume vis-à-vis de la disparition du riche héritage culturel algérien, elle répond, également aux multiples questionnements exposés dans son texte à travers l'emploi d'épigraphes :

> Cette voix qui parle…
>
> Elle sort de moi, elle me remplit, elle clame contre mes murs, elle n'est pas la mienne, je ne peux pas l'arrêter, je ne peux pas l'empêcher de me déchirer, de m'assiéger.
>
> Elle n'est pas la mienne, je n'en ai pas, je n'ai pas de voix et je dois parler, c'est tout ce que je sais, c'est autour de cela qu'il faut tourner, c'est à propos de cela qu'il faut parler, avec cette voix qui n'est pas la mienne, mais qui ne peut être que la mienne puisqu'il n'y a que moi (*Ibid.*, 1995 : 95).

Cette technique d'écriture qui consiste à convoquer les voix des autres écrivains semble aider la narratrice du récit à remplir les « blancs de la narration » lorsque ses propres propos s'avèrent impuissants à rendre compte du tragique de la situation. Cette polyphonie des voix est renforcée dans le récit lorsque la narratrice évoque des tranches de la vie d'Albert Camus, de Frantz Fanon, de Mouloud Feraoun ou de Jean Amrouche. Connaissant les positions politiques d'Albert Camus, on ne pourrait qu'être surpris de son inclusion par la narratrice dans le groupe d'écrivains algériens évoqués dans le récit. Cependant, il faut bien rappeler qu'Assia Djebar fut parmi les premiers intellectuels ayant ouvertement assuré le rôle d'Albert Camus dans le canon littéraire national et ayant participé à la commémoration de ses écrits en tant qu'écrivain algérien. Dans *Le Blanc de l'Algérie*, elle tente de lui rendre justice en reprenant une partie de son discours prémonitoire, prononcé devant les ultras déchaînés, le 21 janvier 1956, au Cercle du Progrès d'Alger :

> En ce qui me concerne, j'ai aimé avec passion cette terre où je suis né, j'y ai puisé tout ce que je suis et je n'ai jamais séparé de mon amitié aucun des

hommes qui y vivent, de quelque race qu'ils soient. Bien que j'aie connu et partagé les misères qui ne lui manquent pas, elle est restée pour moi la terre du bonheur et de la création. Et je ne puis me résigner à la voir devenir la terre du malheur et de la haine (*Ibid.*, 1995 : 127–128).

En reprenant cette citation de Camus, Djebar la réactualise dans le contexte algérien des années quatre-vingt-dix pour faire la jonction entre deux guerres fratricides, car pour Camus, Français et Algériens devaient se côtoyer en frères sur la terre algérienne. Plus que Camus, Frantz Fanon avait abandonné la nationalité française au nom de la justice et du respect de la différence et rejoint la cause algérienne au nom de tous les asservis. Ayant cru à l'égalité des droits et à la fraternité humaine, ces deux hommes n'assisteront pourtant pas à l'indépendance du pays et mourront éloignés de l'Algérie.

Par cette évocation des écrivains et des intellectuels, Djebar rappelle leur rôle dans l'élaboration d'une identité culturelle propre aux Algériens. En remontant le temps vers la guerre de libération nationale, la narratrice montre comment le décès des écrivains est toujours inattendu. Ils sont frappés par une mort prématurée, causée soit par un accident, soit par une maladie qui les emporte avant leur heure, soit encore, par une main meurtrière qui les arrache à leurs bien-aimés. Cette mort surgit de nulle part comme pour leur ôter une voix en voie d'accomplissement, laissant derrière eux une parole inachevée. À leur tête, elle pleure la mort d'Albert Camus, emporté avant d'avoir achevé son *Premier Homme*, qui aurait dû être son meilleur chef-d'œuvre.

En rappelant la vie et la mort des écrivains et des intellectuels algériens, l'auteure discute les traits complexes d'une identité algérienne dont ils sont à la fois le produit et les porte-parole. Ils forgent une identité culturelle algérienne héritée de plusieurs civilisations puisqu'ils sont issus de divers métissages, appartenant à une identité aux traits multiples, construite d'un mariage fabuleux de cultures, de traditions et de langues diverses. Leur rôle aurait été de servir de médiateurs de paix et de réconciliation entre La France et l'Algérie dans le passé et entre les différents partis en opposition au sein du pays, au présent.

Conclusion

Né de la douleur, *Le blanc de l'Algérie* est la manifestation d'un cri déchirant lancé après une longue période de deuil et de silence. Ce récit est à la fois biographique, puisqu'il décrit des séquences malheureuses de la vie de son auteure, et historique, car, tout en exprimant ce chagrin causé par la perte des amis, Djebar insère sa peine dans la peine commune, en réveillant non seulement les victimes de la terreur qu'elle a connues personnellement, mais aussi tous ceux qui ont subi le même sort, avant et après l'indépendance du pays.

L'écrivaine semble travailler ce que de Certeau appelle « l'absent de l'Histoire » (De Certeau, 1973) pour interpréter certaines questions relatives à une Histoire qu'elle juge mal écrite. La matière historique dont elle use semble servir à féconder son imaginaire puisque les sources historiques, témoignages véridiques, archives et documents authentiques inspirent la création poétique et contribuent à la dénonciation de la violence et aux revendications identitaires dans le texte. À travers la quête mémorielle, l'auteure s'oppose, d'un autre côté, aux manipulations historiques du pouvoir contre la mémoire collective en Algérie. Elle rend hommage à ceux qui « sur le bord, ou dans le puits de l'écriture, sont tombés (*Ibid.*, 1995 : 240) ». Elle rapporte les témoignages de ceux qui ont vécu la tragédie, dans une langue chargée de peine et de poésie. Son texte est un refuge pour les voix des marginalisés et des oubliés, où elle leur accorde un espace d'expression et de revendication d'une identité pluriculturelle dont les traits ont longtemps été déniés par des discours politiques longtemps imposés. Il est clair qu'il ne s'agit pas seulement pour Djebar de rendre compte de la réalité qu'elle ou que ses concitoyens ont vécue, mais de la comprendre et de l'interpréter afin d'en saisir les conséquences sur la tragédie présente. Écrire un texte de témoignage sur l'horreur subie par soi et par autrui permet ainsi de panser les plaies encore ouvertes et faire le deuil des êtres chers, en rendant hommage à leur mémoire.

Nous avons démontré que c'est à travers un dur travail d'anamnèse, de dévoilement et de creusement mémoriel que Djebar a tenté de déterrer les oubliés de l'Histoire ainsi que les causes de l'oubli qui a longtemps régné dans son pays. À travers les voix des morts, l'Histoire de l'Algérie est de nouveau remise sous le feu des projecteurs pour être réhabilitée, débarrassée des mensonges et des manigances des discours officiels qui se sont longtemps réservé le droit sur l'écriture historique. Djebar semble avoir réussi à bousculer les limites convenues de la représentation. Sa persévérance à vouloir certifier son discours en usant de faits historiquement connus relève d'un positionnement singulier qu'elle semble avoir développé tout au long de son parcours littéraire. L'écrivaine a tenté dans ce récit, à travers une écriture pointue et crue, d'expliquer la logique de quelques circonstances historiques marquées par la violence qui a ravagé son pays depuis la période coloniale jusqu'au resurgissement d'une nouvelle forme de l'horreur. Ce faisant, elle a procédé à un bousculement des critères traditionnels du genre historique, non pas pour changer l'Histoire, mais pour dégager les non-dits des discours officiels sur cette même Histoire et pour déstabiliser les certitudes sur ce qui est posé comme vérité historique. Pour appréhender l'inimaginable et exprimer l'indicible, son écriture fonctionne comme un détour, car elle permet de contourner le traumatisme, à travers des dédoublements énonciatifs et les va-et-vient constants entre des temporalités multiples qui contribuent à démontrer la complexité de l'évènement historique.

À travers ces techniques fictionnelles de la représentation historique, Djebar semble vouloir susciter la participation émotive du lecteur et de provoquer, à travers cette expérience littéraire, son adhésion à l'Histoire algérienne, voire sa transformation potentielle en un témoin indirect. En répondant à des exigences contextuelles, les représentations historiques déployées dans *Le blanc de l'Algérie* situent le récit entre le factuel et le fictionnel, l'éthique et l'esthétique, anéantissant de la sorte toutes les frontières poreuses entre les genres, confirmant que la fiction s'avère, parfois, plus véridique qu'un manuel historique.

Références

BOBU, J., FRACHON, A. (2006). « Pierre Nora et le métier d'historien, Entretien avec Pierre Nora ». *Le Monde* : 2.

BOUTLER, Jonathan (1988). *Melancholy and the Archive, Trauma, History and Memory in the Contemporary Novel*. London : Continuum International Publishing House.

BRODZIAK, Sylvie (2018). *Écrire le quotidien pour apaiser les brûlures de la mémoire, dans Les littératures francophones aujourd'hui : de l'universel et du quotidien*, numéro 14 de la revue *Romanica Silesiana* (dir. Ewelina Berek et Joanna Warmuzinska-Rogoz) Katowice/ Pologne : 37–49

CALLE-GRUBBER, Mireille (2001). *Assia Djebar ou la résistance de l'écriture Regards sur un écrivain d'Algérie*. Paris : Maisonneuve et Larose.

CARUTH, Cathy (1996). *Unclaimed Experience, Trauma, Narrative, and History*. Baltimore : Johns Hopkins UP, Print.

COQUIO, Catherine (2015). *La Littérature en suspens*. Paris : L'Arachnéen.

DE CERTEAU, Michel (1973). *L'absent de l'histoire*. Paris : Mame « Repères ».

DJEBAR, Assia (1995). *Le Blanc de l'Algérie*. Paris : Albin Michel.

DJEBAR, Assia (1997). *Oran langue morte*. Arles : Actes Sud, Coll, Un endroit où aller.

DJEBAR, Assia (1999). *Ces voix qui m'assiègent*. Paris : Albin Michel.

FISHER, Dominique (2007). *Écrire l'urgence : Assia Djebar et Tahar Djaout*. Paris : L'Harmattan.

HALBWACHS, Maurice (1997). *La Mémoire collective*. Paris : Albin Michel.

HALBWACHS, Maurice (1994). *Les Cadres sociaux de la mémoire*. Paris : Albin Michel.

HALEN, Pierre (2007). *Les Langages de la mémoire. Littérature, médias et génocide au Rwanda*. Metz : Centre de recherche Écritures.

HARBI, Mohammed, STORA, Benjamin (2004). *La Guerre d'Algérie 1954–2004. La fin de l'amnésie*. Paris : Robert Laffont.

JEANNELLE, Jean-Louis (2004). *Pour une histoire du genre testimonial*. Dans : Littérature, n° 135, *Fractures, ligatures* : 87–117. URL : http://www.persee.fr/doc/litt_0047-4800_2004_num_135_3_1863. (Consulté le 15/08/2022).

LACHERAF, Moustafa (1998). *Des noms et des lieux. Mémoires d'une Algérie oubliée*. Alger : Casbah éditions.

NORA, Pierre (1984). *Entre mémoire et histoire. La problématique des lieux. Les lieux de mémoire*, Tome I. *La République*. Paris : Gallimard.

REID, Hubert (2010). *Dictionnaire de droit québécois et canadien*. Montréal : Wilson et Lafleur.

RICŒUR, Paul (2000). *La Mémoire, l'Histoire, l'Oubli*. Paris : Seuil.

RIFFATERRE, Michael (2002). « Le témoignage littéraire », *The Romantic Review*, vol. 93 : 217–235.

SMATI, Thoria (semaine du 29 mars au 4 avril 1990). « Création et liberté : Entretien avec Assia Djebar », *Algérie Actualités* n° 1276 : 183–187.

STORA, Benjamin (2001). *Algeria 1830–2000: A Short History*. Trans Jane Marie Todd Ithaca : Cornell University Press.

STORA, Benjamin (1991). *La Gangrène et l'oubli : la mémoire de la guerre d'Algérie*. Poche-Essais.

WIEVIORKA, Annette (1998). *L'Ère du témoin*. Paris : Plon.

YOUNG, James (1987). *Interpreting Literary Testimony: A Preface to Rereading Holocaust Diaries and Memoirs*. *New Literary History*, vol. XVIII, n° 2: 416–417.

ZIMA, Pierre V. (1985). *Manuel de sociocritique*. Paris : L'Harmattan.

Roman des maquisards et maquisards du roman au Cameroun : *Remember Ruben* de Mongo Beti, *La procession des charognards* de Mutt-Lon et *Les Maquisards* de Hemley Boum

Tayamaou ÉGUÉ
Université de Maroua, Cameroun

Résumé : N'ayant pas d'histoire – *vaes victis!* – et l'État ayant institué un mur de silence autour du passé nationaliste anticolonial camerounais, les vaincus de la guerre d'indépendance du Cameroun, les « maquisards », ont acquis dans l'histoire une image spectrale controversée où ils investissent, ou le pôle du positif, ou le pôle du négatif. Il s'est construit alors une aporie autour d'eux : chacun son roman des maquisards et chacun ses maquisards, ceux-ci devenant un personnage mythique. Il est de ce fait opportun de se demander quelle image des maquisards le roman camerounais (dé)construit. Si les romans qui ont mis en fiction cette saison de l'ombre de l'histoire du Cameroun ne sont guère nombreux, *Remember Ruben*, *La procession des charognards* et *Les maquisards* semblent résonner comme un *vox clamantis in deserto*. De l'exploration sémiotique et postcoloniale de ces derniers, il ressort que le roman camerounais a ses maquisards qu'il importe de re/découvrir pour mieux comprendre comment il subvertit l'histoire rédigée par le colon.

Mots-clés : roman, maquisards, colonisateur, mémoire, identité.

Abstract: As they are deprived of history – *vaes victis!* – and the State has installed a wall of silence over the history of Cameroon's anticolonialist nationalism, the vanquished of the war of Cameroon's independence, the « maquisards », gained in history a spectral and controversial image where they inhabit either the positive pole or the negative one. So an aporia has been constructed round them: to everyone his novel on maquisards and his maquisards. They have therefore gained the status of a mythical figure. It seems then worth questioning which image of the maquisards the Cameroonian novel (de)constructs. The few novels fictionalizing that gloomy period of Cameroon history, *Remember Ruben*, *La Procession des Charognards* and *Les Maquisards*, are analysed in this study from semiotical and postcolonial perspectives in order to discover ways in which the Cameroonian novel subvertshe story elaborated by the coloniser.

Keywords: novel, maquisards, coloniser, memory, identity.

Introduction

Le Cameroun est le seul pays d'Afrique subsaharienne qui a connu une lutte armée en vue de sa libération nationale du joug de la colonisation à l'instar de l'Algérie. Cette dynamique insurrectionnelle anticoloniale a été écrasée dans le sang. Mais, les vaincus n'ayant pas d'histoire, – *vaes victis!* –, cette guerre d'indépendance du Cameroun est largement méconnue tant par la Communauté internationale que par les Français et même par les Camerounais en raison de l'oblitération de leur mémoire collective. En effet, le colonisateur vainqueur et, à travers des régimes autocratiques, l'État du Cameroun, formellement indépendant, mais substantiellement néocolonisé, ont œuvré à l'occultation du mouvement nationaliste anticolonial du Cameroun en interdisant toute évocation publique de l'Union des Populations du Cameroun (UPC), parti politique anticolonialiste et de ses partisans, dont Ruben Um Nyobè. En témoigne bien l'historien Achille Mbembe lorsqu'il écrit :

> [...] cette période de l'histoire du Cameroun demeurait frappée d'interdit. On ne devait l'évoquer que pour la condamner. Les noms des personnages qui émergèrent au moment des luttes pour la décolonisation étaient « bannis » (Mbembe, 1989 : 12).

Le sort de l'histoire du maquis rejoint alors celui de toute lutte anti-impérialiste armée ou guerre de libération nationale qui, selon le sociologue genevois Jean Ziegler, est l'étouffement ou de menus témoignages, souvent controversés (1985 : 13). Ce silence institutionnel autour du passé nationaliste camerounais a fait émerger, dans l'espace discursif de sa

---

[1]   Aphorisme latin signifiant « Malheur aux vaincus !» utilisé pour faire entendre que le vaincu est à la merci du vainqueur. Nous utilisons les locutions latines dans la présente étude de la mise en fiction de la résistance anticoloniale camerounaise pour traduire la dimension mythologique que celle-ci a acquise. Nous les empruntons, leurs traductions y comprises, au Petit Larousse illustré 2011.

« refiguration » (Ricœur, 1985), une représentation mythique controversée de ses acteurs nationalistes nommés « maquisards ». Leur histoire est devenue « un vrai roman » (*RR* : 130) où ils sont perçus tantôt comme vulgaires bandits, tantôt combattants de la liberté, tantôt infâmes rebelles, tantôt héros, etc. Ainsi s'est-il construit une aporie autour d'eux : chacun son roman des maquisards et chacun ses maquisards. La fiction, qui se plaît à imiter le récit historique, étant un mode de refiguration du passé comme le dit Paul Ricœur (1985), il convient de s'interroger sur la représentation romanesque de ces personnages historiques. En d'autres termes, la présente étude s'interroge sur l'image, la figure des maquisards dans les fictions romanesques camerounaises. Au fait, peu de romans se sont employés à l'écriture de ce pan obscur du passé anticolonial camerounais, l'interdiction institutionnelle de son évocation semblant ainsi résonner jusque dans le champ littéraire camerounais. Edmond Famboum Mbiafu soulignait cette carence de la fictionnalisation de la résistance anticoloniale camerounaise dans l'imaginaire littéraire camerounais en ces termes : « Ils ne sont guère nombreux, les auteurs qui ont porté dans leurs textes de création l'arrière-plan historique et les événements de la période que l'on nomme, en termes parfois chargés d'effroi au Cameroun occidental, "le maquis" » (Famboum Mbiafu, 2007 : 45). Hemley Boum se fait l'écho de ce critique en notant qu'« Il existe peu d'œuvres de fiction sur le sujet [...] » (2016 : 386). Quelques romans, dont *Remember Ruben*, *La procession des charognards* et *Les maquisards*[2] qui constituent le corpus de la présente étude, semblent résonner comme un *vox clamantis in deserto*[3]. Pour répondre à sa problématique, la présente étude emprunte à la sémiotique et à la critique postcoloniale et se structure en deux parties, à savoir l'esthétique de construction d'une perception positive des maquisards d'une part et les enjeux de (dé)construction de narrations qui en découlent d'autre part.

---

[2]   Dans la suite de cette étude, *Remember Ruben*, *La procession des charognards* et *Les maquisards* seront respectivement abrégés en *RR, LPC et LM*.

[3]   La voix de celui qui crie dans le désert : paroles de Saint Jean-Baptiste pour dire son rôle de précurseur du Messie.

1. Origine des maquisards et maquisards de l'origine

1.1. On ne naît pas maquisard, on le devient

Étudiant la naissance du mouvement insurrectionnel auquel a abouti le processus actif de la réclamation d'indépendance du Cameroun dans sa partie australe, Achille Mbembe relève que la répression administrative de l'exercice public de la raison en est une causalité importante (1996). Pour lui, l'usage de la violence insurrectionnelle par le mouvement nationaliste camerounais, qu'il appelle « mouvement du *kaa kundè*[4] » (1989 ; 1996), est une réaction à la violence structurelle de l'administration coloniale qui réprime les manifestations publiques de l'Union des Populations du Cameroun (U.P.C.) et l'exclut de la scène politique légale (Mbembe, 1996 : 329).

Les textes romanesques qui fictionnalisent le passé nationaliste camerounais se font l'écho du mode narratif épistémologique. Il en ressort que jamais les anticolonialistes n'ont eu l'idée de recourir aux armes pour disjoindre les assujettis coloniaux de l'état d'assujettissement colonial. Le leader du mouvement d'indépendance, en l'occurrence Ruben, dit *Mpodol* (guide), fonde sa lutte sur l'usage public de la raison, sur la « combativité politique » (*LM* : 60). Il a créé, à cet effet, un syndicat et un parti politique dont il est leader. Mais, c'est le (sur)moi violent du régime colonial qui est à l'origine du mouvement maquisard. Après que le régime colonial a obstrué la possibilité d'une prise de pouvoir par l'exercice public de la raison, les anticolonialistes optent pour une lutte armée. Ainsi le mouvement du *kundè* a-t-il fait sienne la locution latine *Non nova, sed nove*[5] en changeant de stratégie de conjonction au même objet de valeur qu'est la liberté. Dans la fiction romanesque betiesque, il est notable que ce soit l'exercice de la violence par l'autorité coloniale sur les indépendantistes camerounais qui militent au sein du Parti Progressiste Populaire (P.P.P.), dont l'un des objectifs, le *primus inter pares*[6], est l'« indépendance immédiate de la colonie » (*RR* : 211), qui a mis en branle leur devenir-rebelles. En effet, l'administration coloniale, s'étant aperçue que Ruben, « l'idole de Kola-Kola » (*RR* : 208) pourvue d'un savoir-faire

---

[4]   Expression en langue bassa signifiant « procès de l'indépendance ».

[5]   Locution latine signifiant « Non pas des choses nouvelles, mais d'une manière nouvelle ».

[6]   Locution latine signifiant « Le premier entre ses égaux » pour dire la primordialité.

persuasif important, et le parti dont il est leader gagnent du terrain, réprime les manifestations à l'occasion desquelles celui-ci communique et communie avec les populations en les conviant à rallier la cause pour laquelle il se bat. Cette violence s'est traduite même par l'exclusion du P.P.P., organe politique par lequel les colonisés font un usage public de la raison et veulent continuer à le faire en acquérant l'autorité de légiférer sur eux-mêmes et susciter une transformation disjonctive de leur état d'assujettissement, de la scène politique légale. L'ordre colonial déclare les piliers dudit parti, dont Ruben que les populations adorent « comme un Dieu, comme une sorte de messie noir » (*RR* : 108) et qui « [est] à ses partisans ce qu'est le cœur à un être animé » (*RR* : 213), hors-la-loi. Les forces coloniales ont, par ailleurs, procédé au saccage de la Bourse du Travail de Kola-Kola où le syndicat dont Ruben est leader éduque la masse ouvrière, éveille sa conscience. Ces répressions et interdictions de la part de l'administration coloniale visent à obstruer la voie de l'argumentation, de l'usage public de la raison dans la réclamation de l'indépendance et à susciter une disjonction réfléchie (renonciation) des anticolonialistes de l'objet de valeur qu'ils conquièrent, en l'occurrence l'indépendance de leur pays. Mais, au lieu d'opter simplement et purement pour une reddition, le mouvement rubéniste reste ferme sur les arçons de sa dynamique anticoloniale : il entre dans le maquis qui lui permet de manifester la conscience anticoloniale par la déconstruction de l'autorité et de la légitimité du colonisateur. Elle duplique ainsi de façon mimétique la stratégie gaulliste qui consiste à espérer gagner le combat après avoir perdu une bataille :

> Ruben mena le combat, non plus par la parole désormais, mais par les armes ; non plus dans les faubourgs misérables des villes, mais dans la forêt ; non plus environné de militants, mais au milieu de soldats aguerris (*RR* : 249).

Les mêmes circonstances ont présidé à la mue des dirigeants du mouvement de libération pacifique du Cameroun en maquisards dans le roman de Hemley Boum. Le régime colonial, ayant constaté que Ruben dispose des modalités (le pouvoir et le savoir) nécessaires à la transformation conjonctive pacifique à l'objet de valeur (indépendance) et que « Le débat public était la force [du] mouvement [indépendantiste] » (*LM* : 64), a décidé de les exclure du jeu politique légal en bannissant l'Union des Populations du Cameroun (U.P.C.). Ce faire violent de l'opposant n'induit pas pour autant une performance disjonctive réfléchie du sujet Ruben et de ses adjuvants (upécistes) à l'objet de valeur.

Ne voulant pas voir leur combat finir *in piscem*[7], ceux-ci se radicalisent plutôt en prenant le maquis pour s'insurger contre l'administration coloniale : « Les partisans, déclarés hors-la-loi, se réfugièrent dans la forêt pour y continuer leur combat dans la clandestinité et fuir la répression violente dont ils étaient l'objet » (*LM* : 42).

Donc, l'identité maquisarde émerge de la réaction à la violence structurelle du régime colonial qui, soucieux de nier le colonisé, de lui faire accepter, pour reprendre Jean Ziegler, « la fiction de son non-être » (1985 : 252) sur laquelle repose la relation coloniale, lui interdit l'usage public de la raison. Ainsi, ce n'est pas une idéologie d'obédience marxiste qui constitue la matrice de l'usage de la violence par les nationalistes camerounais dans la lutte de désinscription de leur pays de l'espace de domination coloniale, mais plutôt le besoin d'affirmation de soi : « [...] le passage à la violence ne saurait être expliqué par une grille idéologique (l'U.P.C. aurait été acquise à la violence parce qu'étant une organisation prétendument marxiste-léniniste) » (Mbembe, 1996 : 343). L'objet de valeur vers lequel s'oriente l'action des maquisards est loin d'être une simple abolition d'une société de privilèges : la relation sujet/objet n'est pas hypotaxique (l'objet n'est pas externe par rapport au sujet du désir), mais hyponymique (la valeur est interne au sujet). Autrement dit, l'objet n'est pas de l'ordre de l'avoir, mais de l'ordre de l'être. Si les « rubénistes », comme les appelle Mongo Beti (1982), acquièrent une autre figure, les termes actanciels du couple positionnel objet/sujet qui forme l'axe du désir n'ont pas changé. La quête du sujet, devenu maquisard, reste toujours centrée sur le désir de la liberté, à la seule différence que le sujet n'est plus comme Ariel dont la conscience est noyée dans la promesse que lui a faite Prospero, mais comme Caliban criant *Freedom now!* (Césaire, 1969 : 36). Les indépendantistes, constituant désormais une soldatesque, exigent vaillamment la liberté de leur peuple jusqu'au prix de leur vie.

1.2. *Vaillance et patriotisme des maquisards :* pro patria mori

Dans un vers à l'intention des jeunes Romains, devenu aujourd'hui un aphorisme latin, Horace écrit : *Dulce et decorum est pro patria mori*[8]. Les nationalistes camerounais ont fait leur cet apophtegme en devenant

---

[7] Locution latine signifiant « En queue de poisson » pour dire que la fin n'est pas à la hauteur du commencement.

[8] « Il est beau et doux de mourir pour la patrie ».

maquisards pour continuer leur lutte visant la disjonction de l'état d'assujettissement colonial. Ils ont accepté le martyre, qui, selon Jean Ziegler (1985 : 21), est au cœur de tout combat de libération, pour l'indépendance intégrale de leur patrie. Dans le roman de Mongo Beti, les anticolonialistes s'insurgent contre l'indépendance factice qu'ils appellent « indépendance nominale » (*RR* : 270) sous l'égide de Baba Toura le Bituré. Pour eux, l'indépendance acquise sous ce personnage derrière qui se dissimulent les agents de la domination impérialiste ne peut permettre l'épanouissement dans sa plénitude du peuple. Aussi ressort-il que leur résistance est avant tout primaire, c'est-à-dire contre l'intrusion étrangère avant d'être secondaire, c'est-à-dire contre l'idéologie, les valeurs dont la présence coloniale innerve la colonie. Le sujet Ruben va se sacrifier pour cette cause d'indépendance totale en se faisant tuer dans le maquis. La figure de la détermination et de la vaillance se fait plus saillante dans le roman de Hemley Boum. Les nationalistes ont pris le parti de mourir au combat pour que le Cameroun accède non pas à une indépendance de façade que le colonisateur entendait offrir en cadeau et sous la peau de laquelle subsiste le colonialisme pillard, mais à une indépendance réelle. « L'indépendance doit être totale et immédiate » (*LM* : 19), telle est l'idée de Ruben, sujet-opérateur en (con)quête de l'objet de valeur indépendance. Il pense que seule une indépendance intégrale permettra la libération totale de l'Afrique colonisée et la mettra à l'abri de l'exploitation, de la néo-colonisation. Il suffit, pour s'en convaincre, de relever cet extrait de son discours à ses adjuvants :

> Si nous réussissons à obtenir une indépendance réelle, l'occupant n'aura pas d'autre choix que de céder la même chose à ses autres colonies. Si nous échouons, si nous négocions notre liberté au rabais, en leur laissant les cartes en main, ce sera parti pour des décennies d'exploitation. Alors, nous n'aurons plus d'excuse, nous aurons perdu toute légitimité auprès des nôtres et de la communauté internationale (*LM* : 62).

Ses compagnons de combat partagent la même idée ; voilà pourquoi ils se refusent de procéder à une reddition après que l'ordre colonial leur a bouché la voie de la voix et des voix ou de l'exercice public de la raison et des élections en vue de la prise de pouvoir de manière démocratique. Likak en est un exemple. Elle refuse toute conjonction partielle à la liberté. Comme Laocoon, qui, voulant dissuader les Troyens de faire entrer dans leurs murs le cheval de bois que les Grecs avaient déloyalement laissé sur le rivage, dit *Timeo Danaos et dona ferentes*[9], Likak fait savoir à ses compagnons de combat que l'indépendance que le colonisateur veut offrir « en cadeau » (*LM* : 44) est une ombre pour la proie, voire une tunique de Nessus : « Nous quitterions une barbarie assumée pour un esclavage plus larvé, non moins réel. Les Le Gall de ce pays ne céderont pas un pouce de leur hégémonie [...] » (*LM* : 61). En conséquence, elle mobilise ses camarades maquisards au refus d'une transformation conjonctive partielle, voire fausse, thématisée par une pseudo-indépendance : « Nous sommes engagés pour une indépendance totale, nous ne devons en aucun cas reculer » (*LM* : 61). Pour elle, ils se doivent d'être opiniâtres dans leur faire visant une transformation conjonctive totale traduite par une indépendance totale et que leur obstination ne doit même pas s'évanouir devant la réalité ni le spectre de la mort : « Oui, il y a eu et il y aura encore des morts. Peut-être y passerons-nous tous d'ailleurs. Au nom de tous les nôtres, nous devons continuer la lutte, faire ce qui est juste » (*LM* : 62). C'est aussi l'avis de Muulé qui sacrifie des intérêts personnels sur l'autel de son *alma mater*[10] : il oppose un *non possumus*[11] à Pierre Le Gall qui lui demande de collaborer avec l'ordre colonial en lui promettant de faire de lui « père de la nation » après l'assassinat de Mpodol et encourage ses compagnons de guerre à résister au colonisateur sans craindre la perspective de la mort :

> Ma décision est prise. J'hésitais encore, mais cette rencontre vient me conforter. Je n'accepterai pas. Je m'y refuse. Lorsque nous nous sommes engagés dans ce combat, nous savions que nous risquions nos vies. Nos chances étaient réelles, nous n'avions pas envisagé que les dés soient pipés, nous pensions gagner à la régulière. Aujourd'hui nous réalisons la fourberie de l'ennemi, mais la cause reste belle et noble, je refuse de la dévoyer. La gloire de Dieu c'est l'homme debout, affirment les chrétiens, nous mourrons debout mes amis, nous ne ploierons pas. Nous nous battrons jusqu'à l'extrême limite de nos forces et nous mourrons, s'il le faut, mais debout. Non pour la gloire du dieu chrétien, mais pour le salut des nôtres (*LM* : 63–64).

Il ressort de ce passage la résolution des anticolonialistes à continuer leur combat et surtout à donner leur vie pour leur *alma parens*[12], leur

---

[9]   « Je crains les Grecs, même quand ils font des offrandes (cadeaux) ».

[10]   Expression latine signifiant « mère nourricière » pour désigner la patrie.

[11]   Expression latine signifiant « Nous ne pouvons », devenue groupe nominal, utilisée pour exprimer un refus.

[12]   Synonyme de l'expression *alma mater*.

origine. D'ailleurs, dans le roman de Mutt-Lon, c'est Ruben lui-même qui fait voir l'ombre de la mort aux « combattants du kundè » (*LPC* : 60) nouvellement enrôlés dans la guerre d'indépendance en leur demandant de prêter serment de donner leur vie pour leur patrie comme en témoigne son discours au prosélyte Makang Otto : « Lève le bras et jure devant les esprits de nos ancêtres que tu te battras jusqu'à ce que la dernière goutte de ton sang arrose cette terre qui est la nôtre » (*LPC* : 62). Ce rituel témoigne de la volonté des combattants à accepter avec lucidité le martyre, de leur engagement à mettre librement, sous la seule contrainte de la conviction, leur vie pour leur patrie et leur peuple. D'ailleurs, avant le départ pour une offensive de guérilla, le Mpodol met à l'épreuve la renonciation intérieure à la survie personnelle des combattants tout en leur insufflant la fierté de mourir pour leur patrie, leur origine. Par exemple, il a tenu ce discours aux combattants en passe d'aller faire s'effondrer un pont :

> Il faut que vous sachiez que demain certains d'entre nous seront tués, oui, nous ne reviendrons pas tous dans ce refuge. Que ceux qui tomberont soient fiers, car ils auront achevé de faire de leur vie une œuvre utile, et ils pourront aller dignement comparaître devant nos aïeux. Le Ngué veille. Vive la liberté. (*LPC* : 66)

Les anticolonialistes se convainquent ainsi qu'il faut que du sang pleuve pour que germe l'indépendance totale, car, comme le dit Jean Ziegler, « Sur la terre, aucune liberté ne s'obtient sans souffrance et sang versé » (1985 : 5) et qu'il est doux de mourir pour sa patrie. La figure de Ruben, personnage référentiel du type historique selon la théorie sémiologique hamonienne du personnage, c'est-à-dire qui a un signifié, un sens plein et fixe, immobilisé par l'histoire (totalité du cours des événements) et l'histoire (totalité des récits se rapportant aux événements) coloniales et qui a un rôle thématique et actanciel et un programme narratif attesté dans ces histoires mérite notre attention pour illustrer davantage le patriotisme des maquisards (Hamon, 1977 : 122). Le discours narratif présente Ruben, l'un des « piliers du maquis » (*LPC* : 62), comme un personnage qui s'est sacrifié pour la liberté et la vie des siens en lui instituant une configuration discursive de martyr. Les fictions romanesques camerounaises le comparent avec Jésus-Christ, messie qui s'est sacrifié pour les hommes. Dans le roman de Mongo Beti, le parcours discursif de Ruben l'apparente à ce personnage biblique comme en témoigne bien ce segment discursif : « Les gens l'adoraient vraiment comme un Dieu, comme une sorte de messie noir [...] » (*RR* : 108). Celui-ci meurt, tué dans le maquis, après avoir suscité une croyance en lui et en la liberté que le narrateur appelle « foi rubéniste » (*RR* : 249). Chez Hemley Boum, Ruben a sacrifié sa famille pour sa famille nationale, sa patrie : « Ils [les partisans de Mpodol] oubliaient trop souvent qu'il avait une famille, des enfants dont certains en bas âge, qui payaient au prix fort un engagement qu'il leur imposait » (*LM* : 300). Il a même, à la manière de Jésus Christ, sacrifié sa propre vie pour que vivent les siens en se livrant à l'armée coloniale : « Je pense que lorsqu'ils en auront fini avec moi, ils se calmeront » (*LM* : 301). On comprend pourquoi le narrateur des *Maquisards* qualifie sa mort de « fin quasi christique » (*LM* : 307). Il faut relever que nombre de témoins de la guerre d'indépendance du Cameroun attestent d'une telle figure de Ruben : ils n'ont point hésité à comparer Mpodol à Jésus Christ, de par le sacrifice qu'il a consenti pour sa patrie. Sous ce rapport, Ndong-Lolog Wonyu II écrit :

> Écrire sur Ruben Um Nyobè, [...] c'est réfléchir aussi sur le poids de sa participation à la lutte de ce peuple jusqu'au suprême sacrifice-ce sacrifice qui ne fut que le couronnement de cette leçon apprise dans la Bible des missions : « un vrai ami est seul celui qui donne sa vie pour ses amis. » Tel Jésus-Christ illustrant ce propos, tel fut Um pour moi et pour ceux qui l'ont connu : le symbole de l'ultime aboutissement de l'amour pour sa patrie, le Cameroun (Ndong-Lolog Wonyu II, 1988 : 17).

Le discours romanesque mutt-lonien présente un autre martyr, en la personne de Bikaï. Son martyre y est thématisé par la renonciation à des privilèges : « Bikai [...] avait abandonné un grand poste et tous les avantages que son instruction et sa distinction lui avaient garantis dans l'administration coloniale. Il était venu de lui-même s'engager dans la résistance » (*LM* : 63). Il ressort de cet extrait que ce personnage a renoncé aux prérogatives que lui alloue l'administration coloniale pour s'adonner à sa patrie. Il en est ainsi de nombre d'autres personnages maquisards. Se disant donc que *potius mori quam foedari*[13], les nationalistes, dans leur combat visant la transformation disjonctive de l'état d'asservissement colonial de leur patrie, se comportent en chêne et non en roseau (*LM* : 64) en affichant une résistance toute raide après que l'autorité coloniale

---

[13]   Expression latine signifiant « plutôt mourir que de se déshonorer », servant de devise à ceux qui préfèrent l'honneur à la vie.

leur a interdit d'exercer publiquement la raison, stratégie qui emporte, d'ailleurs, l'adhésion du peuple.

1.3. *Vox maquisards, vox populi*[14] *: la légitimation de la délégitimation*

Relevant la nécessité de la participation du peuple à la déconstruction de l'ordre colonial, Jean Ziegler notait que « Toute entreprise politique est – à ses racines – une entreprise collective » (1985 : 272). Si le rôle joué par Ruben dans le fonctionnement du mouvement du *kaa kundè* est important, il n'en demeure pas moins vrai que le soutien du peuple lui a été nécessaire. La collaboration du peuple a mis le sceau de la légitimité à l'entreprise des combattants anticoloniaux. Dans la fiction de Mongo Beti, Ruben, considéré comme « prophète », a derrière lui des jeunes politisés appelés les « sapaks » ou « bandasalos » qui sont disposés à se sacrifier pour lui comme l'illustre cette allovision actorielle de Jean-Louis lorsqu'il les décrit à Mor-Zamba : « [...] ils sont prêts à mourir pour Ruben, tout de suite, s'il le faut, et avec joie » (*RR* : 128). Ceux-ci perpètrent « l'indiscipline culturelle » (Mbembe, 1989 ; 1996) visant à mettre à mal l'autorité et la légitimité de l'État colonial. Même des anciens combattants sous le drapeau français lors de la guerre mondiale sont devenus « rubénistes » : Joseph, Abena, alias Ouragan-Viet et Maisonneuve en sont des exemples. Il n'est jusqu'aux élèves et étudiants qui n'apportent leur soutien à la dynamique de la transformation disjonctive de l'état d'assujettissement colonial au profit de la conjonction à la liberté dirigée par Ruben. Ces derniers se font « propagateurs de la foi rubéniste » (*RR* : 249).

Le discours romanesque mutt-lonien met aussi en scène cette collaboration du peuple qui légitime l'entreprise maquisarde de délégitimation de l'autorité coloniale. Sébastien Makang-ma Bok-Bè, expliquant à son fils, Makang Otto, ce que c'est l'UPC et ce que sont les maquisards, souligne cette adhésion du peuple au mouvement d'insurrection contre le colonisateur du Cameroun : « [...] tout le monde soutient les maquisards par ici... » (*LPC* : 53). Ce soutien populaire consiste en l'accomplissement de services relatifs à la communication ou au ravitaillement de la communauté combattante en denrées

---

[14] Expression latine signifiant « voix du peuple » pour exprimer la légitimité d'un fait ou d'une opinion.

alimentaires, à l'engagement volontaire dans l'armée maquisarde comme c'est le cas avec Makang Otto dont le père est fier d'apprendre qu'il est combattant du *kundè*. Il importe, pour appréhender nettement la portée de la collaboration du peuple à ladite dynamique insurrectionnelle, de relever ces propos de Makang-ma Bok-Bè à son fils Makang Otto :

> Personne dans ce village ne pourra nier sa collaboration d'une façon ou d'une autre avec ces rebelles. Leur fief ne serait qu'à une cinquantaine de kilomètres. Il y a des gens qui se vantent ici, qui d'avoir transporté du courrier secret, qui d'avoir transmis des messages codés, qui d'avoir convoyé des vivres, etc. S'il fallait dénoncer vraiment des gens, le village serait dépeuplé en trois jours. Certains de tes cousins, sous des dehors paisibles, sont en réalité des combattants qui ont déjà pris part à une ou deux embuscades (*LPC* : 54).

Il appert de ce passage que la grammaire du maquis bénéficie d'un important réseau de soutien. Chacun apporte son soutien librement, sous la seule contrainte de vouloir être libre, à l'organisation rebelle visant à déconstruire l'autorité du colonisateur. Ce soutien est tous azimuts et divers. La fiction hemley-boumienne énonce également la contribution à l'effort de guerre anti-impérialiste en ces termes :

> Les intellectuels écrivaient, expliquaient, argumentaient, les paysans nourrissaient les rebelles, les commerçants s'acquittaient des cotisations, les maçons et les menuisiers, les hommes et les femmes, tous versaient un tribut, en compétence, jeunesse, hardiesse, idées nouvelles, ardeur au travail… (*LM* : 55–56).

Chacun apporte lucidement sa pierre à la construction de la dynamique d'insurrection anticoloniale : le maquis est une organisation démocratique anticoloniale du peuple camerounais. Ce soutien populaire fait alors la légitimité de l'illégalité maquisarde ou la légitimité de la délégitimation maquisarde de l'ordre colonial. Le maquis bénéficie d'un consentement de la part des sujets colonisés qui voient en les maquisards des combattants qui agissent conformément à leurs intérêts.

Ainsi, il ressort des romans qui mettent en fiction le passé nationaliste anticolonial camerounais et ses figures que l'interdiction par l'ordre colonial de l'usage public de la raison aux anticolonialistes est à l'origine du mouvement maquisard. Ces fictions romanesques (re) construisent des maquisards patriotes qui se sacrifient pour leur *alma parens* et dont la résistance illégale est légitimée par le soutien du peuple. Ces fictions exhalent les parfums de la déconstruction des narrations et mémoires y relatives que le colonisateur Prospero et l'État Ariel ont construites et construisent la base mémorielle de (re)construction de narrations d'identité et de conscience nationales camerounaises.

2. Narrations de déconstruction et (re)construction de narrations

2.1. À la recherche des hommes perdus et/ou interdits

La lutte armée de libération du Cameroun du joug de la domination coloniale est, sinon largement méconnue, voire inconnue, du moins mal connue de la Communauté internationale et des Camerounais en raison de l'oblitération de sa mémoire collective. En effet, le vainqueur *–gloria victis!*[15] – et les régimes autocratiques de Yaoundé ont œuvré, sinon à l'occultation de cette guerre d'indépendance, du mouvement nationaliste anticolonial du Cameroun et de ses figures, du moins à la désintégration de leurs mémoires individuelles de telle sorte que la société camerounaise ne peut les reconstruire, suivant la logique de Maurice Halbwachs (1968), en une unité mémorielle collective. La France coloniale a nié son existence et l'État camerounais a interdit toute évocation publique de l'UPC et de ses figures, dont Ruben Um Nyobè, qui en est le symbole. En témoigne bien l'historien Achille Mbembe lorsqu'il écrit :

> [...] cette période de l'histoire du Cameroun demeurait frappée d'interdit. On ne devait l'évoquer que pour la condamner. Les noms des personnages qui émergèrent au moment des luttes pour la décolonisation étaient « bannis ». On ne les prononçait jamais en public. Dans les conversations privées, on ne pouvait y faire référence que de manière allusive, à travers murmures et chuchotements. Toute l'économie historique de cette époque faisait l'objet d'un rejet commandé et était présentée comme l'anti-modèle de ce que devrait être l'identité même du Cameroun (Mbembe, 1989 : 12).

Ainsi, le colonisateur Prospero et l'État Ariel, son collaborateur, ont construit une narration de l'absence, de la non-existence de la guerre d'indépendance du Cameroun et ont empêché d'avoir publiquement un « sentiment de dette à l'égard du passé [nationaliste] » (Ricœur, 1985 : 205) du Cameroun et de ses héros, dont le plus en vue est Ruben Um Nyobè. Toute référence à ce personnage, comme l'a

---

[15]　« Gloire aux vainqueurs », expression contraire à « vaes victis ! »

relevé Robert Fotsing Mangoua, était qualifiée d'acte antipatriotique (2007 : 75). Les régimes d'Ahmadou Ahidjo et de Paul Biya ont tous mis la main à la pâte de cette occultation ou de la construction d'un « oubli d'effacement » (Ricœur, 2000) des hérauts et héros de la conscience collective anticoloniale camerounaise. Celui-là y a contribué en proscrivant toute référence à l'UPC et à son leader et celui-ci en censurant le volume des écrits de Ruben Um Nyobè édité par Achille Mbembe, alors que Paul Biya lui-même (1986) a décrié l'effacement des nationalistes anticolonialistes camerounais de la fable nationale camerounaise en suggérant leur réinscription dans l'espace mémoriel national camerounais qu'il considère comme un moyen de consolidation de la nation camerounaise. Cet effacement de la mémoire du combat insurrectionnel contre la colonisation et de ses figures se traduit même dans les programmes scolaires et universitaires et les manuels d'histoire comme le montre bien l'étude d'Étienne Segnou (2015) affirmant que la place du nationalisme camerounais et de ses héros est très marginale, voire modique, aussi bien du point de vue quantitatif que qualitatif, dans les programmes d'enseignement camerounais. Le colonisateur, qui veut que fleurisse seule la mémoire colonialiste et les régimes monolithiques, qui, imbus d'idéologie dominatrice, ne veulent pas que l'exemple du courage populaire puisse rayonner à travers le pays et inspirer d'autres personnes (Ziegler, 1985 : 20), ont institutionnalisé le silence autour de la guerre d'indépendance du Cameroun. Par conséquent, les enfants du Cameroun nés après les indépendances ne savent pas que de vaillants fils du Cameroun avaient payé de leur vie le prix de leur liberté en prenant des armes pour faire comprendre au colonisateur la soif de liberté du peuple camerounais. Le discours romanesque de Hemley Boum souligne cette méconnaissance de la guerre d'indépendance du Cameroun de la part de la génération post-coloniale :

> Alèkè et les jeunes de sa génération avaient grandi sans savoir vraiment ce qui s'était passé pendant les années sombres. L'histoire était douloureuse, dangereuse, et tenue secrète. Au début des années 90, la mémoire de Mpodol ainsi que celle de plusieurs de ses compagnons fut réhabilitée par le pouvoir. Mais l'entreprise fut par trop incomplète, aucune action commémorative ne fut organisée, aucune forme d'éducation à ce passé, les manuels d'histoire y firent à peine allusion. La répression brutale avait laissé des traces indélébiles. Les langues ne se délièrent pas (*LM* : 345).

Ce passage souligne à suffisance que l'histoire de la lutte du peuple camerounais contre le régime colonial est mal connue à cause de son occultation et que même la réhabilitation de la mémoire de Mpodol et d'autres martyrs nationaux par la loi n° 91/022 du 16 décembre 1991 n'a pas abouti à des actions concrètes de l'État de nature à susciter la mémoire *anamnèsis* qui suppose un rappel, un travail de remémoration (Ricœur, 2000 : 4). Donc, « le trop d'oubli ailleurs » dont parle Paul Ricœur (2000 : 1) est perceptible au Cameroun.

Les fictions romanesques camerounaises semblent prendre le maquis contre cet état de choses, contre ce silence institutionnel de l'histoire nationale camerounaise et déconstruisent ainsi les romans colonialiste et collaborationniste de l'absence d'une lutte armée de libération de la domination coloniale au Cameroun. Elles transmettent *urbi et orbi* la mémoire collective de la/des figure(s) du nationalisme anticolonial camerounais constituée secrètement par la littérature orale, notamment Ruben Um Nyobè. Ces romans ne cherchent point à rétablir le passé tel qu'il s'est passé ni à le restituer, ils visent plutôt à assurer le présent du passé ou la présence du passé dans le présent, à réhabiliter la mémoire du héros nationaliste anticolonial camerounais que les narrations coloniale et nationale ont exclu, par le biais d'un « oubli d'effacement » (Ricœur, 2000), de la fable nationale et du mythe génésiaque camerounais, en assurant sa survivance mythologique. Ils guérissent ainsi la mémoire amputée de la nation camerounaise et contribuent à la réalisation de la tâche qui, selon Gérard Le Gall, revenait à Muulé, à savoir l'inscription du mort Robert Um Nyobè dans le mémorial des vivants et la fable nationale camerounaise comme père de la nation camerounaise :

> La mort d'un être aussi exceptionnel qu'Um Nyobè serait une perte terrible pour ce pays, il [Gérard le Gall] n'en doutait pas. Mais Muulé assurerait la relève, encouragerait le travail de deuil et de mémoire. Mpodol, même mort, entrerait dans l'histoire par la grande porte, celle des héros, des valeureux combattants ayant sacrifié leurs vies pour une cause juste. Les enfants étudieraient son action dans les livres, les parents témoigneraient. Ruben Um Nyobè serait le père d'une nation courageuse qui se serait battue jusqu'au bout pour ses idéaux et aurait remporté la victoire. Muulé ferait le nécessaire pour cela (*LM* : 313–314).

Remember Ruben ! Tel est l'un des messages qu'entendent véhiculer les récits romanesques camerounais qui refigurent cette saison de l'ombre du passé anticolonial camerounais et (re)forment *ipso facto* la mémoire collective dudit passé et de ses figures, c'est-à-dire un répertoire de narrations y relatives partagées et partageables de la nation camerounaise (Halbwachs, 1968). Ils constituent, au sens de Maurice Halbwachs, des cadres sociaux langagiers de la mémoire par le biais desquels s'enclenche l'opération psychique de souvenir des vaillants guerriers qui se sont sacrifiés pour l'indépendance du Cameroun. Il importe de dire que ces œuvres œuvrent à (ré)inscrire particulièrement Ruben Um Nyobé ou à renforcer sa place dans l'espace mémoriel et symbolique camerounais. Si l'Afrique du Sud a son Nelson Mandela, la Guinée-Bissau son Amilcar Cabral, le Congo son Patrice Lumumba, etc., le Cameroun a son Ruben Um Nyobè, celui que les narrations romanesques s'accordent à présenter « comme le seul qui était capable de comprendre les aspirations de son peuple et de mener à bien sa destinée » (Abomo-Maurin, 2003 : 51).

Cette construction romanesque de la conscience mémorielle collective ou nationale de la figure héroïque du passé nationaliste camerounais sans laquelle les Camerounais vivent dans l'instant sans relier le présent au passé passe par une histoire *contra his/story* : elle se fait sur la déconstruction des narrations colonialiste de Prospero et collaborationniste d'Ariel et la mémoire des maquisards qu'elles véhiculent.

1.2. *La déconstruction de la construction coloniale et institutionnelle des maquisards*

S'interrogeant sur le rapport d'une culture dominée au passé, Edward W. Said note qu'elle peut le faire comme Ariel, qui se met volontairement au service de Prospero et qui, même après avoir acquis sa liberté, se conduit en bourgeois en collaborant avec celui-ci, ou comme un Caliban qui est conscient de son passé bâtard qu'il assume tout en étant orienté vers l'avenir ou encore comme un Caliban qui exhume son passé précolonial sur un mode nationaliste essentialiste (2000 : 306). C'est cette première option qu'a adoptée l'État camerounais en refigurant la saison de l'ombre du passé anticolonial camerounais. Se faisant « État-historien » comme l'appelle bien Achille Mbembe (1989), il a fabriqué, parallèlement à l'institution de l'amnésie nationale autour du mouvement indépendantiste camerounais et de ses figures héroïques, une image négative de ces derniers. Les détenteurs du pouvoir ont ainsi opéré « une manipulation concertée de la mémoire et de l'oubli » (Ricœur, 2000 : 97). Selon la vérité d'État, les indépendantistes devenus maquisards étaient des bandits qui avaient un projet criminel. Achille Mbembe énonce cette représentation péjorative qu'a construite l'État des maquisards en ces termes :

En contradiction avec le texte oral produit par les « gens de la brousse », le texte écrit et les discours institutionnels ne cessaient de mettre l'accent sur les projets séditieux qui avaient mû les personnages impliqués dans le Nkaà Kunde. Um Nyobè était décrit comme un vulgaire bandit, rebelle communiste et athée, démesurément ambitieux et soucieux de vendre le pays aux Russes » (1989 : 11).

Ainsi, le discours institutionnel sur les « maquisards » se fait l'écho du discours de l'autorité coloniale et des colonialistes comme Pierre Le Gall qui les considèrent comme des « bandits autoproclamés combattants de la liberté » (*LM* : 196). Les narrations coloniale et institutionnelle ont construit dans l'imaginaire des enfants de l'ère postindépendance une représentation négative de ces hommes dont le seul nom de « maquisards » évoque des monstres qui troublaient la vie de paisibles citoyens camerounais et qui avaient soif de tuer pour rien (Fotsing Mangoua, 2007 : 75).

Les romans qui mettent en fiction les maquisards déconstruisent cette narration du colonisateur et de l'État-historiographe ou cette « mémoire manipulée » (Ricœur, 2000) en faisant voir à leurs lecteurs la noblesse des revendications et la légitimité des maquisards, qui se sont sacrifiés pour leur patrie non sans soutien populaire. En effet, ceux qui ont pris le maquis ne sont pas des mutins et de simples brigands, mais plutôt des nationalistes qui se sont battus jusqu'à la mort pour que le Cameroun accède, non pas à « une indépendance de façade » (*LM* : 44) que Pierre Le Gall entendait offrir en cadeau, mais à une indépendance réelle. En outre, en mettant en exergue la combativité, l'abnégation, le martyre des sujets colonisés dans la conquête de leur liberté, ces récits romanesques déconstruisent la narration impérialiste et la mémoire colonialiste qui refusent au colonisé d'être le sujet de sa propre histoire et selon lesquelles le Cameroun obtient *gratis* son indépendance par transformation conjonctive transitive thématisée par l'attribution grâce à la bienveillance de la France. Pierre Le Gall, par exemple, est le performateur d'une telle fable :

> [...] la puissance coloniale offrirait aux Camerounais la liberté pour laquelle ils avaient tant lutté [...] La leur offrirait, oui, en cadeau, pour preuve de la mansuétude et de la grande générosité de la France bien peu rancunière (*LM* : 44).

Ils donnent à voir, dans une veine postcoloniale subalterniste[16], que le Cameroun doit son indépendance à une transformation conjonctive

---

16   Les études subalternistes (*subaltern studies*), visent à mettre en exergue le rôle des subalternes, des marginaux ou des dominés dans l'histoire (Aschroft, Griffiths &

réfléchie, thématisée par l'appropriation, la conquête, c'est-à-dire à l'agentivité[17] du sujet colonisé camerounais. Ainsi le Cameroun ne fait-il pas partie de ces « populations » à qui « on » « offrait […] [l']indépendance », alors qu'elles « n'en avaient jamais fait la demande » (Etounga Manguellé, 2014 : 53). Des Camerounais se sont sacrifiés jusqu'à la mort sous la houlette de leur Mpodol pour obtenir l'indépendance de leur patrie.

Ruben Um Nyobè est loin d'être un « vulgaire bandit », un « rebelle communiste » qui entendait vendre le pays à la Russie comme le laissent entendre les narrations (histoires) coloniale et nationale ; il était plutôt un martyr dont l'engagement dans la lutte d'émancipation de son pays était total. Il était même le héraut et le héros de la réunification du Cameroun oriental sous administration française et du Cameroun occidental sous administration britannique : « Oui, nous allons convaincre les Nations Unies que l'heure est venue de réunir les deux parties de notre pays offertes à ces puissances coloniales et de nous laisser administrer nous-mêmes notre terre » (*LM* : 117). Le récit historique confirme l'existence d'un tel projet politique chez Ruben Um Nyobè. Son intervention à l'ONU en 1952, imprimée sous la forme d'un mémorandum intitulé « Que veut le Cameroun ? », exprime explicitement cette revendication de la réunification des deux Cameroun. On peut, en effet, y lire que le Cameroun veut « la Réunification d'une part, et l'indépendance d'autre part » (Djache Nzefa, 2007).

Les histoires de fiction mettent ainsi en exergue la puissance d'Um, le présentent et font de lui le père de la nation camerounaise. La fiction romanesque de Mongo Beti le réhabilite dans ce rôle en le décrivant comme un père qui, sentant sa mort, est préoccupé de l'avenir de ses enfants :

> […] il y avait dans son regard et même sur toute sa figure une expression déjà triste comme s'il fût tourmenté par les pressentiments funestes du père miné imperceptiblement par une maladie inexorable et qui désespère de ses enfants abandonnés bientôt au caprice du sort (*RR* : 108).

La fiction romanesque betiesque et celles de ses autres pairs camerounais le présente comme celui qui s'est sacrifié pour sa patrie tout

---

Tiffin, 2007 : 198–201).

[17] Dans la théorie post-coloniale, l'agentivité (*agency*) désigne la capacité des sujets post-coloniaux à engager une action de résistance à l'hégémonie impérialiste (Aschroft, Griffiths & Tiffin, 2007 : 6).

en montrant, ainsi, comme le dit Marie-Rose Abomo-Maurin, qu'« Il reste la garantie d'une indépendance acquise dans le sang et la lutte, au lieu de celle qui est donnée par le colonisateur paternaliste […] » (2003 : 51). Ce ne sont pas ceux qui ont été « candidats au poste de "Père de la nation" » (*LM* : 59) ou celui à qui le colonisateur a offert « d'entrer dans l'Histoire comme l'homme qui a négocié l'indépendance de [s]on pays » (*LM* : 46) et qui se sont imposés comme personnages principaux ou héros dans la narration nationale qui le sont. Mais, c'est Ruben Um Nyobè, « l'homme qui a tout misé pour l'indépendance de son pays : ses biens, son avenir, sa sécurité jusques y compris sa vie » (Dong-Lolog Wonyu II, 1988 : 12), qui est, comme l'a écrit, Ferdinand Chindji Kouleu, « le véritable père de la nation camerounaise » (2007 : 146) et dont le patriotisme est un modèle incontesté pour le présent et un socle granitique de l'identité et de la conscience nationales camerounaises.

2.3. De la reconstruction du passé à la (re)construction du présent : le retour comme un recours

Pour Ernest Renan, le partage d'un passé commun-héroïque- et le vouloir-vivre ensemble constituent la clef de voûte d'une nation :

> La nation, comme l'individu, est l'aboutissant d'un long passé d'efforts, de sacrifices et de dévouements. Le culte des ancêtres est de tous le plus légitime ; les ancêtres nous ont faits ce que nous sommes. Un passé héroïque, des grands hommes, de la gloire (j'entends de la véritable), voilà le capital social sur lequel on assied une idée nationale. Avoir des gloires communes dans le passé, une volonté commune dans le présent ; avoir fait de grandes choses ensemble, vouloir en faire encore, voilà les conditions essentielles pour être un peuple (Renan, 1882 : 50).

Maurice Halbwachs se situe dans ce sillage renanien lorsqu'il pense que l'unité de souvenirs du passé, thématisée par la mémoire collective, constitue le socle de l'unité dont toute société a besoin pour se conserver, pour se reconnaître à elle-même (1968). Les auteurs des romans qui fictionnalisent le passé nationaliste anticolonial du Cameroun et ses héros semblent partager ces conceptions renanienne de la nation et halbwachsiste de la mémoire collective. Ils pensent que le passé nationaliste anticolonial camerounais n'est pas un passé dépassé et que son rappel en mémoire et la reconstruction des souvenirs qu'on en a de façon éparse et controversée pour en constituer une unité mémorielle collective méliorative peuvent participer de la consolidation de la conscience et de l'identité nationales camerounaises. Leurs récits participent de la « réappropriation du passé historique commun », l'une des sous-stratégies de consolidation de l'intégration nationale pour le *Cameroun Vision 2035*, en vue d'informer et de former ou reformer, voire réformer l'identité et la conscience nationales camerounaises (Cameroun, 2009 : 33). Ces romans assument pleinement la fonction de signifiance propre à la fiction : leur lecture met en rapport le monde du texte et le monde du lecteur (Ricœur, 1985 : 203).

Les romans mettant en fiction les figures du passé nationaliste camerounais charrient une mémoire-miroir à laquelle le Camerounais peut se référer pour trouver une dynamique qui influence son action du présent : la figure de Ruben est alors un kaléidoscope pour l'être et l'agir d'aujourd'hui et peut-être de demain. L'évocation du passé nationaliste et de ses figures héroïques comme Ruben Um Nyobè peut inspirer des actions collectives fortes et fortifier le sentiment d'appartenance nationale ; le peuple camerounais peut s'approprier l'identité iconique de Ruben Um Nyobè pour se dévouer et se sacrifier comme un martyr pour le Cameroun. En d'autres termes, la référence au passé nationaliste et à Ruben Um Nyobè peut contribuer à l'éclosion du sentiment national dans les cœurs des Camerounais comme le récit de tante Ngata l'a fait dans celui de Ntam : « […] ses paroles éveillaient en moi des sentiments patriotiques profonds. Quel garçon de notre âge pouvait ne pas admirer ces hommes issus de notre peuple qui osaient, au mépris de leurs vies, s'attaquer à l'ordre établi ! » (Etounga Manguellé, 2014 : 42). La conscience de Ntam est ainsi le symbole de la conscience nationale camerounaise que va susciter le réseau mémoriel développé dans les fictions camerounaises. Le roman de Hemley Boum illustre, d'ailleurs, l'effet de la narration sur la formation de l'identité. Esta, après avoir écouté le récit de sa fille Likak sur les amazones, s'identifiait à elles :

> Likak lui avait raconté une légende grecque sur une tribu de femmes guerrières. Elles se coupaient le sein droit afin de mieux ajuster leur arc et ne rataient jamais leur cible. On les appelait les Amazones. Esta avait beaucoup aimé cette histoire. Les livres contenaient donc ce type de conte… Elle aurait été plus attentive si elle l'avait su. Elle ignorait qui étaient les Grecs et n'avait aucune intention de se mutiler, mais l'idée d'une tribu de guerrières la ravissait (*LM* : 198).

Nul doute que ce récit des Amazones a contribué à raffermir son engagement féminin contre la machine coloniale qui broyait les siens : elle est morte en martyre sous la fureur bestiale de Pierre le Gall. C'est aussi cet effet-affection du lecteur par les personnages et la mise en intrigue que Paul Ricœur appelle « catharsis du lecteur » (1990 : 387) que visent les fictions romanesques camerounaises qui construisent, déconstruisent et reconstruisent la représentation des « vaillants indigènes » ou « braves types, qu'on appelait maquisards » (*LPC* : 56). La mise en intrigue fictive de la lutte nationaliste et des personnages nationalistes est vectrice d'affection positive du sujet lisant camerounais, laquelle affection fictive se traduira dans le monde réel du lecteur, car « L'être-affecté sur le mode fictif s'incorpore […] à l'être-affecté du soi sur le mode « réel » » (Ricœur, 1990 : 387).

Romans de (re)construction de la mémoire collective des maquisards, ces romans sont aussi des romans d'identité collective continue, c'est-à-dire des narrations qui, pour parler comme Maurice Halbwachs, forment pour la nation camerounaise un tableau d'elle-même qui se déroule dans le temps et qui lui permet de se reconnaître dans le temps grâce à la conservation de son passé dans le présent (1968 : 78). Paul Ricœur (1985 ; 1990), élaborant sa théorie de l'identité narrative, a mis en exergue la contribution de la narration dans la constitution du soi ou de l'identité. En racontant sa vie ou un épisode de celle-ci, on construit ou reconstruit sa cohésion : c'est le récit qui articule la permanence dans le temps du soi. Pour lui, l'identité, qui ne peut se penser en dehors de son inscription dans le temps ou qui « ne peut précisément s'articuler que dans la dimension temporelle de l'existence humaine », se construit à travers le récit (Ricœur, 1990 : 138).

Les romanciers camerounais narrent aussi l'identité nationaliste anticoloniale camerounaise pour assurer sa permanence dans le temps, pour construire son identité mémorielle ou l'identité malgré le temps que Paul Ricœur (1990) appelle « identité *ipse* » : leurs romans historiques ou historicisés visent à « faire de la vie et de l'action d'Um Nyobè des éléments structurants de l'identité du peuple camerounais » (Fotsing Mangoua, 2007 : 78). Ils assurent la continuité du passé nationaliste du Cameroun dans le présent en en faisant une pierre dans la (re) construction de l'identité et de la conscience nationales camerounaises.

Conclusion

La littérature camerounaise a son roman des maquisards et ses maquisards : elle (re)fabrique des maquisards nationalistes, patriotes et légitimes en chantant ainsi la gloire des vaincus. Il en ressort que ces derniers sont des anticolonialistes, qui, après que l'autorité coloniale leur a obstrué violemment la voie d'usage public de la raison dans la (con)quête de la disjonction de leur *alma mater* de l'état de domination, prennent le maquis pour continuer leur lutte et se résolvent à mourir pour la manumission totale de leur patrie. Leur combat, visant à déconstruire la légitimité et l'autorité du colonisateur, reçoit un soutien populaire qui le légitime. L'histoire des maquisards du roman est ainsi *contra his/story* : elle subvertit les histoires/narrations de Prospero et de son collabo Ariel qui ont usé de l'oblitération et de la manipulation mémorielles pour accomplir la destruction symbolique de Ruben Um Nyobè après sa destruction physique. Ces romans participent de la réappropriation de la figure d'Um Nyobè et de son inscription ou de sa réinscription dans l'imaginaire collectif national camerounais ; ils reconstruisent, modèlent les souvenirs, la mémoire individuelle qu'on a des maquisards pour en constituer une mémoire unifiée, une mémoire collective dont a besoin le Cameroun en vue de la (re)construction de son identité et de sa conscience de nation que mettent à l'épreuve nombre de forces centrifuges.

Références

ABOMO-MAURIN, Marie-Rose (2003). « La thématique de l'œuvre romanesque de Mongo Beti », in Pfouma, Oscar (sous la direction de), Mongo Beti. *Le proscrit admirable*. Paris : Menaibuc, pp. 43–65.

ASCHROFT, Bill, Gareth GRIFFITHS et Helen TIFFIN (2007). *Postcolonial Studies. The key concepts*. 2ᵉᵐᵉ édition. New York : Routledge/Taylor & Francis e-Library.

BIYA, Paul (1986). *Pour le libéralisme communautaire*. Lausanne : Pierre-Marcel Favre/ABC.

BOUM, Hemley (2016). *Les Maquisards*. Seconde édition. Paris : La Cheminante.

CAMEROUN (1991). Loi n° 91/022 du 16 décembre 1991 portant réhabilitation de certaines figures de l'histoire du Cameroun.

CAMEROUN (2009). *Cameroun Vision 2035*, Yaoundé : MINEPAT.

CÉSAIRE, Aimé (1969). *Une tempête.* Paris : Seuil.

CHINDJI-KOULEU, Ferdinand (2006). *Histoire cachée du Cameroun.* Yaoundé : Saagraph.

DJACHE NZEFA, Sylvain (dir.) (2012). *Les Civilisations du Cameroun : histoire, art, architecture et sociétés traditionnelles.* Dschang : La Route des Chefferies.

ETOUNGA-MANGUELLÉ, Daniel (2014). *La Colline du fromager.* Yaoundé : CLÉ.

FOTSING MANGOUA, Robert (2007). « Ruben Um Nyobè : entre censure quotidienne et survivance mythologique », in Fandio, Pierre et Mongi Madini (Eds.). *Figures de l'histoire et imaginaire au Cameroun.* Paris : L'Harmattan, pp. 75–83.

HALBWACHS, Maurice (1968). *La Mémoire collective.* Paris : PUF.

HAMON, Philippe (1977). « Pour un statut sémiologique du personnage », in Barthes, Roland et alii, *Poétique du Récit.* Paris : Seuil. pp. 115–180.

MBEMBE, Achille (1989). « L'État historien », in Um Nyobè, Ruben, *Écrits sous maquis.* Paris : L'Harmattan, pp. 9–42.

MBEMBE, Achille (1996). *La Naissance du maquis dans le Sud-Cameroun (1920–1960) : histoire des usages de la raison en colonie.* Paris : Karthala.

MFABOUM MBIAFU, Edmond (2007). « Héroïsme et réappropriation de l'histoire chez Nkoa Atenga », in Fandio, Pierre et Mongi Madini (Eds. Sc.), *Figures de l'histoire et imaginaire au Cameroun.* Paris : L'Harmattan, pp. 45–60.

MUTT-LON (2015). *La Procession des charognards*, Yaoundé : CLÉ.

NDONG-LOLOG WONYU II (1988). *Cameroun : plaidoyer pour le patriote martyr Ruben Um Nyobè.* Paris : L'Harmattan.

RENAN, Ernest (1882). *Qu'est-ce qu'une nation ?* [en ligne] disponible sur : http://classiques.uqac.ca/classiques/renan_ernest/qu_est_ce_une_nation/renan_quest_ce_une_nation.pdf, consulté le 24/05/2022.

RICŒUR, Paul (1985). *Temps et récit III.* Paris : Seuil.

RICŒUR, Paul (1990). *Soi-même comme un autre.* Paris : Seuil.

RICŒUR, Paul (2000). *Mémoire, Histoire et Oubli.* Paris : Seuil.

SAID, W. Edward (2000). *Culture et impérialisme.* Paris : Fayard/Le Monde diplomatique.

SEGNOU, Étienne (2015). *Le Nationalisme camerounais dans les programmes et manuels d'histoire*. Paris : L'Harmattan.

ZIEGLER, Jean (1985). *Contre l'ordre du monde : les rebelles*. Paris : Seuil.

Réappropriations romanesques de l'Histoire et travail de mémoire : vers une esthétique du témoignage dans le roman camerounais contemporain

Soulémanou MEFIRE
Université de Maroua, Cameroun

Résumé : La tendance chez certains romanciers camerounais contemporains à revenir sur la période de la lutte d'indépendance les amène à doter le roman des ressources médiatiques et narratologiques à même de reconstruire et de retranscrire les événements de l'Histoire. Cette réappropriation de l'Histoire passe alors par un travail de mémoire qui consiste à exhumer de souvenirs, des sites, des faits et des figures occultés ou travestis par les narrations officielles. Le présent article prend appui sur trois romans publiés au cours de la décennie 2010 : *Les Maquisards* (2015) de Hemley Boum, *Confidences* (2017) de Max Lobe et *Empreintes de crabe* (2018) de Patrice Nganang. Il montre comment l'activité (re)scripturale de l'Histoire engendre des problèmes épistémologiques et brouille les ressorts formels, mettant ainsi sur pied une esthétique qui vise à porter un témoignage. Il va sans dire que ces œuvres deviennent hypermédiatiques, leur généricité interstitielle et leurs structures narratives éclatées.

Mots-clés : Réappropriation, Histoire, enquête, témoignage, éclatement

Abstract: The trend for some contemporary Cameroonian novelists to look back at the days of independence struggles causes them to provide their novels with media and narrative resources capable of reconstructing and transcribing historical facts. This re-appropriation of History as a gesture of remembrance consists in unearthing memories, sites, facts and historical figures hidden or distorted in official narratives. This chapter builds on three novels published within the 2010 decade: *Les Maquisards* (2015) by Hemley Boum, *Confidences* (2017) by Max Lobe and *Empreintes de crabe* (2018) by Patrice Nganang. It looks into epistemological challenges that arise and narrative intricacies in the (re)scriptural activity of History in literature. It goes without saying that these works of art turn to hypermedia in which many genres interweave and narrative structures split.

Keywords: Re-appropriation, History, fact-finding, testimony, splitting

Introduction

De nos jours, « la littérature se nourrit » de plus en plus de l'Histoire (Aron, Saint-Jacques et Viala, 2002 : 340). On observe dans le champ littéraire contemporain un foisonnement de témoignages, de mémoires, de chroniques, d'autobiographies, de reportages, de carnets de voyage ou d'autres œuvres dites de fiction qui cherchent pourtant à « capter » le savoir historique ou à « enregistrer » les faits du réel (Zenetti, 2014). Cette configuration plus ou moins nouvelle du fait littéraire installe une certaine « porosité épistémologique » entre littérature et sciences sociales. Ainsi, la situation d'inconfort qui en résulte invite à réviser les certitudes établies pour voir également en la littérature « une possibilité de connaissance », car, elle « est douée d'une aptitude historique » qui est sa capacité d'enquêter et de chercher à comprendre le passé, fût-il des faits divers ou des événements dignes de mémoire retenus par la grande Histoire (Jablonka, 2017 : 7).

De ce point de vue, la production littéraire camerounaise contemporaine offre des œuvres qui, bien que portant l'étiquette « roman », revendiquent un caractère historico-référentiel. Il s'agit d'une catégorie de textes parus au cours de la décennie 2010, mais tournés vers le passé ; ils reviennent sur les événements sanglants ayant émaillé la revendication d'indépendance du Cameroun au cours des années 50 et 60 du siècle dernier. Les auteurs se réapproprient alors des faits historiques que les discours officiels tendent à éluder, à falsifier ou à jeter dans le trou noir d'un oubli volontaire (Mbembe, 1996). Pour ce faire, ils mobilisent une poétique articulée autour des outils scripturaux visant à porter témoignage autant sur une époque que sur ses acteurs oubliés ou transfigurés et travestis dans « l'orchestre » des récits officiels lacunaires et imposés. Ces réappropriations romanesques de l'Histoire laissent inéluctablement des empreintes au niveau des structures internes de l'œuvre.

La présente contribution vise à montrer comment le souci de s'approprier et de réécrire l'Histoire du nationalisme camerounais embourbée dans les marécages de la politique impacte les fondements épistémologiques et les ressorts formels de l'œuvre romanesque. Le corpus d'étude est constitué de *Les Maquisards* (2015) de Hemley Boum, *Confidences* (2017) de Max Lobe et *Empreintes de crabe* (2018) de Patrice Nganang – trois romans de trois écrivains de la diaspora camerounaise en France, en Suisse et aux États-Unis respectivement. Ainsi, nous allons interroger d'une part, les stratégies d'exhumation des souvenirs qui retravaillent les données historiques pour exalter la mémoire et, d'autre part, nous montrerons comment ces œuvres construisent une scénographie spécifique où se déploient des pratiques et des structures particulières. L'étude empruntera aux concepts élaborés dans le champ de l'analyse du discours littéraire, de la narratologie et aux domaines du comparatisme littéraire.

1. *Écriture romanesque et travail de mémoire*

Face aux peurs et aux silences qui ont conduit à une amnésie collective, aux discours officiels qui font dans le déni et aux survivants qui essayent de couvrir les plaies pestilentielles de leur passé ou les *Cicatrices*[1] de leurs existences éprouvées, les romanciers camerounais de l'extrême contemporain se réapproprient des faits historiques et font de l'activité (re)scripturale un travail de mémoire. Ils répondent ainsi au «plaidoyer pour l'écriture de l'histoire » (2002 : 5) du Cameroun fait par l'historien Daniel Abwa au début de la décennie 2000. Déjà les titres des trois romans que nous avons retenus pour cette étude laissent sous-entendre un lien implicite avec le passé : *Les Maquisards* renvoient à une catégorie de figures dans l'histoire officielle du Cameroun, *Confidences* sous-entend en ensemble de secrets, de chuchotements et/ou dépaves mémorielles qu'un témoin souffle à un enquêteur alors que dans *Empreintes de crabe*, le terme « empreinte » évoquerait le souci de l'auteur de suivre des traces laissées par les événements passés sur le sable de la vie, l'ambition de

---

[1] Allusion au titre du roman de Gilbert Doho, *La Cicatrice* (Africa Word Press, 2014). Il met en scène des personnages encore hantés par les traumatismes du passé ou les souvenirs de la « Pacification de la Sanaga-Maritime » et de « l'Expédition punitive » à l'Ouest-Cameroun dans les années 50 et 60 du siècle dernier. La jeune Shemdjang essaie de couvrir sa cicatrice, sa cuisse qui a été trouée par une balle mais elle n'y parviendra pas.

retracer une information, et le terme « crabe » est dans l'histoire du Cameroun le symbole du premier parti nationaliste – l'UPC.

Ainsi, dans le souci de témoigner et de vulgariser les données de l'Histoire, les romanciers s'ingénient à déterrer les souvenirs à travers la mise en intrigue des lieux, des faits et des témoins.

1.1 *Lieux de mémoire, lieux symboliques*

On doit à Pierre Nora l'expression « lieux de mémoire ». L'historien français a dirigé entre 1984 et 1992 trois volumes d'un ouvrage intitulé *Les Lieux de mémoire*. Par cette expression, il désigne dans l'histoire de la France, à la fois des lieux physiques comme des paysages, le territoire, des objets patrimoniaux tels des monuments ou encore des manifestations, des figures historiques, etc. Les lieux de mémoire sont donc des entités abstraites et des éléments concrets disséminés dans l'environnement et qui contribuent à façonner l'identité nationale. Mais à cette étape de notre analyse, nous allons considérer les lieux de mémoire uniquement comme des lieux physiques et concrets dont la simple évocation suffit pour engendrer des souvenirs.

Le narrateur de chacun des romans ici considérés promène le lecteur sur des lieux à grande portée et à forte charge émotionnelle dans l'Histoire de la lutte d'indépendance du peuple camerounais. Ces différents lieux dont les romanciers se servent comme cadre de l'histoire sont en réalité des localités qui ont servi de refuge aux résistants ou de champs de bataille entre ceux-ci et les forces coloniales. De ce point de vue, *Les Maquisards* campe son intrigue dans la forêt du pays bassa et le narrateur fait une incursion dans le maquis pour retrouver les différents personnages engagés au front de la résistance anticoloniale. Les « maquisards » se réunissent dans une cabane située à Lipan au nord du village Nguilbassa. Contraints par l'administration à se cacher, acculés par les forces coloniales, Mpodol et ses compagnons de lutte, dont Amos Manguele, Likak, Muulé ou Simplice Bikaï se retrouvent en ce lieu pour planifier leurs actions. Dans ce contexte, la forêt est présentée comme un cadre propice à la réflexion ; elle est le sanctuaire des maquisards. Dans son analyse du roman de Boum, Abomo-Maurin considère d'ailleurs que :

> […]L'assaut de ce lieu par les forces coloniales ne peut que revêtir l'aspect d'un sacrilège, d'une profanation, donc d'une désacralisation. Ce viol présage la dévastation de cet « organisme vivant » qu'est la forêt de Boumnyebel. Il participe de la destruction d'un monde et d'un ordre établi ; dans le même

temps, il s'inscrit dans l'histoire de cette forêt, mère protectrice, scène de grands combats (2018 : 23).

Dans *Empreintes de crabe*, on relève également la présence de la forêt comme univers symbolique où se retrouvent les maquisards déclarés hors-la-loi et traqués par les colons et les officiels camerounais. Il s'agit ici des « profondeurs de la forêt » (EDC : 374)[2] de Toungou située dans les environs de la région Bangangté, actuel chef-lieu du département du Ndé. Ici s'élaborent la pensée politique et la stratégie militaire des résistants. Ernest Ouandié appelé « Camarade Émile » (EDC : 469), recrute et endoctrine ses partisans à la cause nationaliste dans cet environnement qui lui offre la protection et la tranquillité d'esprit.

À côté de la forêt, l'autre lieu qui retient l'attention, c'est la montagne. Les hauteurs de l'Ouest-Cameroun sont aussi les principaux sites des combats entre forces franco-camerounaises et maquisards-résistants. Ces derniers s'y réfugient, non seulement parce que ses grottes offrent de la protection et la sécurité, mais également parce que les hauteurs constituent un point stratégique pour observer l'ennemi en temps de guerre. Cette thèse est déjà avancée par l'historien Noumbissie M. Tchouake lorsqu'il analyse « la spécificité géographique » du maquis en pays bamiléké (2017 : 74–75). Ainsi dans le texte de Nganang, le Mont Kupe, Tombel, N'lohe, Bamendjing, Bangwa et d'autres collines constituent de véritables symboles d'une époque mouvementée.

Le paysage forestier de la Sanaga-Maritime, les collines verdoyantes de l'Ouest-Cameroun sont les principaux lieux où les trois romans campent leurs intrigues. Ainsi le narrateur-chercheur de *Confidences* se promène-t-il sur ces différents sites à la poursuite de la trace : New-Bell un quartier de Douala où les premières frondes anticoloniales se sont manifestées en 1955 avec des émeutes qui se sont soldées par une « boucherie » (Conf : 49)[3], Song-Mpeck, Libel Li Ngoï où Um Nyobè a été assassiné, Éséka où il est enterré ou encore Bafoussam où les traumatismes et la peur cousent encore la bouche des témoins.

---

[2]   EDC : cette abréviation sera utilisée tout au long du texte pour référer au roman *Empreintes du crabe* et sera suivie du numéro de page.

[3]   Conf : cette abréviation sera utilisée tout au long du texte pou référer au roman *Confidences* et sera suivie du numéro de page.

1.2. Exhumation des souvenirs douloureux

Les forces coloniales et les autorités de l'État du Cameroun indépendant ont insidieusement et même parfois ouvertement manœuvré pour réduire au silence les faits relatifs à la guerre d'indépendance. Les romanciers contemporains se chargent alors de mettre des mots sur les maux de l'Histoire dans le but de restaurer la mémoire effacée des nationalistes et de leurs actions ou de déterrer la mémoire enfouie sous le manteau de la peur et du traumatisme. Ce faisant, ils ouvrent « une brèche dans l'histoire officielle du Cameroun » (Noumbissie, 2017 : 27).

Ainsi, *Les Maquisards* de H. Boum, *Confidences* de M. Lobe et *Empreintes de crabe* de P. Nganang choisissent de mobiliser les souvenirs de la douleur et des souffrances infligées aux Camerounais au cours de cette période. Pour ce faire, les atrocités commises sont mises en scène et constituent le matériau de chacune des œuvres. D'abord, le motif de la torture revient dans les trois textes comme l'une des pratiques dont les autorités coloniales se sont servies pour extraire les informations des résistants qui tombaient dans leurs mailles. Par exemple, quand le roman de Boum s'ouvre, le lecteur tombe sur Muulé, un des résistants, qui est démasqué et arrêté avec son fils Kundè. Les forces coloniales les savent de mèche avec les maquisards. Pour leur extraire des informations sur la cachette de « rebelles », les militaires les frappent sauvagement et les conduisent *manu militari* dans une cellule infecte « recouverte d'une sorte de mousse verdâtre, légèrement gluante due à l'humidité et au manque d'entretien » (LM : 40)[4]. Quant au texte de Nganang, il présente des scènes où les militaires capturent des civils et les font rouler dans la boue sous la menace d'une arme ou les traînent « par le pied » (EDC : 249). C'est le cas de Nyamsi qui est arrêté, déshabillé, frappé, humilié et jeté au fond d'une cellule sombre.

En outre, les œuvres ci-dessus mettent en scène de véritables scènes de guerre avec leurs cortèges d'horreurs et de « litres de sang » (Conf : 36) versés. Le témoin interrogé dans *Confidences* remonte le cours de sa mémoire et nous relate ce qui s'est passé à Douala en mai 1955 lorsqu'il y a eu des affrontements entre les forces coloniales et les partisans de l'UPC qui demandaient plus de liberté :

---

[4]   LM : cette abréviation sera utilisée tout au long du texte pour référer à l'œuvre *Les Maquisards* et sera suivie du numéro de page.

[Les militaires] tiraient taratata ! taratata ! avec leurs mitraillettes. Les gens tombaient les uns après les autres, les uns sur les autres [...] Là, c'était la vraie sauvagerie. La barbarie. Le massacre. Des bouts de chair ensanglantés partout. Les forces coloniales tiraient sur tout le monde. Les vraies balles de la vraie guerre (Conf : 48–49).

Des scènes d'une telle violence sont légion dans *Empreintes de crabe*. Et dans le souci de témoigner, le narrateur se sert de la figure de l'hypotypose pour emmener le lecteur à visualiser les faits relatés. Selon Patrick Bacry, cette figure se définit par « une description riche, fouillée, complexe voire vive et animée : elle est censée mettre sous les yeux du lecteur l'objet ou la scène décrits » (1992 : 246–247). De ce point de vue, l'exemple qui retient l'attention nous vient du récit des massacres de Bamendjing, un des épisodes les plus sanglants de ce conflit aux ressorts historiques complexes. Et c'est Clara, une survivante, qui rapporte donc ce à quoi elle a assisté :

J'ai vu des hommes mettre un régime de plantain dans le vagin des femmes enceintes. J'ai vu des hommes violer des femmes à quatre, et après les avoir violées, leur enfoncer le sabre dans le vagin et leur arracher les seins. J'ai vu des hommes prendre des nourrissons par les pieds et les jeter contre le mur de la maison, entrer dans la maison avec le sabre devant, et en ressortir avec des têtes d'enfant dégoulinant de sang. J'ai vu des femmes enceintes éventrées, le fœtus découpé et jeté dans la cour. J'ai vu des hommes pendus au toit de leur maison (EDC : 264).

C'est le visage de l'horreur qui se dessine à la lecture de ce passage. Le témoin fictif se sert de structures répétitives, « j'ai vu », pour certifier sa version et insister sur la cruauté des actes évoqués. Que ce soit sur les collines de l'Ouest ou dans la forêt du pays bassa, les luttes d'indépendance ont dépassé les cimes de la violence. Et les éléments qui reviennent de façon récurrente, ce sont les « têtes coupées, clouées à des piquets, des camps entourés de barbelés gardés par des soldats sur leurs miradors, des villages entiers passés au napalm, la terreur sans nom des populations » (LM : 369). Ce qui revient également, ce sont les fameux « camps de regroupement » où les populations étaient rassemblées comme des animaux dans une ferme, les maisons incendiées, les cadavres sans sépultures dévorés par des cochons abandonnés, les fosses communes creusées à la hâte dans le cœur de la forêt, des maquisards balancés dans les profondeurs des chutes rocailleuses, les fusillades publiques, les exécutions extrajudiciaires, etc.

1.3 De la réécriture à la contre-écriture de l'Histoire

L'exhumation des souvenirs ici entreprise par les auteurs vise à proposer un récit alternatif aux récits officiels. Chaque romancier mobilise alors une « configuration narrative » (Ricœur, 2000 : 579) particulière pour donner une figuration nouvelle des résistants anticoloniaux. Ainsi, les trois romans ont-ils pour héros deux figures clés dans l'Histoire de la lutte d'indépendance : Ruben Um Nyobè appelé affectueusement « Mpodol » (porte-parole) dans *Les Maquisards* et *Confidences* et Ernest Ouandié appelé « Camarade Émile » dans *Empreintes de crabe*. Ils sont présentés comme deux figures qui ont lutté et ont fini par payer de leur sang la liberté du peuple camerounais. Dans le cas du roman de H. Boum, Abomo-Maurin parle d'une « littérature de la réhabilitation » (2018 : 35) qui passe par la dédiabolisation des combattants de la liberté. Contrairement donc au discours officiel qui présentait Um Nyobè comme un assassin, le roman de Boum et celui de Lobe le présentent sans aucune arme. Il porte seulement une mallette avec des documents. Mpodol est figuré comme un homme réfléchi, posé, non-violent, brillant, déterminé et résolu à tordre le cou au colonialisme avec des moyens juridiques. Il dissèque les textes de loi internationaux pour démontrer l'illégalité de l'action française au Cameroun. Et ses déclarations que le narrateur cite ne laissent aucun doute sur ses intentions : « Nous ouvrirons la discussion, nous ramènerons leurs actions sur le terrain du droit » (LM : 117), clame-t-il lors d'un meeting à Nguilbassa.

Mpodol est aussi un fédérateur et un rassembleur qui parcourt tout le pays « à pied, en vieux vélo pour rencontrer les gens de toutes les tribus » (Conf : 193). Enfin, il est animé par le sens du sacrifice et choisit à la fin de se livrer pour mettre un terme aux massacres sur son peuple. La « fin quasi christique » (LM : 307) de Mpodol ressemble ou préfigure celle de Ouandié qui suivra, lui aussi, « son chemin de la passion » (EDC : 495) jusqu'à son exécution publique le 15 janvier 1971. L'image de ce dernier est celle d'un intellectuel qui pense, théorise et explique les fondements de son action. Celle-ci semble guidée par un idéal : la libération totale du Cameroun des mains du régime né d'une indépendance de façade.

À côté de ces deux figures majeures, les trois romans projettent au-devant de la scène une foule de petites gens qui ont cru et se sont donnés corps et âme à la cause indépendantiste. Ils ne sont pas de combattants professionnels mais de simples paysans ou des campagnards comme Amos Manguele dans *Les Maquisards* ou Villageois extraordinaires, le pasteur Elie Tbongo dans *Empreintes de crabe*, des jeunes, des vieux, des femmes comme Clara ou Ngountchou dans *EDC*, Thérèse Nyemb, Likak, Esta dans *LM*, Mâ Tonyè, Ngo Bayiha dans *Confidences*. Ce sont également des commerçants ; bref, des gens ordinaires de l'arrière-pays. Toute cette humanité en lutte semble mue uniquement par le sens du devoir, de solidarité et du sacrifice de soi pour le salut de la communauté. Ils se cotisent, se soutiennent, se protègent mutuellement, portent les courriers de maquis en maquis, approvisionnent les combattants en vivres, prennent les armes et combattent quand cela s'avère nécessaire.

Dès lors, la configuration narrative adoptée par chaque romancier vise *in fine* la construction d'un regard nouveau sur les résistants. À travers les personnages mis en scène, la caractérisation qui est faite des maquisards donne à voir des individus différents de ceux dépeints et honnis par l'Histoire conventionnelle. Dans la plupart des cas, on voit que ce sont les résistants qui sont pourchassés, traqués, arrêtés, torturés, fusillés. Dans *Les Maquisards et Confidences,* les partisans de Mpodol organisent même parfois des actions de représailles pour venger leurs victimes de la barbarie coloniale ou pour régler leurs comptes à un traître-ennemi, mais lesdites actions sont désapprouvées et leurs auteurs désavoués par Mpodol dont la seule ligne de conduite reste le combat pacifique. Quant à Ouandié qui dirige un groupe de combattants dans *Empreintes de crabe*, ses actions semblent dictées par les circonstances de l'histoire et l'idéal qu'il veut atteindre pour le bien des Camerounais.

De ce point de vue, la réappropriation romanesque de l'Histoire devient un procédé de correction et de rectification de l'Histoire conventionnelle, une contre-écriture en ce sens qu'elle s'effectue à rebours et à contre-courant des discours officiels et de l'Histoire proclamée ; elle est un travail de mémoire qui vise, à travers la littérature, une légitimation historique de ceux qui étaient affublés du qualificatif infamant de « maquisards ». Contre-écrire, c'est réécrire, c'est-à-dire reprendre, modifier et remanier ce qui a été préalablement écrit. Même l'usage de l'expression « les maquisards » comme titre par H. Boum, apparaît dès lors comme une citation, car elle a été utilisée par l'administration coloniale et postcoloniale pour diaboliser les résistants. On peut également relever plusieurs occurrences de cette expression dans le roman de Nganang : « Parmi ces dames, on ne prononçait pas le nom "Ouandié Ernest", on disait " les maquisards" » (EDC : 362). Le narrateur-enquêteur dans *Confidences* constate d'ailleurs au cours de ses pérégrinations dans les rues de Douala, de Yaoundé, de Ngaoundéré et de Bafoussam que les Camerounais de la jeune génération, qui n'ont reçu que l'histoire officielle, taxent les résistants du terme infamant de « maquisards » (Conf : 153).

Tout porte à croire que l'écriture romanesque vise à (re)construire, à élaborer et à établir des mémoires alternatives, des mémoires souterraines, grâce à l'exhumation des souvenirs liés à certains événements de l'Histoire du Cameroun. L'on peut alors se demander ce que devient une telle littérature au niveau institutionnel lorsqu'elle se déplace sur les terrains du réel, terrain entendu ici au sens que donnent les sciences sociales à ce terme. Quels aspects formels font-ils la singularité d'une telle écriture ?

2. Problèmes institutionnels et spécificités (re)scripturales

De nombreux critiques ont déjà relevé la propension de plus en plus grandissante du roman moderne à « réunir littérature et histoire » (Asholt et Bähler, 2016 : 7). Ce nouvel élan du roman vers la réalité du monde et vers l'Histoire a des conséquences tant au niveau institutionnel qu'à celui de la narrativité.

2.1 Entre document et fiction : vers un « roman historien » ?

Au niveau institutionnel, les romans de Boum, de Lobe et de Nganang évoluent dans une zone de fluidité qui rend leur statut assez flou et relativement indécidable, tant ils déploient une « scène englobante » protéiforme. Nous entendons « scène englobante » ici au sens que Dominique Maingueneau donne à ce concept, c'est-à-dire le type général de discours au sein duquel le locuteur prend la parole (2004 : 192). C'est cette scène qui fixe le cadre général dans lequel on doit appréhender le discours. De ce point de vue, la première indécision proviendrait du choix à faire entre la nature documentaire de ces textes et leur caractère fictionnel. En réalité il existe dans les trois œuvres certains indicateurs qui permettent de les inscrire dans le champ des documents traitant des faits du réel, comme dans le domaine des sciences sociales. Ils ne seraient pas loin de ce qu'on pourrait qualifier avec beaucoup de prudence de « factographies », c'est-à-dire des textes qui « adoptent une écriture des faits – historiques, juridiques et d'actualité » (Zenetti, 2013). Déjà dans *Confidences*, Max Lobe qui est au passage journaliste de formation, met en scène un chercheur qui veut comprendre l'Histoire du Cameroun. Vivant en Suisse, il se rend compte que les livres qu'il lit ne suffisent pas. Dans ce contexte, il descend sur le terrain pour rencontrer les témoins et les survivants de la guerre d'indépendance. Il met alors sur pied une enquête qui le conduira sur les différents lieux de mémoire où il procède à la collecte des données. Ladite enquête, sur bien de points, n'est pas différente de l'investigation historique et journalistique.

Même si *Empreintes de crabe* est écrit à la troisième personne, il y a néanmoins le récit de la reconstitution des faits par le narrateur qui est relégué au niveau métadiégétique, c'est-à-dire pris en charge par un récit premier (Genette, 1972). Effet, le narrateur de l'histoire, c'est Tanou qui reconstitue les souvenirs que son père Nithap, 75 ans, lui transmet au passage par doses homéopathiques. Celui-ci a été sur de nombreux champs de bataille lors des violences nées de la revendication d'indépendance et a fait l'expérience des traumatismes. Le narrateur se sert également des documents à lui transmis par son grand-père maternel et n'hésite pas à le confesser dans le corps du texte ou en notes de bas de page :

> Que ces documents cornus, crasseux, puant le pesticide, aient survécu à son déménagement américain était un véritable miracle ! Ces cahiers ont fait de lui le Narrateur de ce récit aujourd'hui, car ce sont ces cahiers du pasteur qu'il emplit ici ces histoires, petites et grandes, improbables et réelles (EDC : 145).

De cette confession, l'on retient deux choses : d'abord l'Histoire est reconstituée et retranscrite à partir des notes d'un témoin, qui est en l'occurrence le pasteur Elie Tbongo, grand-père de Tanou et compagnon discret d'Ernest Ouandié dans son maquis de Toungou. Ensuite, le narrateur avertit qu'il y a aussi des histoires « improbables » dans son texte. C'est dire que le caractère documentaire n'est pas exclusif.

Dans *Les Maquisards*, une fois encore, le récit est à la troisième personne, et pris en charge par un narrateur extradiégétique et omniscient. Mais le caractère documentaire résiderait plutôt dans deux autres éléments. Le premier, c'est l'ensemble des ouvrages d'histoire et d'anthropologie qui sont cités en annexes comme « les références de Hemley Boum » (LM : 386). Il y a là entre autres *Le Problème national camerounais* de Richard Joseph, *La naissance du maquis dans le Sud-Cameroun* d'Achille Mbembe, *Kamerun !* de Thomas Deltombe, Manuel Domergue et Jacob Tatsitsa (cité aussi dans *Confidences*, p. 5 et dans *Empreintes de crabe*, p. 509), *Des rituels de la scène chez les Bassas du Cameroun* de Marie-Josée Hourantier, Wèrèwèrè Liking et Jacques Scherer... L'évocation de ces documents permet à la romancière de légitimer ses écrits dans le champ de la connaissance. Le deuxième élément qui va dans ce sens, c'est la fidélité avec laquelle l'auteure représente les lieux, les rites et les pratiques de la société bassa. En effet, le parcours biographique d'un personnage comme Esta plonge le lecteur dans l'univers culturel bassa. Esta est prêtresse du *Ko'ô*, une société secrète de femmes aux pouvoirs immenses, notamment le pouvoir de guérison, d'alléger les peines, de lancer et de conjurer des sorts. Anthropologue de formation, H. Boum nous plonge, avec un réalisme phosphorescent, au cœur des mœurs de la société mise en scène.

Au regard des éléments qui précèdent, l'on remarque que la nature documentaire du roman camerounais contemporain se traduit par « l'enregistrement littéraire » des faits historiques, lequel mobilise une esthétique du témoignage – fût-il oral ou archivistique. Quoiqu'il en soit, les romanciers commencent à partager des pratiques qui traditionnellement étaient réservées aux sciences sociales, notamment l'enquête de terrain. Larvée chez Hemley Boum, elle l'est beaucoup moins chez Patrice Nganang et manifeste chez Max Lobe. Ces œuvres partagent en grande partie les éléments des « Littératures de terrain » (James et Viart, 2018) dont la caractéristique principale est la mise en branle d'une enquête historico-sociale ou environnementale dans l'espace du roman. Mais étant donné que les œuvres retenues ici enquêtent sur le passé, investiguent une période obscure de l'Histoire, nous les appelons des romans-historiens, selon la terminologie que propose par Dominique Viart.

Cependant, malgré les prétentions des romanciers de représenter la réalité historique (Hemley Boum), de la faire surgir à travers une enquête qui permet à l'œuvre de se développer (Lobe) ou bien une enquête effectuée au préalable mais dont certaines étapes sont racontées au lecteur (Nganang), il est important de noter que le travail de la fiction intervient à plusieurs niveaux de la construction de l'histoire, c'est-à-dire le contenu de l'énoncé narratif (Genette, 1972). Il faut entendre par fiction tout « récit imaginaire » (Jablonka, 2017 : 240). Suivant cette logique, le premier élément qui vient porter un coup à la prétention documentaire chez ces auteurs, c'est l'invention des personnages. Les trois romans sont, nous l'avons dit plus, construits autour de deux figures historiques majeures : Ruben Um Nyobè dans *Les Maquisards* et *Confidences* et Ernest Ouandié dans *Empreintes de crabe* qui luttent pour l'indépendance du Cameroun. Aux côtés de ces deux, les romanciers mettent d'autres figures historiques plus ou moins connues qui sont adjuvants de la quête (Moumié Félix, Pierre Yém Mback, Osendé Afana, Tankeu Noé, Singap Martin, Mathieu Njassep, etc.) ou des antagonistes (Roland Pré, Haut Commisssaire de la France au Cameroun, le colonel Lamberton chargé de la pacification de la Sanaga-Maritime, Ahmadou Ahidjo, etc.). Mais pour le reste, les personnages sont plus ou moins inventés et peints selon les convenances de l'auteur. Il s'agit par exemple de la foule des paysans, de jeunes gens tels que Muulé, Kundè, Likak dans *LM*, ces personnages qui accompagnent Mpodol dans sa quête et qui n'ont aucune existence historique.

Le deuxième levier activé par la fiction dans les trois textes se trouve au niveau de la transcription *ad verbatim* des dialogues entre les personnages (historiques). Une analyse critique de ces dialogues permet de réaliser que la plupart d'entre eux sont imaginés par les romanciers. Dans *Empreintes de crabe*, le narrateur retranscrit les dialogues de Mensa' avec son amant Mbeng dans leur chambre d'amour au quartier Nlonkak à Yaoundé. Mais plus tard, le même narrateur informe le lecteur que Mensa' n'a jamais raconté ses infidélités conjugales à qui que ce fût. C'est également le cas des dialogues entre Mpodol et ses amis au Lipan dans *Les Maquisards*. La seule survivante proche du leader nationaliste est Likak, mais elle se mure dans le silence depuis les « événements ». On peut donc se demander comment le transcripteur a fait pour retrouver ces dialogues. Il en va de même de la transcription des pensées des personnages et surtout de ceux morts en détention. Ainsi, ces potentialités de la fiction permettent-elles de résorber les lacunes documentaires.

2.2 *Intermédialité et généricité interstitielle*

L'intermédialité en littérature renvoie à l'émergence d'autres formes de médias au sein du texte littéraire. Elle est un concept opératoire qui permet de lire le texte comme un hypermédia accueillant les autres productions médiatiques (hypomédias). Pour Fotsing Mangoua, l'intermédialité est une « approche féconde du texte francophone » dans la mesure où elle permet d'élargir aux autres médias des catégories qui étaient réservées à l'intertextualité (2014 : 129). Ainsi conçue, cette théorie révèle une foule d'éléments médiatiques émergeant des textes de Boum, de Lobe et de Nganang, mais nous allons nous atteler à ceux qui permettent aux auteurs de se réapproprier de l'Histoire et revivifier la mémoire de la guerre d'indépendance.

Le premier d'entre eux, c'est la présence dans le roman du média oral. En effet, les éléments de l'oralité africaine irradient les structures des œuvres de leurs sonorités. Déjà, *Confidences* est bâti sur des chuchotements, les bribes de la mémoire individuelle, sur la parole qu'un témoin transmet à un jeune qui n'a pas vécu l'époque concernée. Puis, tout au long du texte, le narrateur mobilise les ressources de la « néo-oralité » qui s'exprime de nos jours dans la chanson populaire et urbaine (Amar, 2013). En effet, au cours de ses investigations dans les différentes agglomérations camerounaises, le narrateur retranscrit la parole urbaine qui se manifeste sous forme de musique. Cette dernière apparaît alors comme l'expression du chaos, mais aussi manifestation d'une société en perte de vitesse, en manque de repères et frappée d'amnésie collective. Voici par exemple ce qu'il rapporte des paroles d'une chanson entendues dans un bar à Boumnyébel : « C'est qui est fendu n'a pas défendu à ce qui est tendu de pénétrer » (Conf : 77). « Ce qui est fendu » renvoie au sexe de la femme et son pendant masculin, c'est « ce qui est tendu ». De cette forme de poésie orale ressortent la perversité, la sexualité débridée, symbole d'une société postcoloniale à la dérive. Nous y reviendrons (cf. 2.3.)

Le narrateur d'*Empreintes de crabe* également mobilise sous forme de citations les ressources de la poésie orale à côté d'autres médias comme Facebook et Skype qui permettent à Tanou de communiquer avec sa famille au Cameroun. Dans le souci de replacer le lecteur dans le contexte de la guerre qui a embrasé l'Ouest dans les années 60, l'écrivain met dans la bouche des personnages des chants qui furent exécutés par ceux qu'on appelait « maquisards ». Il s'agit en réalité des chants, mieux des hymnes de la résistance dont les partisans de Mpodol et d'Ernest Ouandié se servaient pour se galvaniser ou pour pleurer leurs morts. Ainsi peut-on entendre dans la bouche d'un personnage comme Nyamsi :

Enfants du terroir
Soldats du Cameroun
Vous qui peuplez le pays
Venez vous joindre à nous
Pour la libération du Cameroun (EDC : 288–289)[5].

On peut retrouver, disséminés tout au long du texte de Nganang, ces chants qui permettent à Nithap, le témoin, de remonter le temps.

---

[5]   Nous conservons ici ce chant-poème sous forme de vers.

Gilbert Doho, qui a aussi collecté ces chants auprès des témoins, affirme que dans le contexte de la résistance anticoloniale, ces textes oraux « constituèrent une force morale qui propulsa les masses camerounaises dans l'une des luttes les plus violentes que l'Afrique au Sud du Sahara ait jamais connues » (2007 : 7). Quant au roman de Hemley Boum, la chanson traditionnelle est présente sous forme d'allusion. Et c'est Esta, la prêtresse du *Ko'ô* qui exécute ces chansons pour exprimer les souffrances des siens face aux affres du colonialisme. Mais ce qui est explicitement cité c'est la poésie orale. Une fois encore, celle-ci se présente comme un hymne de lamentation. Ainsi peut-on entendre Likak, une survivante, exprimer ses douleurs, ses peines causées par la monstrueuse guerre qui a avalé tous les siens : sa mère, son oncle, son fils, ses amis et le seul homme qu'elle a aimé de sa vie.

Nous ne nous appesantirons pas ici sur les autres médias comme le téléphone, la radio, la télévision, la presse ou les nouveaux médias qui irradient les trois œuvres. Ce qui est intéressant, c'est de scruter ce que ces textes hypermédiatiques deviennent sur le plan générique. D'emblée, l'on doit remarquer que ces œuvres que nous avons désignées ici comme des romans historiens laissent transparaître une certaine « paratopie générique » dans leurs structures internes d'organisation. Nous empruntons une fois de plus à D. Maingueneau le concept de « paratopie ». Appliqué au genre, ledit concept fait état de l'impossibilité de situer un texte dans une catégorie formelle précise qui serait étanche, donc sans équivoque.

De ce point de vue, on pourrait analyser *Confidences* dans cette zone intermédiaire entre le genre du témoignage et celui du reportage. Selon Ricœur, le témoignage se caractérise par l'assertion d'une réalité factuelle, l'autodésignation du témoin qui veut faire savoir qu'il(elle) était présent(e) au moment des faits (Ricœur, 2000 : 204–205). Ce sont ces éléments du contrat de vérité qu'on retrouve chez le témoin mis en scène par Lobe : « Je me souviens … » (Conf : 157), affirme Mâ Maliga, « Je te jure que je l'avais vu de mes propres yeux » (Conf : 14), « Je vais te raconter la vraie vérité » (Conf : 17). Ces types d'énoncés dont les occurrences sont nombreuses font montre, non seulement d'une poétique du souvenir, mais également Hent du souci du témoin de certifier son récit et de se faire croire. D'un autre côté, le récit du narrateur principal, celui qui fait l'enquête, prend la forme d'un reportage embarqué. Il se promène dans les centres urbains du Cameroun à la recherche des traces, des « empreintes de crabe », pourrait-on dire, et pour sonder la mémoire de ses contemporains sur ce qu'ils savent des épisodes de la guerre d'indépendance. On voit également cette approche du reporter, même si en différé, chez le narrateur de Nganang. Il relate ce que les témoins lui ont montré sur le terrain : « Les Bangangté montrèrent au Narrateur le coin exact où se trouvait Ouandié » (EDC : 495).

Chez Hemley Boum, l'on note la présence du genre épistolaire. Des pans entiers du roman sont occupés par des échanges de lettres entre les personnages. Il s'agit par exemple des correspondances entre Amos Manguele et son neveu Muulé enrôlé pour défendre la France contre les forces nazies pendant la Deuxième Guerre mondiale et qui, après la guerre, poursuit ses études en France. Amos tient son neveu au courant de l'évolution de la situation au Cameroun, des exactions des colons, de la création de l'UPC et des affaires familiales. On a également la lettre que Gérard Le Gall envoie à Likak en 1999, c'est-à-dire plus de quarante ans après les événements sanglants de septembre 1958. Celle-ci permet de remonter le temps pour témoigner des horreurs commises par l'occupant colonial et de ce que sont devenus les acteurs. Dans *Empreintes de crabe*, l'outil épistolaire est également inséré dans l'intrigue. Le pasteur Elie Tbongo s'en sert par exemple pour informer sa fille Ngountchou du fait que son mari Nithap, disparu depuis trois ans, est encore en vie et se trouve au maquis de Toungou. Il utilise d'ailleurs le système d'écriture bagam, une écriture ésotérique des langues bamiléké, pour éviter que ces informations tombent entre les mains des forces qui traquent les résistants.

En dehors de la présence de la poésie orale qui installe dans l'univers romanesque une situation d'interartialité dont nous avons analysé plus haut les implications sémantiques et idéologiques, ces œuvres peuvent être lues comme des romans familiaux. D'après *Le Dictionnaire du littéraire*, le roman familial renvoie à « un sous-genre [qui] se caractérise par un sujet, le récit de l'évolution d'une famille sur plusieurs générations et un mode d'écriture réaliste. Il accorde une importance aux rites familiaux et à ce qui fait du clan une communauté » (Aron, Saint-Jacques et Viala, 2002 : 683). On peut donc voir en *Les Maquisards* une abondante saga familiale où on peut retracer les généalogies de deux principales familles : les Nyemb et les Mbondo Njee ; en *Confidences* on peut lire le parcours des Ma Ndap et dans *Empreintes de crabe* on peut retracer, de New-York jusqu'à Bangangté en passant par Yaoundé, les embranchements familiaux de Nithap Salomon, dit Tanou. Toutefois, il faut noter que ces différentes familles sont prises dans les tourbillons de l'Histoire. Les tragédies de l'Histoire sont aussi des tragédies familiales. À tout prendre, la généricité de ces romans n'est pas précise, elle est plurielle, elle est interstitielle, car elle est imbrication de différentes scénographies et de différents genres littéraires. Tout cela a un impact au niveau de la narrativité.

2.3 Structures narratives éclatées

Nous terminons cette analyse en nous focalisant sur les éléments de la narrativité spécifique, caractéristique de ces romans qui cherchent à se réapproprier de l'Histoire et à (re)travailler la mémoire de la guerre d'indépendance du peuple camerounais. Et le premier aspect de cette narrativité qui frappe le lecteur, c'est la polyphonie énonciative, c'est-à-dire la coprésence de plusieurs voix au sein de chacun des textes. Ce phénomène est très explicite dans *Confidences* où l'énonciation semble couler de deux sources principales différentes. Il y a d'un côté un « je » du narrateur principal qu'on pourrait prendre comme celui de l'auteur. C'est ce narrateur qui enclenche tout le processus énonciatif parce qu'il est venu au Cameroun prendre connaissance des pages cachées de l'Histoire de son pays : « Je suis dans l'avion qui m'amène à Douala » (Conf : 5), « Je lui demande de me raconter ce qu'elle sait » (Conf : 265)

« Durant tout mon séjour, c'est ce que j'entendrai » (Conf : 153). De l'autre côté, on a une narratrice intradiégétique qui est le témoin interrogé. C'est alors ce témoin qui se charge de relater les faits historiques dont l'enquêteur a besoin. Il faut ajouter que les voix de ces narrateurs principaux sont constamment habitées par les voix des personnages : celle de l'enquêteur par les voix des contemporains au style direct ou indirect (Conf : 152) ; celle du témoin est hantée par les voix des figures historiques comme Mpodol (Conf : 70).

Dans *Les Maquisards*, cette plurivocité narrative est perceptible même si le récit est pris en charge par un narrateur omniscient. Elle se perçoit à travers les échanges épistolaires qui occupent de longs segments du texte, donnant l'impression de l'existence d'une multitude de sources énonciatives (LM : 153–155, 362–377). Quant à *Empreintes de crabe*, on y relève une énonciation assez complexe. En dehors des dialogues parfois longs entre les maquisards, le récit se déroule à la troisième personne mais en même temps présente le personnage Tanou comme le Narrateur et l'auteur : « Une phrase après une autre, un mot après un autre, [Tanou] composa les premiers chapitres de ce qui était autant son histoire que celle de son père » (EDC : 331), peut-on lire. Tout le récit de Tanou semble donc enchâssé dans celui d'un narrateur premier, extradiégétique et au regard jupitérien.

Le deuxième aspect de cette narrativité spécifique, c'est la délinéarisation de l'intrigue de ces œuvres. On n'y trouve pas une succession événementielle et linéaire ; l'ordre des faits est substitué par le travail de reconstitution d'une mémoire incertaine et parfois titubante : « Les gens racontaient que les Poulassi[6] avaient envoyé un Blanc pour calmer les gens […] Comment s'appelait-il déjà. Ah, je ne m'en souviens plus bien » (Conf : 44), confesse le témoin de M. Lobe, une femme de quatre-vingts ans qui essaie de rafistoler par l'acte narratif les bribes disjointes d'un passé traumatisant. Bien plus, les intrigues sont marquées par une fragmentation temporelle qui fait osciller le récit entre deux pôles chronologiques antinomiques mais parfaitement justifiés dans le décor planté : le passé et le présent. La mémoire est toujours au présent parce qu'elle est faite de souvenirs. Dans *Les Maquisards*, on a Apolline Bayemi qui verse des flots de larmes chaque fois qu'elle se souvient de son frère mort pendant la guerre ; dans *Empreintes de crabe*, on a Bagam et ses camarades de l'Université de Yaoundé qui ont pris les noms Um, Camarade Émile, Marthe, etc. et se font appeler « *sinistrés* en hommage aux maquisards de la guerre civile » (EDC : 78). Ces alternances passé/présent sont des indicateurs qui montrent que les auteurs pistent les origines historiques du chaos contemporain. Pour ce faire, il est nécessaire de remonter le temps à partir du présent marqué par la chute dans les abîmes de la corruption, du chômage, de l'alcoolisme exacerbé, de la sexualité débridée et de la folie tout court. Alors de retour au pays natal, le narrateur de Lobe et celui de Nganang font le constat amer de toutes ces « habitudes du malheur » qui caractérisent le présent du terroir pour lequel les résistants se sont sacrifiés par le passé.

Cette fragmentation temporelle, qui se traduit par de multiples va-et-vient entre le passé et le présent, va de pair avec la disjonction spatiale. Au récit itinérant de Lobe qui fait de multiples déplacements sur les traces de l'Histoire, répond comme en écho le narrateur de Nganang qui traque les « empreintes de crabe » éparpillées dans la nature, à Yaoundé, Bangangté, Bangwa, Nkongsamba, Tombel, N'lohe, etc. ; répond également le narrateur de Boum dont le regard se promène dans les forêts de

---

[6]   Les Poulassi (en langue bassa) = les Français

Boumnyébel, de Nguilbassa, de Pouma, d'Édéa et d'Éséka. Notons pour sortir l'éclatement de la diégèse. Le goût prononcé pour l'affabulation fait de ces textes de véritables cocktails narratifs où mijotent de multiples histoires. Des pans entiers des vies de multiples figures historiques ou imaginaires se rencontrent, se succèdent et s'entrecroisent.

Dès lors, se réapproprier de l'Histoire revient aussi à raconter des histoires. D'où la nature fragmentaire et discontinue du tissu énonciatif qui donne à lire *in fine* une histoire hachée, entrecoupée de longues digressions (Conf : 31–33), des fragments analeptiques (LM : 87–257) et parfois des séquences proleptiques (EDC : 178). Face à la tragédie, il y a impossibilité de récit cohérent et linéaire (Nganang, 2007 : 150). Devant des corps hachés en morceaux, des bébés crucifiés, des villages rasés, des fosses communes ; bref devant un monde en miettes, le récit ne peut être que balbutiements, rafistolage des fragments de la réalité, des bribes de mémoire. Tout cela donne lieu à une mosaïque inextricable *a priori*. Mais elle débouche paradoxalement sur une narration diluvienne qui s'étire sur des centaines de pages : *Confidences* (284 pages), *Les Maquisards* (384 pages) et *Empreintes de crabe* (510 pages).

Conclusion

La réappropriation de l'Histoire dans le roman camerounais contemporain est une entreprise (re)scripturale et éditoriale qui permet aux romanciers d'exhumer des souvenirs douloureux, des faits, des massacres et d'autres atrocités auxquels on a assisté lors de la revendication d'indépendance du peuple camerounais au cours des années 50 et 60 du siècle dernier. Chez ces auteurs, la « création » romanesque se propose de révéler des faits réels qui sont éludés ou travestis dans les narrations officielles. Il s'agit donc d'un travail de mémoire qui, en dernière analyse, consiste à contre-écrire. Toutefois, ces écrivains n'ont pas vécu cette époque. Ils se servent alors des « mémoires d'emprunt » pour mettre sur pied une esthétique du témoignage littéraire au sein de leurs œuvres. Ladite esthétique imprime une nouvelle configuration (re)scripturale à l'œuvre romanesque qui, du coup, procède de manière archéologique. En fouillant les archives, en recherchant les traces, en interrogeant des témoins, en citant les sources, en utilisant des notes de bas de page et en relatant ou en laissant transparaître le processus d'enquête, ces œuvres s'affirment comme des romans historiens. Larvée chez Hemley Boum, l'enquête de terrain l'est beaucoup moins chez Patrice et explicite chez

Max Lobe. Au plan institutionnel, cette situation oblige le lecteur à se réajuster et à se réarmer pour déchiffrer des textes qui se trouvent à mi-chemin entre fiction et document, qui se faufilent dans les interstices fragiles de plusieurs genres et se présentent comme des hypermédias qui accueillent d'autres produits médiatiques. Au niveau de la narrativité, ces textes se distinguent par des intrigues délinéarisées, un ordre spatiotemporel fragmenté, à cheval entre le présent de la mémoire et le passé de l'Histoire. Tous ces éléments mis en ensemble caractérisent un roman contemporain qui veut faire de l'activité (re)scripturale et lectorale une véritable aventure heuristique.

Références

ABOMO-MAURIN, Rose-Marie (2018). « *Les Maquisards* de Hemley Boum : un nouveau regard sur la guerre d'indépendance au Cameroun : entre fiction et réalité », in *Littérature et réalité. Regards croisés*. Paris : L'Harmattan, pp. 19–45.

ABWA, Daniel (2002). « Plaidoyer pour l'écriture de l'histoire contemporaine du Cameroun », *Anthropos-Revues des Sciences Sociales*, vol. VII : 5–22.

AMAR, Amaziane (2013). « D'une oralité traditionnelle à une oralité de plus en plus médiatisée », in *Littérature africaine et oralité*. Paris : Karthala.

ARON, Paul, Denis SAINT-JACQUES et Alain VIALA (dir.) (2002). *Le Dictionnaire du littéraire*. Paris : PUF.

ASHOLT, Wolfgang et Ursula BÄHLER (dir.) (2016). *Le Savoir historique du roman contemporain*. *Revue des Sciences Humaines*, n° 321. Paris : Presses Universitaires du Septentrion.

BACRY, Patrick (1992). *Les Figures de style*. Paris : Éditions Belin.

BOUM, Hemley (2016). *Les Maquisards*. Paris : La Cheminante.

DELTOMBE, Thomas, Manuel DOMERGUE et Jacob TATSITSA (2011). *Kamerun ! Une guerre cachée aux origines de la Françafrique. 1948–1971*. Paris : La Découverte.

DELTOMBE, Thomas, Manuel DOMERGUE et Jacob TATSITSA (2016). *La guerre du Cameroun : l'invention de la Françafrique*. Paris : La Découverte.

DOHO, Gilbert (2007). *Poésie et luttes de libération au Cameroun*. Yaoundé : Ifrikiya.

FOTSING MANGOUA, Robert (2014). « De l'intermédialité comme approche féconde du texte francophone ». *Synergies Afrique des Grands Lacs*, n° 3 : 127–141.

GENETTE, Gérard (1972). *Figures III*. Paris : Seuil.

JABLONKA, Ivan (2017). *L'histoire est une littérature contemporaine : manifeste pour les sciences sociales*. Paris : Seuil.

JAMES, Alison et Dominique VIART (dir.) (2019). *Les Littératures de terrain. Fixxion*, n° 18 (juin). www.revue-critique-de fiction-contemporaine.org Consulté le 10 mai 2020.

LOBE, Max (2017). *Confidences*. Yaoundé : Proximité.

MAINGUENEAU, Dominique (2004). *Le Discours littéraire. Paratopie et scène d'énonciation*. Paris : Armand Colin.

MBEMBE, Achille (1996). *La Naissance du maquis dans le Sud-Cameroun*. Paris : Karthala.

MBEMBE, Achille (1986). « Pouvoir des morts et langages des vivants : les errances de la mémoire nationaliste au Cameroun ». *Politique africaine*, numéro 22 : 37–72.

NGANANG, Patrice (2018). *Empreintes de crabe*. Paris : Édition Jean-Claude Lattès.

NGANANG, Patrice (2007). *Manifeste d'une nouvelle littérature africaine : pour une écriture préemptive*. Paris : Homnisphères.

NORA, Pierre (dir.) (1984). *Les Lieux de mémoire*, Tome I. Paris : Gallimard.

NOUMBISSIE, Tchouake, M. (2017). *Bamiléké ! La naissance du maquis dans l'Ouest-Cameroun*. Yaoundé : Ifrikiya.

RICŒUR, Paul (2000). *La Mémoire, l'Histoire, l'Oubli*. Paris : Seuil.

ZENETTI, Marie-Jeanne (2014). *Factographies. L'enregistrement littéraire à l'époque contemporaine*. Paris : Classiques Garnier, coll. « Littérature, histoire, politique ».

ZENETTI, Marie-Jeanne (2013), « Les Factographies : déplacements du discours de l'histoire », *Fabula/ Les colloques* Littérature et histoire en débat, disponible sur http://www.fabula.org/colloques/document2123. php, consulté le 1er juin 2020.

Fukushima, dix ans après – Entretien avec Michaël Ferrier

Propos recueillis par Asako MURAISHI[1]

Cela fait déjà presque dix ans que Michaël Ferrier a débarqué pour la première fois sur la terre dévastée de Fukushima. Témoin tant passionné que lucide, il s'est donné à une écriture sur le vif au gré de ses déambulations. Depuis, l'écrivain ne cesse de revenir sur ce lieu tourbillonnant où se fait chair le verbe tout droit sorti de ses notes griffonnées à la hâte. S'il continue de penser « avec » Fukushima, et non « après » Fukushima comme on le dit communément, c'est avant tout pour dénoncer les écueils de la société actuelle révélés par cette catastrophe, qui sont d'ailleurs loin d'être surmontés et prennent de plus en plus d'ampleur. C'est aussi pour se réinterroger sur la littérature contemporaine dont le fondement s'est fragilisé face à ce désastre inédit. Comment transmettre la vérité de l'histoire en tant que témoin sans prétention héroïque ni dolorisme victimaire ? Comment réconcilier fiction et réalité dans un témoignage ? Dans notre entretien qui tournera ainsi autour de la littérature testimoniale, Michaël Ferrier répondra en toute sincérité à nos questions, allant de son vécu dans les régions sinistrées à ses futurs projets d'écriture, en passant par le processus de sa création.

Asako MURAISHI : *Quelle est votre expérience, celle qui vous a poussé à écrire ce livre,* Fukushima, Récit d'un désastre *(Paris, Gallimard, 2012*「フクシマ・ノート」*) ? Quelles sont vos motivations profondes ?*

Michaël FERRIER : Ce qui m'a poussé à écrire *Fukushima, récit d'un désastre* : essayer de penser la catastrophe, et pour cela la décrire, la *cerner* autant que possible, alors qu'elle était tout autour de nous. Il y a la volonté de *reprendre la main* comme on dit, de ne pas se laisser faire. Quand j'écris, les choses deviennent plus claires, elles s'ordonnent,

---

[1] Une partie de l'entretien a été déjà publiée dans le texte suivant : « Fukushima, dix ans après : Entretien avec Asako Muraishi et Corentin Le Corre », *Bulletin d'études françaises de l'Université Chuo*, n° 53, 2021, Tokyo, Chuo University Press : 127–156.

> non pas à la manière d'un ordre brutal imposé d'en haut par une main souveraine mais plutôt à la manière d'une multitude de notes qui se mettent en place sur une partition de musique. Cela n'empêche pas les moments de chaos ou de confusion dans l'écriture même (qui doit rendre le réel dans sa forme la plus sensible), mais cela aide aussi à rendre les choses plus claires, plus compréhensibles – au moins dans une certaine mesure.

Cela a d'ailleurs aussi influencé la forme même du livre ; ma première réaction par exemple était de tenir un journal de la catastrophe, comme beaucoup de gens l'ont fait. Le genre du journal avait des qualités, il permettait par exemple de suivre au jour le jour les événements et de chroniquer au plus près les résonances qu'ils faisaient naître en moi. Mais il m'est vite apparu aussi comme une facilité : avec un journal, j'ai l'impression que c'est la catastrophe qui m'imposait son calendrier. Il m'a semblé important de dépasser ce simple enregistrement quotidien pour inclure l'événement dans une forme plus large et commencer, autant que faire se peut, à le penser.

La forme du journal avait pourtant de nombreux avantages : elle permettait de documenter au jour le jour la catastrophe, de la suivre dans ses méandres, ses soubresauts, ses avancées et ses replis. Elle permettait aussi de rester au plus près, au plus vif de la sensation, de suivre ce tremblement pour ainsi dire sur la crête. C'était enfin très facile d'un point de vue narratif : chaque jour on prend note, et chaque jour le livre avance et se déploie. Mais cette forme si pratique en apparence, j'en ai vite senti les limites : car y céder revenait aussi à laisser à la catastrophe le tempo de la narration, qui n'avançait plus dès lors qu'au rythme des nouvelles de chaque jour ou de chaque nouveau tremblement : on le voit bien chez Hideo Furukawa[2], qui parle à un moment de recommencer l'intégralité de son récit à chaque nouvelle réplique du tremblement de terre ! – et dont vous remarquerez que l'ouvrage trouve finalement sa voie dans la bifurcation vers la fiction. Or, il me semble que l'acte d'écrire, s'il doit effectivement se mettre au diapason de l'expérience du désastre et

---

[2] Hideo Furukawa「馬たちよ、それでも光は無垢で」2011, *Ô chevaux, la lumière est pourtant innocente*, traduit du japonais par Patrick Honnoré, Arles, Picquier, 2013.

en retracer les secousses, peut aussi se placer sur d'autres plans : celui par exemple d'une ressaisie des événements par le prisme de l'essai (tentation présente chez Tawada Yōko par exemple[3]), de la fiction (chez Furukawa) ou même de la parodie (chez Takahashi Genichirō[4]). Il s'agit à chaque fois de reprendre la main sur l'événement, sur un désastre qui, au départ, est vécu comme une immense et très déstabilisante expérience de sidération.

Après *Fukushima, récit d'un désastre*, on m'a surnommé « l'écrivain sismographe » : mais il faut se rappeler qu'un sismographe est un enregistreur implacable des mouvements en train de se produire et, *également*, l'instrument qui permettra de les analyser et, autant que faire se peut, de leur donner un sens. Même si, comme dans toute expérience du désastre, il subsiste toujours dans cette catastrophe un reste insaisissable – quelque chose qui, du réel, demeure à jamais insensé.

En voyant des expatriés regagner leur pays, qu'est-ce qui vous a amené à choisir de rester au Japon ?

Je pourrais donner plusieurs raisons. Certaines sont évidemment d'ordre personnel : je vis au Japon, j'y habite, j'y travaille, j'y ai une famille, des amis, des relations professionnelles ou sentimentales. Je ne suis pas japonais, mais il n'est pas besoin d'être japonais pour aimer passionnément le Japon. Je ne me voyais pas l'abandonner à ce moment-là : au contraire, pour moi, c'était précisément le moment où il ne fallait pas partir !

Je ne sais pas si vous connaissez Kurt von Hammerstein. C'était un général allemand, mais qui s'est opposé au nazisme et à Hitler tout en restant en Allemagne jusqu'à sa mort. Le grand écrivain allemand Hans Magnus Enzensberger lui a consacré un livre, qui commence par ses mots : « La peur n'est pas une vision du monde[5] ». Voilà : la peur n'a jamais été ma vision du monde.

---

[3]   Yōko Tawada, *Journal des jours tremblants. Après Fukushima*, précédé de Leçons de poétique, traduit de l'allemand par Bernard Banoun et du japonais par Cécile Sakai, Lagrasse, Verdier, 2012.

[4]   Par exemple dans 「恋する原発」 2011, *La Centrale en chaleur*, traduction française Sylvain Cardonnel, Paris, Books Edition, 2013.

[5]   Hans Magnus Enzensberger, *Hammerstein ou L'intransigeance : une histoire allemande* (2008), traduit par Bernard Lortholary, Paris, Gallimard, coll. « Du monde entier », 2010.

Mais il y a une autre raison, tout aussi importante et qui concerne directement le livre *Fukushima, récit d'un désastre* et la conception que je me fais du travail et du rôle d'un écrivain : quelques jours après le 11 mars 2011, je devais aller en France pour assister au Salon du Livre, qui est une grande manifestation à Paris où se réunissent beaucoup d'écrivains, en mars. Le billet d'avion était pris, l'hôtel réservé, etc. Mais il m'a paru plus intéressant de rester au Japon et d'écrire ce qui était en train de se dérouler sous mes yeux. Cela correspond donc aussi à ma conception du travail d'écrivain : être écrivain, ce n'est pas – ou pas essentiellement – faire des colloques, des conférences ou des tables rondes, c'est « se coltiner » avec le réel, jusque dans ses éruptions les plus intempestives.

Et ensuite, qu'est-ce qui vous a amené à monter vers le Nord, dans les régions les plus touchées ?

D'abord, je suis allé dans le Nord pour apporter des secours (si dérisoires soient-ils) : c'est la raison pour laquelle j'y suis allé en camionnette, une camionnette de location trouvée chez un loueur de Shimo-Kitazawa, que nous avons remplie de vivres, d'eau, de vêtements, de boîtes de *ramen* instantané, etc. pour les acheminer jusqu'aux refuges. Cette aide s'est révélée bien peu efficace, je dois l'avouer : nous avions repéré où se trouvaient les refuges, mais une fois sur place, tellement de routes étaient impraticables… Finalement, c'est peut-être sous la forme du livre que j'ai le plus et le mieux aidé, du moins je l'espère, à éveiller quelque prise de conscience.

Il faut aussi se remettre dans le contexte de l'époque : surtout à propos de la centrale nucléaire, il circulait des informations complètement contradictoires, folles, dont certaines manifestement mensongères. Aller sur place et écrire, c'était aussi exercer une fonction de veille, de témoignage : voilà ce que c'est, voilà ce qui a été dit, ce qui est fait, précisément, méthodiquement, à ce moment-là. J'avais donc aussi en tête d'aller sur place pour me faire ma propre opinion, faire des repérages et me construire mon propre avis sur ce qui se passait, notamment par rapport à la menace radioactive, à un moment où l'enfumage des autorités – nationales et internationales, dont françaises – était au maximum (il n'a guère baissé depuis). Cette expérience m'est aujourd'hui précieuse : j'ai vu ce qui se passe en cas d'accident de ce genre, je ne laisserai personne raconter de mensonges à ce sujet.

Je suppose que le bouleversement émotionnel était violent, mais qu'est-ce qui vous a marqué le plus ? Comment êtes-vous arrivé à gérer des chocs psychologiques face à ce désastre inédit ?

J'ai une certaine expérience des situations de crise. Enfant, j'ai connu la guerre, au Tchad, c'est un événement que je raconte dans *Scrabble, une enfance tchadienne*[6]. Je ne dis pas qu'un séisme magnitude 9, un tsunami à plus de 18 000 morts et une catastrophe nucléaire, c'est du gâteau à côté, mais bon, l'expérience de la guerre aide à l'encaisser. De plus, j'ai tendance à accorder peu d'importance aux « chocs psychologiques » : je sais que je suis à contre-courant, puisqu'on parle beaucoup aujourd'hui de cellules de « soutien psychologique » aux victimes, de reconstruction post-traumatique, etc. – je n'ai aucun mépris ni sarcasme face à cela (tout ce qui peut être fait pour réduire les souffrances, y compris psychologiques, doit être fait), mais la douleur physique, c'est quand même autre chose, c'est toujours de ce côté que me viennent les émotions les plus fortes, face à un corps, un handicapé par exemple, un affamé, un noyé, un mutilé.

Ce qui m'a marqué le plus, c'est la première fois que j'ai vu le paysage post-tsunami : on est dans un coin magnifique, on roule, toute cette région est belle, avec ses rizières verdoyantes, son entrelacement de montagnes et de vallées, de côtes rocheuses, de petits ports de pêche, d'îlots plantés de pins – ce n'est pas un hasard si les poètes y venaient si souvent, le plus célèbre d'entre eux étant Bashô qui y composa おくの ほそ道 *La Sente étroite du Bout-du-Monde*, à un moment où la région était pourtant particulièrement dangereuse, truffée de bandits. Et puis soudain, au détour de la route, le désastre : l'un des paysages les plus poétiques du monde presque complètement arasé par la fureur des flots. Cela donne une idée très précise, concrète, immédiate, de la fragilité des choses. Et puis la nuit, pendant que l'on essayait de dormir, dans la camionnette, le bruit presque archaïque du vent (que plus aucun obstacle physique, arbre, muret, bâtiment, n'arrête...) et les coassements des crapauds qui résonnent dans ce vide et prennent une dimension vertigineuse : je me suis dit que l'on vivait une expérience proche de celle des hommes préhistoriques, la nuit, la solitude, la menace omniprésente, le sentiment du caractère éphémère de la vie humaine et, dans le même

---

[6]   Michaël Ferrier, *Scrabble – une enfance tchadienne,* Mercure de France, collection « Traits et portraits », 2019.

temps, la fraîcheur retrouvée des sensations, la certitude d'être au monde de manière profonde, la beauté profonde de cette nuit et de cet univers.

Comment avez-vous écrit ce livre ? L'idée d'articulation des trois parties, comment l'avez-vous trouvée ?

La division en trois parties : je l'ai longtemps cherchée. Je mets toujours beaucoup de soin à trouver une construction précise pour chaque texte : dans *Sympathie pour le Fantôme*, c'est l'alternance intrigue/biographie, dans *Scrabble*, la figure géométrique de la spirale, etc., Chaque livre a sa forme spécifique, comme un objet d'art. Finalement, c'est la simplicité de ce dispositif qui m'a séduit (il permettait de suivre le déroulement de la catastrophe de manière chronologique), et aussi son côté pluriel. En effet, cette tripartition permet de faire référence à la fois aux 3 vers d'un haïku (avec à chaque fois un élément naturel : terre, air, mer) et à une tragédie en 3 actes : la polyphonie des références m'a toujours beaucoup plu. Je ne suis pas un écrivain japonais, mais je ne suis pas non plus un écrivain « occidental », ou plutôt je suis à la fois l'un et l'autre : j'aime l'idée de me référer à des traditions culturelles différentes et que l'on oppose souvent de manière binaire, caricaturale, alors qu'on peut tout aussi bien les combiner, les hybrider. Mais surtout, c'était particulièrement adapté au sujet, puisqu'il s'agissait à la fois d'évoquer une tragédie (la catastrophe de Fukushima) et de chanter la beauté du monde, aussi éphémère qu'un haïku (et qui n'est jamais plus vive que lorsqu'elle est menacée).

Quels ont été les écueils dans le processus de l'écriture ?

Il y a eu les écueils habituels : comment organiser le récit, comment polir une phrase, un rythme, une musique, trouver le mot juste, etc. Mais aussi des écueils liés à la situation et au sujet. Il fallait par exemple absolument éviter, selon moi, le côté « récit à thèse », « pamphlet anti-nucléaire » : non pas que *Fukushima, récit d'un désastre* ne soit pas un livre engagé – il l'est, je crois, de manière très claire et incontestable – mais il ne s'agissait pas de faire un livre-pamphlet, un brûlot : céder aux mirages de la dénonciation (et à tout ce qui, souvent, l'accompagne : profiteurs du désastre qui font passer leur camelote idéologique, narcissisme des gens qui se croient toujours du bon côté, hypernarcissisme des dénonciateurs systématiques, facilité puérile du « je vous l'avais bien dit »…) aurait été réduire l'ampleur et la gravité de ce qui se passait.

J'aimerais que nous parlions aussi de la question générique. Comme vous catégorisez ce livre comme un « récit », cela veut-il dire que vous reconnaissez la part fictive de votre témoignage ? Comment définiriez-vous le récit et la différence avec le témoignage ?

La question générique m'intéresse beaucoup en tant que professeur ou commentateur, en tant que critique d'art par exemple ou critique littéraire, mais elle m'est assez indifférente en tant que créateur. J'en ai besoin pour mes cours de littérature, pour expliquer à mes étudiants tel ou tel texte, mais je m'en passe volontiers dans ma pratique d'écriture.

Le mot « récit » ne veut pas dire du tout « fiction » dans mon cas : il y a très peu de « fiction » dans ce que j'écris. Tout ce que j'écris, je l'ai vécu. Il y a simplement, parfois, une façon d'organiser le récit pour exprimer le réel de manière plus juste. Je vais vous donner un exemple : dans *Fukushima, récit d'un désastre*, le récit de la deuxième partie prend la forme d'un voyage sur les lieux mêmes de la catastrophe, un peu comme un *road-movie* (si vous voulez absolument une référence générique…). Or, je n'ai pas fait un seul voyage à Fukushima, j'en ai fait plusieurs : mais raconter tous ces voyages successifs aurait conduit à des redites, des ressassements même, des précisions et des complications inutiles, à un moment où j'avais besoin au contraire d'une certaine vitesse du récit pour faire sentir l'urgence de la situation. J'ai donc gardé la forme du premier voyage, sa trajectoire, mais j'y ai inclus des rencontres que j'ai vécues plus tard, lors des voyages suivants (le vieux du gymnase par exemple, ou la bibliothécaire qui nettoie les photos au milieu des décombres). C'est un procédé de fictionnalisation si vous voulez, mais au sens de *composition*, pas au sens d'invention d'un épisode qui n'aurait jamais existé. Rien de plus éloigné de moi que l'idée d'imaginer des scènes qui n'ont pas eu lieu. Comme disait Baudelaire (dans la préface des *Fleurs du Mal* je crois) : « Je sais ce que j'écris, et je ne raconte que ce que j'ai vu. »

Pas seulement pour des raisons d'honnêteté intellectuelle d'ailleurs, mais aussi pour des raisons pratiques (c'est plus facile !) et même esthétiques : la vie m'a montré à plusieurs reprises que ce que l'on vit dans la réalité dépasse mille fois en beauté, en stupeur ou en force, en poésie aussi, ce que l'on peut imaginer. Évidemment, cette « poétique » – si c'en est une – implique aussi qu'on mette sa vie au diapason : c'est-à-dire qu'il ne faut pas avoir peur de se mettre dans sa vie même en situation d'écriture pour ainsi dire, pas avoir peur d'aller se frotter à la réalité dans ce qu'elle a de plus rude, de plus épineux.

Dans la continuité de la question précédente, j'aimerais savoir comment vous concevez le rapport réalité/fiction. En général, sans pathos ni misérabilisme, vous restez dans la sobriété objective et journalistique, mais dans certaines descriptions s'infiltre un brin de lyrisme. Et vous émaillez aussi votre récit d'anecdotes historiques, par exemple celle d'un sismologue chinois dans le préambule, ou de multiples références littéraires, picturales et cinématographiques telles que 平家物語 Le Dit des Heike, etc. Certes, dans votre écriture, la poésie s'exprime avec une finesse discrète, et les faits et les auteurs sont cités à juste titre pour mieux transmettre la catastrophe d'envergure exceptionnelle, mais en même temps, vous auriez pu tomber dans la complaisance esthétique. Comment peut-on éviter ce risque d'affabulation ?

En faisant en sorte que toutes ces références soient toujours reliées au thème, au corps, au lieu, au moment : il y faut une nécessité interne, presque organique. Dans la vie comme dans les livres, une citation ou une référence ne doit pas être décorative : je me sens toujours un peu déplacé par exemple au milieu des professeurs d'université qui utilisent la littérature pour « faire salon », pour meubler une conversation comme on meuble un intérieur vide, ou pire pour se gargariser de leur savoir. C'est malheureusement la majorité ! Je suis très malheureux quand j'entends parler de la littérature de cette manière vaine et vide, complaisante mais souvent gratifiante car socialement normée. Je n'aime pas la littérature décorative, esthétisante : il n'y a en elle aucune prise de risque, elle sonne faux.

Je crois que la poésie et la musique, pas plus que le dessin ou les autres arts, ne doivent être l'apanage des lettrés et de ces gens désœuvrés de l'écritoire que Rimbaud appelle les Assis. Alors, je rouvre les livres, je fais tourner la bibliothèque. J'embarque tous ceux que j'aime avec moi : Claudel, Sei Shônagon, Bashô, Robert Antelme et Céline, Ôé et Guyotat, Rimbaud et Sollers, Lautréamont et Le Clézio… Les morts, les vivants, tout le monde doit s'y mettre. Rien de décoratif dans tout cela. Mais des voix singulières, précises, irréductibles : elles ne sont pas là pour faire joli ou pour meubler le vide, elles aident à vivre et à penser.

Vous avez évoqué Zhang Heng, qui apparaît au tout début de *Fukushima, récit d'un désastre* : vous avez raison, car c'est un excellent exemple. J'ai effectivement choisi de commencer *Fukushima, récit d'un désastre* non pas par la description du séisme lui-même – elle vient un peu plus tard – mais par l'évocation de l'inventeur chinois de la première machine à détecter les tremblements de terre, au 2ᵉ siècle après Jésus-Christ. En termes d'efficacité narrative, et si je voulais impressionner le lecteur, il aurait été bien plus facile de commencer *in medias res*, par la description du tremblement de terre, qui fournit un matériau extraordinaire. Mais j'ai choisi de faire appel à l'intelligence du lecteur et de remettre cet événement, aussi cruel, important et décisif soit-il *sur le coup*, dans un temps long, dans une histoire très ancienne (une histoire géologique, mais aussi une histoire des techniques, une histoire culturelle, celle du monde sinisé, une histoire diplomatique aussi, celle des relations entre la Chine et le Japon), c'est-à-dire de replacer cet évènement, si exceptionnel soit-il, dans le fil d'un récit que nous devons nous efforcer de reprendre, afin de mieux comprendre la série de catastrophes qui s'est abattue le 11 mars 2011.

En citant Robert Antelme, vous évoquez les réticences qu'on pourrait avoir dans l'écriture de témoignage : « À peine commence-t-on à raconter qu'on suffoque : nous avons affaire à l'une de ces réalités qui font dire qu'elles dépassent l'entendement ou l'imagination ». Malgré « cette inutilité du langage », vous avez vaillamment pris la plume. Pourquoi ? « Écrire un poème après Auschwitz serait barbare »... Devenue un topos de la littérature contemporaine, cette question reste ouverte et toujours controversée. Si la littérature est encore valable face aux désastres hors norme, qu'est-ce qu'elle est capable de faire ?

Oui, la phrase d'Adorno est devenue un lieu commun des discours sur la catastrophe aujourd'hui. Et, vous avez raison, cette phrase est extrêmement problématique. Adorno lui-même en avait d'ailleurs conscience puisqu'il a cherché ensuite à la corriger. Pour ma part, je ne vois pas en quoi écrire un poème après Auschwitz serait barbare, ou du moins plus barbare que de ne pas en écrire, justement ! J'ai beaucoup d'admiration pour Adorno, notamment son *Minima Moralia* qui est pour moi un livre important. Mais autant cette célèbre phrase a pu constituer, juste après la Deuxième Guerre mondiale, une prise de conscience salutaire que l'art n'était pas une manière de tout sublimer ou de tout rendre acceptable (et de ce point de vue, elle était sans nul doute nécessaire), autant elle me paraît aujourd'hui assez dépassée, car peu accordée aux enjeux de notre temps.

Je m'explique : Adorno n'est pas très éloigné dans cette phrase de ce que dit Gunther Anders, le penseur allemand, à peu près au même moment. Dans un entretien avec l'écrivain allemand Fritz Raddatz, comme celui-ci l'interroge sur cette fameuse formule d'Adorno, Anders l'approuve d'ailleurs totalement, en l'élargissant à Hiroshima ! C'est ce que j'appelle la « théorie esthétique négative » d'Anders (je vous renvoie sur ce point à ma conférence au Musée du Louvre le 19 juin 2014, et le texte qui en est issu : « Fukushima ou la traversée du temps »[7]). Pour Anders comme pour Adorno, et de manière encore plus radicale d'ailleurs, il n'est tout simplement pas possible de représenter un événement comme Auschwitz ou comme Hiroshima, *on ne peut pas* représenter Auschwitz ou Hiroshima. Le poème de Celan *Todesfuge* ? : « C'était un moyen de "surmonter" et d'"admettre" Auschwitz sous la forme d'une poésie d'avant-garde (…), un objet décoratif proprement scandaleux », dit Anders. La composition de Schönberg *Un survivant de Varsovie* : « Rien de plus inconvenant », assène-t-il ! Anders condamne même l'adaptation par Luigi Nono de son propre journal d'Hiroshima dans un triptyque pour voix et orchestre, et il a cette conclusion définitive, qui résume bien à la fois sa pensée et l'esprit de l'époque : « Il est des événements d'une telle importance que l'art ne peut y atteindre. »

Phrase stupéfiante, quand on y pense ! Ce qui est frappant dans ces formules, c'est qu'Anders, loin de considérer la création artistique comme le dernier refuge des valeurs humanistes, l'auxiliaire réconfortante de l'idée que quelque chose pourrait être sauvé, la réduit au contraire à quelque chose de « frivole » (c'est son mot). C'est évidemment un terrible bouleversement pour la pensée européenne. Mais pour bien la comprendre, il faut remettre cette idée, comme celle d'Adorno, dans le contexte de l'après-guerre : en 1945, on s'aperçoit que l'Allemagne, un des phares historiques de la pensée européenne, s'est rendue coupable d'un génocide monstrueux au cœur même de l'Europe. La patrie des philosophes (Leibniz, Kant, Hegel…), celle des écrivains (Goethe, Heine, Rilke), des musiciens (Bach, Mozart, Beethoven !), qui a donné au monde quelques-uns de ses plus sublimes artistes, la voilà qui se dévoile comme un pays mortifère, dont la brillance intellectuelle et artistique n'a pas réussi à sauver de l'abomination du meurtre de masse, mais a, au contraire, contribué à ces exactions (voir l'utilisation de Nietzsche, Wagner, etc. par les Nazis par exemple). N'oubliez pas que les musiciens juifs étaient forcés de jouer le répertoire de la « grande musique » allemande et autrichienne (Haydn, Schubert, Strauss, Brahms, etc.) dans les camps de concentration, parfois même pour faire diversion lorsque des visiteurs étaient admis dans les camps. À l'époque où Adorno et Anders s'expriment, et même s'il y a d'autres ressorts à leur pensée, on

---

[7]   Michaël Ferrier, « Fukushima ou la traversée du temps », *Esprit*, N° 405, juin 2014: 33–45.

peut donc comprendre qu'un grand discrédit puisse être jeté sur l'art en général, sur la littérature en particulier, accusée de « se payer de mots ».

Il me semble que la situation est très différente aujourd'hui : au moment où les régimes totalitaires ou à tendance dictatoriale se dressent à nouveau dans le monde entier, jusqu'au cœur de l'Europe, et se profilent même dans un pays qu'on croyait immunisé comme les États-Unis, au moment où le terrorisme islamiste a déclaré à l'art sous toutes ses formes (musique, statuaire, dessin…) une véritable guerre à mort, au moment également où, dans les pays à économie ultra-libérale, l'art lui-même se retrouve asservi par les lois du marché et sommé de ne plus produire que des objets de consommation lisses et raisonnables (ou à provocation contrôlée), il me semble que les affirmations d'Anders et d'Adorno ont pris un sacré coup de vieux. Aujourd'hui, c'est « ne pas écrire de poème » au moment de Fukushima qui me semble barbare, c'est laisser toute la place aux discours économistes ou scientifiques qui me semble aberrant. On le voit bien au Japon, où l'art « post-Fukushima » a en partie retrouvé une vertu politique et une puissance de contestation qui s'était dissoute depuis quelque temps dans les mièvreries du *kawaii*, de la *cute culture*, du divertissement de masse et de l'œuvre d'art considéré presque uniquement comme un support de produits dérivés en vente dans les boutiques de musées.

Cela n'autorise évidemment pas à faire n'importe quoi, et certaines représentations esthétisantes de la catastrophe posent évidemment question : qu'est-ce qu'un « beau texte » ? ou une « belle image » ? Face à des événements de ce calibre, cela reste une question cruelle, lancinante. Sur ces points, je me permets de renvoyer au livre que j'ai dirigé sur « l'art de Fukushima », et où sont fort bien analysés, par les créateurs eux-mêmes, une trentaine d'artistes japonais et français, les enjeux, les pièges et les limites, mais aussi la puissance de révélation que peuvent détenir certains projets artistiques liés à une catastrophe[8].

Qu'est-ce que cela signifie pour vous, écrire la catastrophe en tant que non-victime ? Sans être réduit à un spectateur-consommateur ni avoir la prétention d'être leur porte-parole, comment peut-on faire part aux lecteurs de la souffrance des sinistrés qu'on n'a pas vécu en chair et en os ? L'écriture du désastre est forcément indissociable d'une dimension éthique.

---

[8]   *Dans l'œil du désastre : créer avec Fukushima*, sous la direction de Michaël Ferrier, Paris, éditions Thierry Marchaisse, 2021.

Permettez-moi de répondre avec un extrait de ma conférence à la Maison Française de New York le 5 mars 2015 :

Quelque chose donc est arrivé. La difficulté de l'entreprise – écrire Fukushima – vient d'abord de la difficulté du témoignage lui-même et de décrire ce "quelque chose". (…) »

C'est ce que j'appellerai, reprenant une comparaison de Primo Levi, le paradoxe de la Gorgone, ces créatures fantastiques de la mythologie grecque, qui étaient tellement laides que quiconque osait les regarder était instantanément changé en pierre : il y a ceux qui peuvent parler car ils ne l'ont pas vue – et ceux qui ont vu la Gorgone mais ne peuvent pas en parler. Un tel évènement pétrifie : nous sommes face à un irreprésentable.

Pourtant, si on n'a pas le droit de parler, on a le devoir de parler : c'est dans cette contradiction, cette aporie, qu'est pris celui qui prétend parler de Fukushima. C'est une expérience inouïe à laquelle toute parole est infidèle, mais où il s'agit de porter témoignage de cela même qui nous échappe. On voit que la réponse ne peut venir que de l'art, c'est-à-dire, en ce qui concerne les mots, de la littérature (et non du reportage, même excellemment fait, de la chronique, du journalisme – toutes formes qui ont leur légitimité *par ailleurs* et dont je me suis d'ailleurs servi, mais pour les incorporer à une forme plus vaste et plus profonde). La littérature retrouve ici toute sa force, comme forme particulière de la parole aux prises avec l'impossible/l'impensable (ce que Bataille nommait le Mal, ce que Lacan nommait le Réel). Un discours aux prises avec un silence radical, dont la parole procède et auquel elle s'oppose : la vie à l'instant effroyable de sa désintégration, un savoir sans commune mesure avec l'entendement normal[9].

À ce jour, il ne semble pas évident de mettre en œuvre une solution alternative aussi efficace que le nucléaire à cause du coût d'investissement important, mais surtout de la pression des lobbies financiers. Il est pourtant indispensable de développer les énergies durables pour un meilleur avenir de l'humanité. Tout en sachant que c'est une question difficile à trancher, j'aimerais vous demander si vous êtes pour ou contre le nucléaire.

Poser la question en termes binaires : « pour » ou « contre » n'a aujourd'hui pour moi aucun sens, si on n'apporte pas à sa réponse un

---

9   Michaël Ferrier, « Literary narratives of disaster: writing Fukushima »: Maison Française, New York University, 5 mars 2015.

argumentaire précis et détaillé en complément. Mais si je dois répondre en choisissant un de ces termes, je dirais : « contre », assurément.

Cela fera bientôt dix ans depuis cette catastrophe. Vous suivez toujours les actualités de Fukushima ?

Oui, j'ai dans mon ordinateur un fichier « Fukushima 2012 », un autre « Fukushima 2013 », « Fukushima 2014 », etc. Je crains fort d'avoir à en créer un jusqu'à la fin de ma vie !

Vous avez évoqué dans un entretien le terme « avec Fukushima » au lieu de dire « après Fukushima » ou « post-Fukushima ». Certes, on est en lutte permanente avec l'oubli. En ce qui concerne la perception des choses, chez vous et/ou chez les gens en général, qu'est-ce qui a changé durant ces années écoulées ? Pensez-vous qu'on a suffisamment tiré des leçons de ce qui est arrivé ?

Des leçons ont été tirées, oui, évidemment. Il y a eu des avancées dans tous les domaines : antisismique, antitsunami et contrôle du nucléaire. Mesures de sécurité nouvelles, meilleure prise en compte des risques, etc. Mais le cœur du problème n'est pas abordé : car le cœur du problème, c'est notre manière même de vivre. Les modes de production et de consommation de nos sociétés contemporaines, qui font d'elles non pas des « sociétés de consommation » comme on le dit très souvent, ni même de surconsommation, mais bel et bien ce que je nomme – et qu'il faut nommer – « des sociétés de gaspillage », liées à des procédures massives de prédation et de sacrifice du vivant (faune, flore, et humains compris). De ce point de vue, rien ou presque n'est réglé.

Pour clore en beauté notre entretien, j'aimerais vous interroger sur vos projets d'écriture, en particulier, ceux de portée testimoniale. Dans votre récit autobiographique aussi, Scrabble, *vous avez été témoin de la guerre civile au Tchad. Et même* Mémoires d'outre-mer[10], *un livre que j'ai particulièrement adoré, est une belle illustration de votre talent de témoin : sous la peau de votre grand-père, vous avez réussi à faire revivre la Seconde Guerre mondiale et le génocide juif dans les régions d'outre-mer. Je pense que vous savez donner la voix à ceux qui en sont privés, à l'ombre de l'histoire avec un grand H. Vous avez peut-être d'autres histoires et d'autres héros à sauver de l'oubli ?*

Oui, je travaille en ce moment à plusieurs livres, visant à mettre ou à remettre en lumière des personnes ou des événements qui ont été soit oubliés, soit ignorés ou minorés. C'est une tendance profonde de mon

---

[10] Michaël Ferrier, *Mémoires d'outre-mer*, Paris, Gallimard, 2015.

travail, avec *Mémoires d'outre-mer* évidemment, mais aussi *Sympathie pour le Fantôme*[11] (les 3 figures d'Ambroise Vollard, de Jeanne Duval et d'Edmond Albius), *Scrabble* (la première guerre de N'Djaména), etc. Je le fais aussi d'un point de vue éditorial, en proposant de redécouvrir des auteurs méconnus comme Maurice Pinguet[12] ou sur mon site Tokyo Time Table (où j'ai publié des inédits de Paul Morand, de Michel Serres ou des textes quasi-introuvables comme ceux de Tanizaki[13]).

Il y aura notamment trois livres relatant la vie de trois scientifiques méconnus ou inconnus du grand public (car les scientifiques ne forment pas une entité homogène tout entière tournée vers « le progrès » ou le solutionnisme technologique à tout prix, comme on voudrait nous le faire croire aujourd'hui), et qui interrogeront sur la place de la science dans le monde d'aujourd'hui.

Dans la veine de *Mémoires d'outre-mer*, il y aura aussi un ultra-marin oublié, du côté de Mayotte cette fois… mais la pandémie actuelle freine un peu tous ces projets, car j'ai besoin de voyager, d'aller sur place pour voir, pour « flairer », pour retrouver. Mais j'ai tout mon temps. J'ai des projets d'écriture comme si je devais vivre mille ans.

---

[11]   Michaël Ferrier, *Sympathie pour le Fantôme*, Paris, Gallimard, 2010.

[12]   Maurice Pinguet, *Le Texte Japon, introuvables et inédits*, réunis et présentés par M. Ferrier, Seuil, 2009.

[13]   Tokyo Time Table : http://www.tokyo-time-table.com

Notices biographiques

Éditeurs

Alain F. Ekorong

Enseignant-chercheur au département de Français et Études Francophones de la Faculté des Lettres et Sciences Humaines de l'Université de Douala. Il est spécialiste des *Cultural Studies* avec un intérêt particulier pour les constructions identitaires dans les espaces culturels francophones. Sa recherche se focalise de manière générale sur les Identités, la Migration, et les *Gender Studies*. Son ouvrage en cours de publication *Écrire pour soi-même dans les littératures francophones féminines maghrébines* explore justement les rapports très complexes entre écriture, mémoire, genre et identité en contexte post/colonial. Titulaire d'un Ph.D. de l'Université d'Oregon aux États-Unis obtenu en 2005, il a notamment enseigné pendant cinq ans dans l'État d'Indiana et collaboré dans de nombreux projets de recherche sur le rôle des imaginaires littéraires dans le récit nationaliste.

Jovensel Ngamaleu

Jovensel Ngamaleu s'intéresse principalement à la littérature française des XXe et XXIe siècles et aux littératures francophones. Ses centres d'intérêt incluent les écritures de soi (autobiographie, autofiction et correspondances d'écrivains), les fictions/films/BD sur la migration et l'imaginaire diasporique africain, les poé(poli)tiques (post)mémorielles, testimoniales et écologiques (histoire coloniale, guerres civiles/ endémiques, génocides, désastres terroristes, catastrophes sanitaires, naturelles et nucléaires) ainsi que les écritures de la dépression et de l'addiction. Par ailleurs, il explore le discours sociohistorique dans la musique francophone, les rapports entre la littérature, les médias et le marketing, ainsi que la judiciarisation des autofictions scandaleuses en France. Outre les chroniques et les recensions, il a publié des articles dans des revues internationales (*RREF, Thélème, Litera, Itinéraires*, etc.) et des chapitres d' ouvrages collectifs, qui abordent dans une perspective interdisciplinaire certains de ces sujets. Il codirige actuellement avec Liliana Fosalau, Professeure à l'Université Alexandru Ioan Cuza de Iaşi (Roumanie), un ouvrage intitulé *Correspondances d'écrivains et chroniques pandémiques.*

Christophe Premat

Maître de conférences en études culturelles (HDR) au département de langues romanes de l'Université de Stockholm. Il a publié en 2019 « Les vibrations de la conscience minéralisée dans *L'Inconnu sur la terre* de Jean-Marie Gustave Le Clézio » (*Les Cahiers J.-M.G. Le Clézio*, vol. 12 : 45–56), en 2018 « Mémoire et survivance dans *Kuessipan* de Naomi Fontaine et *Comment je perçois la vie, grand-mère* de Rita Mestokosho » (*Nouvelles études francophones*, vol. 33, n. 2 : 91–107) et *Pour une généalogie critique de la Francophonie* (Stockholm : Stockholm University Press). Il est corédacteur en chef de la *Revue nordique des études francophones* et directeur du Centre d'Études Canadiennes de l'Université de Stockholm depuis 2017.

Auteurs

Marion Billard

Ancienne membre de l'École des hautes études hispaniques et ibériques-Casa de Velázquez et agrégée d'espagnol, Marion Billard s'intéresse aux représentations de l'expérience terroriste *etarra* (ETA) et islamiste dans différents produits culturels tels que la littérature, le roman graphique et la chanson. Sa thèse porte plus spécifiquement sur les témoignages de victimes et de terroristes de l'ETA, du 11-M et du 17-A publiés en Espagne à partir de l'année 2000. Membre du *Centre de Recherche sur l'Espagne Contemporaine XVIIIe–XXIe siècles (CREC, EA 2292, Sorbonne Nouvelle)*, elle a publié en 2019 « La crudité littéraire face à la cruauté terroriste. Le cas de *Charlie* (José Luis Castro Lombilla) et de *Carne rota* (Fernando Aramburu) » dans la *Revue Chameaux* et « *El comensal* de G. Ybarra : le creux mémoriel comme lieu de (re)construction du passé », dans la revue *Amnis.*

Joceline Chabot

Joceline Chabot est professeure titulaire en histoire au département d'histoire et de géographie de l'Université de Moncton (Canada). Ses recherches actuelles portent sur l'aide humanitaire et socio-sanitaire aux réfugiés arméniens et grecs d'Asie Mineure dans un contexte post-génocidaire (1919–1930). En collaboration, elle a publié deux ouvrages collectifs : J. Chabot, M.-M. Doucet, S. Kasparian, J.-F. Thibault (dir.), *Le génocide des Arméniens : représentations, traces, mémoires*, Québec, Paris, Presses de l'Université Laval, Éditions Hermann, 2017, 230 pages. J. Chabot, R. Godin, S. Kappler, S. Kasparian (dir.), *Mass Media and the Genocide of the Armenians: One Hundred Years of Uncertain Representation*, Londres, Palgrave MacMillan, 2015, 241 pages. Ainsi que plusieurs articles dans des revues scientifiques : J. Chabot, S. Kasparian, « "On the High Seas with no Place to Land": the Smyrnaean Inferno and Humanitarian Aid to Armenian and Greek Refugees from Turkey (1922–1923) », *International Journal of Armenian Genocide Studies*, Erevan, vol. 6, no 1, 2021, pp. 81–91. J. Chabot, « Une mémoire apaisée ? La demande de reconnaissance du génocide des Arméniens dans l'espace public québécois 1995–2015 », *Cahiers Mémoire et Politique* [En ligne], Cahier n° 4, Approche comparée des politiques mémorielles, Université de Liège, 2017, 23 p. URL : http://popups.ulg.ac.be/2295-0311/index.php?id=180.

Christiane Connan-Pintado

Maître de conférences habilitée à diriger des recherches, émérite, de l'Université de Bordeaux-INSPE et membre de l'équipe TELEM (Textes, Littératures : Écritures et Modèles, EA 4195) de l'Université Bordeaux Montaigne. Ses travaux portent sur les contes, la littérature de jeunesse et son enseignement. Elle s'intéresse en particulier aux phénomènes intertextuels, à la relation texte/image, aux représentations genrées, à la poétique des genres littéraires, à la réception de la littérature. Elle a récemment dirigé *L'insecte au miroir des livres pour la jeunesse. Présence, représentations, discours*, Clermont-Ferrand, Presses universitaires Blaise Pascal (2022) et co-dirigé aux Presses universitaires de Bordeaux, *Littérature de jeunesse au présent (2). Genres graphiques en question(s)*, coll. « Études sur le livre de jeunesse » (2020) et *Écrire l'esclavage dans la littérature pour la jeunesse*, coll. « Modernités » 45 (2020). Parmi ses derniers articles : « Les contes des Grimm en France au XXIe siècle : quand le conte devient album », *Ondina/Ondine*, n° 7, Université de Saragosse, p. 29-46, 2022, https://papiro.unizar.es/ojs/index.php/ond/article/view/6153   https://doi.org/10.26754/ojs_ondina/ond.202176153

« Reconfiguration uchronique et récit d'esclavage : Les Cornes d'Ivoire, de Lorris Murail », Cultural express, n° 7, https://cultx-revue.com/arti cle/le-recit-desclavage-a-lepreuve-de-la-reconfiguration-uchronique-les-cornes-divoire-de-lorris-murail octobre 2022.

Tayamaou Égué

Tayamaou Égué est doctorant en Littératures africaines à l'Université de Maroua (Cameroun). Il prépare une thèse de Doctorat/Ph. D. sur *La mise en texte de l'hybridité dans le roman camerounais*. Il est auteur d'un recueil de poèmes intitulé *Le silence de Dieu*, publié aux éditions L'Harmattan en 2011 et des articles « La question d'intégration nationale camerounaise dans quelques romans camerounais d'expression française » et « La « refiguration » du passé nationaliste anticolonial camerounais dans *Les maquisards* de Hemley Boum : de la fiction historique à la conscience nationale via la conscience mémorielle », in Jiatsa Jokeng, Albert, Njiomouo Langa, Carolle et Houli, Daniel (sous la direction de). *Littératures camerounaises. Devoirs de mémoire et politique du pardon*, Paris : L'Harmattan, 2020.

Yanick Fepekam Noupayie

Yanick Fepekam Noupayie est ancien élève de l'ENS de Maroua-Cameroun et doctorant en Sciences du langage des Universités de Yaoundé I/Bretagne occidentale. Auteur d'un article sur « *Confidences* de Max Lobe ou la réhabilitation du rôle de la femme dans la lutte de l'indépendance du Cameroun » (2020) et de plusieurs articles en attente de publication, ses recherches s'inscrivent dans les champs de la sémiostylistique, l'analyse du discours, la mémoire, le témoignage littéraire, l'écopsychologie et l'écopoétique. Il est par ailleurs membre de plusieurs équipes de recherche à l'Université de Dschang (ERADIS, ERLIC, ERMEMIC) et du Cercle Littéraire des Jeunes du Cameroun (CLIJEC).

Victoria García

Professeure de Théorie Littéraire à l'Université de Buenos Aires et chercheuse adjointe au Conseil National de la Recherche Scientifique et Technique (CONICET). Elle est diplômée en Littérature Moderne de l'Université de Buenos Aires, où elle a également terminé ses études de doctorat en 2014. Sa thèse était consacrée à la littérature de non-fiction de Rodolfo Walsh, dans le contexte de l'expansion de la littérature testimoniale en Amérique latine. Dans ses recherches récentes, elle a abordé les hybridations entre témoignage et fiction dans la littérature argentine post-dictatoriale, et leurs implications pour la théorie de la fiction. Elle a publié de nombreux articles dans des revues spécialisées. Elle fait partie de la Société Internationale de Recherches sur la Fiction et la Fictionnalité (SIRFF), fondée par Françoise Lavocat, Alison James et Akihiro Kubo.

GARCÍA, Victoria (2019), « Las reescrituras de *Operación masacre* », *Estudios filológicos* 63, pp. 23–44. http://dx.doi.org/10.4067/S0071-1713201900 0100023.

GARCÍA, Victoria (2018), « Testimonio y ficción en la narrativa argentina », *Lexis*, vol. 42, n. 2, pp. 369–404. http://dx.doi.org/10.18800/lexis.201 802.004.

GARCÍA, Victoria (2017), « Literatura testimonial en Argentina: un itinerario histórico (1957–2012) », *Cuadernos del CILHA*, vol. 18, n. 1, pp. 11–43.

Lucie Kengne Gatsing

Dr Lucie Kengne Gatsing est titulaire d'un Doctorat/PhD en Sciences du Langage, Littératures et Cultures de l'Université de Dschang-Cameroun, spécialité Langue et Linguistique Françaises. Elle est Chargée de Cours au Département des Langues Étrangères Appliquées, Faculté des Lettres et Sciences Humaines de Université de Dschang. Ses domaines d'intérêt sont l'analyse de discours, la pragmatique et la stylistique. Dr Kengne Gatsing poursuit actuellement des recherches sur les fondements, le fonctionnement et l'impact du discours hégémonique occidental sur les États africains postcoloniaux. Ses travaux de recherche rentrent globalement dans ce domaine du savoir en construction. Dr Kengne Gatsing est l'auteure de plusieurs articles et en a publié un récemment dans la Revue Internationale *Voix Plurielles* (Vol.19 No.1 (2022)). En tant qu'enseignant-chercheur, elle est membre du Centre d'Études et de Recherches en Espaces, Arts et Humanités (CEREAH). Dr Lucie

Kengne Gatsing est également membre de l'Équipe de Recherche sur les Arts et Discours Sociaux (ERADIS) de l'Université de Dschang.

Hannah Grayson

Lecturer in French and Francophone Studies at the University of Stirling. Her research focuses on crisis and its aftermath in Francophone African literature, and her current book project on Tierno Monénembo investigates his fictional depictions of débrouillardise. She has also worked extensively on the testimonies of people who lived through the Genocide against the Tutsi in Rwanda.

Mervette Guerroui

Docteure en littérature française et Maître de conférences au département des lettres et de la langue française, Université 8 mai 1945 Guelma / Algérie. Ses recherches portent essentiellement sur les littératures postcoloniales et la littérature algérienne francophone.

Paweł Kamiński

Docteur ès lettres, enseignant-chercheur à l'Institut d'Études littéraires à la Faculté des Sciences humaines de l'Université de Silésie à Katowice. Ses recherches portent sur la littérature française et francophone des XXe et XXIe siècles, et – en particulier – sur la littérature de la Shoah et la littérature comparée, englobant notamment l'ashkénazité.

Sylvia Kasparian

Sylvia Kasparian est professeure titulaire de linguistique au département d'études françaises et directrice du Laboratoire d'analyse de données textuelles à l'Université de Moncton (Canada). Elle s'intéresse tout particulièrement à l'étude des représentations dans les médias, notamment les représentations du génocide des Arméniens à partir de corpus de presse et de la littérature testimoniale. Ses recherches actuelles portent, à partir des archives, sur l'aide humanitaire et socio-sanitaire aux réfugiés arméniens et grecs d'Asie Mineure dans un contexte post-génocidaire (1919–1930). Elle a publié deux ouvrages collectifs en collaboration : J. Chabot, M.-M. Doucet, S. Kasparian, J.-F. Thibault (dir.), *Le génocide des Arméniens : représentations, traces, mémoires*, Québec, Paris, Presses de l'Université Laval, Éditions Hermann, 2017, 230 pages. J. Chabot, R. Godin, S. Kappler, S. Kasparian (dir.), *Mass Media and the Genocide of the Armenians: One Hundred Years of Uncertain Representation*, Londres, Palgrave MacMillan, 2015, 241 pages ; elle a publié plusieurs articles dans des revues scientifiques et des chapitres de livres sur les violences genrées et le génocide des Arméniens : Joceline Chabot, Marie-Michèle Doucet et Sylvia Kasparian « Témoigner malgré tout : Les récits des victimes du génocide des Arméniens face aux violences sexuées » Études Arméniennes Contemporaines, vol. 7, 2016, p. 39–69.

Soulémanou Mefire

Chercheur à l'Université de Maroua au Cameroun. Il enseigne également les littératures africaines et les littératures francophones. Il questionne dans ses travaux de recherche la discursivité du texte littéraire, les enjeux mémoriels dans le patrimoine littéraire francophone, les ressorts esthétiques et idéologiques du postcolonial. Auteur de deux articles, il prépare actuellement, sous la direction du Professeur Clément Dili Palaï, une thèse de doctorat/PhD dans le domaine des réécritures esthétiques de l'Histoire dans le corpus littéraire francophone.

Asako Muraishi

Maître de conférences à l'Université de Fukuoka, elle a mené une recherche doctorale sur la spiritualité chez Marguerite Duras et le rapport complexe que l'écrivain incroyant entretient avec la Bible (*Marguerite Duras et la Bible : réécriture et relecture selon « l'incroyante »*, Université de Strasbourg, 2010). Également intéressée par la littérature japonaise, elle a publié des articles dont l'un porte sur Mishima (« La beauté controversée de l'artifice chez Yukio Mishima », *L'Artifice dans les lettres et les arts*, sous la direction d'Élizabeth Lavezzi et Timothée Picard, Collection « Interférences », Presses Universitaires de Rennes, 2015).

Titres de la collection

N° 45 – Alain Fleury Ekorong, Armel Jovensel Ngamaleu et Christophe Premat (dir.), *Poétiques et politiques du témoignage dans la fiction contemporaine*, 2023.

N° 44 – Béatrice Turpin, Gabriela Patiño-Lakatos et Laurence Aubry (dir.), *Les discours meurtriers aujourd'hui*, 2022.

N° 43 – Grazia Berger, Isabelle Meuret, Chiara Nannicini Streitberger et Hubert Roland (dir.), *L'écriture du témoignage : récits, postures, engagements*, 2022.

N° 42 – Myriam Kohnen, *L'enfant esclave dans l'œuvre d'Hector Malot, Une figure ambivalente du roman naturaliste*, 2020.

N° 41 – Claire Lozier et Isabelle Marc (dir.), *Carmen revisitée/revisiter Carmen. Nouveaux visages d'un mythe transversal*, 2020.

N° 40 – Ángeles Ciprés Palacín et Isabelle Marc (dir.), *Canon et écrits de femmes en France et en Espagne dans l'actualité (2011- 2016) / Canon y escritos de mujeres en Francia y en España en la actualidad (2011-2016)*, 2020.

N° 39 – Stéphanie Béligon et Rémi Digonnet (dir.), *Manifestations sensorielles des urbanités contemporaines*, 2020.

N° 38 – Anne Castaing (dir.), *Raconter la Partition de l'Inde*, 2019.

N° 37 – Lourdes Carriedo & Anne-Marie Reboul (dir.), *Entre escritura e imagen II. Imágenes fijas, imágenes cinéticas*, 2018.

N° 36 – Salhia Ben-Messahel et Vanessa Castejon (dir.), *Colonial Extensions, Postcolonial Decentrings*, 2017.

N° 35 – Anne Castaing et Élodie Gaden (dir.), *Écrire et penser le genre en contextes postcoloniaux*, 2017.

N° 34 – Jean-François P. Bonnot et Sylvie Freyermuth, *De l'Ancien Régime à quelques jours tranquilles de la Grande Guerre. Une histoire sociale de la frontière*, 2017.

N° 33 – Marie-Linda Ortega et Sylvie Turc-Zinopoulos (dir.), *De la violence et des femmes. Espagne, 1808–1918 / De la violencia y de las mujeres. España, 1808–1918*, 2017.

N° 32 – Alexia Gassin, *L'œuvre de Vladimir Nabokov au regard de la culture et de l'art allemands. Survivances de l'expressionnisme*, 2016.

N° 31 – Matthieu Dubois, *Voie de la plume, voie du sabre. Le corps-à-corps poétique chez Bauchau, Dotremont et Bonnefoy*, 2015.

N° 30 – Sylvie Freyermuth et Jean-François P. Bonnot (dir.), *Malaise dans la ville*, 2014.

N° 29 – Sylvie Freyermuth, Jean-François P. Bonnot et Timo Obergöker (dir.), *Ville infectée, ville déshumanisée. Reconstructions littéraires françaises et francophones des espaces sociopolitiques, historiques et scientifiques de l'extrême contemporain*, 2014.

N° 28 – Marie-Madeleine Castellani et Fiona McIntosh-Varjabédian (dir.), *Représenter le pouvoir. Images du pouvoir dans la littérature et les arts*, 2014.

N° 27 – Virginie Renard, *The Great War and Postmodern Memory. The First World War in Late 20th-Century British Fiction (1985–2000)*, 2013.

N° 26 – Helena Agarez Medeiros, *Voltaire's* La Mort de César. *A Play "Entirely in the English Taste?"*, 2013.

N° 25 – François-Joseph Ruggiu (ed./dir.), *The Uses of First Person Writings. Africa, America, Asia, Europe/Les usages des écrits du for privé. Afrique, Amérique, Asie, Europe*, 2013.

N° 24 – Amaury Dehoux, *L'Égarement comme signe d'une communauté. La Génération Perdue d'Aragon, Dos Passos, Fitzgerald et Hemingway*, 2013.

N° 23 – Malika Combes, Igor Contreras Zubillaga et Perin Emel Yavuz (dir.), *À l'avant-garde ! Art et politique dans les années 1960 et 1970*, 2013.

N° 22 – Åsa Josefson, *Fantastique et révolte chez Jean Muno et Hugo Raes*, 2012.

N° 21 – Philippe Beck, *Umstrittenes Grenzland. Selbst- und Fremdbilder bei Josef Ponten und Peter Schmitz, 1918–1940*, 2012.

N° 20 – Catherine Dumas et Karl Zieger (dir.), *L'Autre au miroir de la scène*, 2012.

N° 19 – Elien Declercq, Walter Kusters and Saartje Vanden Borre (eds./dir.), *Migration, Intercultural Identities and Border Regions (19th and 20th Centuries)/Migration, identités interculturelles et espaces frontaliers (XIXe et XXe siècles)*, 2012.

N° 18 – Norah Giraldi-Dei Cas, Fatiha Idmhand et Cathy Fourez (dir.), *Lieux et figures de la barbarie*, 2012.

N° 17 – Laurence Brogniez (dir.), *Écrits voyageurs. Les artistes et l'ailleurs*, 2012.

N° 16 – Claudio Giulio Anta, *Guerre à la guerre. La leçon de « Coenobium »*, 2012.

N° 15 – Ana Raquel Lourenço Fernandes, *What about the Rogue? Survival and Metamorphosis in Contemporary British Literature and Culture*, 2011.

N° 14 – Cathy Fourez, Victor Martinez & Raphaël Villatte, *Quand le délit est dans le texte. Le genre policier, une littérature de l'excès ?*, 2011.

N° 13 – Béatrice Jongy, *L'Invention de soi. Rilke, Kafka, Pessoa*, 2011.

N° 12 – Franca Bruera & Barbara Meazzi (dir.), *Plurilinguisme et Avant-gardes*, 2011.

N° 11 – Myriam Watthee-Delmotte, *Littérature et ritualité. Enjeux du rite dans la littérature française contemporaine*, 2010.

N° 10 – Anne Dulphy, Yves Léonard et Marie-Anne Matard-Bonucci (dir.), *Intellectuels, artistes et militants. Le voyage comme expérience de l'étranger*, 2009.

N° 9 – Benoît Majerus, Sonja Kmec, Michel Margue et Pit Péporté (dir./Hrsg.), *Dépasser le cadre national des « Lieux de mémoire ». Innovations méthodologiques, approches comparatives, lectures transnationales/Nationale Erinnerungsorte hinterfragt. Methodologische Innovationen, vergleichende Annäherungen, transnationale Lektüren*, 2009.

N° 8 – Serge Goriely, *Le théâtre de René Kalisky. Tragique et ludique dans la représentation de l'histoire*, 2008.

N° 7 – Laurence Brogniez (dir.), *Écrit(ure)s de peintres belges*, 2008.

N° 6 – Liliane Meffre & Olivier Salazar-Ferrer (dir.), *Carl Einstein et Benjamin Fondane. Avant-gardes et émigration dans le Paris des années 1920–1930*, 2008.

N° 5 – Véronique Bragard, *Transoceanic Dialogues. Coolitude in Caribbean and Indian Ocean Literatures*, 2008.

N° 4 – Christina Kott, *Préserver l'art de l'ennemi ? Le patrimoine artistique en Belgique et en France occupées, 1914–1918*, 2006.

N° 3 – Isabelle Meuret, *Writing Size Zero. Figuring Anorexia in Contemporary World Literature*, 2007.

N° 2 – Christian Drösch, Hubert Roland & Stéphanie Vanasten (Hrsg./ dir.), *Literarische Mikrokosmen. Begrenzung und Entgrenzung. Festschrift für Ernst Leonardy / Les microcosmes littéraires. Limites et ouvertures. Hommage à Ernst Leonardy*, 2006.

N° 1 – Michaël Amara & Hubert Roland (à l'initiative de M. Dumoulin et J. Gotovitch), *Gouverner en Belgique occupée. Oscar von der Lancken-Wakenitz – Rapports d'activité 1915–1918*, Édition critique, 2004.

www.peterlang.com

www.ingramcontent.com/pod-product-compliance
Lightning Source LLC
Chambersburg PA
CBHW071740110726
47908CB00006B/1654